新时代
革命老区振兴发展基本方略研究

国家社科基金重大项目资助

重点马克思主义学院建设学术文库

The Academic Library of Key Marxism School of Higher Education in China

韩广富　朱文涛　著

吉林大学出版社

·长春·

图书在版编目（CIP）数据

新时代革命老区振兴发展基本方略研究 / 韩广富，朱文涛著. -- 长春：吉林大学出版社，2022.10
（重点马克思主义学院建设学术文库）
ISBN 978-7-5768-0906-0

Ⅰ.①新… Ⅱ.①韩… ②朱… Ⅲ.①农村 – 社会主义建设 – 研究 – 中国 Ⅳ.①F320.3

中国版本图书馆CIP数据核字(2022)第197869号

书　　名：新时代革命老区振兴发展基本方略研究
XINSHIDAI GEMING LAOQU ZHENXING FAZHAN JIBEN FANGLÜE YANJIU

作　　者：韩广富　朱文涛
策划编辑：代景丽
责任编辑：杨　平
责任校对：付晶淼
装帧设计：林　雪
出版发行：吉林大学出版社
社　　址：长春市人民大街4059号
邮政编码：130021
发行电话：0431–89580028/29/21
网　　址：http://www.jlup.com.cn
电子邮箱：jldxcbs@sina.com
印　　刷：吉广控股有限公司
开　　本：787mm×1092mm　　1/16
印　　张：24.5
字　　数：310千字
版　　次：2022年10月　第1版
印　　次：2022年10月　第1次
书　　号：ISBN 978-7-5768-0906-0
定　　价：106.00元

目　录

导　论

　　革命老区是中国革命老根据地的简称，它是指中国共产党在土地革命战争时期和抗日战争时期领导创建的革命根据地。

　　中国共产党在土地革命战争时期领导创建的根据地主要有井冈山革命根据地、中央革命根据地、湘鄂西革命根据地、鄂豫皖革命根据地、闽浙赣革命根据地、湘赣革命根据地、湘鄂赣革命根据地、左右江革命根据地、海陆丰和东江革命根据地、琼崖革命根据地、闽东（闽南、闽中）革命根据地、（南）通海（门）如（皋）泰（兴）革命根据地、湘鄂川黔革命根据地、川陕革命根据地、鄂豫陕革命根据地、西北革命根据地。此外，中国共产党在土地革命战争时期领导创建的根据地还包括游击区，例如红军长征后在中央根据地及其周围各根据地留下的少数红军、游击队在赣、闽、浙、皖、豫、鄂、湘、粤8省范围内建立了15个游击区，开展了艰苦卓绝的三年游击战；川陕根据地丧失后，少数红军在川陕边界建立了巴山游击区，坚持斗争到1940年3月①；左右江根据地丧失后，少数红军在滇黔桂边开展游击战，坚持斗争到1937年12月②；红军在长征途中建立的黔北、黔西北、川滇黔、川西北、川康边、康巴等游击区。土地革命时期的根据地"遍布16个省300多个县，据不完全统计总面积约20万平方公里，人口约1 500万，是土地革命战争

---

① 中国老区建设促进会. 中国革命老区［M］. 北京：中共党史出版社，1997：229–230.
② 中国老区建设促进会. 中国革命老区［M］. 北京：中共党史出版社，1997：147–150.

时期中国革命的战略基地和主要舞台"①。

中国共产党在抗日战争时期领导创建的根据地主要有陕甘宁抗日根据地、晋察冀抗日根据地、晋冀鲁豫抗日根据地、晋绥抗日根据地、山东抗日根据地、苏北抗日根据地、苏中抗日根据地、苏南抗日根据地、淮北抗日根据地、淮南抗日根据地、皖江抗日根据地、浙东抗日根据地、广东抗日根据地、琼崖抗日根据地、鄂豫皖湘赣抗日根据地、河南抗日根据地。此外,中国共产党在抗日战争时期领导创建的根据地还包括抗日游击区,例如闽浙赣粤抗日游击区(包括闽浙赣抗日游击区、闽粤赣抗日游击区、浙南抗日游击区)和东北抗日游击区(包括东满抗日游击区、南满抗日游击区、吉东抗日游击区、北满抗日游击区)。抗日战争时期,中国共产党党员"发展到120多万;人民军队发展到120余万,民兵发展到260万;抗日民主根据地面积达到近100万平方公里,人口近1亿"②。中国共产党领导的抗日武装"对敌作战12.5万次,消灭日、伪军171.4万人,其中日军52.7万人,缴获各种枪支69.4万余支,各种炮1 800余门"③。

新中国成立后,据1953年中央人民政府内务部的统计,"全国革命老根据地分布在23个省、区的782个县内,人口约1.073亿。其中,第二次国内革命战争的老苏区分布在14个省、区的326个县内,约2 940万人"④。

革命老区解放后,部分地区生产很快得到恢复,但大部分革命老区因遭受战争创伤太重,且地处山区,交通不便,又遭受水旱灾害的侵袭,生产恢复很慢。特别是南方革命老区解放较晚,荒芜现象严重,人民生活极为困难。鉴于此,新中国成立后,党和政府对革命老区的恢复与建设工作给予了高度重视。

1. 对革命老区开展大规模访问调查。1951年8月,中央人民政府派出了

---

① 中国老区建设促进会. 中国革命老区[M]. 北京:中共党史出版社,1997:4.

② 中共中央党史研究室. 中国共产党历史(第1卷,下册)[M]. 北京:中共党史出版社,2011:670.

③ 中共中央党史研究室. 中国共产党历史(第1卷,下册)[M]. 北京:中共党史出版社,2011:668.

④ 崔乃夫. 当代中国的民政(下)[M]. 北京:当代中国出版社,1994:97.

大规模的访问调查团，分赴革命老区慰问老区人民，调查老区生产生活情况。"南方访问团共8 413人，分9个分团，39个小分队，分赴第二次国内革命战争时期的中央苏区、鄂豫皖区、湘鄂西区、右江区等209个县进行调查和慰问。北方访问团共3 809人，分赴陕甘宁、晋察冀鲁豫边区等196个县进行慰问和调查"①。这次大规模的访问调查，"加强了中央人民政府及各级人民政府与老根据地人民的联系，表扬了老根据地人民伟大的革命功绩，提高了老根据地人民热爱祖国和建设祖国的积极性"②。

2. 推动老区经济社会事业恢复发展。1952年1月28日，中央人民政府政务院颁布的《关于加强老根据地工作的指示》（以下简称《指示》）强调"加强老根据地的经济建设，是加强老根据地工作的中心环节。老根据地多系山地，生产条件比较困难，应该本着解决群众当前生活困难与长期建设相结合的方针，因地制宜，有计划地有重点地逐步恢复与发展农林畜牧与副业生产"③。《指示》明确了恢复与发展老根据地农业、林业、畜牧业、手工业、副业、矿产业等的具体办法；强调要首先恢复与开辟交通、促进物资交流、组织合作互助、提供特殊贷款、减轻人民负担；对加强老根据地的文化教育、医疗卫生、优抚工作等作出具体部署。

3. 成立各级老根据地建设委员会。1951年10月9日，周恩来在中国人民解放军总政治部举办的来京参加国庆节观礼的战斗英雄代表和老根据地代表联欢会上讲话指出："各省的省委和政府要关心老根据地的事，每省应该有一个副主席专门负责老根据地的工作，每年至少要到各地看一两次，帮助老根据地的人民解决一些困难。"④1952年1月28日，中央人民政府政务院颁布的《关于加强老根据地工作的指示》明确要求辖区内有老根据地的各级人民

① 崔乃夫. 当代中国的民政（下）[M]. 北京：当代中国出版社，1994：96.
② 周恩来选集（下卷）[M]. 北京：人民出版社，1984：76.
③ 周恩来选集（下卷）[M]. 北京：人民出版社，1984：76-77.
④ 周恩来选集（下卷）[M]. 北京：人民出版社，1984：74.

政府要"组织专门委员会，指定得力干部经常注意老根据地的工作"①，为贯彻落实《指示》精神，中央人民政府内务部于1月31日发布《为贯彻政务院"关于加强老根据地工作的指示"的通知》（以下简称《通知》），决定成立全国老根据地建设委员会，办公室设在内务部，由内务部部长谢觉哉任主任。《通知》要求"有老根据地的大行政区、省（行署）应由各民政部门邀请有关部门组织大行政区、省（行署）的老根据地建设委员会，必要时也可以设立办公室，由民政部门负责办理。关于省界相连的老根据地的工作，有关省（行署）应经常互通情报，必要时有关省（行署）的老根据地建设委员会派员会商办理"②。随后，全国有20个省（行署）相继成立了老根据地建设委员会③。老根据地建设委员会的职责主要是指导革命老区开发建设和优抚救济等工作。

4. 对革命老区给予资金和物质援助。例如1952年，中央人民政府拨付给华北地区"贷款550万元、救济款197万元，地方财政抽582万元用于老根据地建设和改善人民生活。根据老区大多数地处山区的特点，在建设上重点抓了兴修水利、植树造林、发展畜牧业、修整梯田。同时，注意了交通运输、物资流通、文教卫生等方面发展。在生活上对烈军属、伤残军人、民兵、贫困户进行了大量的救济和补助"④。

1953年，中央人民政府内务部对革命老区的恢复发展情况进行了总结，其大致可分为三类："第一类是恢复发展较快的地区，约占老根据地面积的50%，群众生活基本上达到了一般地区的水平；第二类是恢复发展较慢的地区，约占30%至40%，群众的生产与生活虽然已接近战前水平，但尚未达到一般地区水平；第三类是恢复和发展较差的地区，约占10%至20%，这类地

---

① 周恩来选集（下卷）[M]. 北京：人民出版社，1984：80.

② 中央人民政府内务部. 为贯彻政务院"关于加强老根据地工作的指示"的通知[J]. 山西政报，1952
　（3）：52.

③ 崔乃夫. 当代中国的民政（上）[M]. 北京：当代中国出版社，1994：18.

④ 崔乃夫. 当代中国的民政（下）[M]. 北京：当代中国出版社，1994：97.

区，主要是处于贫瘠山区、老灾区，遭受了敌人的严重破坏和自然灾害，群众在生产生活上存在着严重的困难"①。

1956年7月9日，中央人民政府内务部发布通知，要求有关省区要选派有老区工作经验的负责干部参加的工作组，前往老区就生产、生活、交通、文化、卫生、烈士追悼、干群关系等问题进行访问调查。中央人民政府内务部组织了原来在老区工作的13位老同志回到老区进行访问调查，并派出一些工作组深入老区进行调查研究。通过访问调查，更清楚地了解了革命老区的基本情况。在此基础上，中央人民政府内务部在中共中央农村工作部于1957年11月1日至28日召开的全国山区生产座谈会上，对进一步加强老区工作提出具体意见："第一，党政各级领导，必须自始至终地重视这一工作，不因部分地区的恢复而放松对这一工作的领导；第二，必须从发展生产着手，根据山区的特点，发展多种经济，使革命根据地从贫困走向富裕；第三，必须有全面的规划，有步骤地进行工作；第四，必须派大批干部到革命老根据地去工作，亲自动手，参加生产实践，给群众做出榜样；第五，必须运用革命老根据地群众政治条件优越的特点来发挥建设革命老根据地的积极性；第六，必须坚持勤俭节约方针，注重发动群众，防止浪费现象的发生。"②内务部要求各民政部门在职责范围内，配合有关部门进一步做好革命老根据地的恢复建设工作，认真解决革命老根据地人民当前的生活困难，救济面可以比一般地区适当放宽；做好革命老根据地的优抚工作和追悼工作；加强对革命老根据地人民的政治思想教育工作③。

1958年，"大跃进"期间，由于受到"左"倾思想影响，老区建设出现了违背自然规律和经济规律的"浮夸风""共产风"，使老区建设陷入困境。从1962年起，中共中央提出"调整、巩固、充实、提高"的方针，老区建设克服错误思想影响，逐渐趋于平稳。"文化大革命"期间，整个国家的

① 崔乃夫. 当代中国的民政（下）[M]. 北京：当代中国出版社，1994：97.
② 崔乃夫. 当代中国的民政（下）[M]. 北京：当代中国出版社，1994：99.
③ 崔乃夫. 当代中国的民政（下）[M]. 北京：当代中国出版社，1994：99.

经济建设遭受挫折，老区亦如此。原有的老区政策被否定，老区干部受迫害，各级老根据地建设委员会或停止工作或被撤销，革命老区的开发建设处于停滞状态。

1979年6月24日，经国务院批准，民政部、财政部发布了《关于免征革命老根据地社队企业工商所得税问题的通知》（以下简称《通知》），对革命老区划定标准作出了明确规定，即土地革命战争时期老区标准是"曾经有党的组织，有革命武装，发动了群众，进行了打土豪、分田地、分粮食、牲畜等运动，主要是建立了工农政权并进行了武装斗争，坚持半年以上时间的"①。抗日战争时期老区标准是"曾经有党的组织，有革命武装，发动了群众，进行了减租减息运动，主要是建立了抗日民主政权并进行了武装斗争，坚持一年以上时间的"②。《通知》强调"划定革命老根据地应以生产大队为单位。如果一个公社内，属于革命老根据地的生产大队超过半数，这个公社可算作革命老根据地公社"③。根据《通知》要求，有革命老区的各省区市的民政部门对辖区内被划定的老区生产大队数、人口数、耕地数以及分属的公社、县（市）等情况进行了登记，并经各省区市人民代表大会或人民政府审批划定了本省区市的老区县（市）。据"国家民政部1980年12月31日的统计，全国有老区的县（市）为1 009个，公社13 655个（80年代前期公社相继撤销，农村恢复了乡、村等行政单位），人口2.1172亿"④。

1995年，中国老区建设促进会在相关部门的协助下，对全国革命老区进行了一次大规模的调研活动。据调查资料显示：全国有老区乡镇18 995个，涉及1 389个县（市、区、旗）⑤，其中，一类老区，即90%以上的乡镇为老区的县，有409个；二类老区，即50%~89%的乡镇为老区的县，有486个；

---

① 农牧渔业部乡镇企业局. 乡镇企业政策法规选编（1979—1985）[M]. 北京：新华出版社，1987：198.
② 农牧渔业部乡镇企业局. 乡镇企业政策法规选编（1979—1985）[M]. 北京：新华出版社，1987：198.
③ 农牧渔业部乡镇企业局. 乡镇企业政策法规选编（1979—1985）[M]. 北京：新华出版社，1987：198.
④ 中国老区建设促进会. 中国革命老区：前言[M]. 北京：中共党史出版社，1997：4.
⑤ 新中国成立以来，县级行政单位作为中国地方三级行政区，是地方政权的基础，其建置沿革变化较大，有县、区（市辖区）、市（县级市）、自治县、旗、自治旗等多种名称。本书为行文方便，统称为县。

三类老区，即10%～49%的乡镇为老区的县，有419个；四类老区，即9%以下的乡镇为老区的县，有75个[①]。老区县比1980年公布的数据增加了380个，增加的原因包括以下几个方面："一是原来漏掉的，后来补上了；二是原来有争议的，后来统一认识定下来了；三是原来的游击区没有定为根据地，后来划成了老区；四是原来的行政区划只有县（市），后来机构升格增加了县（市）一级的区。此外，也有掌握尺度方面的问题"[②]。

2011年，中国老区建设促进会与各地老区建设促进会联合对全国革命老区经济社会发展情况进行了一次"万人千县"调研活动，调查范围覆盖全国有老区的28个省区市的1 599个县[③]。这1 599个老区县，占全国县总数的58%，其中一、二类老区县1 170个；老区乡镇21 714个，占全国乡镇总数的61%[④]。此次确定的有革命老区的省区市数，以及全国革命老区县、乡镇数延续至今。

由于受自然、地理、社会等多重因素影响，贫困革命老区发展相对滞后，人民生活水平不高，区域经济发展水平低，基础设施欠账较多，社会事业薄弱。鉴于此，党和政府对贫困革命老区的脱贫攻坚与振兴发展问题给予了高度关注。

1986年，国务院贫困地区经济开发领导小组在确定国家重点扶持贫困县时放宽了对革命老区县的标准，即贫困县标准为：1985年农民人均纯收入低于150元的特困县，农民人均纯收入低于200元的少数民族自治县，农民人均纯收入低于200元的革命老区县、低于300元的在国内外具有重大影响的革命老区县。

1994年，国务院在颁布实施《国家八七扶贫攻坚计划（1994—2000

---

① 中国老区建设促进会. 中国革命老区［M］. 北京: 中共党史出版社, 1997: 595.
② 中国老区建设促进会. 中国革命老区: 前言［M］. 北京: 中共党史出版社, 1997: 4.
③ 据1995年的统计，全国革命老区县数为1 389个，后因行政区划调整和遗漏补报等情况增加210个。
④ 中国老区建设促进会. 全国革命老区情况联合调研报告［EB/OL］.（2013-07）［2019-09-27］. http://www. sdlaoqu. com/shownews. asp? id=72.

年）》时，调整了国家重点扶持贫困县的标准和范围，重新确定了592个县为国家重点扶持贫困县。在这592个国家重点扶持贫困县中有革命老区县315个；各省确定的贫困革命老区县有192个[①]。

2001年，国务院颁布实施《中国农村扶贫开发纲要（2001—2010年）》时，对国家重点扶持贫困县进行了调整，并把国家重点扶持贫困县改称国家扶贫开发工作重点县，在全国确定了592个国家扶贫开发工作重点县（西藏作为特殊扶持区域，整体享受重点县待遇，不占重点县指标）。在这592个国家扶贫开发工作重点县中，有革命老区县310个，各省区市重点扶持的革命老区县有421个，总计731个贫困革命老区县，占全国老区县总数的52.6%[②]。

2011年，中共中央、国务院颁发《中国农村扶贫开发纲要（2011—2020年）》时，把国家扶贫开发工作重点县调整的权力下放到省区市，由各省区市按照实际情况进行调整，调整后的国家扶贫开发工作重点县总数仍为592个。同时，国务院扶贫开发领导小组在确定集中连片特困地区县时，对革命老区县采用了增加权重的办法予以倾斜照顾。这样，在14个集中连片特困地区的680个县中，有老区县252个，占37.06%；在片区外152个国家扶贫开发工作重点县中，有老区县105个，占69.08%[③]。

改革开放以来，党和政府推进贫困革命老区脱贫攻坚与振兴发展的历史进程可分为体制改革带动下的起步阶段（1978—1983年）、开发式扶贫推动下的展开阶段（1984—2000年）、专项特惠政策引导下的深化阶段（2001—2010年）、精准扶贫脱贫的攻坚阶段（2011—2020年）等四个阶段。

1. 体制改革带动下的起步阶段。改革开放初期，老区人民生活很贫穷。以宁夏、陕北革命老区为例：1978年，宁夏老区农民人均纯收入在50元以

---

① 中国老区建设促进会. 中国革命老区 [M]. 北京: 中共党史出版社, 1997: 598.

② 邱金凯. 再接再厉 团结奋进 努力为革命老区建设发展做出新贡献 [J]. 中国老区建设, 2011(1): 7.

③ 《中国扶贫开发年鉴》编委会. 中国扶贫开发年鉴 (2013) [M]. 北京: 团结出版社, 2014: 888.

下的有59.75万人，占老区人口的47%^①；陕北老区农民人均纯收入在50元以下，人均占有粮食在300斤左右，志丹、子洲、清涧、佳县、吴堡等县人口大量外流、外出逃荒讨饭者达2万多人^②。不仅革命老区是这样贫困，全国农村绝大多数地区也是如此。据统计，1978年，按照农民年均纯收入100元的贫困标准，全国农村没有解决温饱的贫困人口为2.5亿，贫困率为30.7%^③。造成这一时期农村普遍贫困的原因是多方面的，主要是农业经营制度不适应生产力发展需要，造成农民生产积极性低下。

针对全国农村普遍存在的贫困问题，党和政府把制度改革作为农村减贫的主要手段。以家庭承包经营制度取代人民公社的集体经营制度，以此激发农民的劳动热情，解放农村生产力，提高土地产出率，增加农民收入，实现减贫脱贫。同时，在农村实行减免工商所得税、发展乡镇企业、调减粮食征购指标、提高农副产品价格、降低农用工业品价格等政策，增加农民收入，减轻农民负担，推动减贫脱贫。此外，随着国家经济的恢复和发展，党和政府加大了对贫困地区的财政资金援助力度，帮助贫困地区改善农业生产条件，解决农民温饱问题。1980年，中央财政设立了"支援经济不发达地区发展资金"，支援对象是"老、少、边、穷"地区。1983年，中央财政又设立了专门针对甘肃河西地区、定西地区和宁夏西海固地区的"三西"农业建设专项补助资金^④。

在此阶段，有革命老区的各省区市在贯彻执行减免工商所得税、调减粮食征购指标等政策时，对贫困革命老区给予了特殊照顾。如江西省从1980年起对特困老区社队企业和个体手工业产品（烟、酒、糖、鞭炮、棉纱除外）均免征工商所得税3年，社队和社员出售的农林牧副渔产品一律免征工商所

① 中国老区建设促进会. 中国革命老区[M]. 北京：中共党史出版社，1997：1045.
② 陕西省老区建设促进会，中共陕西省委党史研究室，陕北建设委员会，等. 陕西革命老区[M]. 西安：陕西人民出版社，1998：192.
③ 《中国扶贫开发年鉴》编辑部. 中国扶贫开发年鉴（2016）[M]. 北京：团结出版社，2016：747.
④ 韩广富，刘心蕊. 改革开放以来革命老区扶贫脱贫的历史进程及经验启示[J]. 当代中国史研究，2019（1）：102.

得税3至5年；人均口粮不足450斤的老区生产队免除征购粮任务；除国家每年拨给江西省的2 000万元支援经济不发达地区发展资金外，省财政每年还安排300万元重点支援赣州和吉安老区①。在农业经营制度改革的推动和地方政府的帮助下，革命老区的贫困问题有所缓解，基本改变了人口外流、逃荒要饭、吃糠咽菜的局面，老区人民生产生活条件获得初步改善。

2. 开发式扶贫推动下的展开阶段。随着农村改革的全面展开和农村经济的不断发展，农村贫困问题得到有效缓解。但由于各地发展基础、自然条件等的差异，农村经济发展还很不平衡。1984年，按照农民年均纯收入200元的贫困标准，全国农村没有解决温饱的贫困人口为1.28亿，贫困率为15.1%②。1984年9月29日，中共中央、国务院印发了改革开放后第一个有关农村扶贫开发的重要文献《关于帮助贫困地区尽快改变面貌的通知》。这一文件要求各级党委和政府必须采取切实可行的措施，尽快帮助贫困地区解决温饱问题。同时，建立扶贫开发组织领导机构，确定国家重点扶持贫困县，安排扶贫开发专项资金，启动有组织、有计划、大规模的农村扶贫开发。20世纪90年代初，由于农业结构调整，农村经济发展的减贫效应有所减弱。1993年，按照农民年均纯收入350元的贫困标准，全国农村没有解决温饱的贫困人口为7 500万，贫困率为8.2%③。1994年4月15日，国务院颁发《国家八七扶贫攻坚计划（1994—2000年）》（以下简称《计划》），提出"集中人力、物力、财力，动员社会各界力量，力争用7年左右的时间，到2000年底基本解决农村贫困人口的温饱问题"④。《计划》对1994至2000年的扶贫开发工作做出全面部署，这是新中国历史上第一个有明确目标、明确对象、明确措施和明确期限的扶贫开发行动纲领。

在此阶段，党和政府推进扶贫开发的政策措施主要是对贫困户、贫困地

① 中国老区建设促进会. 中国革命老区 [M]. 北京: 中共党史出版社, 1997: 821–822.
② 《中国扶贫开发年鉴》编辑部. 中国扶贫开发年鉴（2016）[M]. 北京: 团结出版社, 2016: 747.
③ 《中国扶贫开发年鉴》编辑部. 中国扶贫开发年鉴（2016）[M]. 北京: 团结出版社, 2016: 747.
④ 中华人民共和国国务院新闻办公室. 中国的农村扶贫开发 [N]. 人民日报, 2001–10–16 (5).

区实行减免税、银行信贷、经济开发等优惠政策；除继续安排财政专项扶贫资金外，开始投放银行扶贫信贷资金；实施开发式扶贫，例如稳步推进扶贫搬迁，通过以工代赈改善贫困地区生产生活条件；实施"星火计划""丰收计划"，帮助贫困地区开发支柱性产业、提升乡镇企业技术水平、推广农业实用技术；实施"国家贫困地区义务教育工程"，帮助贫困地区普及九年义务教育；建立贫困地区三级医疗预防保健网，提高乡村医生服务水平；有计划地组织劳务输出，引导贫困地区劳动力合理有序地转移就业①。

有革命老区的各省区市对贫困革命老区给予大力扶持，积极帮助贫困革命老区解决温饱问题。1986年，中共福建省委做出的《关于加强老少边岛贫困地区脱贫致富工作的决定》提出了"三年脱贫，五年摘帽，八年做贡献"的奋斗目标，并先后制定了67条扶持老少边岛贫困地区脱贫致富的政策措施②；1988年，江苏省人民政府发布的《关于茅山老区经济开发的若干政策规定》提出了扶持茅山老区经济开发的7条优惠政策③；1989年，江西省人民政府印发的《关于对贫困地区和老区特困乡继续实行优惠政策的通知》提出了扶持贫困地区和老区特困乡加快发展的7条政策措施④。

在国家和地方政府的扶持下，革命老区的贫困问题得到有效缓解，贫困群众的收入逐步增加，沂蒙山区、井冈山区、大别山区、闽西南地区等革命老区群众的温饱问题基本解决。

3. 专项特惠政策引导下的深化阶段。21世纪初，中国的农村贫困呈现出新的阶段性特征，即没有解决温饱的贫困人口一般都生活在自然条件恶劣地区；初步解决温饱的贫困人口，由于生产生活条件尚未得到根本改变，温饱是不稳定的，需要继续扶持。2001年，按照农民年均纯收入630元的贫困标

① 韩广富，刘心蕊. 改革开放以来革命老区扶贫脱贫的历史进程及经验启示[J]. 当代中国史研究，2019（1）：104.

② 中国老区建设促进会. 中国革命老区[M]. 北京：中共党史出版社，1997：791.

③ 江苏省人民政府. 关于茅山老区经济开发的若干政策规定[J]. 源流，1994（6）：36-37.

④ 江西省人民政府. 关于对贫困地区和老区特困乡继续实行优惠政策的通知[J]. 江西政报，1989（14）：18-20.

准，全国农村没有解决温饱的贫困人口为2 927万，贫困率为3.2%；按照农民年均纯收入872元的低收入标准，全国农村低收入人口为9 029万，低收入人口比例为9.8%[①]。2001年6月13日，国务院颁发的《中国农村扶贫开发纲要（2001—2010年）》提出2001年至2010年扶贫开发的奋斗目标是尽快解决少数贫困人口温饱问题，进一步改善贫困地区的生产生活条件，巩固温饱成果，提高贫困人口的生活质量和综合素质，加强贫困乡村的基础设施建设，改善生态环境，逐步改变贫困地区经济、社会、文化的落后状况，为达到小康水平创造条件[②]。在此阶段，党和政府开始把西部大开发等区域发展战略的实施与推进扶贫开发密切结合起来，通过实施易地搬迁、整村推进、以工代赈、产业扶贫、就业促进、扶贫试点、老区建设等政策，开发特色优势产业，开展科技扶贫，完善基础设施，发展教育文化事业，提高医疗卫生服务水平，健全社会保障制度，加强能源和生态建设，推动贫困地区加快发展[③]。

进入21世纪以后，虽然革命老区的扶贫开发取得了显著成绩，但革命老区基础设施差、公共服务水平低、自我发展能力弱等问题并没有得到彻底改变，老区人民用电难、行路难、喝水难、就医难等问题并没有得到根本解决。2006年7月24至28日，国务院扶贫办在湖北省黄冈和江西省井冈山召开全国革命老区扶贫工作座谈会，这是国务院扶贫办成立之后第一次就革命老区扶贫开发问题而举行的专题座谈会。会议交流了贵州石漠化地区晴隆县通过科技扶贫实施连片开发和广西东、巴、凤三县通过连片开发改善生产生活条件、促进产业发展的成功经验，要求有关部门对老区扶贫工作开展一次专题调查研究，为进一步做好老区扶贫工作打下基础；调整完善扶贫规划，对老区实施连片开发，统筹解决基础设施、公共服务、生态建设、产业发展等

---

① 《中国扶贫开发年鉴》编辑部. 中国扶贫开发年鉴（2016）[M]. 北京: 团结出版社, 2016: 747.

② 中共中央文献研究室. 十五大以来重要文献选编（下）[M]. 北京: 人民出版社, 2003: 1877-1878.

③ 韩广富, 刘心蕊. 改革开放以来革命老区扶贫脱贫的历史进程及经验启示[J]. 当代中国史研究, 2019 (1): 106.

问题；扶贫资金和各项工作措施进一步向老区倾斜，扩大老区扶贫资源；抓好典型，搞好试点，以点带面做好老区扶贫工作[①]。同年，中国老区建设促进会组织开展了革命老区百县千村调研活动，撰写了160份调研报告，集中反映了革命老区生产、建设、社会发展等方面的成就，同时向中共中央、国务院反映了老区面临的突出困难和问题。2007年，中共中央、国务院把指导革命老区开发建设的任务交给了国务院扶贫办，国务院扶贫办加挂了革命老区工作办公室的牌子，中国老区建设促进会也从水利部划归国务院扶贫办主管。这标志着革命老区的扶贫开发进入新的历史阶段[②]。

随着国家财力的增长，党和政府开始制定针对革命老区扶贫开发的专项特惠政策，以此推动革命老区扶贫开发工作。

（1）设立革命老区专项转移支付资金。2001年，中央财政在一般性转移支付中增设了革命老区转移支付，主要用于革命老区专门事务、公益事业和基础设施建设，补助对象是对中国革命作出重大贡献、经济社会发展相对落后、财政较为困难的革命老区（主要是土地革命战争时期的老区）县，年度转移支付资金规模从2001年的5.02亿增加到2005年的16.52亿[③]。2006年，财政部把革命老区转移支付从一般性转移支付中划出，调整为专项管理，设立了革命老区专项转移支付资金。2006至2010年，中央财政安排的革命老区专项转移支付资金总计达到147.7亿元[④]。

（2）中央彩票公益金支持革命老区整村推进项目。从2008年起，中央财政安排彩票公益金支持革命老区贫困村开展基础设施建设、环境和公共服务设施建设、推动产业发展。2008至2010年，中央财政共安排彩票公益金5.1亿元，在国家扶贫开发工作重点县中的部分老区县实施整村推进项目，范围

①　刘坚.在全国革命老区扶贫工作座谈会上的讲话[J].党史天地，2006（9）：48.
②　韩广富，刘心蕊.改革开放以来革命老区扶贫脱贫的历史进程及经验启示[J].当代中国史研究，2019（1）：106.
③　金人庆.完善促进基本公共服务均等化的公共财政制度[J].中国财政，2006（11）：11.
④　宁新路.专项转移支付资金推进革命老区快速发展——专访财政部副部长廖晓军[N].中国财经报，2010-11-04（1）.

涉及河北、山西、安徽、江西、河南、湖北、湖南、广西、四川、贵州、陕西11个省区、27个县、360个贫困村①。

（3）红色旅游带动革命老区协调发展。2004年12月19日，中共中央办公厅、国务院办公厅印发的《2004—2010年全国红色旅游发展规划纲要》提出了发展红色旅游的原则、目标、任务、措施、指导思想和总体布局等问题。通过发展红色旅游把革命老区的历史、文化和资源优势转化为经济优势，有助于革命老区调整经济结构、培育特色产业、促进生态建设和环境保护，带动商贸服务、交通电信、城乡建设等相关行业发展，为革命老区经济社会协调发展注入新的活力②。

（4）革命老区建设示范试点。2008年，国务院扶贫办在湖北红安和广西隆林开展了革命老区建设示范试点；2009年，在山西、广西、陕西各选择1个县参加示范试点；2010年，在湖南选择2个县，在河北、安徽、江西、河南、湖北、广西、四川、陕西各选择1个县，共10个县参加示范试点。革命老区建设示范试点为统筹解决老区基础设施、公共服务、生态建设、产业发展等问题积累了重要经验③。

据国家统计局2011年对592个国家扶贫开发工作重点县中的146个一类老区县1 322个村、13 190户的抽样调查显示："十一五"期间，革命老区县贫困人口减少了286.6万，地方生产总值年均增长19.9%，地方财政预算内收入年均增长27%，农民人均纯收入年均增长13.1%。2010年，革命老区县低于1 274元扶贫标准的贫困人口约为362.4万人，贫困率为8.1%，比国家扶贫开发工作重点县贫困率低0.2个百分点；革命老区县通公路、通电、通电话、能接收电视节目的自然村占比分别为87.1%、98.6%、93.7%、95.2%，比

① 彭红. 中央专项彩票公益金支持贫困革命老区整村推进试点项目取得成效 [N]. 四平日报, 2011-11-22 (4).
② 中共中央文献研究室. 十六大以来重要文献选编 (中) [M]. 北京: 中央文献出版社, 2006: 506-516.
③ 韩广富, 刘心蕊. 改革开放以来革命老区扶贫脱贫的历史进程及经验启示 [J]. 当代中国史研究, 2019 (1): 107.

"十五"期末分别提高了8.4、2.1、15.3、7.8个百分点；革命老区县农村7至15岁儿童在校率为97.9%，比"十一五"期初提高了1.9个百分点；革命老区县有卫生室、乡村医生、合格接生员的村占比分别为79.9%、76.8%、72.7%，比"十一五"期初分别提高了7.6、3.7、3.4个百分点[①]。

4. 精准扶贫脱贫的攻坚阶段。随着《中国农村扶贫开发纲要（2001—2010年）》的成功实施，中国农村扶贫开发取得了显著成就。但是，制约贫困地区发展的深层次矛盾依然存在，特别是集中连片特殊困难地区扶贫攻坚任务仍很艰巨，地区发展差距日益凸显。2011年5月27日，中共中央、国务院颁发的《中国农村扶贫开发纲要（2011—2020年）》（以下简称《纲要》）明确了扶贫开发主战场是六盘山区等11个集中连片特殊困难地区和西藏、四省藏区、新疆南疆三地州，以及片区外的国家扶贫开发工作重点县和贫困村。《纲要》提出2011年至2020年扶贫开发的总体目标是"到2020年，稳定实现扶贫对象不愁吃、不愁穿，保障其义务教育、基本医疗和住房。贫困地区农民人均纯收入增长幅度高于全国平均水平，基本公共服务主要领域指标接近全国平均水平，扭转发展差距扩大趋势"[②]。同年11月29至30日召开的中央扶贫开发工作会议，决定将农民年人均纯收入2 300元（2010年不变价）作为新的扶贫标准。据此，2011年，全国农村贫困人口为12 238万，贫困率为12.7%[③]。

党的十八大以来，习近平强调扶贫开发要切实做到扶持对象精准、项目安排精准、资金使用精准、措施到户精准、因村派人精准、脱贫成效精准，解决好"扶持谁""谁来扶""怎么扶""如何退""如何稳"问题，逐步形成精准扶贫、精准脱贫基本方略。2015年10月，党的十八届五中全会明确提出到2020年我国现行标准下农村贫困人口实现脱贫、贫困县全部摘帽、解决区域性整体贫困。从此，中国的农村扶贫开发进入脱贫攻坚阶段。在此阶

① 国家统计局住户调查办公室. 中国农村贫困监测报告（2011）[M]. 北京: 中国统计出版社, 2012: 74-82.
② 中共中央文献研究室. 十七大以来重要文献选编（下）[M]. 北京: 中央文献出版社, 2013: 358.
③ 《中国扶贫开发年鉴》编辑部. 中国扶贫开发年鉴（2016）[M]. 北京: 团结出版社, 2016: 747.

段，党和政府推进贫困地区脱贫攻坚的政策措施主要是对贫困地区实行土地使用、生态建设、人才保障、资产收益等优惠政策；国家在贫困地区安排的公益性建设项目取消县级和西部集中连片特殊困难地区地（市）级配套资金；深入开展易地搬迁扶贫、以工代赈扶贫、整村推进扶贫、产业化扶贫、就业促进扶贫、扶贫试点、革命老区建设等专项扶贫；全面推进教育扶贫、科技扶贫、文化扶贫、卫生扶贫、能源扶贫、生态扶贫、特困群体扶贫、农村危房改造、基础设施建设、健全社会保障体系等行业扶贫。

在此阶段，为了推进贫困革命老区脱贫攻坚，党和政府采取的针对性政策和措施主要有以下几方面：

（1）针对性制定革命老区脱贫攻坚指导意见。2015年12月23日，中共中央办公厅、国务院办公厅发布的《关于加大脱贫攻坚力度支持革命老区开发建设的指导意见》强调以支持贫困老区为重点，全面加快老区小康建设进程；以扶持困难群体为重点，全面增进老区人民福祉；以集中解决突出问题为重点，全面推动老区开发开放①。这一文件对革命老区脱贫攻坚与开发建设的总体要求、工作重点、主要任务、支持政策、组织领导等问题做出明确规定，要求各地区各部门要结合实际认真贯彻执行。

（2）扩大贫困革命老区的扶持范围。2011年9月17日，国务院办公厅印发的《关于山东沂蒙革命老区参照执行中部地区有关政策的通知》提出对临沂市的费县、沂水县、沂南县、郯城县、平邑县、蒙阴县、临沭县、莒南县、苍山县（今兰陵县）、罗庄区、河东区、兰山区，淄博市的沂源县，潍坊市的临朐县，济宁市的泗水县，泰安市的新泰市，以及日照市的五莲县、莒县等18个沂蒙山革命老区县（市、区）在安排中央预算内投资等资金时，参照执行中部地区政策②。2012年6月28日，国务院印发的《关于支持赣南等原中央苏区振兴发展的若干意见》提出对地跨赣闽粤的原中央苏区实施特别

---

① 中共中央办公厅，国务院办公厅.关于加大脱贫攻坚力度支持革命老区开发建设的指导意见[J].中华人民共和国国务院公报，2016（6）：18.

② 杜鹰.中国区域经济发展年鉴（2012）[M].北京：中国财政经济出版社，2012：148.

扶持政策，强调要优先解决民生问题、夯实农业基础、推动城乡统筹发展、加快基础设施建设、培育壮大特色优势产业、加强生态建设和环境保护、发展繁荣社会事业、促进基本公共服务均等化①。这样，中央财政对革命老区的扶持范围由中西部地区扩大到东部地区。同时，积极支持湘鄂赣、太行、海陆丰等欠发达革命老区加快发展。

（3）专项计划推动革命老区振兴发展。国家发展改革委先后印发了《陕甘宁革命老区振兴规划（2012—2020年）》（2012年3月25日）、《赣闽粤原中央苏区振兴发展规划（2014—2020年）》（2014年3月20日）、《左右江革命老区振兴规划（2015—2025年）》（2015年3月2日）、《大别山革命老区振兴发展规划（2015—2020年）》（2015年6月15日）、《川陕革命老区振兴发展规划（2016—2020年）》（2016年7月27日）等跨省区重点老区振兴发展规划，明确了这些重点老区发展的指导思想、战略定位、发展目标、空间布局、主要任务、发展重点、支持政策、保障措施等问题，通过实施专项计划推动革命老区振兴发展②。

（4）区域发展带动革命老区脱贫攻坚。罗霄山区、吕梁山区、燕山—太行山区、大别山区、秦巴山区、武陵山区、六盘山区、滇桂黔石漠化区等8个集中连片特殊困难地区是革命老区较为集中地区，如罗霄山区和吕梁山区内的县全部是老区县，燕山—太行山、大别山片区中的老区县均占各片区县总数的75%以上，秦巴山区、武陵山区中的老区县均占各片区县总数的50%以上③。2011年11月至2013年1月，国务院先后启动实施了《武陵山片区区域发展与扶贫攻坚规划(2011—2020年)》（2011年11月15日）、《秦巴山片区区域发展与扶贫攻坚规划(2011—2020年)》（2012年5月10日）、《滇

---

① 国务院. 关于支持赣南等原中央苏区振兴发展的若干意见[J]. 中华人民共和国国务院公报, 2012（20）：18-23.

② 韩广富, 刘心蕊. 改革开放以来革命老区扶贫脱贫的历史进程及经验启示[J]. 当代中国史研究, 2019（1）：110.

③ 《中国扶贫开发年鉴》编委会. 中国扶贫开发年鉴（2013）[M]. 北京：团结出版社, 2014：888.

桂黔石漠化片区区域发展与扶贫攻坚规划(2011—2020年)》（2012年6月28日）、《六盘山片区区域发展与扶贫攻坚规划(2011—2020年)》（2012年8月23日）、《燕山—太行山片区区域发展与扶贫攻坚规划(2011—2020年)》（2013年1月18日）、《吕梁山片区区域发展与扶贫攻坚规划(2011—2020年)》（2013年1月18日）、《大别山片区区域发展与扶贫攻坚规划(2011—2020年)》（2013年1月18日）、《罗霄山片区区域发展与扶贫攻坚规划(2011—2020年)》（2013年1月18日）等，通过实施区域发展与扶贫攻坚规划，带动革命老区脱贫攻坚[①]。

（5）规范革命老区转移支付工作。2012年6月，财政部印发的《革命老区转移支付资金管理办法》把革命老区转移支付资金由专项转移支付改为一般性转移支付。2015年，内蒙古、辽宁、黑龙江、吉林、云南5省（区）被纳入革命老区转移支付范围，享受中央财政革命老区转移支付资金的省份扩大到23个。同时，革命老区转移支付资金不再要求县级财政配套。2001年至2015年，中央财政累计安排革命老区转移支付资金412亿元[②]。

（6）中央彩票公益金支持革命老区项目试点。在中央彩票公益金支持革命老区整村推进的基础上，实施扶贫开发创新试点项目和小型公益设施建设试点项目。中央彩票公益金支持革命老区扶贫开发创新试点项目启动于2012年，项目内容是小型生产性的公益设施建设，项目实施范围是江西、福建、广东三省原中央苏区，山东沂蒙革命老区，四川、陕西两省原川陕苏区以及甘肃庆阳等7省革命老区县。中央彩票公益金支持革命老区小型公益设施建设试点项目于2013年启动，项目内容包括交通、水利和环境改善等小型公益性设施，项目实施范围是集中连片特殊困难地区未实施彩票公益金项目

① 韩广富,刘心蕊.改革开放以来革命老区扶贫脱贫的历史进程及经验启示[J].当代中国史研究,2019（1）：110.
② 财政部预算司.中央财政加大对革命老区、民族边疆贫困地区转移支付力度[N].人民政协报,2015-12-08（1）.

的革命老区县①。

（7）中央企业开展百县万村专项扶贫行动。在中央企业定点帮扶的国家扶贫开发工作重点县中有108个老区县，这些老区县贫困程度深、基础设施欠账多、社会事业滞后、经济发展能力不强，特别是群众反映强烈的"行路难、用水难、用电难"等热点民生问题尤为突出。2014年10月24日，国资委、国务院扶贫办决定联合开展中央企业定点帮扶贫困革命老区百县万村活动，安排68家中央企业定点帮扶108个贫困老区县的14 954个贫困村，在2015至2017年开展路、水、电等小型基础设施建设，帮助老区贫困村解决行路难、用水难、用电难问题②。

（8）红色旅游带动革命老区加快发展。中共中央办公厅、国务院办公厅印发的《2011—2015年全国红色旅游发展规划纲要》《2016—2020年全国红色旅游发展规划纲要》明确了全国红色旅游发展的指导思想、基本原则、发展目标、主要任务、保障措施、组织领导等问题，为全国红色旅游发展指明了方向。相比较而言，《2016—2020年全国红色旅游发展规划纲要》更加突出强调红色旅游的理想信念教育功能，更加突出强调红色旅游的脱贫攻坚作用，更加突出强调红色旅游的内涵式发展③。2017年6月30日，交通运输部颁布了《全国红色旅游公路规划（2017—2020年）》（以下简称《规划》），确定了126个红色旅游公路项目，涉及28个省区市，建设总里程约2 442公里，总投资约231亿元；《规划》提出到"十三五"期末，基本实现所有红色旅游经典景区景点至少有一条三级及以上公路衔接，50%以上的红色旅游经典景区景点有二级及以上公路和城市道路衔接，景区与周边城区、交通网络的衔接更加顺畅，交通服务能力和水平显著提升，为促进红色旅游

---

① 韩广富，刘心蕊. 改革开放以来革命老区扶贫脱贫的历史进程及经验启示[J]. 当代中国史研究，2019（1）：111.

② 《中国扶贫开发年鉴》编委会. 中国扶贫开发年鉴（2015）[M]. 北京：团结出版社，2015：799-800.

③ 韩广富，刘心蕊. 改革开放以来革命老区扶贫脱贫的历史进程及经验启示[J]. 当代中国史研究，2019（1）：111.

持续健康发展、带动革命老区经济社会协调发展提供有力支撑①。

（9）金融机构对老区脱贫攻坚加大支持力度。鼓励各银行业金融机构总行合理扩大贫困老区分支机构授信审批权限，加大支农再贷款、扶贫再贷款对贫困老区的支持力度，建立健全信贷资金投向老区的激励机制；支持具备条件的民间资本在老区依法设立村镇银行、民营银行等金融机构，推动有关金融机构延伸服务网络、创新金融产品；鼓励保险机构开发老区特色优势农作物保险产品，支持贫困老区开展特色农产品价格保险②。

（10）强化老区脱贫攻坚土地政策保障。在分解下达新增建设用地指标和城乡建设用地增减挂钩指标时，重点向老区内国家扶贫开发工作重点县倾斜；鼓励通过城乡建设用地增减挂钩优先解决老区易地扶贫搬迁安置所需建设用地，对不具备开展增减挂钩条件的，优先安排搬迁安置所需新增建设用地计划指标；支持有条件的老区开展历史遗留工矿废弃地复垦利用、城镇低效用地再开发和低丘缓坡荒滩等未利用地开发利用试点③。

2021年1月24日，国务院颁发了《关于新时代支持革命老区振兴发展的意见》，明确提出了新时代革命老区振兴发展的主要目标是：到2025年，革命老区脱贫攻坚成果全面巩固拓展，乡村振兴和新型城镇化建设取得明显进展，基础设施和基本公共服务进一步改善，居民收入增长幅度高于全国平均水平，对内对外开放合作水平显著提高，红色文化影响力明显增强，生态环境质量持续改善；到2035年，革命老区与全国同步基本实现社会主义现代化，现代化经济体系基本形成，居民收入水平显著提升，基本公共服务实现均等化，人民生活更加美好，形成红色文化繁荣、生态环境优美、基础设施完善、产业发展兴旺、居民生活幸福、社会和谐稳定的发展新局面④。

---

① 交通运输部. 全国红色旅游公路规划[J]. 中国公路，2017（17）：15.
② 中共中央办公厅，国务院办公厅. 关于加大脱贫攻坚力度支持革命老区开发建设的指导意见[J]. 中华人民共和国国务院公报，2016（6）：21.
③ 中共中央办公厅，国务院办公厅. 关于加大脱贫攻坚力度支持革命老区开发建设的指导意见[J]. 中华人民共和国国务院公报，2016（6）：21-22.
④ 国务院. 关于新时代支持革命老区振兴发展的意见[J]. 中华人民共和国国务院公报，2021（7）：35.

　　本书是国家社会科学基金重大项目"习近平总书记关于贫困治理的思想和实践研究"（批准号：19ZDA001）的阶段性成果，其主旨是通过系统地梳理中共中央、国务院以及中央部委、有革命老区的各省区市推动革命老区脱贫攻坚与振兴发展的政策举措，揭示革命老区脱贫攻坚与振兴发展的历史经验，构建革命老区脱贫攻坚与振兴发展的基本方略，以此为研究习近平总书记关于贫困治理的思想和实践问题提供历史资料。同时，构建革命老区脱贫攻坚与振兴发展的基本方略，不仅具有丰富中国共产党反贫困理论体系的理论意义，而且具有为革命老区振兴发展提供参考借鉴的现实意义，同时具有充实中共党史研究的学术价值。

第一章

实施老区专项扶贫

专项扶贫是指国家安排财政专项扶贫资金，由各级政府扶贫部门负责组织实施开发式扶贫项目和采取特殊扶持措施，直接帮助贫困地区尤其是贫困乡村、贫困人口改善生产生活条件，发展特色产业，增加经济收入，提高自我发展能力。

第一节 易地扶贫搬迁

易地扶贫搬迁是指由政府安排专项补助资金，对生活在自然环境恶劣、缺乏生存和发展条件地区的贫困人口实行自愿移民搬迁，通过易地建设住房等基本生产生活设施，实行易地开发，改善生存与发展条件，达到稳定脱贫的目标。

易地扶贫搬迁最早始于20世纪80年代初的"三西"地区[①]。1983年，国务院决定将甘肃定西地区和宁夏西海固地区部分生存条件恶劣的贫困农户，通过吊庄移民的方式逐步迁移到新灌区，以减少定西和西海固人均耕地资源压力和对生态环境的破坏，开拓新的发展空间，解决资源约束性贫困和生态恢复问题。1994年4月15日，国务院印发的《国家八七扶贫攻坚计划（1994—2000年）》明确提出"对极少数生存和发展条件特别困难的村庄和农户，实行开发式移民"[②]。

2001年6月13日，国务院印发的《中国农村扶贫开发纲要（2001—2010年）》强调要"稳步推进自愿移民搬迁。对目前极少数居住在生存条件恶劣、自然资源贫乏地区的特困人口，要结合退耕还林还草实行搬迁扶贫"[③]。2001年9月，经国务院批准，国家计委颁布了《关于易地扶贫搬迁试点工程的实施意见》，决定在我国西部地区实施易地扶贫搬迁试点工程。2007年9月25日，国家发展改革委印发了《易地扶贫搬迁"十一五"规划》，详细部署了全国"十一五"时期易地扶贫搬迁工作。2011年5月27日，

[①] "三西"地区是指甘肃河西地区、定西地区和宁夏西海固地区。"三西"地区扶贫开发最初涉及47个县，1992年扩大到57个县。

[②] 中共中央文献研究室.十四大以来重要文献选编（上）[M].北京：人民出版社，1996：777.

[③] 中共中央文献研究室.十五大以来重要文献选编（下）[M].北京：人民出版社，2003：1882.

中共中央、国务院印发的《中国农村扶贫开发纲要（2011—2020年）》强调要"坚持自愿原则，对生存条件恶劣地区扶贫对象实行易地扶贫搬迁。引导其他移民搬迁项目优先在符合条件的贫困地区实施，加强与易地扶贫搬迁项目的衔接，共同促进改善贫困群众的生产生活环境。充分考虑资源条件，因地制宜，有序搬迁，改善生存与发展条件，着力培育和发展后续产业。有条件的地方引导向中小城镇、工业园区移民，创造就业机会，提高就业能力。加强统筹协调，切实解决搬迁群众在生产生活等方面的困难和问题，确保搬得出、稳得住、能发展、可致富"[①]。2012年7月25日，国家发展改革委印发了《易地扶贫搬迁"十二五"规划》，明确了"十二五"时期全国易地扶贫搬迁的基本形势、总体思路、建设任务、组织方式、资金筹措等问题。

2016年9月20日，国家发展改革委印发了《全国"十三五"易地扶贫搬迁规划》，明确了"十三五"时期全国易地扶贫搬迁的基本原则、迁出区域与搬迁对象、搬迁方式与安置方式、主要建设任务、建档立卡搬迁人口脱贫发展，以及资金测算与筹措、资金运作模式、搬迁进度与投资安排等问题。

1. 基本原则。（1）精准识别，精准搬迁。瞄准"一方水土养不起一方人"地区中的建档立卡贫困人口，提高搬迁对象精准识别和动态管理水平。易地扶贫搬迁各项政策、各项资金都要精准集聚，优先保障建档立卡贫困人口搬迁安置和后续脱贫。（2）群众自愿，应搬尽搬。充分尊重搬迁群众意愿，不搞强迫命令。做到对建档立卡贫困人口应搬尽搬，并统筹处理好整村搬迁的建档立卡贫困人口与未纳入建档立卡的农村低保户、特困户等同步搬迁人口的关系。（3）保障基本，完善配套。做好建档立卡搬迁人口安置住房的规划和建设，严禁"垒大户""造盆景"，防止因建房面积过大而增加搬迁群众负担，使建档立卡搬迁人口因建房而负债。（4）整合资源，稳定脱贫。紧密围绕搬迁对象脱贫目标，把扶持搬迁对象后续发展摆在更加重要位置，坚持因地制宜、多措并举、精准施策，与相关专项规划充分衔接，积

---

① 中共中央文献研究室. 十七大以来重要文献选编（下）[M]. 北京：中央文献出版社，2013：361-362.

极探索资产收益扶贫新机制，拓宽搬迁对象稳定增收渠道，搬迁安置与产业发展同步推进，实现稳定脱贫①。

2. 迁出区域。迁出区域主要为自然条件严酷、生存环境恶劣、发展条件严重欠缺且建档立卡贫困人口相对集中的农村贫困地区。具体而言：（1）深山石山、边远高寒、荒漠化和水土流失严重，且水土、光热条件难以满足日常生活生产需要，不具备基本发展条件的地区。（2）国家主体功能区规划中的禁止开发区或限制开发区。（3）交通、水利、电力、通信等基础设施，以及教育、医疗卫生等基本公共服务设施十分薄弱，工程措施解决难度大、建设和运行成本高的地区。（4）地方病严重、地质灾害频发，以及其他确需实施易地扶贫搬迁的地区。边境一线地区不纳入迁出范围②。

3. 搬迁对象。迁出区范围涉及全国22个省区市约1 400个县，需要实施易地扶贫搬迁的建档立卡贫困人口约981万人。同时，各地计划同步搬迁约647万人。（1）从区域板块看，西部地区12省区市建档立卡搬迁人口约664万人，占建档立卡搬迁人口总规模的67.7%，计划同步搬迁约423万人；中部地区6省建档立卡搬迁人口296万人，占建档立卡搬迁人口总规模的30.2%，计划同步搬迁约144万人；东部地区4省建档立卡搬迁人口约21万人，占建档立卡搬迁人口总规模的2.1%，计划同步搬迁约80万人。（2）从政策区域看，搬迁对象主要集中在国家扶贫开发重点地区。其中，集中连片特殊困难地区县和国家扶贫开发工作重点县内需要搬迁的农村人口占72%；省级扶贫开发工作重点县内需要搬迁的农村人口占12%；其他地区占16%。（3）从主要致贫因素看，迁出区与我国生态脆弱地区、地质灾害高发区和地方病多发区等地区高度重合。主要包括：因资源承载力严重不足需要搬迁的建档立卡贫困人口316万人，占建档立卡搬迁人口总规模的32.2%；因公共服务严重滞后且建设成本过高需要搬迁的建档立卡贫困人口340万人，占建档立卡搬迁人口总规模的34.7%；因灾害频发易发需要搬迁的建档立卡贫困人口106万人，占

① 国家发展改革委. 全国"十三五"易地扶贫搬迁规划[Z]. 2016-09-20: 6.
② 国家发展改革委. 全国"十三五"易地扶贫搬迁规划[Z]. 2016-09-20: 7.

建档立卡搬迁人口总规模的10.8%；因处在国家禁止开发或限制开发区需要搬迁的建档立卡贫困人口157万人，占建档立卡搬迁人口总规模的16%；因地方病高发需要搬迁的建档立卡贫困人口8万人，占建档立卡搬迁人口总规模的0.8%；因其他原因需要搬迁的建档立卡贫困人口54万人，占建档立卡搬迁人口总规模的5.5%[①]。

4. 搬迁方式与安置方式。（1）搬迁方式。搬迁方式包括自然村整村搬迁和分散搬迁两种。其中，生存环境差、贫困程度深、地质灾害严重的村庄，应以自然村整村搬迁为主，同时，按照统一规划、分批实施的原则给予优先安排。搬迁对象中，自然村整村搬迁约565万人，占34.7%；分散搬迁约1 063万人，占65.3%。（2）安置方式。综合考虑水土资源条件和城镇化进程，采取集中安置与分散安置相结合的方式多渠道解决。其中，集中安置约1 244万人，占76.4%；分散安置约384万人，占23.6%[②]。

5. 主要建设任务。（1）安置住房。建档立卡搬迁人口住房建设面积严格执行不超过25平方米/人的标准，其中单人单户安置住房可采取集中建设公寓，与幸福院、养老院共建等方式解决，具体建设方式和标准由地方政府结合当地实际确定。按照一户一宅方式安置的，可以在分配的宅基地预留续建空间，稳定脱贫后可自行扩建。同步搬迁人口住房建设应在地方政府统一指导下，按照安置区规划组织实施，住房面积标准可以建档立卡搬迁人口标准为参照，由当地市县级政府酌定。新建住房结构设计执行相关建筑规范和技术标准，确保住房质量和安全。集中安置区住房建设应统一规划，工程实施可采取统建、自建、代建等方式进行。依托小城镇或工业园区安置的，地方政府可酌情采取回购符合面积控制标准的城镇商品住房的方式，但不得回购公租房、廉租房等国家已补助投资建设的住房。依托乡村旅游区安置的，安置规划及住房、基础设施、公共服务设施和商业配套等建设要符合乡村旅游特色，充分考虑旅游发展实际需求，促进安置区与景区和谐统一。（2）

---

① 国家发展改革委. 全国"十三五"易地扶贫搬迁规划［Z］. 2016-09-20: 9.
② 国家发展改革委. 全国"十三五"易地扶贫搬迁规划［Z］. 2016-09-20: 11.

配套基础设施。配套建设安置区水、电、路、基础电信网络及垃圾、污水处理设施等基础设施。建设标准执行相关行业标准。（3）基本公共服务设施。在充分利用现有基本公共服务设施能力基础上，统筹考虑今后一个时期人口流量流向，同步规划、同步建设一批教育、卫生、文化体育，以及商业网点、便民超市、集贸市场等公共服务设施。功能布局、规模配置和建设标准等，按照国家相关行业标准、技术规范和安置区建设规划执行。（4）土地整治。对迁出区宅基地等建设用地，以及腾退、废弃土地进行复垦，适宜耕作的优先用于补充耕地资源。组织实施高标准农田、土地整理等工程建设，增加耕地数量，提高耕地质量，尽可能保障搬迁对象农业生产的基本土地（耕地、牧场、林地）等生产资料。建设标准遵从国家相关行业标准。（5）迁出区生态恢复。根据国家新一轮退耕还林还草的总体部署，加快对迁出区25度以上坡耕地实施退耕。采取退牧还草、农牧交错带已垦草原治理、小流域治理、水土保持、石漠化治理、自然保护区建设等工程和自然措施，对迁出区进行保护修复，纳入相关规划。建设标准参照行业标准[1]。

6. 建档立卡搬迁人口脱贫发展。以建档立卡搬迁人口为扶持对象，立足安置区资源禀赋，依据不同搬迁安置模式，通过统筹整合财政专项扶贫资金和相关涉农资金，支持发展特色农牧业、劳务经济、现代服务业等，探索资产收益扶贫等方式，确保实现稳定脱贫。搬迁任务完成后，易地扶贫搬迁相关剩余资金可用于对建档立卡搬迁人口的后续扶持[2]。

2016年11月23日，国务院颁发了《"十三五"脱贫攻坚规划》，提出在"十三五"期间，对全国22个省区市约1 400个县981万建档立卡贫困人口实施易地扶贫搬迁，按人均不超过25平方米的标准建设住房，同步开展安置区（点）配套基础设施和基本公共服务设施建设、迁出区宅基地复垦和生态修复等工作；安排中央预算内投资、地方政府债券、专项建设基金、长期贴息贷款和农户自筹等易地扶贫搬迁资金约6 000亿元；同步搬迁人口建房所需资

① 国家发展改革委. 全国"十三五"易地扶贫搬迁规划［Z］. 2016-09-20: 14.
② 国家发展改革委. 全国"十三五"易地扶贫搬迁规划［Z］. 2016-09-20: 25.

金，以地方政府补助和农户自筹为主解决，鼓励开发银行、农业发展银行对符合条件的项目给予优惠贷款支持；在分解下达城乡建设用地增减挂钩指标时，向易地扶贫搬迁省份倾斜；允许贫困县将城乡建设用地增减挂钩节余指标在省域范围内流转使用，前期使用贷款进行拆迁安置、基础设施建设和土地复垦[①]。

2018年6月15日，中共中央、国务院颁布了《关于打赢脱贫攻坚战三年行动的指导意见》，再次强调要深入推动易地扶贫搬迁，全面落实国家易地扶贫搬迁政策要求和规范标准，结合推进新型城镇化，进一步提高集中安置比例，稳妥推进分散安置并强化跟踪监管，完善安置区配套基础设施和公共服务设施，严守贫困户住房建设面积和自筹资金底线，统筹各项扶贫和保障措施，确保完成剩余390万左右贫困人口搬迁建设任务，确保搬迁一户、稳定脱贫一户；按照以岗定搬、以业定迁原则，加强后续产业发展和转移就业工作，确保贫困搬迁家庭至少一个劳动力实现稳定就业；在自然条件和发展环境异常恶劣地区，结合行政村规划布局调整，鼓励实施整村整组搬迁；今后3年集中力量完成"十三五"规划的建档立卡贫困人口搬迁任务，确保具备搬迁安置条件的贫困人口应搬尽搬，逐步实施同步搬迁；对目前不具备搬迁安置条件的贫困人口，优先解决其"两不愁、三保障"问题，今后可结合实施乡村振兴战略压茬推进，通过实施生态宜居搬迁和有助于稳定脱贫、逐步致富的其他形式搬迁，继续稳步推进；加强安置区社区管理和服务，切实做好搬迁群众户口迁移、上学就医、社会保障、心理疏导等接续服务工作，引导搬迁群众培养良好生活习惯，尽快融入新环境新社区；强化易地扶贫搬迁督促检查，确保高质量完成易地扶贫搬迁目标任务[②]。

---

① 国务院. "十三五"脱贫攻坚规划[J]. 中华人民共和国国务院公报, 2016（35）: 22.

② 中共中央国务院关于打赢脱贫攻坚战三年行动的指导意见[M]. 北京: 人民出版社, 2018: 12-13.

第二节　整村推进扶贫

　　整村推进扶贫是指按照因地制宜、分类指导、资源整合、群众参与的原则，以贫困村为基本单元，改善生产生活条件，提高贫困户和贫困村的可持续发展能力，稳定解决贫困人口温饱问题，促进贫困村经济社会全面发展。

　　初期的农村扶贫开发主要是以县为基本单元的区域性开发。1994年4月15日，《国家八七扶贫攻坚计划（1994—2000年）》颁布实施以后，国家开始强调扶贫开发政策措施要贯彻落实到村到户。进入21世纪，区域性贫困现象明显缓解，贫困人口分布呈分散化状态，主要集中分布在一些贫困村。鉴于此，2001年6月13日，国务院颁发的《中国农村扶贫开发纲要（2001—2010年）》强调"各有关省、自治区、直辖市要分别制定本地区的扶贫开发规划。规划要以县为基本单元、以贫困乡村为基础，明确奋斗目标、建设内容、实施措施、帮扶单位和资金来源。制定规划要实事求是、综合设计、因地制宜、分类指导，要统一评估，统一论证，一次批准，分年实施，分期投入，分期分批地解决问题"[1]。

　　2005年8月4日，国务院扶贫办等10部门联合印发了《关于共同做好整村推进扶贫开发构建和谐文明新村工作的意见》，明确了"整村推进扶贫开发构建和谐文明新村"工作的目标任务，要求把"整村推进扶贫开发构建和谐文明新村"工作纳入本部门和本行业的"十一五"规划；提出要发挥部门优势，支持贫困村各项事业和谐发展；支持和鼓励开展整合扶贫资源和支农资源的试点[2]。2008年5月13日，国务院扶贫办等13部门联合印发了《关于共

---

① 中共中央文献研究室.十五大以来重要文献选编（下）[M].北京：人民出版社，2003：1879.

② 国务院扶贫办，中央文明办，教育部，等.关于共同做好整村推进扶贫开发构建和谐文明新村工作的意见[J].中华人民共和国教育部公报，2005（10）：15-17.

同促进整村推进扶贫开发工作的意见》，强调要加大对以下三类地区贫困村的整村推进工作力度，并确保在2010年底前完成整村推进规划。（1）人口较少民族尚未实施整村推进的209个贫困村；（2）内陆边境48个国家扶贫开发工作重点县中距边境线25公里范围内尚未实施整村推进的432个贫困村；（3）592个国家扶贫开发工作重点县中307个革命老区县的尚未实施整村推进的24 008个贫困村[①]。2011年5月27日，中共中央、国务院印发的《中国农村扶贫开发纲要（2011—2020年）》强调要"结合社会主义新农村建设，自下而上制定整村推进规划，分期分批实施。发展特色支柱产业，改善生产生活条件，增加集体经济收入，提高自我发展能力。以县为平台，统筹各类涉农资金和社会帮扶资源，集中投入，实施水、电、路、气、房和环境改善'六到农家'工程，建设公益设施较为完善的农村社区。加强整村推进后续管理，健全新型社区管理和服务体制，巩固提高扶贫开发成果"[②]。

2012年9月11日，国务院扶贫办等12个部门联合制定了《扶贫开发整村推进"十二五"规划》（以下简称《规划》），规划范围是中西部地区21个省区市的30 000个贫困村和西藏自治区的200个贫困乡镇（辖1642个行政村）。《规划》分析了"十二五"时期整村推进的基本形势，明确了整村推进的总体思路、目标任务和保障措施，对"十二五"时期整村推进扶贫作出全面部署。

1. 30 000个贫困村概况。30 000个贫困村分布在中西部21个省区市的959个县，主要分布在六盘山区等11个连片特困地区和已明确实施特殊政策的四省藏区、新疆南疆三地州。土地总面积6 036.4万公顷，总人口5 497.9万人，其中：扶贫对象2 191.8万人（按2009年各省区市的扶贫标准），扶贫对象占总人口的39.9%。（1）从分布情况来看。30 000个贫困村中，西部11个省区市有20 420个，占68.1%，分布于671个县；中部10个省有9 580

① 国务院扶贫办, 中央文明办, 教育部, 等. 关于共同促进整村推进扶贫开发工作的意见[J]. 老区建设, 2008（11）: 6.

② 中共中央文献研究室. 十七大以来重要文献选编（下）[M]. 北京: 中央文献出版社, 2013: 362.

个，占31.9%，分布于288个县。有21 267个村分布于11个连片特困地区和四省藏区、新疆南疆三地州，占总数的70.9%；8 733个村分布于连片特困地区外，占29.1%。其中：位于革命老区县的村14 252个，占47.5%；位于民族自治地方的村13 158个，占43.9%；位于边境县的村1 254个，占4.2%；自然相连的村14 972个，占49.9%。（2）从贫困状况来看。一是基础设施薄弱。2009年，纳入规划的村通公路、通电、通电话比例分别是91.1%、97.1%、95.1%，比全国平均水平分别低7.7、2.5、4.0个百分点，饮水困难人口比重为29.3%。出行难、用电难、吃水难、信息闭塞等问题较为突出，严重制约了贫困村经济社会发展和扶贫对象生活水平提高。二是生产条件较差。纳入规划的村大多地处边远高寒山区和地质条件恶劣地区，生态环境脆弱，自然灾害多发。耕地总面积为1 112万公顷，其中：水浇地196.6万公顷，占17.7%；机耕地257.3万公顷，占23.1%。人均水浇地面积为0.54亩/人，人均机耕地面积为0.7亩/人，耕作条件差，机械化程度低。三是社会事业滞后。2009年，纳入规划的村劳动力平均受教育年限为7.3年，比全国平均受教育年限少1.6年，西部地区仅为6.8年。扶贫对象文化程度更低，自我发展能力提升难度大。规划村中有卫生室的行政村比例为81.5%，比全国平均水平低11.5个百分点，公共卫生条件落后。四是贫困程度较深。纳入规划的村基本没有集体经济，产业规模小，市场化程度低。2009年，农民人均纯收入2 453元，仅为全国同期农民人均纯收入5 153元的47.6%，是国家扶贫开发工作重点县农民人均纯收入2 842元的86.3%。扶贫对象2 191.8万人，扶贫对象占总人口的39.9%，其中：中部有扶贫对象678.9万人，占总人口的37.7%；西部有扶贫对象1 512.9万人，占总人口的40.9%[①]。

2. 西藏200个贫困乡镇概况。西藏的200个贫困乡镇，分布在自治区7个地（市）、73个县中的边境地区、人口较少民族聚居区、地方病高发区、高寒退化牧区、高山峡谷区、灾害多发区。200个乡镇辖1 642个村委会（居民

---

① 《中国扶贫开发年鉴》编委会. 中国扶贫开发年鉴（2013）[M]. 北京：团结出版社，2014：634-636.

委员会），占全区总乡镇数的29.3%，占全区总村数的30.1%；总人口70.70万人，占全区乡村总人口221万的32.0%。2009年农牧民人均纯收入低于1 700元（西藏自治区当年的扶贫标准）的有22.41万人，占总人口的31.7%。200个乡镇的自然环境恶劣，土地草场贫瘠，常年平均降雨量在500毫米以下，无霜期短，农牧民赖以生存的340万亩耕地，高产稳产田少。三分之一以上的草地退化沙化，其中重度退化沙化占50%以上，草畜矛盾大。经营方式粗放，科技推广落后，农牧业科技贡献率仅为36%。产业结构调整滞后，特色产业发展缓慢，市场发育严重不足。农牧民受教育程度远低于全国平均水平[①]。

3. 30 000个贫困村的建设任务。30 000个贫困村的整村推进建设内容主要包括特色优势产业培育、基础设施建设、生态建设和环境保护、公共服务和社会事业建设共4类17项。（1）特色优势产业培育项目。充分发挥贫困地区自然资源和生态环境优势，因地制宜发展农林牧渔等特色优势产业，优化产业结构，提高科技含量，培植支柱产业，推进旅游扶贫，多方位带动扶贫对象发展生产，增加收入，增强自我发展能力。（2）基础设施建设项目。以县为平台，统筹各类资源，加强贫困村的道路、农田、水利、住房等基础设施项目建设，为扶贫对象脱贫致富创造良好条件，为贫困地区发展提供有力支撑。（3）生态建设和环境保护项目。实施退牧还草、天然林保护、水土保持工程，巩固退耕还林成果，结合扶贫开发和库区移民，在重点生态脆弱区和重要生态区位有计划地推进退耕还林。开展人居环境改造，推广新型清洁能源应用，改善生态环境和贫困村村容村貌，增强抵御自然灾害能力，促进贫困地区经济、社会与资源、环境协调发展。（4）公共服务和社会事业建设项目。强化基层组织建设，改善办学条件，加快医疗卫生建设步伐，建设公益设施较为完善的农村社区，让扶贫对象共享改革发展成果[②]。

4. 西藏200个贫困乡镇的建设任务。200个贫困乡镇的整乡（镇）推进建设任务包括以下四类项目。（1）基础设施建设项目。农田水利设施建设：

---

① 《中国扶贫开发年鉴》编委会. 中国扶贫开发年鉴（2013）[M]. 北京：团结出版社，2014：636.
② 《中国扶贫开发年鉴》编委会. 中国扶贫开发年鉴（2013）[M]. 北京：团结出版社，2014：637-639.

新修和改建农田水渠430条、长1 690公里，扩大和改善农田灌溉面积20万亩；土地整治：改造中低产田12万亩；草场建设：建设网围栏10万亩，补播、灭害等草场建设12万亩；乡村道路建设：新修和改建乡村道路420条，沙石路面9 840公里；贫困户安居工程建设：安排贫困户安居工程建设1.1万户；农村饮水安全：实施农村饮水安全项目800个。（2）产业开发建设项目。种植业：安排种植项目410个，种植面积8万亩以上，修建温室大棚800座以上；养殖业：安排养殖项目480个，扩畜448万头（只、匹）；农畜产品加工业：安排加工业项目120个；民族手工业：安排民族手工业项目130个；家庭旅游业：安排家庭旅游业项目80个，扶持家庭旅馆900户以上，床位10 000个。（3）社会事业发展项目。贫困群众扶贫培训项目：安排农牧民培训6万人次，劳动力转移就业2万人；科技示范推广：安排农牧业科技示范推广5万亩，改良牲畜6万头；农牧民专业合作经济组织：安排扶持初级农牧民专业合作经济组织160个；教育事业建设：新建和改扩建乡村小学80所；文化事业建设：新建或改扩建文化活动场所、图书室900个；广播电视：力争基本实现"户户通"；村民委员会建设：建设800个村民委员会办公活动场所。（4）村容村貌改善项目。按照"统一规划、统一整治"的要求，对200个整乡推进乡镇中的1 642个村进行村容村貌整治，改善村路差、村貌脏、人畜同居等落后状况[①]。

2013年以来，党和国家总结了以往扶贫开发的实践经验，提出了精准扶贫基本方略，中国的农村扶贫开发从此进入到以精准扶贫方略引领脱贫攻坚的历史阶段。由此，从国家层面来说，不再安排扶贫开发整村推进项目。

---

① 《中国扶贫开发年鉴》编委会. 中国扶贫开发年鉴（2013）[M]. 北京：团结出版社，2014：639-640.

第三节　以工代赈扶贫

　　以工代赈扶贫是指政府投资建设公共基础设施工程，受赈济者参加工程建设获得劳务报酬，以此取代直接赈济的一项扶持政策。以工代赈是一项农村扶贫政策，当地贫困农民参加工程建设，获得劳务报酬，直接增加收入。

　　早在"三西"地区扶贫开发中，国家就采用以工代赈方式在定西、西海固地区开展小型农田水利设施和乡村道路建设。1984年11月6日，国家计划委员会发布了《关于动用库存粮、棉、布帮助贫困地区修建道路和水利工程的通知》，决定在3年内从商业库存中拿出粮食100亿斤、棉花200万担、棉布5亿米拨给贫困地区，帮助贫困地区修建道路和水利工程，这标志着国家开始采取以工代赈的方式加强贫困地区的基础设施建设。1994年4月15日，国务院印发的《国家八七扶贫攻坚计划（1994—2000年）》强调要管好用好以工代赈资金，特别是水利部门"要配合以工代赈项目的实施，加快贫困地区的基本农田建设和小流域综合治理；兴修小型水利设施，采用多种形式解决人畜饮水困难；利用山区资源，发展小水电；认真解决库区移民和滩区、蓄滞洪区群众的贫困问题"[1]。

　　2001年6月13日，国务院印发的《中国农村扶贫开发纲要（2001—2010年）》强调"要进一步扩大以工代赈规模"[2]。2005年12月27日，国家发展改革委颁发的《国家以工代赈管理办法》，对以工代赈的计划管理、项目管理、资金管理、监督检查、组织管理等问题作出明确规定。2011年5月27日，中共中央、国务院印发的《中国农村扶贫开发纲要（2011—2020年）》强调要"大力实施以工代赈，有效改善贫困地区耕地（草场）质量，稳步增加有

---

① 中共中央文献研究室. 十四大以来重要文献选编（上）[M]. 北京：人民出版社，1996：783.

② 中共中央文献研究室. 十五大以来重要文献选编（下）[M]. 北京：人民出版社，2003：1883.

效灌溉面积。加强乡村（组）道路和人畜饮水工程建设，开展水土保持、小流域治理和片区综合开发，增强抵御自然灾害能力，夯实发展基础"①。2012年5月，国家发展改革委印发了《以工代赈建设"十二五"规划》，确定了"十二五"时期以工代赈建设的指导思想和基本原则，并从基本农田建设、小型农田水利建设、农村道路建设、人畜饮水工程建设、基本草场建设、小流域综合治理等6个方面明确了以工代赈建设的目标和任务。2014年12月27日，国家发展改革委颁布了新修订的《国家以工代赈管理办法》，进一步规范了以工代赈的项目储备、申报审批、工程建设、资金管理、检查验收、部门协作等问题。

2016年12月2日，国家发展改革委颁发了《全国"十三五"以工代赈工作方案》，明确了"十三五"时期全国以工代赈的工作基础、指导思想、基本原则、总体目标、工作重点、资金筹措与管理、改革创新、组织实施等问题。

1. 总体目标。在"十三五"期间，通过以工代赈建设，使项目区内耕地（草场）质量明显提高，有效灌溉面积稳步增加，贫困群众通行难、饮水难等问题得到基本解决，水土流失、沙化、荒漠化等生态恶化趋势得到缓解，制约项目区发展与脱贫的瓶颈问题得到有效解决，生产生活条件和发展环境明显改善，贫困人口的参与度和受益水平进一步提升，自我发展能力进一步增强，为确保到2020年实现稳定脱贫目标作出积极贡献②。

2. 工作重点。（1）基本农田建设。在土地利用总体规划指导下，有序开发贫困地区耕地后备资源，加大中低产田改造力度，加强田间灌排能力建设，提高项目区农业抗御自然灾害的能力和水平。（2）农田水利建设。支持建设一批与农业生产密切相关的中小型水利工程，兴建或提升改造一批水源工程和引提水工程，重点加强五小水利工程（小水窖、小水池、小泵站、

---

① 中共中央文献研究室. 十七大以来重要文献选编（下）[M]. 北京: 中央文献出版社, 2013: 362.
② 国家发展改革委. 全国"十三五"以工代赈工作方案[EB/OL].（2016-12-02）[2016-12-22]. http://www.gov.cn/xinwen/2016-12/22/content_5151567.htm.

小塘坝、小水渠）建设，完善田间渠系配套和桥、涵、闸等农田水利设施，因地制宜开展灌区节水改造。（3）乡村道路建设。组织开展村组道路、乡村旅游路、扶贫产业路，以及山区牧道、断头路、水毁路（桥、涵）、道路硬化等建设，加强乡村道路安全防护。（4）小流域治理。以小流域为单元，因地制宜探索多种治理模式，与培育流域特色产业相结合，采取修筑淤地坝、水平梯田、堤防谷坊、截流引排、造林、种草等水土保持措施，开展农村山水田林路建设和小流域综合治理。（5）片区综合开发。以贫困面广、贫困程度深的乡镇或多个相邻贫困村为单元，按照整体推进、综合治理原则，采取集中投入、多项目组合建设的方式，开展片区综合开发。（6）草场建设。以牧区、半农半牧区和南方草山草坡地区贫困县为重点开展草场建设，有序推进沙化、退化、盐碱化草场"三化"治理，在具备条件地区开展人工饲草料基地建设，因地制宜建设青贮窖，雪灾易发区逐步推广牲畜越冬棚圈建设。（7）村容村貌整治。支持贫困地区农村垃圾、污水处理设施建设，改善贫困地区农村人居环境，提高贫困群众生活质量[①]。

3. 资金筹措与管理。（1）拓展资金筹措渠道。"十三五"期间，进一步加大对以工代赈的支持力度。各省区市要按照"省负总责"的要求，在全面落实国家关于贫困地区公益性建设项目市地级、县级配套投资减免政策基础上，进一步加大省级以工代赈资金投入力度。积极引导东西部扶贫协作、定点扶贫相关资金和开发性、政策性金融资金，以及民营企业、社会组织、个人捐赠帮扶资金等，共同投入以工代赈工程建设。（2）及时足额发放劳务报酬。坚持建设与赈济相结合的方针，县级发展改革部门要责成项目实施单位组织项目区农民特别是建档立卡贫困人口参加工程建设，并按合同约定，及时、足额支付劳务报酬。县级发展改革部门应参照当地农民务工平均收入水平，确定分地区、分行业劳务报酬指导标准，并在项目前期工作和签订工程合同时，明确劳务报酬。以工代赈项目发放的劳务报酬，应不低于该

---

① 国家发展改革委. 全国"十三五"以工代赈工作方案［EB/OL］.（2016-12-02）［2016-12-22］. http://www. gov. cn/xinwen/2016-12/22/content_5151567. htm.

项目中央资金的10%，其中向建档立卡贫困人口发放的劳务报酬比例应不低于该项目劳务报酬的50%。（3）积极开展资金统筹整合。按照《国务院办公厅关于支持贫困县开展统筹整合使用财政涉农资金试点的意见》要求，积极支持贫困县开展统筹整合使用财政涉农资金试点工作，确保将以工代赈资金项目审批权力和责任同步下放给试点贫困县。有关贫困县发展改革部门要结合编制本地"十三五"脱贫攻坚规划、以工代赈实施方案或专项规划，进一步加强以工代赈项目储备，与有关部门加强沟通协调，在制定年度资金统筹整合使用方案时，联合财政、扶贫等部门进一步加大对以工代赈的支持力度[①]。

4.改革创新。（1）创新瞄准机制。推动以工代赈由"大水漫灌"向"精准滴灌"转变，着力补上贫困地区农村基础设施"短板"。区分轻重缓急，有针对性地优先解决突出问题。推动以工代赈项目向革命老区、民族地区、边疆地区等深度贫困地区聚焦，向建档立卡贫困村集中地区聚焦、向贫困人口最亟需领域聚焦。精准安排项目、精准使用资金、精准带动贫困人口参与工程建设增收。（2）创新贫困户受益方式。积极探索"以工代赈资产变股权、贫困户变股民"的资产收益扶贫新模式。支持具备条件的地区，将以工代赈投入贫困村道路、水利设施等不宜分割的资产折股量化到农村集体经济组织，或参股当地发展前景较好的特色产业发展、旅游开发、矿产资源开发等项目，并在农村集体经济组织的收益分配时对建档立卡贫困户予以倾斜支持，使贫困户从以工代赈"佣金"单一来源收益向"佣金、股金"等多元收益转变。（3）创新管理机制。省级发展改革部门综合考虑贫困县经济社会发展水平、农村基础设施状况、贫困人口规模及分布、贫困程度等因素，将中央下达的以工代赈中央预算内投资和中央财政专项资金分解下达到项目县。进一步简政放权，坚持"县管项目"，以工代赈项目审批权限和相关责任原则上同步下放到县，确保县级拥有项目安排自主权。实施放管结

---

① 国家发展改革委. 全国"十三五"以工代赈工作方案[EB/OL].（2016-12-02）[2016-12-22]. http://www.gov.cn/xinwen/2016-12/22/content_5151567.htm.

合，改革以工代赈考核、验收办法，强化项目监管①。

5. 组织实施。（1）加强组织领导。实行"中央统筹、省负总责、市县抓落实"的工作机制。国家发展改革委负责政策制定、资金筹措、计划下达、监督考核等工作。省级发展改革部门要抓好政策衔接、计划分解下达、资金投放、投资落实、督促检查和考核评估等工作。县级发展改革部门是实施主体和责任主体，要做好项目选择、进度安排、资金使用、推进实施等工作。（2）编制实施方案。省级发展改革部门要依据本工作方案编制本省实施方案，并指导各县编制县级实施方案。实施方案应包括总体要求、建设领域、建设内容、补助标准、投资来源、政策保障、资金监管、考核评估等内容。县级实施方案应加强与本县脱贫攻坚规划及年度资金统筹整合使用方案的衔接，并重点谋划一批以工代赈项目。（3）规范项目管理。严格资金拨付程序，强化项目管理，做到资金到项目、管理到项目、核算到项目。逐步建立与项目审批权限下放相匹配的项目和资金监管体系。结合重大建设项目库，切实加强对以工代赈示范工程的管理。（4）加强能力建设。加强各级以工代赈工作能力建设，有计划分期分批地对从事以工代赈工作的人员进行业务培训，提高干部队伍思想素质和业务水平。依托大数据平台等科技手段，加快项目智能化、便捷化、精细化、规范化管理。建立健全奖惩机制和激励机制。（5）强化督查评估。建立健全监督检查工作机制，强化以工代赈项目全过程监督检查，加强以工代赈管理工作综合考核和资金使用绩效考评。全面推行公告、公示制度，主动接受社会监督②。

2019年6月27日，国家发展改革委印发了《关于进一步发挥以工代赈政策作用助力打赢脱贫攻坚战的指导意见》，强调让更多贫困群众参与农村中小型基础设施工程建设，通过劳动获取报酬，激发其脱贫致富的内生动力，

① 国家发展改革委. 全国"十三五"以工代赈工作方案[EB/OL].（2016-12-02）[2016-12-22]. http://www.gov.cn/xinwen/2016-12/22/content_5151567.htm.

② 国家发展改革委. 全国"十三五"以工代赈工作方案[EB/OL].（2016-12-02）[2016-12-22]. http://www.gov.cn/xinwen/2016-12/22/content_5151567.htm.

是以工代赈政策的初衷；要全面认识、深刻把握以工代赈的本质特征，坚持加强扶贫同扶志扶智相结合，把组织群众务工、发放劳务报酬、激发内生动力作为以工代赈工作的根本要求，发挥以工代赈资金可以支持山、水、田、林、路建设的综合优势，做好群众参与工程建设的组织动员和劳务报酬发放工作，在更宽领域、更大范围发挥好以工代赈政策的功能作用；要把"三区三州"等深度贫困地区作为支持重点，助力深度贫困地区如期打赢脱贫攻坚战，巩固脱贫成果；要按照《国务院办公厅关于支持贫困县开展统筹整合使用财政涉农资金试点的意见》有关要求，充分尊重贫困县统筹整合财政涉农资金的自主权，将以工代赈资金项目审批权限和责任下放到县，进一步提升以工代赈资金绩效[①]。

第四节　产业扶贫

产业扶贫是指通过项目和政策扶持等形式，支持贫困地区、贫困农户因地制宜发展特色优势产业，并依托扶贫龙头企业、农民合作组织等市场主体，提高组织化程度，建立利益联结机制，带动扶贫对象增加收入。

1994年4月15日，国务院印发的《国家八七扶贫攻坚计划（1994—2000年）》强调贫困地区要"依托资源优势，按照市场需求，开发有竞争力的名特稀优产品。实行统一规划，组织千家万户连片发展，专业化生产，逐步形成一定规模的商品生产基地或区域性的支柱产业"[②]。2001年6月13日，国务院印发的《中国农村扶贫开发纲要（2001—2010年）》明确提出贫困地区要积极推进农业产业化经营，"对具有资源优势和市场需求的农产品生产，要

---

① 国家发展改革委. 关于进一步发挥以工代赈政策作用助力打赢脱贫攻坚战的指导意见[EB/OL].
（2019-06-27）[2019-07-25]. http://fgw. czs. gov. cn/fzggdt/ncjj/content_2975443. html.

② 中共中央文献研究室. 十四大以来重要文献选编（上）[M]. 北京: 人民出版社, 1996: 778.

按照产业化发展方向，连片规划建设，形成有特色的区域性主导产业"①。2011年5月27日，中共中央、国务院印发的《中国农村扶贫开发纲要（2011—2020年）》强调要"促进产业结构调整，通过扶贫龙头企业、农民专业合作社和互助资金组织，带动和帮助贫困农户发展生产"②。2014年5月15日，农业部等7部门联合印发的《特色产业增收工作实施方案》明确了特色产业增收的总体思路、基本原则、区域主导产业、建设重点、任务分工、保障措施等问题。

2016年5月26日，农业部等9部门联合印发了《贫困地区发展特色产业促进精准脱贫指导意见》，明确了推进产业精准脱贫的重大意义、总体要求、支撑体系、保障措施等问题。

1. 推进产业精准脱贫的重大意义。产业扶贫是中国特色扶贫开发模式的重要特征，我国已进入扶贫开发的攻坚拔寨冲刺期，打赢脱贫攻坚战，必须进一步加大产业扶贫力度。产业扶贫是完成脱贫目标任务最重要的举措，通过产业扶持实现3000万以上农村贫困人口脱贫，打赢脱贫攻坚战就有了可靠的保障。产业扶贫是其他扶贫措施取得实效的重要基础，易地搬迁脱贫、生态保护脱贫、发展教育脱贫都需要通过发展产业实现长期稳定就业增收③。

2. 推进产业精准脱贫的总体要求。在指导思想上，切实按照中央脱贫攻坚的战略部署和精准扶贫、精准脱贫的基本方略，紧紧围绕建档立卡贫困人口增收脱贫，发挥新型经营主体和龙头企业带动作用，整合财政涉农资金，加大金融支持力度，加快培育一批能带动贫困户长期稳定增收的特色优势产业。在发展目标上，到2020年，贫困县扶持建设一批贫困人口参与度高的特色产业基地，建成一批对贫困户脱贫带动能力强的特色农产品加工、服务基

① 中共中央文献研究室. 十五大以来重要文献选编（下）[M]. 北京: 人民出版社, 2003: 1880.
② 中共中央文献研究室. 十七大以来重要文献选编（下）[M]. 北京: 中央文献出版社, 2013: 362.
③ 精准推进产业扶贫 坚决打赢脱贫攻坚战——农业部有关负责人解读《贫困地区发展特色产业促进精准脱贫指导意见》[EB/OL]. (2016-05-26) [2016-05-26]. http://www.moa.gov.cn/xw/zwdt/201605/t20160526_5151484.htm.

地，初步形成特色产业体系；贫困乡镇、贫困村特色产业突出，特色产业增加值显著提升；贫困户掌握1～2项实用技术，自我发展能力明显增强。在基本原则上，坚持聚力到户、受益精准；因地制宜、产业精准；科学设计、项目精准；保护生态、绿色发展；帮贫脱贫、联动联考①。

3. 发挥新型经营主体带动作用。培育壮大贫困地区种养大户、农民合作社、龙头企业等新型经营主体，支持通过土地托管、牲畜托养、吸收农民土地经营权入股等途径，带动贫困户增收，与贫困户建立稳定的带动关系。支持新型经营主体向贫困户提供全产业链服务，切实提高产业增值能力和吸纳贫困劳动力就业能力。此外，要引导和鼓励返乡农民工、中高等学校毕业生、退役士兵等人员，开发农村特色资源，发展产业②。

4. 创新机制确保贫困人口受益。完善利益联结机制，把共享理念贯穿到产业发展链条中，把贫困户精准受益作为扶持产业发展的必备条件，对企业等新型经营主体给予财政投资的前置条件。（1）鼓励开展股份合作，农村承包土地经营权、农民住房财产权等可以折价入股，集体经济组织成员享受集体收益分配权；有关财政资金在不改变用途的情况下，投入设施农业、养殖、光伏、水电、乡村旅游等项目形成的资产，具备条件的可折股量化给贫困村和贫困户。（2）推广订单帮扶模式，鼓励新型经营主体和有产业发展能力的扶贫对象，共同开发特色产业，依法签订利益共享、风险共担的合作协议③。

---

① 精准推进产业扶贫 坚决打赢脱贫攻坚战——农业部有关负责人解读《贫困地区发展特色产业促进精准脱贫指导意见》[EB/OL].（2016-05-26）[2016-05-26]. http://www. moa. gov. cn/xw/zwdt/201605/t20160526_5151484. htm.

② 精准推进产业扶贫 坚决打赢脱贫攻坚战——农业部有关负责人解读《贫困地区发展特色产业促进精准脱贫指导意见》[EB/OL].（2016-05-26）2016-05-26. http://www. moa. gov. cn/xw/zwdt/201605/t20160526_5151484. htm.

③ 精准推进产业扶贫 坚决打赢脱贫攻坚战——农业部有关负责人解读《贫困地区发展特色产业促进精准脱贫指导意见》[EB/OL].（2016-05-26）[2016-05-26]. http://www. moa. gov. cn/xw/zwdt/201605/t20160526_5151484. htm.

5. 完善产业精准脱贫的支撑体系。（1）健全金融服务体系。从扶贫小额信贷、扶贫再贷款等方面强化金融扶持，鼓励金融机构创新符合贫困地区特色产业发展特点的金融产品和服务方式。加大对贫困地区产业发展的保险支持力度，建立产业发展风险防控机制。（2）健全科技和人才支撑服务体系。鼓励各级技术研发推广机构和技术人员以产业基地为依托，加快科研成果转化应用，加强地方特色农畜产品品种保护利用，推进信息进村入户。加大贫困地区新型职业农民培育和农村实用人才带头人培养力度。（3）健全市场支撑体系。改善流通基础设施，大力发展电子商务，建立农产品网上销售、流通追溯和运输配送体系，积极培育产品品牌，提高产品品质①。

6. 推进产业精准脱贫的保障措施。（1）加强组织领导。中央和国家机关有关部门建立产业精准扶贫工作部门协调机制，各省（区、市）明确由农业、扶贫部门会同相关产业部门共同推动产业扶贫工作，县级党委和政府承担主体责任。（2）组织规划编制。组织编制省、县两级产业精准扶贫规划，科学设计项目，明确带动主体，确保贫困人口精准受益。（3）建立调度机制。建立建档立卡贫困户参与产业脱贫信息报送制度，动态跟踪、及时更新产业扶贫信息，实现精准化管理。（4）加强督查考核。建立产业扶贫县域考核指标体系，开展联合督查、行业督查、第三方评估等，把产业精准扶贫工作督查结果作为对各地脱贫攻坚成效考核的重要内容②。

2016年11月23日，国务院颁发的《"十三五"脱贫攻坚规划》强调每个贫困县要"建成一批脱贫带动能力强的特色产业，每个贫困乡、村形成特色拳头产品，贫困人口劳动技能得到提升，贫困户经营性、财产性收入稳定增

---

① 精准推进产业扶贫 坚决打赢脱贫攻坚战——农业部有关负责人解读《贫困地区发展特色产业促进精准脱贫指导意见》[EB/OL].（2016-05-26）[2016-05-26]. http://www. moa. gov. cn/xw/zwdt/201605/t20160526_5151484. htm.

② 精准推进产业扶贫 坚决打赢脱贫攻坚战——农业部有关负责人解读《贫困地区发展特色产业促进精准脱贫指导意见》[EB/OL].（2016-05-26）[2016-05-26]. http://www. moa. gov. cn/xw/zwdt/201605/t20160526_5151484. htm.

加"①。要"重点实施'一村一品'强村富民、粮油扶贫、园艺作物扶贫、畜牧业扶贫、水产扶贫、中草药扶贫、林果扶贫、木本油料扶贫、林下经济扶贫、林木种苗扶贫、花卉产业扶贫、竹产业扶贫等专项工程"②。2018年6月15日，中共中央、国务院颁布了《关于打赢脱贫攻坚战三年行动的指导意见》，再次强调要加大产业扶贫力度。

1. 实施贫困地区特色产业提升工程，因地制宜加快发展对贫困户增收带动作用明显的种植养殖业、林草业、农产品加工业、特色手工业、休闲农业和乡村旅游，积极培育和推广有市场、有品牌、有效益的特色产品；将贫困地区特色农业项目优先列入优势特色农业提质增效行动计划，加大扶持力度，建设一批特色种植养殖基地和良种繁育基地；支持有条件的贫困县创办一二三产业融合发展扶贫产业园；组织国家级龙头企业与贫困县合作创建绿色食品、有机农产品原料标准化基地；实施中药材产业扶贫行动计划，鼓励中医药企业到贫困地区建设中药材基地③。

2. 多渠道拓宽农产品营销渠道，推动批发市场、电商企业、大型超市等市场主体与贫困村建立长期稳定的产销关系，支持供销、邮政及各类企业把服务网点延伸到贫困村，推广以购代捐的扶贫模式，组织开展贫困地区农产品定向直供直销学校、医院、机关食堂和交易市场活动；加快推进"快递下乡"工程，完善贫困地区农村物流配送体系，加强特色优势农产品生产基地冷链设施建设；推动邮政与快递、交通运输企业在农村地区扩展合作范围、合作领域和服务内容④。

3. 完善新型农业经营主体与贫困户联动发展的利益联结机制，推广股份合作、订单帮扶、生产托管等有效做法，实现贫困户与现代农业发展有机衔接；建立贫困户产业发展指导员制度，明确到户帮扶干部承担产业发展指

①　国务院. "十三五"脱贫攻坚规划 [J]. 中华人民共和国国务院公报，2016（35）：15.

②　国务院. "十三五"脱贫攻坚规划 [J]. 中华人民共和国国务院公报，2016（35）：16.

③　中共中央国务院关于打赢脱贫攻坚战三年行动的指导意见 [M]. 北京：人民出版社，2018：9.

④　中共中央国务院关于打赢脱贫攻坚战三年行动的指导意见 [M]. 北京：人民出版社，2018：9-10.

导职责，帮助贫困户协调解决生产经营中的问题；鼓励各地通过政府购买服务方式向贫困户提供便利高效的农业社会化服务；实施电商扶贫，优先在贫困县建设农村电子商务服务站点；继续实施电子商务进农村综合示范项目；动员大型电商企业和电商强县对口帮扶贫困县，推进电商扶贫网络频道建设①。

4. 积极推动贫困地区农村资源变资产、资金变股金、农民变股东改革，制定实施贫困地区集体经济薄弱村发展提升计划，通过盘活集体资源、入股或参股、量化资产收益等渠道增加集体经济收入；在条件适宜地区，以贫困村村级光伏电站建设为重点，有序推进光伏扶贫；支持贫困县整合财政涉农资金发展特色产业；鼓励地方从实际出发利用扶贫资金发展短期难见效、未来能够持续发挥效益的产业；规范和推动资产收益扶贫工作，确保贫困户获得稳定收益；将产业扶贫纳入贫困县扶贫成效考核和党政一把手离任审计，引导各地发展长期稳定的脱贫产业项目②。

2018年12月7日，农业农村部等9部门印发了《关于实施产业扶贫三年攻坚行动的意见》，提出要增强贫困地区产业扶贫支撑保障能力。

1. 加大财政投入重点用于产业扶贫。推进贫困县涉农资金统筹整合试点工作，加大涉农资金统筹整合力度，瞄准脱贫攻坚任务目标，将整合资金优先用于保障贫困人口直接受益的产业发展资金需求，由贫困县因地制宜确定支持的重点产业项目和重点环节。有脱贫攻坚任务的其他县也要按规定统筹资金，重点支持推进产业扶贫，带动贫困人口增收脱贫。贫困地区要立足本地资源禀赋，选准特色优势产业，加大政策扶持力度，注重长期培育发展，久久为功，形成可持续发挥效益的主导产业。贫困地区要把扶贫项目资金绩效目标作为安排产业扶贫资金的重要依据，绩效目标要重点突出带贫效果，对产业扶贫项目资金实行全程绩效目标管理③。

---

① 中共中央国务院关于打赢脱贫攻坚战三年行动的指导意见［M］. 北京：人民出版社，2018：10.
② 中共中央国务院关于打赢脱贫攻坚战三年行动的指导意见［M］. 北京：人民出版社，2018：10-11.
③ 《中国扶贫开发年鉴》编辑部. 中国扶贫开发年鉴（2019）［M］. 北京：中国农业出版社，2019：1018.

2.强化金融支持产业扶贫。落实金融支持新型经营主体信贷政策，充分发挥农业信贷担保体系作用，推广政银担、政银保等模式，加大对带贫成效突出的龙头企业、农民合作社、创业致富带头人的信贷支持力度。创新开展产业扶贫贷款，根据经营主体带动建档立卡贫困户数量，按照每户不高于10万元标准合理确定贷款额度，最高不超过200万元，贷款利率在基准利率基础上最高可上浮3个百分点，并按相关规定享受扶贫贷款贴息政策。规范扶贫小额信贷发放，对符合条件的贫困户做到能贷尽贷，精准用于建档立卡贫困户发展生产。在风险可控的前提下可办理无还本续贷业务，对确因非主观因素不能到期偿还贷款的贫困户可协助其办理贷款展期业务。支持各地建立和用好产业扶贫基金，创新投资方式，简化评审程序，开辟绿色通道，加快投资落地①。

3.加大贫困地区特色产业保险力度。支持贫困地区开发特色产业险种，拓宽特色产业保险品类，开展扶贫小额信贷保证保险等业务，探索发展价格保险、产值保险、"保险+期货"等新型险种。扩大贫困地区涉农保险保障范围，开发物流仓储、设施农业、"互联网+"等险种。鼓励有条件的贫困地区对主要特色优势产业和贫困户种养产业实现农业保险全覆盖。把创业致富带头人发展的产业项目纳入保险扶贫范围，享受保险扶贫优惠政策，同时积极开发适宜产品，适度提高保额，适当降低保险费率②。

4.健全产业扶贫科技服务机制。依托各类涉农院校、科研院所和推广机构技术团队，以县为单位建立产业扶贫技术专家组，开展关键技术攻关、生产技术指导、质量品质提升、市场信息研判、产业风险防范等服务。按照发展特色优势产业、带动贫困户精准脱贫等要求，建立基层农技人员定向扶贫机制，对贫困户进行技能培训、提供技术指导、开展咨询服务，提高科学种养水平。在贫困地区全面实施农技推广服务特聘计划，通过政府购买服务方

---

① 《中国扶贫开发年鉴》编辑部.中国扶贫开发年鉴（2019）[M].北京:中国农业出版社,2019:1018.
② 《中国扶贫开发年鉴》编辑部.中国扶贫开发年鉴（2019）[M].北京:中国农业出版社,2019:1018-1019.

式，支持贫困县从农业乡土专家、种养能手、新型经营主体技术骨干、科研教学单位一线服务人员中招聘一批特聘农技员，为贫困户从事农业生产经营提供技术帮扶。统筹利用基层农技推广体系改革与建设等推广项目资金，对特聘农技员给予补助。建立科技特派员与贫困村结对服务关系，实现科技特派员对贫困村科技服务和创业带动全覆盖。根据贫困村创业致富带头人产业发展需求，突出针对性实效性，建立健全课堂教学与实践实训相结合的培训机制，提升创业项目带贫减贫效果[1]。

5. 建立贫困户产业发展指导员制度。从贫困村第一书记、驻村工作队成员、结对帮扶干部、村组干部、新型经营主体带头人中遴选贫困户产业发展指导员，明确产业发展指导员在产业扶贫政策宣讲、项目落地、产业选择、技术服务、产品销售以及风险防范等方面的职责，构建贫困户产业发展指导员与县级产业扶贫技术专家组协同配合工作机制[2]。

6. 做好产业扶贫与乡村振兴的衔接。把发展扶贫产业作为推动贫困地区乡村振兴的有效抓手，着力改善产业发展的支撑条件，不断健全现代乡村产业体系，提高脱贫效果的可持续性，避免短期行为。兼顾好"边缘人口"的产业发展需要，在技术指导、人员培训、金融保险等帮扶措施上统筹考虑，推动"边缘人口"共同增收致富[3]。

第五节　就业促进扶贫

就业促进扶贫是指统筹各类培训资源，组织有就业培训意愿的贫困家庭劳动力参加劳动预备制培训、岗前培训、订单培训和岗位技能提升培训，实

---

① 《中国扶贫开发年鉴》编辑部. 中国扶贫开发年鉴（2019）[M]. 北京：中国农业出版社，2019：1019.
② 《中国扶贫开发年鉴》编辑部. 中国扶贫开发年鉴（2019）[M]. 北京：中国农业出版社，2019：1019.
③ 《中国扶贫开发年鉴》编辑部. 中国扶贫开发年鉴（2019）[M]. 北京：中国农业出版社，2019：1019.

现就业意愿、就业技能与就业岗位精准对接，提高劳动组织化程度和就业脱贫覆盖面。

2004年，国务院扶贫办启动了直接针对农村贫困人口的就业促进项目——"雨露计划"。2004年至2009年，"雨露计划"以农村贫困家庭青壮年劳动力短期转移就业培训为主，实行培训计划下达到培训基地，扶贫补贴经费拨付到培训基地，由基地减免培训费，受训者间接获得扶贫培训补贴。2010年以后，以扶持农村贫困家庭新成长劳动力接受中、高等职业技术教育为主，同时拓展"雨露计划"工作领域，改革"雨露计划"实施方式，扶贫补贴采用"一卡（折）通"直补到户。"雨露计划"工作领域包括农村贫困家庭新成长劳动力职业教育培训；贫困地区农村实用技术培训；贫困村致富带头人创业培训；农村贫困家庭青壮年劳动力转移就业技能培训。"雨露计划"的全面实施，标志着农村扶贫开发由以自然资源开发为主的阶段，发展到自然资源开发与人力资源开发并举的新阶段。

2011年5月27日，中共中央、国务院印发的《中国农村扶贫开发纲要（2011—2020年）》强调要完善雨露计划，"以促进扶贫对象稳定就业为核心，对农村贫困家庭未继续升学的应届初、高中毕业生参加劳动预备制培训，给予一定的生活费补贴；对农村贫困家庭新成长劳动力接受中等职业教育给了生活费、交通费等特殊补贴。对农村贫困劳动力开展实用技术培训。加大对农村贫困残疾人就业的扶持力度"[①]。2015年6月2日，国务院扶贫办、教育部、人力资源和社会保障部联合印发了《关于加强雨露计划支持农村贫困家庭新成长劳动力接受职业教育的意见》，进一步明确了加强雨露计划支持农村贫困家庭新成长劳动力接受职业教育工作的指导思想、工作目标、工作原则、扶持对象和方式、扶持政策、责任分工、组织保障等问题。

1.指导思想。把雨露计划农村贫困家庭新成长劳动力职业教育作为实现精准扶贫的一项硬任务，统筹发挥政府、市场和社会的协同推进作用，坚持

---

① 中共中央文献研究室.十七大以来重要文献选编（下）[M].北京：中央文献出版社，2013：362.

就业导向，提供政策支持，引导农村贫困家庭新成长劳动力接受职业教育，提素质、学技能，稳就业、增收入，为新型工业化、城镇化建设培养技术技能人才，阻断贫困世代传递①。

2. 工作目标。通过政策扶持，农村贫困家庭子女初、高中毕业后接受中、高等职业教育的比例逐步提高，确保每个孩子起码学会一项有用技能，贫困家庭新成长劳动力创业就业能力得到提升，家庭工资性收入占比显著提高，实现一人长期就业，全家稳定脱贫的目标②。

3. 工作原则。（1）精准扶贫、直补到户。雨露计划扶持政策与建档立卡工作紧密衔接，瞄准扶贫对象，支持农村贫困家庭子女接受职业教育，资金直补到户。（2）就业导向、群众自愿。发挥市场在资源配置中的决定性作用，以就业前景和职业发展为导向，引导贫困家庭新成长劳动力自主选择就学地点、学校和专业。（3）政府推动、社会参与。政府发挥引导作用，制定扶持政策，加强管理和指导，提供信息服务。动员社会力量参与，促进社会扶贫和教育扶贫相结合，合力推动农村贫困家庭新成长劳动力职业教育工作③。

4. 扶持对象和方式。（1）扶持对象。子女接受中等职业教育（含普通中专、成人中专、职业高中、技工院校）、高等职业教育的农村建档立卡贫困家庭。（2）扶持方式。符合条件的贫困学生无论在何地就读，其家庭均在户籍所在地申请扶贫助学补助。补助资金通过一卡通（一折通）直接补给贫困家庭④。

5. 扶持政策。贫困家庭子女参加中、高等职业教育，给予家庭扶贫助学补助。学生在校期间，其家庭每年均可申请补助资金。各地根据贫困家庭新成长劳动力职业教育工作开展的实际需要，统筹安排中央到省财政专项扶贫

① 《中国扶贫开发年鉴》编辑部. 中国扶贫开发年鉴（2016）[M]. 北京: 团结出版社, 2016: 851.
② 《中国扶贫开发年鉴》编辑部. 中国扶贫开发年鉴（2016）[M]. 北京: 团结出版社, 2016: 851.
③ 《中国扶贫开发年鉴》编辑部. 中国扶贫开发年鉴（2016）[M]. 北京: 团结出版社, 2016: 851-852.
④ 《中国扶贫开发年鉴》编辑部. 中国扶贫开发年鉴（2016）[M]. 北京: 团结出版社, 2016: 852.

资金和地方财政扶贫资金，确定补助标准，可按每生每年3 000元左右的标准补助建档立卡贫困家庭。享受上述政策的同时，农村贫困家庭新成长劳动力接受中、高等职业教育，符合条件的，享受国家职业教育资助政策[①]。

6. 职责分工。（1）扶贫部门。加强与教育、人力资源和社会保障等部门的沟通协调，排查摸底建档立卡贫困家庭子女接受教育培训情况，落实雨露计划扶贫助学补助，引导初、高中毕业的孩子接受职业教育，开展效果监测评估。（2）教育部门。督促地方落实国家职业教育相关资助政策。加快发展贫困地区现代职业教育，鼓励国家示范性高等职业院校增加面向中西部地区招生计划。利用完善的教育体系，宣传贫困家庭子女职业教育扶持政策，为贫困家庭提供信息和咨询服务，保证贫困家庭子女职业教育质量。（3）人社部门。加强对所属技工院校的监督管理，保障参加职业教育贫困家庭学生的就学质量。落实职业技能鉴定补贴政策，加大对贫困家庭学生的补贴力度。加强对就业创业工作的组织领导，提供就业信息服务，促进贫困家庭子女毕业后尽快实现就业[②]。

7. 组织保障。（1）加强组织领导。按照"中央统筹、省负总责、县抓落实"的管理体制，国家层面统一规划，监督指导。各级扶贫开发部门要把贫困家庭子女职业教育工作列入重要议事日程，制订工作计划，明确工作目标，加强部门协调，保障助学补助资金和工作经费。（2）规范资金管理。各地要加强各项财政资金的管理监督，严格操作程序，实行公告公示制度，自觉接受纪检、监察、审计等部门监管和社会监督。对虚报冒领、私分、截留、挪用资金的单位和个人，依据有关规定严肃查处。（3）强化宣传动员。发挥基层组织尤其是村两委和驻村工作队的一线组织动员作用，宣传国家政策，引导贫困家庭子女接受职业教育。充分发挥初、高中学校的宣传动员作用，引导学生选择优质培训机构。采取多种方式特别是新媒体手段宣传国家政策和雨露计划工作成果，营造全社会关注、关心和参与雨露计划扶贫

---

① 《中国扶贫开发年鉴》编辑部. 中国扶贫开发年鉴（2016）[M]. 北京: 团结出版社, 2016: 852.

② 《中国扶贫开发年鉴》编辑部. 中国扶贫开发年鉴（2016）[M]. 北京: 团结出版社, 2016: 852.

行动的氛围。（4）严格考核评估。将贫困家庭新成长劳动力职业教育纳入扶贫工作考核。（5）推行信息化管理。建立雨露计划信息服务管理系统，与扶贫开发建档立卡信息系统、教育部职业教育学籍管理系统、人社部技工院校学籍管理系统实现数据对接，实行贫困家庭学生职业教育扶贫补助网上申报，系统自动比对筛选，提高扶持对象资格审核的工作效率和准确度。相关部门充分利用已有平台，积极对就业状况进行跟踪监测①。

2016年11月23日，国务院颁发的《"十三五"脱贫攻坚规划》强调要推进贫困地区培训工程，"重点实施新型经营主体培育、新型职业农民培育、农村实用人才带头人和大学生村官示范培训、致富带头人培训、农民手机应用技能培训等专项工程"②；深化重点群体免费职业培训行动，"组织开展贫困家庭子女、未升学初高中毕业生等免费职业培训"③；开展返乡农民工创业培训行动，"实施农民工等人员返乡创业培训五年行动计划（2016—2020年），推进建档立卡贫困人口等人员返乡创业培训工作"④；推进春潮行动，"到2020年，力争使各类农村转移就业劳动者都有机会接受1次相应的职业培训，平均每年培训800万人左右，优先保障有劳动能力的建档立卡贫困人口培训"⑤。

2016年12月2日，人力资源和社会保障部、财政部、国务院扶贫办联合印发了《关于切实做好就业扶贫工作的指导意见》，强调做好就业扶贫工作，促进农村贫困劳动力就业，是脱贫攻坚的重大措施，明确了做好就业扶贫工作的主要措施。

1. 摸清基础信息。各地扶贫部门要在建档立卡工作基础上，切实担负摸查贫困劳动力就业失业基础信息的责任。对未就业的摸清就业意愿和就业服

① 《中国扶贫开发年鉴》编辑部.中国扶贫开发年鉴（2016）[M].北京：团结出版社，2016：852-583.
② 国务院."十三五"脱贫攻坚规划[J].中华人民共和国国务院公报，2016（35）：16.
③ 国务院."十三五"脱贫攻坚规划[J].中华人民共和国国务院公报，2016（35）：20.
④ 国务院."十三五"脱贫攻坚规划[J].中华人民共和国国务院公报，2016（35）：20.
⑤ 国务院."十三五"脱贫攻坚规划[J].中华人民共和国国务院公报，2016（35）：20.

务需求，对已就业的摸清就业地点、就业单位名称和联系方式，并填写农村贫困劳动力就业信息表，组织专人审核并将信息录入扶贫开发信息系统。充分发挥行政村第一书记、驻村工作队作用，把摸查责任落实到人，谁摸查、谁负责，对信息不准确的重新摸查和录入。创新摸查方式，多渠道开展信息摸查工作，有条件的地方可通过购买服务的方式予以支持。人力资源和社会保障部将建立"农村贫困劳动力就业信息平台"，实现与扶贫开发信息系统对接，支持各地人力资源和社会保障部门获取在本地的贫困劳动力基础信息[①]。

2. 促进就地就近就业。各地要积极开发就业岗位，拓宽贫困劳动力就地就近就业渠道。东部省份、中西部省份经济发达地区要依托对口协作机制，结合产业梯度转移，着力帮扶贫困县发展产业，引导劳动密集型行业企业到贫困县投资办厂或实施生产加工项目分包。各地要积极支持贫困县承接和发展劳动密集型产业，支持企业在乡镇（村）创建扶贫车间、加工点，积极组织贫困劳动力从事居家就业和灵活就业。鼓励农民工返乡创业、当地能人就地创业、贫困劳动力自主创业，支持发展农村电商、乡村旅游等创业项目，切实落实各项创业扶持政策，优先提供创业服务。对大龄、有就业意愿和能力、确实难以通过市场渠道实现就业的贫困劳动力，可通过以工代赈等方式提供就业帮扶[②]。

3. 加强劳务协作。各地要依托东西部对口协作机制和对口支援工作机制，开展省际劳务协作，同时要积极推动省内经济发达地区和贫困县开展劳务协作。贫困县要摸清本地贫困劳动力就业需求，并主动提供支援地，积极承接支援地提供的援助服务。支援地要广泛收集岗位信息，努力促进贫困劳动力与用人单位精准对接，提高劳务输出组织化程度；帮助贫困县健全公共就业服务体系，完善公共就业服务制度，提升就业服务能力；充分利用现代化手段开展远程招聘，降低异地招聘成本，提高招聘效率；支持贫困地区办

---

① 《中国扶贫开发年鉴》编辑部. 中国扶贫开发年鉴（2017）[M]. 北京：团结出版社，2017: 1143-1144.
② 《中国扶贫开发年鉴》编辑部. 中国扶贫开发年鉴（2017）[M]. 北京：团结出版社，2017: 1144.

好技工学校、职业培训机构和公共实训基地，重点围绕区域主导产业加强专业、师资、设备建设，提高技工教育和职业培训能力；加强对在支援地就业贫困劳动力的权益维护，提升其就业稳定性。各地要在企业自愿申报的基础上，遴选一批管理规范、社会责任感较强、岗位适合的企业作为贫困劳动力就业基地，定向招收贫困劳动力。鼓励人力资源服务机构、农村劳务经纪人等市场主体开展有组织劳务输出，按规定给予就业创业服务补贴。鼓励地方对跨省务工的农村贫困人口给予交通补助①。

4. 加强技能培训。各地要以就业为导向，围绕当地产业发展和企业用工需求，统筹培训资源，积极组织贫困劳动力参加劳动预备制培训、岗前培训、订单培训和岗位技能提升培训，提高培训的针对性和有效性，并按规定落实职业培训补贴。实施技能脱贫千校行动，组织省级重点以上的技工院校，定向招收建档立卡贫困户青年，帮助他们获得专业技能，在毕业后实现技能就业。对就读于技工院校的建档立卡贫困家庭学生，按规定免除学费、发放助学金、提供扶贫小额信贷等，支持其顺利完成技工教育并帮助其就业②。

5. 促进稳定就业。各地要切实维护已就业贫困劳动力劳动权益，指导督促企业与其依法签订并履行劳动合同、参加社会保险、按时足额发放劳动报酬，积极改善劳动条件，加强职业健康保护。要定期联系、主动走访已就业贫困劳动力，及时掌握其就业失业情况，对就业转失业的，及时办理失业登记，按规定落实失业保险待遇，提供"一对一"就业帮扶，帮助其尽快上岗。鼓励人力资源服务机构对已就业农村贫困劳动力持续、跟踪开展就业服务，按规定给予就业创业服务补贴。鼓励企业稳定聘用贫困劳动力，对吸纳符合就业困难人员条件的贫困劳动力就业并缴纳社会保险的企业，给予社会保险补贴，补贴期限不超过三年。对吸纳贫困劳动力较多的企业，优先给予扶贫再贷款。人力资源和社会保障部、国务院扶贫办将开展精准扶贫爱心企业创建活动，鼓励企业吸纳和稳定贫困劳动力就业。各地人力资源和社会保

① 《中国扶贫开发年鉴》编辑部. 中国扶贫开发年鉴（2017）[M]. 北京：团结出版社，2017：1144.
② 《中国扶贫开发年鉴》编辑部. 中国扶贫开发年鉴（2017）[M]. 北京：团结出版社，2017：1144-1145.

障部门、扶贫部门要积极协调有关方面，为在当地就业的贫困劳动力提供力所能及的人文关怀，帮助其适应就业岗位和城市生活，积极引导志愿者组织、慈善组织等社会团体为贫困劳动力及其家属开展关爱活动[①]。

2018年6月15日，中共中央、国务院颁布了《关于打赢脱贫攻坚战三年行动的指导意见》，再次强调要全力推进就业扶贫，实施就业扶贫行动计划，推动就业意愿、就业技能与就业岗位精准对接，提高劳务组织化程度和就业脱贫覆盖面；鼓励贫困地区发展生态友好型劳动密集型产业，通过岗位补贴、场租补贴、贷款支持等方式，扶持企业在贫困乡村发展一批扶贫车间，吸纳贫困家庭劳动力就近就业；推进贫困县农民工创业园建设，加大创业担保贷款、创业服务力度，推动创业带动就业；鼓励开发多种形式的公益岗位，通过以工代赈、以奖代补、劳务补助等方式，动员更多贫困群众参与小型基础设施、农村人居环境整治等项目建设，吸纳贫困家庭劳动力参与保洁、治安、护路、管水、扶残助残、养老护理等，增加劳务收入；推进扶贫劳务协作，加强劳务输出服务工作，在外出劳动力就业较多的城市建立服务机构，提高劳务对接的组织化程度和就业质量；东部地区要组织企业到西部地区建设产业园区，吸纳贫困人口稳定就业；西部地区要组织贫困人口到东部地区就业；实施家政和护工服务劳务对接扶贫行动，打造贫困地区家政和护工服务品牌，完善家政和护工就业保障机制；实施技能脱贫专项行动，统筹整合各类培训资源，组织有就业培训意愿的贫困家庭劳动力参加劳动预备制培训、岗前培训、订单培训和岗位技能提升培训，按规定落实职业培训补贴政策；推进职业教育东西协作行动，实现东西部职业院校结对帮扶全覆盖，实施技能脱贫千校行动，支持东部地区职业院校招收对口帮扶的西部地区贫困家庭学生，帮助有在东部地区就业意愿的毕业生实现就业；在人口集中和产业发展需要的贫困地区办好一批中等职业学校（含技工学校），建设一批职业技能实习实训基地[②]。

---

① 《中国扶贫开发年鉴》编辑部. 中国扶贫开发年鉴（2017）[M]. 北京：团结出版社，2017：1145.
② 中共中央国务院关于打赢脱贫攻坚战三年行动的指导意见[M]. 北京：人民出版社，2018：11-12.

第六节　扶贫试点

扶贫试点是指为创新扶贫开发机制和解决特殊深度贫困问题而开展的一系列探索性、试验性扶贫工作或扶贫项目。开展扶贫试点的目的，一是推进扶贫开发的制度创新、机制创新，提高扶贫开发工作水平；二是有针对性地探索解决局部存在的特殊贫困问题和深度贫困问题。

"十一五"以来，国务院扶贫办主导开展的扶贫试点工作，在240个国家扶贫开发工作重点县开展"县为单位、整合资金、整村推进、连片开发"试点，四川阿坝州扶贫开发和综合防治大骨节病试点、云南布朗族及瑶族山瑶支系扶贫试点、新疆阿合奇边境扶贫试点、贵州石漠化地区种草养畜扶贫试点、四川凉山州"三房"改造试点、贵州威宁喀斯特地区扶贫开发试点、四川大小凉山扶贫开发与艾滋病综合防治试点、甘肃庆阳绒山羊产业化扶贫试点、甘肃定西马铃薯产业化扶贫试点、宁夏中部干旱带产业扶贫试点、燕山—太行山片区阜平试点、甘肃积石山羊产业扶贫试点等。这些扶贫试点项目覆盖部分贫困革命老区县。通过扶贫试点，对创新扶贫开发机制和解决特殊深度贫困问题进行了有益探索，积累了宝贵经验。

2011年5月27日，中共中央、国务院印发的《中国农村扶贫开发纲要（2011—2020年）》强调要"创新扶贫开发机制，针对特殊情况和问题，积极开展边境地区扶贫、地方病防治与扶贫开发结合、灾后恢复重建以及其他特困区域和群体扶贫试点，扩大互助资金、连片开发、彩票公益金扶贫、科技扶贫等试点"[1]。

以福建省革命老区秦宁县中央专项彩票公益金扶贫试点项目为例：2018

---

[1] 中共中央文献研究.十七大以来重要文献选编（下）[M].北京:中央文献出版社,2013:362-363.

年，中央专项彩票公益金扶贫试点项目在该县总投资2 000万元，项目成功助力泰宁县11个贫困村提前脱贫。主要做法和成效是：

1. 贫困村受益，改善生产生活条件。泰宁县中央专项彩票公益金扶贫试点项目投资共涉及7个乡（镇）11个建档立卡贫困村。投资具体安排是：杉城镇红光村150万元，朱口镇龙湖村、音山村450万元，上青乡崇际村、江边村400万元，新桥乡岭下村200万元，开善乡儒坊村200万元，梅口乡大洋村150万元，大龙乡大布村、官江村、张地村450万元。各项目乡镇严格按照项目工程建设的有关管理规定和强化项目监督，项目顺利推进，于2018年5月完成设计和批复，2018年7月完成施工招标，2018年8月全部开工建设，2019年1月全部竣工，2019年2月全部完成竣工验收，2019年3月完成移交管护使用。主要建设内容包括：引水坝5座；消力坎3座；渠道10条，长3 078米；农沟1条，长132.2米；排水沟1条，长621.2米；排洪沟10条，长2 061米；护岸31条，总长4 738.1米；砂碎石路面机耕路7条，长2 281.4米，现浇砼路面机耕路63条，长25 345米。项目建设工程全部竣工验收并交付使用，很大程度改善了项目区耕地的引水灌溉、排洪排涝、防冲防洪、交通运输、生产生活条件，促进了项目区农业综合生产能力提高、农民经济收入增加和农业产业结构调整[1]。

2. 经济、生态和社会效益同步增长。通过项目建设，加强改善了农业基础设施建设，推进了农业产业结构调整和农业产业化进程，促进了贫困村、贫困户增收，实现了经济、生态和社会效益同步增长。（1）经济效益。通过项目建设，一是改善了项目区交通条件，最大限度地降低了农业资源和生产资料的运输成本，促使各项资源得以充分利用支配，使得发展高效农业成为可能；二是提高了项目区灌溉和排水效率，大大降低了农业生产受旱涝气候的影响程度，生产效益得到保障；三是部分易受洪水冲毁的耕地得到有效保护，农民可以放心进行农业生产。总之，项目区耕地的农业生产成本得以

---

① 罗义兴，余善宝，邹家华. 中央专项彩票公益金助力泰宁县11个村提前脱贫［EB/OL］. (2021-03-15)
［2021-03-15］. http://www.fjtc.com.cn/ssgy/20210315/520033.html.

降低，提高了耕地利用率、农业综合生产能力和生产效率，使得耕地流转、规模经营、多元经营及产业化经营成为可能，促进了项目区农业增效增收。新增和改善灌溉面积1 750亩，新增和改善除涝面积1 000亩，年可增产粮食55万公斤，增产蔬菜45万公斤，新增其他农产品7.5万公斤，年新增产值336万元，农民年增加纯收入300万元，为项目区贫困村的213户贫困户706名贫困人口实现脱贫致富起了重要作用。（2）社会效益。通过项目的实施，全面提升了项目区各贫困村的农业生产基础设施水平，改善了生活环境条件，提高了土地产出率和农业综合生产能力，促进了农业产业结构调整和增效增收，为项目区贫困村、贫困户顺利脱贫助一臂之力，项目涉及的11个贫困村213户706名贫困人口至2018年底全部脱贫。（3）生态效益。项目建设完成后，可以有效提高生产效率，增加森林和水浇田面积，促进社会稳定，减少用工量和生产成本，提高村民种植林果的积极性，带动周边地区林果产业的发展，提高生态功能，改善区域性生态环境①。

　　3. 贫困户直接受益，增产又增收。新桥乡岭下村是一座集田园文化、古色文化、红色文化为一体的传统古村。中央专项彩票公益金扶贫试点项目资金投资200万元，用于支持岭下村小型生产性公益设施建设。项目实际完成排洪沟2条，总长140米；护岸2条，总长619米；消力坎3个，总长30米；排水沟3条，总长350米，涵洞2座；新建改建机耕路9条，总长2 854.16米；下田坡道16处；错车道9处；交汇口14处；回车道1处；过路排水管铺设177米覆盖垵面田600多亩。惠及农户208户，其中包含15户53人的贫困户，取得良好的经济、社会效益，具体为：（1）多元发展绿色产业，增加经济效益。树牢"绿水青山就是金山银山"的绿色发展理念，结合农业基础设施的优势资源，成立良友生态农场、金钱垅专业合作社，引导村民、贫困户参与特色农产品发展，种植高山红莲200亩、杂交水稻500亩、莲田养鱼165亩，成功培育了"峨嵋古稻""峨嵋高山红莲""高山红花油茶"等"峨嵋"系列产

---

① 罗义兴，余善宝，邹家华. 中央专项彩票公益金助力泰宁县11个村提前脱贫［EB/OL］.（2021-03-15）［2021-03-15］. http://www.fjtc.com.cn/ssgy/20210315/520033.html.

品；依托"红色岭下"旅游资源、乡村振兴等资源优势，鼓励贫困户在当地结合旅游发展农产品种养、餐饮、娱乐等旅游延伸关联产业，带动村民实现家门口就业。（2）精准扶持贫困户，扩大社会效益。重点向在家门口就业的贫困户倾斜，将资金精准利用到贫困户的田间地头，鼓励贫困户利用完善的基础设施，通过力所能及的劳动获得劳务收入。贫困户黄长隆2017年底种植烟叶16亩，因所租用的烟田远离主干道，同时好几亩烟田排水系统不通畅，是烂泥塘的薄地，劳作起来总是满身泥泞，耗费体力。农田道路没有硬化，培育烟叶的农用物资运输都是通过肩挑背扛，劳动效率低下。同时，家里人丁单薄，缺乏劳动力，长期要雇佣村民帮助劳动，加之田地比较偏远，一年收入虽然有6.5万元，但其中有三分之一的成本都用在雇工身上。为增加他家的收入，2018年村党支部利用央彩项目基金对包括他家在内的贫困户田地进行资金倾斜，完善他们农田的交通、灌溉、防洪等基础设施。方便快捷的设施当年就帮助他实现增产2亩，增收1.2万元，有效降低人工成本0.5万元之多。再以贫困户邓平青为例，他们夫妻俩腿脚不便，只能就近选择几亩田种植水稻，产业比较单一。生产性公益设施建设完成之后，在"党支部+能人+贫困户"模式带动下，他加入良友生态农场，利用肥沃的塅面田，便利的农业基础设施，种植优质稻、养殖稻花鱼、林下养殖鸡鸭等，同时还购买小型农用车、犁田机、收割机等机械化工具，多元化产业发展让他家的人均纯收入从2018年的1.1万元增加到3.6万元，实现了翻三番。（3）助力美丽乡村建设，利好生态效益。结合美丽乡村建设、农村人居环境整治等，利用央彩项目基金，完善村庄规划管理，大力实施环境净化、道路硬化、房屋美化、村庄绿化等工程，推进防洪堤、机耕路硬化、公厕、停车场等20多项民生项目建设，持续实施彩绘美化全村环境，扮靓"天蓝、地绿、水清"的美丽岭下①。

岭下村驻村第一书记邹家华介绍："2020年，岭下村集体自有收入32.6

---

① 罗义兴, 余善宝, 邹家华. 中央专项彩票公益金助力泰宁县11个村提前脱贫[EB/OL]. (2021-03-15) [2021-03-15]. http://www.fjtc.com.cn/ssgy/20210315/520033.html.

余万元，比2018年增加10.4万元。2020年农民人均可支配收入1.8万元，比2018年增加0.9万元，其中很大比重来自农业产业的发展收入，这些成绩的取得，中央专项彩票公益金支持贫困革命老区脱贫攻坚资金功不可没。"[1]

综上所述，易地扶贫搬迁、整村推进扶贫、以工代赈扶贫、产业扶贫、就业促进扶贫、扶贫试点等是革命老区专项扶贫的重要内容。国家发展改革委、国务院扶贫办、财政部等国务院部委以及地方政府在制订规划、安排资金和扶贫项目时对贫困老区进行倾斜。例如《陕甘宁革命老区振兴规划（2012—2020年）》《赣闽粤原中央苏区振兴发展规划》《左右江革命老区振兴规划》《大别山革命老区振兴发展规划》《川陕革命老区振兴发展规划》等重点革命老区发展振兴规划都强调要加大老区易地搬迁、整村推进、以工代赈、产业扶贫、就业促进等专项扶贫力度。区域内全部是革命老区县或革命老区县较多的片区区域发展与扶贫攻坚规划，例如《吕梁山片区区域发展与扶贫攻坚规划（2011—2020年）》《罗霄山片区区域发展与扶贫攻坚规划（2011—2020年）》《燕山—太行山片区区域发展与扶贫攻坚规划（2011—2020年）》《大别山片区区域发展与扶贫攻坚规划（2011—2020年）》等都对易地搬迁、整村推进、以工代赈、产业扶贫、就业促进等专项扶贫进行了规划和部署。

2015年12月23日，中共中央办公厅、国务院办公厅颁发的《关于加大脱贫攻坚力度支持革命老区开发建设的指导意见》强调"在贫困老区优先实施易地扶贫搬迁工程，在安排年度任务时予以倾斜，完善后续生产发展和就业扶持政策""继续实施以工代赈、整村推进、产业扶贫等专项扶贫工程，加大对建档立卡贫困村、贫困户的扶持力度""支持老区所在市县积极整合各类培训资源，开展有针对性的职业技能培训。加大贫困老区劳动力技能培训力度，鼓励外出务工人员参加中长期实用技能培训。引导和支持用人企业在

---

[1]　罗义兴，余善宝，邹家华. 中央专项彩票公益金助力泰宁县11个村提前脱贫[EB/OL].（2021-03-15）[2021-03-15]. http://www.fjtc.com.cn/ssgy/20210315/520033.html.

老区开展订单定向培训"[①]。2021年1月24日，国务院颁发的《关于新时代支持革命老区振兴发展的意见》强调要"做好易地扶贫搬迁后续帮扶工作，建设配套产业园区，提升完善安置区公共服务设施。加大以工代赈对革命老区的支持力度，合理确定建设领域、赈济方式""坚持扶志扶智相结合，加大对革命老区农村低收入群体就业技能培训和外出务工的扶持力度"[②]。

---

① 中共中央办公厅，国务院办公厅. 关于加大脱贫攻坚力度支持革命老区开发建设的指导意见［J］. 中华人民共和国国务院公报，2016（6）：20.
② 国务院. 关于新时代支持革命老区振兴发展的意见［J］. 中华人民共和国国务院公报，2021（7）：35.

第二章

推进老区行业扶贫

行业扶贫是指各行业部门把改善贫困地区发展环境和条件作为本行业发展规划的重要内容，在产业布局、项目投资、政策优惠等方面向贫困地区倾斜，并完成本行业国家确定的扶贫任务。行业扶贫主要包括科技扶贫、教育扶贫、文化扶贫，等等。

第一节　科技扶贫

科技扶贫是指国家科技等有关部门为促进贫困地区科技进步，帮助贫困地区劳动者提高科技素质所采取的一系列倾斜政策、项目支持和扶持措施。

中国政府于1985年和1987年开始实施的"星火计划""丰收计划"都把贫困地区作为重点区域，在贫困地区着重开发区域性支柱产业、提升乡镇企业技术水平、推广农业实用技术、进行农业实用技术培训。1994年4月15日，国务院印发的《国家八七扶贫攻坚计划（1994—2000年）》强调"科技部门要制定科技扶贫战略规划，指导和推动扶贫工作转到依靠科学技术和提高农民素质的轨道上来。要增强实施'星火计划'的力度，动员各方面力量开展多种形式的科技开发和科技服务，认真抓好扶贫开发的科学研究和科技示范"[1]。1996年9月11日，国家科委发布了《关于进一步推动科技扶贫工作的意见》，强调要促进贫困地区农业和农村科技进步，提高贫困地区人民科技文化素质，激励科技人员投身扶贫攻坚战役，组织区际间科技协作和对口支持，支持加大科技扶贫投入[2]。同时，国家科委还批转了科委扶贫办组织制定的《1996—2000年全国科技扶贫规划纲要》，对"九五"期间科技扶贫工作进行了总体部署。

2001年6月13日，国务院印发的《中国农村扶贫开发纲要（2001—2010年）》强调要充分利用科技资源和科技进步的成果，调动广大科技人员的积极性，鼓励他们到贫困地区创业，加速科技成果转化；采取更积极的措施鼓励民间科研机构、各类农村合作组织和各类科研组织直接参加项目；建立科

---

①　中共中央文献研究室. 十四大以来重要文献选编（上）[M]. 北京: 人民出版社, 1996: 784.

②　国家科委. 关于进一步推动科技扶贫工作的意见[J]. 新华月报, 1996（10）: 59.

技扶贫示范基地，注重示范效应①。2011年5月27日，中共中央、国务院颁布的《中国农村扶贫开发纲要（2011—2020年）》强调要"围绕特色产业发展，加大科技攻关和科技成果转化力度，推动产业升级和结构优化。培育一批科技型扶贫龙头企业。建立完善符合贫困地区实际的新型科技服务体系，加快科技扶贫示范村和示范户建设。继续选派科技扶贫团、科技副县（市）长和科技副乡（镇）长、科技特派员到重点县工作"②。2015年11月29日，中共中央、国务院颁布的《关于打赢脱贫攻坚战的决定》强调要"加大科技扶贫力度，解决贫困地区特色产业发展和生态建设中的关键技术问题。加大技术创新引导专项（基金）对科技扶贫的支持，加快先进适用技术成果在贫困地区的转化。深入推行科技特派员制度，支持科技特派员开展创业式扶贫服务。强化贫困地区基层农技推广体系建设，加强新型职业农民培训"③。2016年4月20日，科技部印发的《关于科技扶贫精准脱贫实施意见》明确了科技扶贫精准脱贫的总体要求、基本原则、工作目标、主要任务、保障措施等问题。

2016年10月13日，科技部等7部门联合印发了《科技扶贫行动方案》，明确了科技扶贫行动的重点任务。

1. 关键技术攻关行动。组织高等学校、科研院所、企业调研贫困地区科技需求，开展技术攻关，解决制约区域产业发展的关键共性技术难题。加强卫星遥感、通信技术在贫困地区的应用，开展高分扶贫应用示范，促进贫困地区农村信息化发展④。

2. 成果转移转化行动。面向贫困地区推介最新创新成果，发布"技术成果包""产品成果包""装备成果包"，增强贫困地区产业科技支撑能力。

① 中共中央文献研究室. 十五大以来重要文献选编（下）[M]. 北京: 人民出版社, 2003: 1881.

② 中共中央文献研究室. 十七大以来重要文献选编（下）[M]. 北京: 中央文献出版社, 2013: 363.

③ 中共中央党史和文献研究院. 十八大以来重要文献选编（下）[M]. 北京: 中央文献出版社, 2018: 65-66.

④ 《中国扶贫开发年鉴》编辑部. 中国扶贫开发年鉴（2017）[M]. 北京: 团结出版社, 2017: 1124.

围绕贫困地区支柱产业转化推广50 000项以上先进适用技术成果，针对"一县一业""一乡一品"示范带动一批贫困地区特色优势产业发展[1]。

3. 创业载体建设行动。指导贫困地区、革命老区、少数民族地区建设一批专业化、特色化的"星创天地"，支持有条件的贫困县建设科技园区。推动高等学校新农村发展研究院在贫困地区建设一批集科研中试示范、成果推广转化、农民技术培训为一体的农村科技服务基地，引进和孵化一批科技型企业。鼓励贫困地区、革命老区建立完善技术中介机构，发展技术市场，推动产学研合作[2]。

4. 创新要素对接行动。鼓励国家高新技术产业开发区、国家农业科技园区、国家可持续发展实验区与贫困地区对接，筹建科技园区，实现贫困地区人员转移就业。支持国家重点实验室、工程技术研究中心、国家临床医学研究中心、科技资源共享服务平台与贫困地区对接，推动技术创新和民生改善。动员国家高新技术企业到贫困地区投资兴业，带动贫困地区精准脱贫。加强科技援疆、援藏、援青工作与脱贫攻坚的有效衔接，开展经济发达地区面向贫困地区跨区域科技资源共享服务，支撑贫困地区产业发展[3]。

5. 科技特派员创业扶贫行动。针对贫困地区需要就地脱贫的10万个贫困村，组织动员科技特派员进村入户，促进科技能人与致富带头人、技术成果与贫困地区需求、创业扶贫政策与扶贫项目紧密结合，推动一二三产业融合发展。基本实现科技特派员对全国贫困村科技服务和创业带动的全覆盖，促进农民增收致富[4]。

6. 脱贫带头人培养行动。以"三区"人才支持计划科技人员专项计划为抓手，发挥科技特派员作用，加强对贫困地区返乡农民工、大学生村干部、乡土人才、科技示范户的培训，每年培养15 000名左右懂技术、会经营、善

---

[1]　《中国扶贫开发年鉴》编辑部. 中国扶贫开发年鉴（2017）[M]. 北京: 团结出版社, 2017: 1124-1125.

[2]　《中国扶贫开发年鉴》编辑部. 中国扶贫开发年鉴（2017）[M]. 北京: 团结出版社, 2017: 1125.

[3]　《中国扶贫开发年鉴》编辑部. 中国扶贫开发年鉴（2017）[M]. 北京: 团结出版社, 2017: 1125.

[4]　《中国扶贫开发年鉴》编辑部. 中国扶贫开发年鉴（2017）[M]. 北京: 团结出版社, 2017: 1125.

管理的脱贫致富带头人和新型职业农民。鼓励高等学校、科研院所和省市科技管理部门向贫困地区选派优秀干部和科技人才挂职扶贫，择优接收贫困地区优秀年轻干部到国家部委学习锻炼[①]。

7. 进乡入村科普行动。在贫困地区广泛开展科技列车行、院士行、百名教授兴百村、流动科技馆进基层、科技大篷车万里行、科技之光青年专家服务团活动。组织编写和发放《农村科技口袋书》。做好全国党员干部现代远程教育课件的制播工作，在贫困县电视台推广"星火科技30分"电视栏目。试点建立"科教卫同屏互动服务平台"[②]。

2016年10月24日，中国科协、农业部、国务院扶贫办联合颁布了《科技助力精准扶贫工程实施方案》，明确了科技助力精准扶贫的重点任务。

1. 服务科学决策，促进特色产业发展。发挥科技专家优势，为贫困地区特色产业发展提供智力支持。按照《特色农产品区域布局规划》和省县两级产业扶贫规划，结合现代农业产业技术体系布局，重点解决当地产业发展瓶颈，助力"一村一品、一乡一业"产业扶贫行动。引导东部优势产业向贫困地区转移，加大对贫困地区同质化产业发展的对口帮扶。确立产业与贫困户稳定的带动关系，因地制宜，采取土地托管、牲畜托养、农民土地经营权入股、吸收贫困人口就业等途径，带动贫困户增收脱贫[③]。

2. 推广农村先进实用技术，提升科技帮扶含量。搭建科技成果推广应用平台，加快科技成果在贫困地区应用，大力普及先进实用技术。结合贫困地区的发展基础，大力推广农业新技术、新品种、新模式。帮助延伸产业链条，发展农产品精深加工，大力提升农产品附加值。围绕贫困地区产业发展需求，组织专家力量加强技术攻关[④]。

3. 培养乡土人才，夯实人力资源基础。围绕贫困地区生产经营实际需

---

① 《中国扶贫开发年鉴》编辑部. 中国扶贫开发年鉴（2017）［M］. 北京: 团结出版社, 2017: 1125.
② 《中国扶贫开发年鉴》编辑部. 中国扶贫开发年鉴（2017）［M］. 北京: 团结出版社, 2017: 1125.
③ 《中国扶贫开发年鉴》编辑部. 中国扶贫开发年鉴（2017）［M］. 北京: 团结出版社, 2017: 1129.
④ 《中国扶贫开发年鉴》编辑部. 中国扶贫开发年鉴（2017）［M］. 北京: 团结出版社, 2017: 1129.

求，对贫困户开展"定点、定向、订单"式的培训，提高劳动生产技能。加强就业指导培训，帮助贫困户到发达地区转移就业。统筹各类农技人员力量，建立农技人员与贫困户联系服务制度。通过专家授课、现场指导、网络信息平台远程指导等方式，免费为贫困户提供生产技术培训。为农村贫困地区有针对性地编印农村先进实用技术图书资料。大力培养懂技术、善经营、能带动的科普带头人、致富带头人、新型职业农民、乡土技术人才和技术骨干，切实提升农民致富能力[①]。

4. 培育新型经营主体，不断完善农技服务体系。培育发展一批农民专业合作社、龙头企业、种养大户等新型经营主体，为贫困户提供就业岗位，建立与贫困户稳定的带动关系。建立农产品网上销售、流通追溯和运输配送体系，帮助对接连锁超市，支持发展订单农业。积极发挥网络、微博、微信等新兴媒介优势，开展网络实时问答、培训交流。帮助建立O2O、B2C等电子商务模式，提供多元化便捷服务。搭建有效的金融保险服务平台，拓展融资渠道，抵御经营风险[②]。

5. 完善科普设施建设，提升科普能力。在贫困地区大力推动县、乡、村科普基础设施硬件和软件建设。专门研发适用于贫困县推广实用技术的科普大篷车。流动科技馆、科普大篷车、农村中学科技馆等项目优先向贫困地区配发配送。发挥已有的科普服务站、校园科技活动中心、科普示范基地等作用，大力推动科普中国校园e站、乡村e站和社区e站，用信息化手段武装基层科普基础设施[③]。

6. 广泛开展科普活动，提升贫困地区公民科学素质。将科普中国的科普信息资源免费提供给贫困地区电视台和广播电台，推动其开设科普节目、栏目、频道。各级学会要深入贫困县针对因灾返贫、因病致贫、贫困代际传递等问题，大力开展防灾减灾、卫生与健康和青少年科技教育等科普工作。

---

① 《中国扶贫开发年鉴》编辑部. 中国扶贫开发年鉴（2017）［M］. 北京：团结出版社，2017: 1129.

② 《中国扶贫开发年鉴》编辑部. 中国扶贫开发年鉴（2017）［M］. 北京：团结出版社，2017: 1129-1130.

③ 《中国扶贫开发年鉴》编辑部. 中国扶贫开发年鉴（2017）［M］. 北京：团结出版社，2017: 1130.

开展科普中国V视快递、科普文化进万家等活动。大力培养贫困地区科技教师、青少年科技辅导员，引导青少年参加各类科技教育和科普活动。大力开展经常性科普文化活动，坚决破除封建迷信和伪科学的消极影响，树立科学、文明、健康的社会风尚①。

根据上述文件精神，国家发展改革委印发的《陕甘宁革命老区振兴规划（2012—2020年）》强调要积极应用高新技术和信息技术改造提升传统加工产业；加快农业科技推广和服务，深入开展科技特派员农村科技创业行动，促进先进实用技术转化应用；强化农民职业培训，扩大培训覆盖面，着力培育一大批农村能人和科技带头人；组织引导实用科技人员、专业技术人员、市场经营能手下乡进村，建立长期联系，提供市场信息，指导新技术、新品种、新农机推广应用，培训新一代农民②。《赣闽粤原中央苏区振兴发展规划（2014—2020年）》强调要加强稀土标准化技术研究；提升锂资源开发利用技术，打造碳酸锂生产基地；开展农村贫困户劳动力就业技能培训③。《左右江革命老区振兴规划（2015—2025年）》强调要依托有色金属、煤炭、水能、生物等资源优势，强化科技创新，延长产业链条，推进资源就地加工转化，实现规模化、集群化、循环化发展；加强采选矿技术和冶炼废渣、尾矿综合利用，推进选矿无害化排放技术开发、应用与装备制造；积极鼓励劳动者参加职业技能培训，不断提升劳动者就业能力④。《大别山革命老区振兴发展规划（2015—2020年）》强调要加大重大科技成果推广应用和产业化力度，增强科技创新能力；推行科技特派员制度，引导科技特派员深入农村开展创业服务⑤。《川陕革命老区振兴发展规划（2016—2020年）》强调要推进科技扶贫，深入实施"三区"（边远贫困地区、边疆民族地区和

---

① 《中国扶贫开发年鉴》编辑部. 中国扶贫开发年鉴（2017）[M]. 北京：团结出版社，2017：1130.

② 国家发展改革委. 陕甘宁革命老区振兴规划（2012—2020年）[Z]. 2012-03-25：32.

③ 国家发展改革委. 赣闽粤原中央苏区振兴发展规划（2014—2020年）[Z]. 2014-03-20：23.

④ 国家发展改革委. 左右江革命老区振兴规划（2015—2025年）[Z]. 2015-03-02：29.

⑤ 国家发展改革委. 大别山革命老区振兴发展规划（2015—2020年）[Z]. 2015-06-15：11.

革命老区）人才支持计划科技人员专项计划，开展科技特派员农村科技创业行动，加大科技扶贫团对老区的支持力度①。

2015年12月23日，中共中央办公厅、国务院办公厅印发的《关于加大脱贫攻坚力度支持革命老区开发建设的指导意见》强调要"深入推行科技特派员制度，支持老区科技特派员与贫困户结成利益共同体，探索创业扶贫新模式"②。2021年1月24日，国务院颁发的《关于新时代支持革命老区振兴发展的意见》强调要加大对革命老区农村低收入群体就业技能培训，"加大人才培养和引进力度，在科技特派员制度创新等方面先行先试"③。

第二节　教育扶贫

教育扶贫是指国家教育等部门为推动贫困地区公共教育事业均衡发展，提高贫困地区人口综合素质和受教育程度，而采取的一系列倾斜政策、投入支持和扶持措施。

1988年，国家开始实施"燎原计划"，重点是发展贫困地区的农业职业教育和生产技能培训，为"星火计划"和"丰收计划"的实施提供人才支撑。1994年4月15日，国务院印发的《国家八七扶贫攻坚计划（1994—2000年）》强调要组织好贫困县的"燎原计划"，普及初等教育，做好农村青壮年的扫盲工作，加强成人教育和职业教育。据此，1995年至2000年，国家教委和财政部联合组织实施了第一期"国家贫困地区义务教育工程"，帮助贫困地区普及九年义务教育。工程覆盖852个贫困县，总投资为126亿元，中央

---

① 国家发展改革委. 川陕革命老区振兴发展规划（2016—2020年）[Z]. 2016-07-27: 21.
② 中共中央办公厅，国务院办公厅. 关于加大脱贫攻坚力度支持革命老区开发建设的指导意见[J]. 中华人民共和国国务院公报，2016（6）：20.
③ 国务院. 关于新时代支持革命老区振兴发展的意见[J]. 中华人民共和国国务院公报，2021（7）：37.

财政投入39亿元，地方财政配套87亿元①。

2001年6月13日，国务院印发的《中国农村扶贫开发纲要（2001—2010年）》强调要"切实加强基础教育，普遍提高贫困人口受教育的程度。实行农科教结合，普通教育、职业教育、成人教育统筹"②。据此，2001年至2005年，教育部和财政部联合组织实施了第二期"国家贫困地区义务教育工程"，工程覆盖522个贫困县，总投资为73.6亿元。2011年5月27日，中共中央、国务院颁布的《中国农村扶贫开发纲要（2011—2020年）》强调要"加大对边远贫困地区学前教育的扶持力度，逐步提高农村义务教育家庭经济困难寄宿生生活补助标准。免除中等职业教育学校家庭经济困难学生和涉农专业学生学费，继续落实国家助学金政策""关心特殊教育，加大对各级各类残疾学生扶助力度"③。2011年11月23日，国务院办公厅印发了《关于实施农村义务教育学生营养改善计划的意见》，明确了实施农村义务教育学生营养改善计划的重要意义，规划了农村义务教育学生营养改善计划的主要内容，强调要把食品安全摆在首要位置，要加强领导、精心组织、确保各项工作落实④。2012年5月23日，教育部等15部门印发了《农村义务教育学生营养改善计划实施细则》《农村义务教育学生营养改善计划食品安全保障管理暂行办法》《农村义务教育学校食堂管理暂行办法》《农村义务教育学生营养改善计划实名制学生信息管理暂行办法》《农村义务教育学生营养改善计划信息公开公示暂行办法》等5个配套文件。2012年3月19日，教育部等5部门联合印发了《关于实施面向贫困地区定向招生专项计划的通知》，决定自2012年起，组织实施面向贫困地区定向招生专项计划，即在普通高校招生计划中专门安排适量招生计划，面向集中连片特殊困难地区生源，实行定向招

---

① 国务院办公厅. 国家贫困地区义务教育工程资金向西部地区倾斜［EB/OL］. (2006-12-15)［2006-12-15］. http://www.gov.cn/ztzl/ywjy/content_470014.htm.

② 中共中央文献研究室. 十五大以来重要文献选编（下）［M］. 北京：人民出版社, 2003: 1881.

③ 中共中央文献研究室. 十七大以来重要文献选编（下）［M］. 北京：中央文献出版社, 2013: 364.

④ 《中国扶贫开发年鉴》编委会. 中国扶贫开发年鉴（2012）［M］. 北京：团结出版社, 2012: 762-766.

生，引导和鼓励学生毕业后回到贫困地区就业创业和服务[①]。

2013年7月29日，国务院办公厅转发的教育部等7部门联合制定的《关于实施教育扶贫工程意见》，强调实施教育扶贫工程的总体目标是加快教育发展和人力资源开发，到2020年使片区基本公共教育服务水平接近全国平均水平，教育对促进片区人民群众脱贫致富、扩大中等收入群体、促进区域经济社会发展和生态文明建设的作用得到充分发挥。

1. 提高基础教育的普及程度和办学质量。到2015年，学前三年毛入园率达到55%以上，少数民族双语地区基本普及学前一至两年双语教育，义务教育巩固率达到90%以上，高中阶段毛入学率达到80%以上，视力、听力、智力三类残疾儿童义务教育入学率达到80%。到2020年，基本普及学前教育，义务教育水平进一步提高，基本普及视力、听力、智力三类障碍儿童义务教育，普及高中阶段教育，基础教育普及程度和办学质量有较大提升[②]。

2. 提高职业教育促进脱贫致富的能力。到2015年，初、高中毕业后新成长劳动力都能接受适应就业需求的职业教育和职业培训，力争使有培训需求的劳动者都能得到职业技能培训。到2020年，职业教育体系更加完善，教育培训就业衔接更加紧密，培养一大批新型农民和在第二、三产业就业的技术技能人才[③]。

3. 提高高等教育服务区域经济社会发展能力。通过调整优化高等学校空间布局和学科专业结构，改革人才培养模式，促进高等教育与当地经济、社会、科技发展和城镇化建设深度融合，使高等教育能为当地传统产业改造升级、新兴产业培育发展和基本公共服务提供有效的人才支撑和智力支持。通过多种途径，增加片区群众接受高等教育的机会[④]。

4. 提高继续教育服务劳动者就业创业能力。通过教育培训与当地公共服

---

① 《中国扶贫开发年鉴》编委会. 中国扶贫开发年鉴（2013）[M]. 北京: 团结出版社, 2014: 649–651.
② 《中国扶贫开发年鉴》编委会. 中国扶贫开发年鉴（2014）[M]. 北京: 团结出版社, 2014: 663.
③ 《中国扶贫开发年鉴》编委会. 中国扶贫开发年鉴（2014）[M]. 北京: 团结出版社, 2014: 663–664.
④ 《中国扶贫开发年鉴》编委会. 中国扶贫开发年鉴（2014）[M]. 北京: 团结出版社, 2014: 664.

务、特色优势产业有效对接，大力提高就业创业水平。完善毕业生和接受培训人员就业服务政策，通过带技能转移、带技能进城、带技能就业，使转移劳动力在城镇多渠道、多形式、稳定就业[①]。

2013年12月31日，教育部、国家发展改革委、财政部联合印发了《关于全面改善贫困地区义务教育薄弱学校基本办学条件的意见》，强调要充分认识改善贫困地区义务教育薄弱学校基本办学条件的重要意义，明确了改善贫困地区义务教育薄弱学校基本办学条件的总体要求、重点任务和有关工作要求。其中，有关改善贫困地区义务教育薄弱学校基本办学条件的重点任务内容如下：

1. 保障基本教学条件。保障教室坚固、适用、通风，符合抗震、消防安全要求，自然采光、室内照明和黑板材料符合规范要求。按照学校规模和教育教学要求配备必要的教学仪器设备、器材。每个学生都有合格的课桌椅。配备适合学生身心发展特点的图书，激发和培养学生阅读兴趣，有条件的地方逐步达到小学生人均图书不低于15册，初中生人均图书不低于25册。根据学校地理条件和农村体育特点，因地制宜地建设运动场地和配备体育设施，保障学生活动锻炼的空间和条件[②]。

2. 改善学校生活设施。保障寄宿学生每人1个床位，消除大通铺现象。根据实际需要配备必要的洗浴设施和条件。食堂或伙房要洁净卫生，满足学生就餐需要。设置开水房或安装饮水设施，确保学生饮水安全便捷。厕所要有足够厕位。北方和高寒地区学校应有冬季取暖设施。设置必要的安全设施，保障师生安全[③]。

3. 办好必要的教学点。对确需保留的教学点要配备必要设施，满足教学和生活基本需求。中心学校统筹教学点课程和教师安排，保障教学点教学质量。优先安排免费师范生和特岗教师到教学点任教。职称晋升和绩效工资分

---

① 《中国扶贫开发年鉴》编委会. 中国扶贫开发年鉴（2014）[M]. 北京：团结出版社，2014: 664.

② 《中国扶贫开发年鉴》编委会. 中国扶贫开发年鉴（2014）[M]. 北京：团结出版社，2014: 657.

③ 《中国扶贫开发年鉴》编委会. 中国扶贫开发年鉴（2014）[M]. 北京：团结出版社，2014: 657.

配向教学点专任教师倾斜。农村教师周转宿舍建设和使用要优先考虑教学点教师需要。对学生规模不足100人的村小学和教学点按100人的标准单独核定公用经费，由县级财政和教育部门按时足额拨付，不得截留挪用①。

4. 妥善解决县镇学校大班额问题。适应城镇化发展趋势，充分考虑区域内学生流动、人口出生和学龄人口变化等情况，科学规划学校布局，并充分利用已有办学资源，首先解决超大班额问题，逐步消除大班额现象。必要情况下，可以采取新建、扩建、改建等措施，对县镇义务教育学校进行改造。加强新建住宅区配套学校建设。对教育资源较好学校的大班额问题，积极探索通过学区制、学校联盟、集团化办学等方式扩大优质教育资源覆盖面，合理分流学生。对于大班额现象严重的学校，要限制其招生人数②。

5. 推进农村学校教育信息化。逐步提升农村学校信息化基础设施与教育信息化应用水平，加强教师信息技术应用能力培训，推进信息技术在教育教学中的深入应用，使农村地区师生便捷共享优质数字教育资源。稳步推进农村学校宽带网络、数字教育资源、网络学习空间建设。要为确需保留的村小学和教学点配置数字教育资源接收和播放设备，配送优质数字教育资源。加快学籍管理等教育管理信息系统应用，并将学生、教师、学校资产等基本信息全部纳入信息系统管理③。

6. 提高教师队伍素质。要特别抓好农村教师队伍建设，通过实施农村义务教育学校教师特岗计划等多种方式，完善农村教师补充机制。推进县域内校长教师交流轮岗，提高城镇中小学教师到乡村学校任教的比例。面向乡镇以下农村学校培养能承担多门学科教学任务的小学教师和"一专多能"的初中教师。提高中小学教师国家级培训计划的针对性和有效性，省级教师培训要向农村义务教育教师、校长倾斜。要结合实际制定农村教师职称评审条件、程序和办法，农村学校教师职称晋升比例应不低于当地城区学校教师。

① 《中国扶贫开发年鉴》编委会. 中国扶贫开发年鉴（2014）[M]. 北京：团结出版社，2014：657-658.
② 《中国扶贫开发年鉴》编委会. 中国扶贫开发年鉴（2014）[M]. 北京：团结出版社，2014：658.
③ 《中国扶贫开发年鉴》编委会. 中国扶贫开发年鉴（2014）[M]. 北京：团结出版社，2014：658.

要落实对在连片特困地区的乡、村学校和教学点工作的教师给予生活补助的政策。要积极推进农村教师周转宿舍建设，努力改善农村教师生活条件[①]。

2015年6月1日，国务院办公厅印发了《乡村教师支持计划（2015—2020年）》，明确了实施乡村教师支持计划的重要意义、基本原则、工作目标、主要举措、组织实施等问题。其中，实施乡村教师支持计划的主要举措是：

1. 全面提高乡村教师思想政治素质和师德水平。坚持不懈地用中国特色社会主义理论体系武装乡村教师头脑，进一步建立健全乡村教师政治理论学习制度，增强思想政治工作的针对性和实效性，不断提高教师的理论素养和思想政治素质。切实加强乡村教师队伍党建工作，基层党组织要充分发挥政治核心作用，进一步关心教育乡村教师，适度加大发展党员力度。开展多种形式的师德教育，把教师职业理想、职业道德、法治教育、心理健康教育等融入职前培养、准入、职后培训和管理的全过程。落实教育、宣传、考核、监督与奖惩相结合的师德建设长效机制[②]。

2. 拓展乡村教师补充渠道。鼓励省级人民政府建立统筹规划、统一选拔的乡村教师补充机制，为乡村学校持续输送大批优秀高校毕业生。扩大农村教师特岗计划实施规模，重点支持中西部老少边穷岛等贫困地区补充乡村教师，适时提高特岗教师工资性补助标准。鼓励地方政府和师范院校根据当地乡村教育实际需求加强本土化培养，采取多种方式定向培养"一专多能"的乡村教师。高校毕业生取得教师资格并到乡村学校任教一定期限，按有关规定享受学费补偿和国家助学贷款代偿政策。各地要采取有效措施鼓励城镇退休的特级教师、高级教师到乡村学校支教讲学，中央财政比照边远贫困地区、边疆民族地区和革命老区人才支持计划教师专项计划给予适当支持[③]。

3. 提高乡村教师生活待遇。全面落实集中连片特困地区乡村教师生活补助政策，依据学校艰苦边远程度实行差别化的补助标准，中央财政继续给予

---

① 《中国扶贫开发年鉴》编委会. 中国扶贫开发年鉴（2014）[M]. 北京：团结出版社，2014：658.

② 《中国扶贫开发年鉴》编辑部. 中国扶贫开发年鉴（2016）[M]. 北京：团结出版社，2016：788-789.

③ 《中国扶贫开发年鉴》编辑部. 中国扶贫开发年鉴（2016）[M]. 北京：团结出版社，2016：789.

综合奖补。各地要依法依规落实乡村教师工资待遇政策，依法为教师缴纳住房公积金和各项社会保险费。在现行制度架构内，做好乡村教师重大疾病救助工作。加快实施边远艰苦地区乡村学校教师周转宿舍建设。各地要按规定将符合条件的乡村教师住房纳入当地住房保障范围，统筹予以解决[1]。

4. 统一城乡教职工编制标准。乡村中小学教职工编制按照城市标准统一核定，其中村小学、教学点编制按照生师比和班师比相结合的方式核定。县级教育部门在核定的编制总额内，按照班额、生源等情况统筹分配各校教职工编制，并报同级机构编制部门和财政部门备案。通过调剂编制、加强人员配备等方式进一步向人口稀少的教学点、村小学倾斜，重点解决教师全覆盖问题，确保乡村学校开足开齐国家规定课程。严禁在有合格教师来源的情况下"有编不补"、长期使用临聘人员，严禁任何部门和单位以任何理由、任何形式占用或变相占用乡村中小学教职工编制[2]。

5. 职称（职务）评聘向乡村学校倾斜。各地要研究完善乡村教师职称（职务）评聘条件和程序办法，实现县域内城乡学校教师岗位结构比例总体平衡，切实向乡村教师倾斜。乡村教师评聘职称（职务）时不作外语成绩（外语教师除外）、发表论文的刚性要求，坚持育人为本、德育为先，注重师德素养，注重教育教学工作业绩，注重教育教学方法，注重教育教学一线实践经历。城市中小学教师晋升高级教师职称（职务），应有在乡村学校或薄弱学校任教一年以上的经历[3]。

6. 推动城镇优秀教师向乡村学校流动。全面推进义务教育教师队伍"县管校聘"管理体制改革，为组织城市教师到乡村学校任教提供制度保障。各地要采取定期交流、跨校竞聘、学区一体化管理、学校联盟、对口支援、乡镇中心学校教师走教等多种途径和方式，重点引导优秀校长和骨干教师向乡村学校流动。县域内重点推动县城学校教师到乡村学校交流轮岗，乡镇范围

---

①　《中国扶贫开发年鉴》编辑部. 中国扶贫开发年鉴（2016）[M]. 北京: 团结出版社, 2016: 789.

②　《中国扶贫开发年鉴》编辑部. 中国扶贫开发年鉴（2016）[M]. 北京: 团结出版社, 2016: 789.

③　《中国扶贫开发年鉴》编辑部. 中国扶贫开发年鉴（2016）[M]. 北京: 团结出版社, 2016: 789-790.

内重点推动中心学校教师到村小学、教学点交流轮岗。采取有效措施，保持乡村优秀教师相对稳定[1]。

7. 全面提升乡村教师能力素质。到2020年前，对全体乡村教师校长进行360学时的培训。要把乡村教师培训纳入基本公共服务体系，保障经费投入，确保乡村教师培训时间和质量。省级人民政府要统筹规划和支持全员培训，市、县级人民政府要切实履行实施主体责任。整合高等学校、县级教师发展中心和中小学校优质资源，建立乡村教师校长专业发展支持服务体系。将师德教育作为乡村教师培训的首要内容，推动师德教育进教材、进课堂、进头脑，贯穿培训全过程。全面提升乡村教师信息技术应用能力，积极利用远程教学、数字化课程等信息技术手段，破解乡村优质教学资源不足的难题，同时建立支持学校、教师使用相关设备的激励机制并提供必要的保障经费。加强乡村学校音体美等师资紧缺学科教师和民族地区双语教师培训。按照乡村教师的实际需求改进培训方式，采取顶岗置换、网络研修、送教下乡、专家指导、校本研修等多种形式，增强培训的针对性和实效性。从2015年起，"国培计划"集中支持中西部地区乡村教师校长培训。鼓励乡村教师在职学习深造，提高学历层次[2]。

8. 建立乡村教师荣誉制度。国家对在乡村学校从教30年以上的教师按照有关规定颁发荣誉证书。省（区、市）、县（市、区、旗）要分别对在乡村学校从教20年以上、10年以上的教师给予鼓励。各省级人民政府可按照国家有关规定对在乡村学校长期从教的教师予以表彰。鼓励和引导社会力量建立专项基金，对长期在乡村学校任教的优秀教师给予物质奖励。在评选表彰教育系统先进集体和先进个人等方面要向乡村教师倾斜。广泛宣传乡村教师坚守岗位、默默奉献的崇高精神，在全社会大力营造关心支持乡村教师和乡村教育的浓厚氛围[3]。

---

① 《中国扶贫开发年鉴》编辑部. 中国扶贫开发年鉴（2016）[M]. 北京: 团结出版社, 2016: 790.

② 《中国扶贫开发年鉴》编辑部. 中国扶贫开发年鉴（2016）[M]. 北京: 团结出版社, 2016: 790.

③ 《中国扶贫开发年鉴》编辑部. 中国扶贫开发年鉴（2016）[M]. 北京: 团结出版社, 2016: 790.

2016年11月23日，国务院印发的《"十三五"脱贫攻坚规划》强调要"以提高贫困人口基本文化素质和贫困家庭劳动力技能为抓手，瞄准教育最薄弱领域，阻断贫困的代际传递。到2020年，贫困地区基础教育能力明显增强，职业教育体系更加完善，高等教育服务能力明显提升，教育总体质量显著提高，基本公共教育服务水平接近全国平均水平"①。2016年12月16日，教育部等6部门联合印发的《教育脱贫攻坚"十三五"规划》强调要夯实教育脱贫根基，提升教育脱贫能力，拓宽教育脱贫通道，拓展教育脱贫空间，集聚教育脱贫力量。2018年6月15日，中共中央、国务院颁布了《关于打赢脱贫攻坚战三年行动的指导意见》，再次强调要着力实施教育脱贫攻坚行动，以保障义务教育为核心，全面落实教育扶贫政策，进一步降低贫困地区特别是深度贫困地区、民族地区义务教育辍学率，稳步提升贫困地区义务教育质量；强化义务教育控辍保学联保联控责任，在辍学高发区"一县一策"制定工作方案，实施贫困学生台账化精准控辍，确保贫困家庭适龄学生不因贫失学辍学；全面推进贫困地区义务教育薄弱学校改造工作，重点加强乡镇寄宿制学校和乡村小规模学校建设，确保所有义务教育学校达到基本办学条件；实施好农村义务教育学生营养改善计划；在贫困地区优先实施教育信息化2.0行动计划，加强学校网络教学环境建设，共享优质教育资源；改善贫困地区乡村教师待遇，落实教师生活补助政策，均衡配置城乡教师资源；加大贫困地区教师特岗计划实施力度，深入推进义务教育阶段教师校长交流轮岗和对口帮扶工作，国培计划、公费师范生培养、中小学教师信息技术应用能力提升工程等重点支持贫困地区；鼓励通过公益捐赠等方式，设立贫困地区优秀教师奖励基金，用于表彰长期扎根基层的优秀乡村教师；健全覆盖各级各类教育的资助政策体系，学生资助政策实现应助尽助；加大贫困地区推广普及国家通用语言文字工作力度；开展民族地区学前儿童学习普通话行动②。

---

①　国务院. "十三五"脱贫攻坚规划［J］. 中华人民共和国国务院公报, 2016（35）: 22.
②　中共中央国务院关于打赢脱贫攻坚战三年行动的指导意见［M］. 北京: 人民出版社, 2018: 14-15.

　　贫困革命老区教育资源匮乏、师资力量薄弱，教育事业发展滞后、人力资本投资缺乏，这成为制约贫困老区脱贫致富的重要因素。许多贫困家庭子女如果没有国家教育资助，就很有可能辍学、失学，从而造成贫困代际传递的隐患。

　　鉴于此，革命老区在脱贫攻坚与振兴发展过程中，始终强调要优先发展教育事业。例如《陕甘宁革命老区振兴规划（2012—2020年）》强调要积极发展农村学前教育；巩固提高义务教育质量和水平，建立城乡一体化义务教育发展机制，推进县域义务教育均衡发展；加快普及高中阶段教育，推进普通高中多样化发展；发展职业教育，促进职业教育与产业发展紧密结合；推进农村义务教育阶段学校教师特设岗位计划[1]。《赣闽粤原中央苏区振兴发展规划（2014—2020年）》强调要加快发展学前教育，实施学前教育三年行动计划；推进农村义务教育薄弱学校改造和边远艰苦地区农村学校教师周转宿舍建设；加快普及高中阶段教育，改善普通高中办学条件；加快发展现代职业教育，实施职业教育能力建设工程；提高高等教育办学水平[2]。《左右江革命老区振兴规划（2015—2025年）》强调要加快发展学前教育，新建、改扩建一批城乡公办幼儿园，扶持普惠性民办幼儿园；切实巩固提高义务教育水平，全面改善贫困地区、边境地区义务教育薄弱学校基本办学条件；加快普及高中阶段教育，加大对老区教育基础薄弱县普通高中建设改造支持力度；加强职业教育基础能力建设，规划建设一批示范（骨干）职业院校；实施高校分类管理，提升高等教育办学质量[3]。《大别山革命老区振兴发展规划（2015—2020年）》强调要大力发展学前教育，支持新建、改扩建一批乡镇、村幼儿园和农村小学增设附属幼儿园；推进义务教育学校标准化建设，改善贫困地区义务教育薄弱学校基本办学条件；加快普及高中阶段教育；加快发展现代职业教育，加强职业院校基础能力建设；加快高等教育发展，建

① 国家发展改革委.陕甘宁革命老区振兴规划（2012—2020年）[Z].2012-03-25：33-34.
② 国家发展改革委.赣闽粤原中央苏区振兴发展规划（2014—2020年）[Z].2014-03-20：21.
③ 国家发展改革委.左右江革命老区振兴规划（2015—2025年）[Z].2015-03-02：27.

设富有特色的本科高校；加强特殊教育学校建设①。《川陕革命老区振兴发展规划（2016—2020年）》强调要加快发展学前教育，新建、改扩建一批城乡幼儿园；推进义务教育均衡发展，巩固提高义务教育水平；支持特殊教育发展，普及残疾儿童少年义务教育；改善普通高中办学条件，加快普及高中阶段教育；发展现代职业教育，加强职业教育基础能力建设；稳步发展高等教育，支持老区高等院校建设；探索区域师资交流合作和转换机制，促进城乡教师流动和优质教育资源共建共享②。

2016年2月1日，中共中央办公厅、国务院办公厅印发的《关于加大脱贫攻坚力度支持革命老区开发建设的指导意见》强调要"尽快补齐老区教育短板，增加公共教育资源配置，消除大班额现象，优化农村中小学校设点布局，改善基本办学条件，强化师资力量配备，确保适龄儿童和少年都能接受良好的义务教育""支持贫困老区加快普及高中阶段教育，办好一批中等、高等职业学校，逐步推进中等职业教育免除学杂费，推动职业学校与企业共建实验实训平台，培养更多适应老区发展需要的技术技能人才""继续实施农村贫困地区定向招生专项计划，畅通贫困老区学生就读重点高校渠道"③。2021年1月24日，国务院颁发的《关于新时代支持革命老区振兴发展的意见》再次强调要完善革命老区中小学和幼儿园布局，加大教师培训力度；继续推进"八一爱民学校"援建工作；继续面向革命老区实施相关专项招生计划倾斜；推进高职学校、技工院校建设，实施省部共建职业教育试点项目④。

① 国家发展改革委. 大别山革命老区振兴发展规划（2015—2020年）[Z]. 2015-06-15: 23.
② 国家发展改革委. 川陕革命老区振兴发展规划（2016—2020年）[Z]. 2016-07-27: 22.
③ 中共中央办公厅, 国务院办公厅. 关于加大脱贫攻坚力度支持革命老区开发建设的指导意见[J]. 中华人民共和国国务院公报, 2016(6): 20.
④ 国务院. 关于新时代支持革命老区振兴发展的意见[J]. 中华人民共和国国务院公报, 2021(7): 37.

第三节　文化扶贫

文化扶贫是指国家有关部门为推动贫困地区公共文化事业均衡发展，提高贫困地区群众思想道德素质和科学文化素质，而采取的一系列倾斜政策、资金投入和扶持措施。

1994年4月15日，国务院印发的《国家八七扶贫攻坚计划（1994—2000年）》强调"文化部门要为贫困地区安排一定的文化设施建设，坚持采取电影巡回放映队、文化流动车等灵活多样的形式改善群众文化生活"[①]。2001年6月13日，国务院印发的《中国农村扶贫开发纲要（2001—2010年）》强调要反对封建迷信，引导群众自觉移风易俗，革除落后生活习俗，不断发展社会主义精神文明。

2011年5月27日，中共中央、国务院颁布的《中国农村扶贫开发纲要（2011—2020年）》强调要"继续推进广播电视村村通、农村电影放映、文化信息资源共享和农家书屋等重大文化惠民工程建设。加强基层文化队伍建设"[②]。当年，国家发展改革委、国家广电总局联合印发了《全国"十二五"广播电视村村通工程建设规划》，提出"十二五"期间全国广播电视村村通工程建设规划的目标任务是：将偏远农村地区82.448 3万个新通电行政村和20户以上自然村、20户以下自然村"盲村"及48.881 3万个林区（场）"盲户"的广播电视覆盖纳入实施范围，加强转播中央广播电视节目的1 229座高山无线发射台站的基础设施建设，到2015年底，基本完成广播电视村村通工程建设任务，逐步改善服务农村的高山骨干无线发射台站基础设施条件，基本实现广播电视"户户通"；各级政府对本行政区村村通工作负

---

① 中共中央文献研究室. 十四大以来重要文献选编（上）[M]. 北京：人民出版社，1996：785.

② 中共中央文献研究室. 十七大以来重要文献选编（下）[M]. 北京：中央文献出版社，2013：364.

总责，国家安排中央补助投资34.925 6亿元对西部地区和全国贫困地区工程建设给予重点支持，其中用于"盲村"广播电视覆盖18.010 6亿元，用于高山无线发射台站基础设施建设16.915亿元①。

2015年1月14日，新华社授权发布中共中央办公厅、国务院办公厅印发的《关于加快构建现代公共文化服务体系的意见》，强调要促进城乡基本公共文化服务均等化，推动革命老区、民族地区、边疆地区、贫困地区公共文化建设实现跨越式发展，保障特殊群体基本文化权益。

1. 促进城乡基本公共文化服务均等化。把城乡基本公共文化服务均等化纳入国民经济和社会发展总体规划及城乡规划。根据城镇化发展趋势和城乡常住人口变化，统筹城乡公共文化设施布局、服务提供、队伍建设、资金保障，均衡配置公共文化资源。整合利用闲置学校等现有城乡公共设施，依托城乡社区综合服务设施，加强城市社区和农村文化设施建设。拓展重大文化惠民项目服务"三农"内容。加大对农村民间文化艺术的扶持力度，推进"三农"出版物出版发行、广播电视涉农节目制作和农村题材文艺作品创作。完善农家书屋出版物补充更新工作。统筹推进农村地区广播电视用户接收设备配备工作，鼓励建设农村广播电视维修服务网点。大力开展流动服务和数字服务，打通公共文化服务"最后一公里"。建立公共文化服务城乡联动机制。以县级文化馆、图书馆为中心推进总分馆制建设，加强对农家书屋的统筹管理，实现农村、城市社区公共文化服务资源整合和互联互通。推进城乡"结对子、种文化"，加强城市对农村文化建设的帮扶，形成常态化工作机制②。

2. 推动革命老区、民族地区、边疆地区、贫困地区公共文化建设实现跨越式发展。与国家扶贫开发攻坚战略结合，编制老少边穷地区公共文化服务

---

① 本报编辑部. 国家发改委、广电总局联合印发《全国"十二五"广播电视村村通工程建设规划》[N]. 北海晚报，2012-12-03(5).
② 中共中央办公厅，国务院办公厅. 关于加快构建现代公共文化服务体系的意见[J]. 中华人民共和国国务院公报，2015(3)：6.

体系建设发展规划纲要。根据国家基本公共文化服务指导标准，明确老少边穷地区服务和资源缺口，按照精准扶贫的要求，以广播电视服务网络、数字文化服务、乡土人才培养、流动文化服务、农村留守妇女儿童文化帮扶等为重点，集中实施一批文化扶贫项目。落实对国家在贫困地区安排的公益性文化建设项目取消县以下（含县）及西部地区集中连片特困地区市地级配套资金的政策。加强边境地区基层公共文化设施建设。促进地区对口帮扶，加大人才交流和项目支援力度。深入实施边远贫困地区、边疆民族地区、革命老区人才文化工作者专项支持计划。支持老少边穷地区挖掘、开发、利用民族民间文化资源，充实公共文化服务内容。力争在较短时间内使老少边穷地区公共文化服务能力和水平有明显改善①。

3. 保障特殊群体基本文化权益。将老年人、未成年人、残疾人、农民工、农村留守妇女儿童、生活困难群众作为公共文化服务的重点对象。积极开展面向老年人、未成年人的公益性文化艺术培训服务、演展和科技普及活动。开展学龄前儿童基础阅读促进工作和向中小学生推荐优秀出版物、影片、戏曲工作。指导互联网网站、互联网文化企业等开发制作有利于青少年身心健康的优秀作品。将中小学生定期参观博物馆、美术馆、纪念馆、科技馆纳入中小学教育教学活动计划。加强乡村学校少年宫建设。实施青少年体育活动促进计划。公共文化服务机构要为残疾人提供无障碍设施。实施盲文出版项目，开发视听读物，建设有声图书馆，鼓励和支持有条件的电视台增加手语节目或加配字幕。加强对残障人士文化艺术的扶持力度。加快将农民工文化建设纳入常住地公共文化服务体系，以公共文化机构、社区和用工企业为实施主体，满足农民工群体尤其是新生代农民工的基本文化需求②。

2015年12月，文化部等7部委联合印发了《"十三五"时期贫困地区公

---

① 中共中央办公厅，国务院办公厅. 关于加快构建现代公共文化服务体系的意见[J]. 中华人民共和国国务院公报，2015（3）：6.

② 中共中央办公厅，国务院办公厅. 关于加快构建现代公共文化服务体系的意见[J]. 中华人民共和国国务院公报，2015（3）：6-7.

共文化服务体系建设规划纲要》（以下简称《纲要》），明确了"十三五"时期贫困地区公共文化服务体系建设的规划范围、总体目标、基本原则、主要任务等问题。

1. 规划范围。《纲要》实施范围为六盘山区、秦巴山区、武陵山区、乌蒙山区、滇桂黔石漠化区、滇西边境山区、大兴安岭南麓山区、燕山—太行山区、吕梁山区、大别山区、罗霄山区等区域的集中连片特困地区和已经明确实施特殊政策的西藏、四省藏区、新疆南疆四地州，以及连片特困地区以外的国家扶贫开发工作重点县，共计839个县，含民族自治地方县426个、革命老区县357个、陆地边境县72个，共有乡镇（街道）1.29万个，行政村14.2万个，总人口3.26亿，占全国人口的23.8%；总面积479.6万平方公里，占国土面积的49.9%，涉及22个省级行政区、167个地级行政区[①]。

2. 总体目标。《纲要》提出到2020年贫困地区公共文化服务能力和水平有明显改善，群众基本文化权益得到有效保障，基本公共文化服务主要指标接近全国平均水平，扭转发展差距扩大趋势，公共文化在提高贫困地区群众科学文化素质、促进当地经济社会全面发展方面发挥更大作用。（1）公共文化服务设施网络基本完善。设施种类齐全，规模质量达到国家建设标准。通过固定场馆、流动设施和数字服务，全面有效覆盖服务人群。（2）基本公共文化服务项目逐步健全。公共文化服务的内容、种类、数量和水平达到《国家基本公共文化服务指导标准（2015—2020年）》和本省实施标准，符合"十三五"时期公共文化服务体系建设相关规划要求。（3）公共文化服务效能显著提升。基层公共文化资源整合力度不断加强，公共文化服务的内容和手段更加丰富，服务质量明显提高。（4）公共文化管理体制和运行机制建设取得突破。公共文化机构内部管理体制健全，公共图书馆、文化馆总分馆制初步建立并推广。政府向社会力量购买公共文化服务的力度不断加大，政府、市场、社会共同参与公共文化服务体系建设的格局基本形成。

---

① 文化部，国家发展改革委，国家民委，等. "十三五"时期贫困地区公共文化服务体系建设规划纲要 [EB/OL].（2015-12-09）[2019-02-18]. http://wlj. shangluo. gov. cn/pc/index/article/36092.

（5）公共文化服务保障切实加强。公共文化服务的财政和人才队伍保障政策全面落实，公共文化服务法律和政策保障体系进一步完善。（6）群众受益程度不断提高。多样化的群众需求反馈和评价机制基本建立，公共文化服务的需求适应性、群众参与率、受益率和满意度明显提升[①]。

3. 基本原则。（1）服务大局，统筹规划。深入贯彻全面建成小康社会奋斗目标和国家扶贫开发战略部署，将贫困地区公共文化建设纳入新型城镇化建设、新农村建设和国家扶贫开发工作总体布局，纳入专项扶贫、行业扶贫、社会扶贫"三位一体"大扶贫格局。（2）因地制宜，精准建设。充分发挥地方特别是基层政府的主动性，以县为基本单元和落实主体，加强调查研究，全面梳理公共文化服务体系建设存在的突出矛盾和问题，结合本地区经济社会发展实际，因地制宜采取精准措施加以解决。（3）突出重点，讲求实效。全面推进与重点突破相结合，着力完善贫困地区公共文化设施网络，加强基层公共文化服务资源整合，进一步提升服务效能，在提升贫困地区公共文化服务体系建设整体水平上取得实效。（4）改革创新，激发活力。全面落实中央关于深化文化体制改革、加快构建现代公共文化服务体系的要求，加强公共文化服务体制机制改革创新，结合贫困地区实际，在公共文化服务标准化、均等化、数字化、社会化建设等方面采取有效措施，激发公共文化服务活力[②]。

4. 主要任务。（1）加快完善公共文化设施网络。（2）全面推进基本公共文化服务均衡发展。（3）有效增强公共文化发展活力。（4）切实提高公共文化服务效能。（5）大力推进公共数字文化建设。（6）不断加强公共文化人才队伍建设。（7）大力开展文化帮扶工作[③]。

---

① 文化部, 国家发展改革委, 国家民委, 等. "十三五"时期贫困地区公共文化服务体系建设规划纲要 [EB/OL]. (2015-12-09) [2019-02-18]. http://wlj. shangluo. gov. cn/pc/index/article/36092.

② 文化部, 国家发展改革委, 国家民委, 等. "十三五"时期贫困地区公共文化服务体系建设规划纲要 [EB/OL]. (2015-12-09) [2019-02-18]. http://wlj. shangluo. gov. cn/pc/index/article/36092.

③ 文化部, 国家发展改革委, 国家民委, 等. "十三五"时期贫困地区公共文化服务体系建设规划纲要 [EB/OL]. (2015-12-09) [2019-02-18]. http://wlj. shangluo. gov. cn/pc/index/article/36092.

《纲要》强调要充分发挥公共文化对提升群众素质、促进社会发展等方面的积极作用，加强特色文化资源合理开发利用，带动群众脱贫致富，推动贫困地区经济社会发展。

1. 积极为群众脱贫致富创造有利条件。依托公共文化设施和文化惠民工程，通过联合办班、提供场地、远程培训等多种方式，积极开展科学普及、法治宣传、社保救助、卫生计生、养老助残等惠农服务，提高群众科学文化素质。与贫困村、贫困户建档立卡和贫困识别工作相衔接，配合有关部门开展各类生产技术培训，帮助贫困群众掌握1～2项实用技术。积极探索互联网上网服务企业参与农村公共文化建设的模式。深入开展"农民（社区居民）科学素质行动"，培养群众健康文明的生活方式[①]。

2. 大力促进地方特色文化保护和发展。充分发挥公共文化机构的作用，推动地方特色文化和民族文化保护、传承和发展。支持贫困地区依托当地民间特色文化资源和非物质文化遗产，发展特色手工艺品、传统文化展示表演和乡村文化旅游。深入开展经济社会发展变迁证征藏工作，进一步加强文物保护单位、历史文化名镇名村和传统村落的保护。积极开展非物质文化遗产生产性保护，促使其在保护传承的同时，带动当地经济发展，有效拉动就业，增强贫困地区自我发展能力[②]。

3. 深入推进生态文化建设。将贫困地区公共文化建设纳入生态文明建设，贯彻节能、节地、节水、节材的文化建筑设计理念。充分利用广播、电视、报刊等现代媒体，深入宣传保护生态环境的重要作用和意义，不断提高当地群众的节约意识、环保意识和生态意识。发挥文化活动潜移默化、以文化人的作用，营造全民参与环境保护和生态文明建设的良好风气，促进贫困

地区生态可持续发展和国家生态安全①。

《纲要》提出要实施能推动群众脱贫致富的项目。（1）农民素质教育网络培训项目。根据"三农"工作需要和农民群众脱贫致富需求，以文化信息资源共享工程为平台，以基层综合性文化服务中心为依托，通过多媒体教学、上机自学、集中授课、基地实训等多种形式，组织开展各类专项培训，培养具有一定科学文化素质和掌握实用技术的新型农民。（2）农民（社区居民）科学素质行动。通过形式多样、内容丰富、群众喜闻乐见的文化科普活动，面向贫困地区农民（社区居民）大力开展保护生态环境、节约能源资源等内容的宣传教育，开展新型农民培训和现代农业科学技术培训，提升社区居民应用科学知识解决实际问题、改善生活质量、应对突发事件的能力，引导农民（社区居民）养成科学文明健康的生活方式，形成良好的社会公德、职业道德、家庭美德和自觉抵制反科学、伪科学、破除愚昧迷信的社会风尚②。

2016年11月23日，国务院印发了《"十三五"脱贫攻坚规划》，强调要"按照公共文化建设标准，对贫困县未达标公共文化设施提档升级、填平补齐。加强面向'三农'的优秀出版物和广播影视节目生产。启动实施流动文化车工程。实施贫困地区县级广播电视播出机构制播能力建设工程。为贫困村文化活动室配备必要的文化器材。推进重大文化惠民工程融合发展，提高公共数字文化供给和服务能力。推动广播电视村村通向户户通升级，到2020年，基本实现数字广播电视户户通。组织开展'春雨工程'——全国文化志愿者边疆行活动"③。

2017年5月20日，文化部印发了《"十三五"时期文化扶贫工作实施方

---

① 文化部, 国家发展改革委, 国家民委, 等. "十三五"时期贫困地区公共文化服务体系建设规划纲要 [EB/OL]. (2015-12-09) [2019-02-18]. http://wlj. shangluo. gov. cn/pc/index/article/36092.

② 文化部, 国家发展改革委, 国家民委, 等. "十三五"时期贫困地区公共文化服务体系建设规划纲要 [EB/OL]. (2015-12-09) [2019-02-18]. http://wlj. shangluo. gov. cn/pc/index/article/36092.

③ 国务院. "十三五"脱贫攻坚规划[J]. 中华人民共和国国务院公报, 2016(35): 36-37.

案》，明确了文化扶贫工作的基本原则、工作目标、主要任务、组织实施等问题。

1. 基本原则。（1）因地制宜，精准扶贫、精准脱贫。坚持以"六个精准"统领贫困地区的文化扶贫工作，精确瞄准、因地制宜、分类施策，变"大水漫灌"为"精准滴灌"，因地制宜采取精准措施解决贫困地区文化发展中存在的突出问题，做到真扶贫、扶真贫、真脱贫。（2）以人为本，激发群众内生动力。坚持以人民为中心的发展思想和工作导向，尊重人民主体地位和首创精神，保障贫困人口平等参与、平等发展的权利，着力满足贫困地区人民群众日益增长的精神文化需求；充分调动贫困地区广大干部群众积极性、主动性、创造性，依靠自身努力改变贫困落后面貌。（3）重心下移，突出重点、讲求实效。全面推进与重点突破相结合，着力加强基层文化建设主体责任，以县、乡、村三级为重点，促进文化资源更多向贫困地区倾斜，着力解决基层文化建设面临的难题。（4）统筹推进，改革创新、激发活力。围绕创新发展、协调发展、绿色发展、开放发展、共享发展五大发展理念，实施项目带动，补齐短板弱项，加强改革创新，不断完善资金筹措、资源整合、监督考评等机制，形成合力，激发贫困地区文化发展的活力[①]。

2. 工作目标。到2020年，贫困地区文化建设取得重要进展，文化发展总体水平接近或达到全国平均水平，人民群众精神文化生活更加丰富，人口素质和社会文明程度进一步提升，文化的"扶志""扶智"作用充分体现。贫困地区的艺术创作不断繁荣，现代公共文化服务体系基本建成，文化遗产得到有效保护，文化产业实现长足发展，文化市场体系更加完善，文化交流逐步扩大，文化人才队伍不断充实[②]。

3. 主要任务。推动贫困地区艺术创作生产，推动贫困地区公共文化服务体系建设，提升贫困地区文化遗产保护利用水平，加快贫困地区文化产业发展，促进贫困地区文化市场健康发展，推动贫困地区文化交流互通，加大贫

[①]　文化部. "十三五"时期文化扶贫工作实施方案 [N]. 中国文化报，2017-06-08（2）.
[②]　文化部. "十三五"时期文化扶贫工作实施方案 [N]. 中国文化报，2017-06-08（2）.

困地区人才队伍建设力度[①]。

4. 组织实施。（1）加强组织领导。按照"中央统筹、省级负总责、市县抓落实"的工作机制，加强组织领导，明确责任分工，发挥中央和地方两个积极性。充分调动贫困地区的主观能动性，落实地方政府的主体责任。广泛发动文化系统力量加强对口支援、合作共建等工作，鼓励发达地区文化部门、文化部直属单位与贫困地区的县、乡开展各种形式的结对帮扶，形成工作合力。（2）加强统筹指导。统筹规划贫困地区发展路径，兼顾当前和长远、需要和可能，突出不同区域发展重点和迫切需要解决的特殊困难，以贫困地区为重点推进实施。要加强宣传引领，及时宣传文化扶贫工作的实施成效和好经验、好做法，鼓励社会力量积极参与。（3）促进协同发展。进一步建立健全东中西部协作机制，将东部地区文化建设的先进经验同中西部地区丰富的文化资源结合起来，注重发挥典型示范作用，形成更多可复制、可推广的经验，指导工作实践。（4）加强督促检查。文化部财务司负责本实施方案的督促检查工作，各司局、各直属单位要加强文化扶贫项目和工程的组织落实工作，明确专人负责。各省（区、市）文化厅局要把加强贫困地区文化建设纳入重要日程，以实际行动推动贫困地区文化发展。文化部将定期组织督查调研，统筹推进工作落实[②]。

贫困不仅表现为经济和物质生活上的贫困，而且还表现为文化和精神生活上的贫困。帮助革命老区改变面貌，既要从经济方面给予支持，更要从文化建设方面给予支持。通过文化扶贫改变不利于立足自身实现脱贫致富的传统观念、生活陋习、行为方式和"等靠要"思想，提高自我发展能力。

鉴于此，革命老区在脱贫攻坚与振兴发展过程中，始终强调要加快文化事业发展，提升老区公共文化服务水平。例如《陕甘宁革命老区振兴规划（2012—2020年）》强调要"以乡村、城镇社区为重点，继续实施文化惠民工程，推进建成公共文化服务体系。推进市县文化馆、公共图书馆以及乡镇

① 文化部. "十三五"时期文化扶贫工作实施方案 [N]. 中国文化报，2017-06-08（2）.
② 文化部. "十三五"时期文化扶贫工作实施方案 [N]. 中国文化报，2017-06-08（2）.

综合文化站建设。完善城市社区和农村文化设施，广泛开展群众性文化活动。加强农村互联网接入能力、有线数字电视网络和面向'三农'的信息平台建设，推进乡乡通光缆、村村通电话、户户通广播电视，实现广播电视信号全覆盖和县级（含县级）以上城市地面数字电视信号覆盖，启动实施县级数字影院建设。加强文物、历史文化名城名镇名村和民族特色村寨、非物质文化遗产和自然文化遗产保护，做好文化典籍整理工作。进一步支持爱国主义教育、革命传统教育和延安精神教育基地建设，传承中华传统美德，提高公益文化传播能力和影响力"[1]。

《赣闽粤原中央苏区振兴发展规划（2014—2020年）》强调要"支持市县图书馆、文化馆（艺术馆）、博物馆及乡镇街道综合文化站、村及社区文化室、农家书屋等文化基础设施建设。加快建设城乡阅报栏（屏）。鼓励社会力量捐助和兴办公益性文化事业。加快实施广播电视村村通等文化惠民工程，支持高山无线发射台站建设，统筹有线电视、直播卫星、地面数字电视等多种覆盖方式，提高广播电视覆盖水平和入户率，争取到2020年实现户户通广播电视。重点做好各级文物单位的保护工作。加强国家和省级历史文化名城、名镇、名村及历史文化传统街区保护，保护具有历史文化价值的传统村落、文物古迹和非物质文化遗产，加大对采茶戏、赣剧、汉剧等地方剧种的扶持力度"[2]。

《左右江革命老区振兴规划（2015—2025年）》强调要"完善公共文化基础设施，推进市（州）县文化馆、剧院、公共图书馆、博物馆以及乡镇综合文化站建设以及村（社区）综合性文化活动室、文体活动广场建设。推进全国文化信息资源共享工程建设。加强文化遗产保护及民族手工技艺的保持与传承，打造一批具有鲜明地域民族文化特色的文艺精品。加强物质和非物质文化遗产保护利用，鼓励花山岩画申报世界文化遗产，积极推动壮族'三月三'、布依族'六月六'、苗族'四月八'、侗族萨玛节、水族卯节、毛

① 国家发展改革委. 陕甘宁革命老区振兴规划（2012—2020年）[Z]. 2012-03-25: 34-35.
② 国家发展改革委. 赣闽粤原中央苏区振兴发展规划（2014—2020年）[Z]. 2014-03-20: 23.

南族分龙节等民族传统节日申报非物质文化遗产"①。

《大别山革命老区振兴发展规划（2015—2020年）》强调要"深入推进广播电视村村通、农村电影放映、农家书屋、公共电子阅览室、文化信息资源共享等文化惠民工程。加快市县图书馆、文化馆（群艺馆）、数字影院、城乡居民科技活动中心及乡镇街道综合文化站、村及社区综合性文化服务中心、农家书屋等文化基础设施建设，推进公益性文化设施免费开放，大力开展全民阅读等公益性文化活动。鼓励社会力量捐助和兴办公益性文化事业。加强国家和省级历史文化名城、名镇、名村及历史文化传统街区和传统村落保护，促进黄梅戏、豫剧、汉剧等地方戏的保护与传承，开展民间文化艺术之乡创建活动，建设非物质文化遗产传习基地，加大非物质文化遗产保护力度。加强对大遗址等文物保护和利用"②。

《川陕革命老区振兴发展规划（2016—2020年）》强调要"实施文化惠民工程，加强公共图书馆、博物馆、文化馆（群艺馆）以及乡镇（街道）、村（社区）综合性文化服务中心建设，推进公益性文化设施免费开放，加强老区广播电视无线数字化覆盖和直播卫星覆盖建设。大力开展'全民阅读'活动，加快社区书屋、阅报栏（屏）建设，鼓励在基层建立多种形式的出版物发行网点或代销点。加强历史文化名城、名镇、名村、历史文化传统街区和传统村落保护，保护传承非物质文化遗产。以弘扬原川陕苏区精神为主题，经常性开展群众性文化教育活动，推动老区精神进课堂、进机关、进企业、进社区"③。

2016年2月1日，中共中央办公厅、国务院办公厅印发的《关于加大脱贫攻坚力度支持革命老区开发建设的指导意见》提出要"以广播电视服务网络、数字文化服务、乡土人才培养、流动文化服务以及公共图书馆、文化馆（站）、基层综合性文化服务中心、基层新华书店等为重点，推动老区基本

---

① 国家发展改革委. 左右江革命老区振兴规划（2015—2025年）[Z]. 2015-03-02: 28.

② 国家发展改革委. 大别山革命老区振兴发展规划（2015—2020年）[Z]. 2015-06-15: 24.

③ 国家发展改革委. 川陕革命老区振兴发展规划（2016—2020年）[Z]. 2016-07-27: 23.

公共文化服务能力与水平明显提高"①。2021年1月24日，国务院颁发的《关于新时代支持革命老区振兴发展的意见》再次强调要提升革命老区公共文化和公共体育设施建设运营水平，优化广播电视公共服务供给和基层公共文化服务网络，建设一批体育公园，鼓励革命老区承办全国性、区域性文化交流和体育赛事活动②。

第四节　健康扶贫

健康扶贫是指国家卫生等部门为改善贫困地区医疗卫生条件，促进基本医疗和公共卫生服务均等化，提高贫困地区群众健康水平所采取的一系列倾斜政策、制度安排和扶持措施。

1994年4月15日，国务院印发的《国家八七扶贫攻坚计划（1994—2000年）》强调"卫生部门要建立和完善贫困地区三级医疗预防保健网；大中专医学院校要为贫困地区培养定向招生、定向分配的医务人员，稳定乡村医疗队伍，提高乡村医生服务水平；制定和落实控制地方病的措施"③。2001年6月13日，国务院印发的《中国农村扶贫开发纲要（2001—2010年）》强调贫困地区要重视卫生事业发展，做到大多数贫困乡有卫生院、贫困村有卫生室，基本控制贫困地区的主要地方病。2011年5月27日，中共中央、国务院颁布的《中国农村扶贫开发纲要（2011—2020年）》强调要"进一步健全贫困地区基层医疗卫生服务体系，改善医疗与康复服务设施条件。加强妇幼保健机构能力建设。加大重大疾病和地方病防控力度。继续实施万名医师支援

---

① 中共中央办公厅，国务院办公厅. 关于加大脱贫攻坚力度支持革命老区开发建设的指导意见［J］. 中华人民共和国国务院公报，2016（6）：20.

② 国务院. 关于新时代支持革命老区振兴发展的意见［J］. 中华人民共和国国务院公报，2021（7）：37.

③ 中共中央文献研究室. 十四大以来重要文献选编（上）［M］. 北京：人民出版社，1996：785.

农村卫生工程，组织城市医务人员在农村开展诊疗服务、临床教学、技术培训等多种形式的帮扶活动，提高县医院和乡镇卫生院的技术水平和服务能力"①。2012年7月4日，卫生部印发了《"十二五"期间卫生扶贫工作指导意见》，明确了"十二五"期间卫生扶贫工作的指导思想、基本原则、目标范围、主要任务、保障措施等问题。

2016年6月20日，国家卫生计生委等15部门联合发布《关于实施健康扶贫工程的指导意见》，明确了实施健康扶贫工程的指导思想、基本原则、主要目标、重点任务、保障措施、组织实施等问题。2016年11月23日，国务院印发的《"十三五"脱贫攻坚规划》强调要"改善贫困地区医疗卫生机构条件，提升服务能力，缩小区域间卫生资源配置差距，基本医疗保障制度进一步完善，建档立卡贫困人口大病和慢性病得到及时有效救治，就医费用个人负担大幅减轻，重大传染病和地方病得到有效控制，基本公共卫生服务实现均等化，因病致贫返贫问题得到有效解决"②。

2017年2月11日，国家卫生计生委、民政部、国务院扶贫办联合印发了《农村贫困人口大病专项救治工作方案》，明确了农村贫困人口大病专项救治的工作内容。

1. 建立救治台账。各地卫生计生行政部门要会同扶贫部门，为"健康扶贫管理数据库"里符合救治条件的农村贫困人口建立台账。各地卫生计生、民政部门要对符合救治条件的农村特困人员和低保对象建立救治台账。各地要按照台账对相关病种的救治对象进行动态追踪管理③。

2. 开展医疗救治。（1）确定定点医院。各省级卫生计生行政部门要会同民政部门按照保证质量、方便患者、管理规范的原则，确定各个病种的医

---

① 中共中央文献研究室.十七大以来重要文献选编（下）[M].北京：中央文献出版社，2013：364.

② 国务院."十三五"脱贫攻坚规划[J].中华人民共和国国务院公报，2016（35）：24.

③ 国家卫生计生委，民政部，国务院扶贫办.农村贫困人口大病专项救治工作方案[EB/OL].（2017-02-11）[2017-02-23].http://www.nhc.gov.cn/yzygj/s3593/201702/a7acco8691414eb3877dbd968505be04.shtml.

疗救治定点医院。为方便患者就诊，定点医院原则上设置在县级医院。对于县级医院不具备诊疗条件的，可以设置在上级医院。要建立疑难/重症病例的会诊、转诊机制，通过对口支援、巡回医疗、派驻治疗小组、远程会诊等方式开展救治。（2）制订诊疗方案。各省级卫生计生行政部门要根据国家卫生计生委已发布的相关疾病诊疗指南规范和临床路径，结合本地区实际，按照"保基本，兜底线"的原则，制订符合当地诊疗服务能力、具体细化的诊疗方案和临床路径。要优先选择基本医保目录内的安全有效、经济适宜的诊疗技术和药品、耗材等，严格控制医疗费用。（3）组织医疗救治。各地要充分发动村医、计生专干等基层卫生计生队伍，做好救治对象的组织工作。要根据台账登记的救治对象情况，有计划地组织其到定点医院进行救治。各定点医院要合理设置医疗服务流程，为农村贫困大病患者开通就医绿色通道。要配备临床经验丰富的医务人员，对大病患者实施医疗救治。（4）加强质量控制。定点医院要强化医疗质量安全意识，完善管理制度和工作规范，开展单病种质量控制，按照相关病种临床路径要求，规范临床诊疗行为。各地要制订完善医疗质量管理与控制相关指标，组建重大疾病临床诊疗专家组，对定点医院提供技术支持与指导，开展质量管理、业务培训和考核评价等工作，保障医疗质量与安全[①]。

3. 完善支付方式。（1）实行单病种付费。为有效控制医疗费用，纳入大病专项救治范围的病种，实行单病种付费管理。各省级卫生计生等有关部门，要根据《关于推进按病种收费工作的通知》按照本省制订的诊疗方案和临床路径，科学确定各病种的单病种费用。（2）发挥政策保障合力。对实行单病种付费的病种，各地要结合地方实际，充分发挥基本医保、大病保险、医疗救助、健康扶贫商业保险等制度的衔接保障作用。新农合要提高政策范围内住院费用报销比例，逐步降低大病保险起付线，提高报销比例，提

---

① 国家卫生计生委，民政部，国务院扶贫办. 农村贫困人口大病专项救治工作方案［EB/OL］.（2017-02-11）［2017-02-23］. http://www. nhc. gov. cn/yzygj/s3593/201702/a7acco8691414eb3877dbd968505be04. shtml.

高贫困大病患者受益水平。对报销后自付费用仍有困难的患者，要及时落实相关救助政策，并积极引导社会慈善资金予以帮助。（3）推行"一站式"结算。贫困大病患者在县域内定点医院住院实行先诊疗后付费，定点医院设立综合服务窗口，积极推进基本医疗保险、大病保险、医疗救助等"一站式"信息交换和即时结算，由各保险、救助经办管理机构直接向医疗机构支付相应费用，贫困患者只需在出院时支付自付医疗费用，确保救治对象方便、快捷享受到各项医疗保障政策待遇。有条件的地方要积极建立市域和省域内农村贫困人口先诊疗后付费的结算机制[①]。

4. 加强信息管理。各级卫生计生、民政、扶贫等部门要加强救治对象数据信息的动态管理，卫生计生部门要组织并确定专门人员登陆全国健康扶贫动态管理系统，下载本地客户端上报救治数据。做好数据定期统计、分析工作，为开展医疗质量、安全及效率评价，持续改进相关工作提供数据支撑。各省级卫生计生行政部门要每月底前向国家卫生计生委上报数据信息，中国人口与发展研究中心要加强信息系统的建设与管理，做好全国贫困人口大病救治信息数据的统计和分析等工作[②]。

2017年4月12日，国家卫生计生委等6部门联合印发了《健康扶贫工程"三个一批"行动计划》，明确了健康扶贫工程"三个一批"行动计划的行动措施。

1. 大病集中救治一批。开展农村贫困家庭大病专项救治，按照"三定两加强"原则，对患有大病的农村贫困人口实行集中救治。（1）确定定点医院。各省级卫生计生行政部门要会同民政、人力资源和社会保障等部门按照保证质量、方便患者、管理规范的原则，确定大病集中救治定点医院。定

---

① 国家卫生计生委,民政部,国务院扶贫办. 农村贫困人口大病专项救治工作方案[EB/OL].（2017-02-11）[2017-02-23]. http://www. nhc. gov. cn/yzygj/s3593/201702/a7acco8691414eb3877dbd968505be04. shtml.

② 国家卫生计生委,民政部,国务院扶贫办. 农村贫困人口大病专项救治工作方案[EB/OL].（2017-02-11）[2017-02-23]. http://www. nhc. gov. cn/yzygj/s3593/201702/a7acco8691414eb3877dbd968505be04. shtml.

点医院原则上设置在县级医院，县级医院不具备医疗条件的，可设置在上级医院。要建立疑难/重症病例的会诊、转诊机制，充分利用对口支援、巡回医疗、派驻治疗小组、远程会诊等方式做好救治工作。（2）确定诊疗方案。省级卫生计生行政部门要根据国家卫生计生委已发布的相关诊疗指南规范和临床路径，结合本地区实际，按照"保基本，兜底线"的原则，制订符合当地诊疗服务能力、具体细化的诊疗方案和临床路径。要优先选择基本医保目录内的安全有效、经济适宜的诊疗技术、药品和耗材，严格控制费用。定点医院要进一步优化诊疗流程、缩短等候时间，为农村贫困家庭大病患者开通就医绿色通道。（3）确定单病种收费标准。各地要贯彻落实国家发展改革委、国家卫生计生委、人力资源和社会保障部《关于推进按病种收费工作的通知》要求，按照"有激励、有约束"的原则，以医疗服务合理成本为基础，体现医疗技术和医务人员劳务价值，参考既往实际发生费用等进行测算，制订病种收费标准。（4）加强医疗质量管理。省级卫生计生行政部门要切实加强医疗质量管理，制订完善医疗质量管理与控制相关指标，组建重大疾病临床诊疗专家组，开展质量管理、业务培训和考核评价等工作，对定点医院提供技术支持与指导。定点医院要强化质量安全意识，完善各项制度和工作规范，开展单病种质量控制，按照相关病种临床路径要求，规范临床诊疗行为，保障医疗质量与安全。（5）加强责任落实。国家卫生计生委负责制订救治工作方案，指导组织实施食管癌、胃癌、结肠癌、直肠癌、终末期肾病、儿童白血病和儿童先天性心脏病等大病集中救治工作，2018年实现农村贫困人口全覆盖。省级卫生计生行政部门具体组织落实，结合实际，逐步扩大集中救治病种。地市、县两级卫生计生行政部门实行挂图作战，对患有大病的农村贫困人口实行分类分批集中救治[①]。

2. 慢病签约服务管理一批。开展慢病患者健康管理，对患有慢性疾病的农村贫困人口实行签约健康管理。（1）建立农村贫困人口健康卡。为每

---

① 《中国扶贫开发年鉴》编辑部. 中国扶贫开发年鉴（2018）[M]. 北京: 中国农业出版社, 2019: 865–866.

位农村贫困人口发放一张健康卡，置入健康状况和患病信息，与健康管理数据库保持同步更新。落实基本公共卫生服务项目，以县为单位，为符合条件的农村贫困人口每年开展1次健康体检。（2）实行签约服务。组织乡镇卫生院医生或村医与农村贫困家庭进行签约，鼓励县医院医生与乡村两级医务人员组成医生团队与贫困家庭签约，按照高危人群和普通慢病患者分类管理，为贫困人口提供公共卫生、慢病管理、健康咨询和中医干预等综合服务。对已经核准的慢性疾病患者，签约医生或医生团队负责制订个性化健康管理方案，提供签约服务。需住院治疗的，联系定点医院确定诊疗方案，实施有效治疗。（3）开展健康管理。国家卫生计生委负责制订统一规范的健康管理指导方案。各地结合实际，制订健康管理实施方案，确定定点医疗机构、细化诊疗流程、明确质量要求，并加强基本药物配备使用。乡镇卫生院等基层医疗卫生机构在县级医院指导下，根据农村贫困家庭慢性病患者病情安排个性化健康管理，每年按管理规范安排面对面随访，询问病情，检查并评估心率、血糖和血压等基础性健康指标，在饮食、运动、心理等方面提供健康指导。签约医生和团队做好随访记录，填写居民健康档案各类表单，并将有关信息录入健康卡[1]。

3.重病兜底保障一批。提高医疗保障水平，切实减轻农村贫困人口医疗费用负担，有效防止因病致贫、因病返贫。（1）实行倾斜性精准支付政策。完善大病保险政策，对符合条件的农村贫困人口在起付线、报销比例等方面给予重点倾斜。积极探索与按人头付费相结合的门诊慢性病管理。加大医疗救助力度，将符合条件的农村贫困人口全部纳入救助范围，进一步提高救助水平。（2）建立健康扶贫保障机制。各地要统筹基本医保、大病保险、医疗救助、商业健康保险等保障措施，实行联动报销，加强综合保障，切实提高农村贫困人口受益水平。（3）落实"一站式"结算。贫困人口县域内住院先诊疗后付费，贫困患者只需在出院时支付自负医疗费用。推动城

---

① 《中国扶贫开发年鉴》编辑部.中国扶贫开发年鉴（2018）[M].北京：中国农业出版社，2019：866.

乡居民基本医疗保险经办机构、大病保险承办机构、医疗救助经办机构、医疗机构之间基本信息共享、互联互通，相关医保、救助政策在定点医院通过同一窗口、统一信息平台完成"一站式"结算，为群众提供方便快捷服务。未建立统一信息平台的，实行定点医院垫付、定期联审、统一结算的方式，确保减轻贫困患者看病经济负担。（4）动员社会力量救助。充分发挥慈善医疗救助作用，鼓励支持相关公益慈善组织通过设立专项基金等形式，开展重特大疾病专项救助。依托慈善组织互联网公开募捐信息平台向社会公众进行募捐，精准对接特殊困难家庭，减轻或免除个人费用负担[①]。

　　2018年6月15日，中共中央、国务院颁布的《关于打赢脱贫攻坚战三年行动的指导意见》强调要将贫困人口全部纳入城乡居民基本医疗保险、大病保险和医疗救助保障范围；落实贫困人口参加城乡居民基本医疗保险个人缴费财政补贴政策，实施扶贫医疗救助；切实降低贫困人口就医负担，在严格费用管控、确定诊疗方案、确定单病种收费标准、规范转诊和集中定点救治的基础上，对城乡居民基本医疗保险和大病保险支付后自负费用仍有困难的患者，加大医疗救助和其他保障政策的帮扶力度；全面落实农村贫困人口县域内定点医疗机构住院治疗先诊疗后付费，在定点医院设立综合服务窗口，实现各项医疗保障政策"一站式"信息交换和即时结算；在贫困地区加快推进县乡村三级卫生服务标准化建设，确保每个贫困县建好1~2所县级公立医院（含中医院），加强贫困地区乡镇卫生院和村卫生室能力建设；深入实施医院对口帮扶，全国963家三级医院与832个贫困县的1 180家县级医院结对帮扶，为贫困县医院配置远程医疗设施设备，全面建成从三级医院到县医院互联互通的远程医疗服务网络；贫困地区每个乡镇卫生院至少设立1个全科医生特岗；支持地方免费培养农村高职（专科）医学生，经助理全科医生培训合格后，补充到贫困地区村卫生室和乡镇卫生院；贫困地区可在现有编制总量内直接面向人才市场选拔录用医技人员，选拔录用时优先考虑当地医疗

[①]　《中国扶贫开发年鉴》编辑部.中国扶贫开发年鉴（2018）[M].北京：中国农业出版社，2019：866.

卫生事业紧缺人才；全面实施贫困地区县乡村医疗卫生机构一体化管理，构建三级联动的医疗服务和健康管理平台，为贫困群众提供基本健康服务；加强对贫困地区慢性病、常见病的防治，开展专项行动，降低因病致贫返贫风险；开展地方病和重大传染病攻坚行动，实施预防、筛查、治疗、康复、管理的全过程综合防治；贫困地区妇女宫颈癌、乳腺癌检查和儿童营养改善、新生儿疾病筛查项目扩大到所有贫困县；开展和规范家庭医生（乡村医生）签约服务，落实签约服务政策，优先为妇幼、老人、残疾人等重点人群开展健康服务和慢性病综合防控，做好高血压、糖尿病、结核病、严重精神障碍等慢性病规范管理；实施贫困地区健康促进三年行动计划[①]。

长期以来，贫困革命老区医疗卫生事业发展滞后，老区群众缺医少药、看病难、看不起病等问题突出，因病致贫成为一部分脆弱性贫困群众陷入长期贫困的重要根源。只有促进基本医疗公共卫生服务均等化，保障贫困老区群众享有基本医疗卫生服务的权利，提高老区人民健康水平，才能减少和遏制因病致贫、因病返贫等现象发生。

鉴于此，革命老区在脱贫攻坚与振兴发展过程中，始终强调要加强医疗服务能力建设。例如《陕甘宁革命老区振兴规划（2012—2020年）》强调要"健全县、乡、村三级和城市社区医疗卫生服务网络，重点加强县级医院建设，支持基层医疗卫生机构提升服务能力，改善乡镇卫生院、村卫生室医疗装备水平。大力扶持中医药和民族医药发展。提高基本公共卫生服务人均经费标准，扩大国家基本公共卫生服务项目。整合县域医疗卫生资源，推行乡村一体化卫生管理机制。加强卫生人才队伍建设，调动医务人员积极性。积极引导社会力量发展医疗卫生事业，形成多元化办医格局"[②]。

《赣闽粤原中央苏区振兴发展规划（2014—2020年）》强调要"加强市、县级医院建设，支持有条件的地市建设具有区域影响的综合医院，支持有条件的中心城区设立儿童、妇产、老年病、肿瘤等专科医院，允许80万人

① 中共中央国务院关于打赢脱贫攻坚战三年行动的指导意见[M]. 北京：人民出版社，2018：15-17.
② 国家发展改革委. 陕甘宁革命老区振兴规划（2012—2020年）[Z]. 2012-03-25：35.

口以上、具备三级医疗设置基本标准的县（市）建设三级医院，支持有条件的县（市）建设专业特色医院，提升重大传染病、地方病、职业病等重大疾病防治能力和水平。加强医疗卫生人才队伍建设，加大对全科医生培养基地建设投入。加强基本药物临床应用指南和处方集培训，促进基本药物合理使用。积极推进公立医院改革和基层医疗卫生机构综合改革，鼓励和引导社会资本举办医疗机构。加快基层医疗卫生机构建设，提升乡镇卫生院、村卫生室和社区卫生服务中心医疗装备水平和服务能力。强化赣州食品药品检验检测能力，建设瑞金、龙南等区域性食品药品检验检测机构。推动于都建设卫生计生医药产业聚集区域"[1]。

《左右江革命老区振兴规划（2015—2025年）》提出要"深化医药卫生体制改革，推进医疗保障、医疗服务、公共卫生服务、药品供应、食品安全体系建设，提高医疗卫生信息化服务能力，为群众提供安全有效、方便实惠的公共卫生和基本医疗服务。加大基层医疗卫生机构建设力度，推进疾病预防控制中心建设，将老区县（市）优先纳入县级公立医院综合改革试点。培养一批基层全科医生，建立城镇医生下乡轮岗交流制度，实现乡镇卫生院和城市社区卫生服务中心至少有2名全科医生，村卫生室不少于1名合格乡村医生。支持中医（含民族医）药事业发展，实施民族中医药传承与创新人才工程。建立国内知名医院、军队医院与老区医院的对口援助机制。健全医药卫生监管、疾病防控和动物疫病防控机制，加大地方病、传染病防治力度"[2]。

《大别山革命老区振兴发展规划（2015—2020年）》提出要"加强市级医院建设，支持中心城区根据有关规划和国家有关政策设置综合医院、急救中心以及儿童、肿瘤等专科医院。加强城市社区卫生服务体系建设，保证每个街道有一所达标的社区卫生服务中心和相应的社区卫生服务站。支持每个县重点办好1~2所县级医院（含中医院）和建设急救中心，每个乡镇办好一所卫生院。采取多种形式支持村卫生室建设，保证每个行政村都有一所村卫

---

① 国家发展改革委. 赣闽粤原中央苏区振兴发展规划（2014—2020年）[Z]. 2014-03-20: 21.
② 国家发展改革委. 左右江革命老区振兴规划（2015—2025年）[Z]. 2015-03-02: 27-28.

生室。加强疾病防控体系建设，支持沿江县（市、区）全面实施血吸虫病综合防治工程，持续控制地方性氟、砷中毒危害。支持城市三级医院对口支援县乡医疗机构。加强以全科医生为重点的基层医疗卫生队伍建设，落实鼓励全科医生长期在基层服务政策。发展远程医疗服务，加强公立医院信息化建设"①。

《川陕革命老区振兴发展规划（2016—2020年）》提出要"加强老区医疗保障、医疗服务、公共卫生服务体系建设，加快推进公立医院改革。提高地市级综合医院、中医医院、妇幼保健院以及儿童、精神等专科医院和急救中心服务能力和水平，每个县重点办好1至2所县级医院（含县中医院）、1所急救中心。加强乡镇卫生院、社区卫生服务机构建设，支持每个乡镇办好1所卫生院，保证每个行政村都有1所村卫生室。加强基层医疗卫生队伍建设，支持老区贫困县实施全科医生和专科医生特设岗位计划，基本实现城乡每万名居民有2至3名合格的全科医生，村卫生室不少于1名合格乡村医生。为老区贫困县乡医疗机构免费定向培养医学类本专科学生，支持公开招聘医学类本专科学生，鼓励川陕渝三级甲等医院（含部队）与老区贫困县建立对口帮扶关系。完善重大疾病防控、妇幼保健、计划生育等公共卫生服务网络，有效监测和预防控制重大传染病、地方病。深入实施中医药（民族医药）传承与创新人才工程和基层中医药服务能力提升工程，支持中医药事业发展"②。

2015年12月23日，中共中央办公厅、国务院办公厅印发的《关于加大脱贫攻坚力度支持革命老区开发建设的指导意见》强调要"加强老区县乡村三级医疗卫生服务网络标准化建设，支持贫困老区实施全科医生和专科医生特设岗位计划，逐步提高新型农村合作医疗保障能力和大病救助水平"③。

---

① 国家发展改革委. 大别山革命老区振兴发展规划（2015—2020年）[Z]. 2015-06-15: 23-24.
② 国家发展改革委. 川陕革命老区振兴发展规划（2016—2020年）[Z]. 2016-07-27: 22-23.
③ 中共中央办公厅, 国务院办公厅. 关于加大脱贫攻坚力度支持革命老区开发建设的指导意见[J]. 中华人民共和国国务院公报, 2016（6）: 20.

2021年1月24日，国务院颁发的《关于新时代支持革命老区振兴发展的意见》再次强调要加强革命老区公共卫生防控救治能力建设，支持市县级综合医院、传染病医院（传染科）和卫生应急监测预警体系建设；鼓励国内一流医院与革命老区重点医院开展对口帮扶，合作共建医联体；按照"保基本、强基层、建机制"要求，深化县域综合医改，整合县域医疗卫生资源，推动发展县域医共体；实施中医临床优势培育工程和中医康复服务能力提升工程，建设中医优势专科①。

第五节　生态扶贫

生态扶贫是指通过实施重大生态工程、加大生态补偿力度、大力发展生态产业等方式，加大对贫困地区、贫困人口的支持力度，以达到扶贫开发与生态保护相协调、脱贫致富与可持续发展相促进，最终实现脱贫攻坚与生态文明建设"双赢"的目的。

1994年4月15日，国务院印发的《国家八七扶贫攻坚计划（1994—2000年）》强调要"加快植被建设、防风治沙，降低森林消耗，改善生态环境"②。2001年6月13日，国务院印发的《中国农村扶贫开发纲要（2001—2010年）》强调"扶贫开发必须与资源保护、生态建设相结合，与计划生育相结合，控制贫困地区人口的过快增长，实现资源、人口和环境的良性循环，提高贫困地区可持续发展的能力"③。2011年5月27日，中共中央、国务院颁布的《中国农村扶贫开发纲要（2011—2020年）》强调要"加强草原保护和建设，加强自然保护区建设和管理，大力支持退牧还草工程。采取禁

---

① 国务院.关于新时代支持革命老区振兴发展的意见[J].中华人民共和国国务院公报，2021（7）：37.
② 中共中央文献研究室.十四大以来重要文献选编（上）[M].北京：人民出版社，1996：783.
③ 中共中央文献研究室.十五大以来重要文献选编（下）[M].北京：人民出版社，2003：1878.

牧、休牧、轮牧等措施，恢复天然草原植被和生态功能"①。"在贫困地区继续实施退耕还林、退牧还草、水土保持、天然林保护、防护林体系建设和石漠化、荒漠化治理等重点生态修复工程。建立生态补偿机制，并重点向贫困地区倾斜。加大重点生态功能区生态补偿力度。重视贫困地区的生物多样性保护"②。2016年11月23日，国务院印发了《"十三五"脱贫攻坚规划》，强调要"处理好生态保护与扶贫开发的关系，加强贫困地区生态环境保护与治理修复，提升贫困地区可持续发展能力。逐步扩大对贫困地区和贫困人口的生态保护补偿，增设生态公益岗位，使贫困人口通过参与生态保护实现就业脱贫"③。

2018年1月18日，国家发展改革委等6部门印发了《生态扶贫工作方案》，明确了生态扶贫工作的总体要求和工作目标，强调要通过多种途径助力贫困人口脱贫，要全力推进各项任务实施，要制定切实可行的保障措施。

《生态扶贫工作方案》明确了生态扶贫工作的基本原则，即：（1）坚持中央统筹、地方负责。实行中央统筹、省负总责、市县抓落实的工作机制。中央有关部门负责制定政策，明确工作部署，强化考核监督。省级政府有关部门负责完善政策措施，加强协调配合。市县级政府有关部门负责做好本行政区域内的生态扶贫各项工作，确保政策措施落到实处。（2）坚持政府引导、主体多元。创新体制机制，广泛动员各方面力量共同参与生态扶贫工作，拓宽社会力量扶贫渠道，形成社会合力。充分调动贫困地区广大群众保护修复家乡生态环境的积极性、主动性、创造性，发扬自强自立、艰苦奋斗精神，依靠自身努力改变贫困落后面貌。（3）坚持因地制宜、科学发展。协调好扶贫开发与生态保护的关系，把尊重自然、顺应自然、保护自然融入生态扶贫工作全过程。进一步处理好短期扶贫与长期发展的关系，着眼长远，立足当前，综合考虑自然资源禀赋、承载能力、地方特色、区域经济

---

① 中共中央文献研究室. 十七大以来重要文献选编（下）［M］. 北京：中央文献出版社，2013：365.
② 中共中央文献研究室. 十七大以来重要文献选编（下）［M］. 北京：中央文献出版社，2013：368-369.
③ 国务院. "十三五"脱贫攻坚规划［J］. 中华人民共和国国务院公报，2016（35）：26.

社会发展水平等因素，合理确定生态扶贫工作思路，统筹推进脱贫攻坚与绿色发展。（4）坚持精准施策、提高实效。精确瞄准14个集中连片特困地区的片区县、片区外国家扶贫开发工作重点县和建档立卡贫困户，突出深度贫困地区，坚持问题导向和目标导向，聚焦贫困人口脱贫，加强脱贫政策衔接，有针对性地制定和实施生态扶贫政策措施，确保生态扶贫工作取得实效[①]。

《生态扶贫工作方案》强调要加强贫困地区生态保护与修复，在各类重大生态工程项目和资金安排上进一步向贫困地区倾斜；组织动员贫困人口参与重大生态工程建设，提高贫困人口受益程度。

1. 退耕还林还草工程。调整贫困地区25度以上陡坡耕地基本农田保有指标，加大贫困地区新一轮退耕还林还草力度。将新增退耕还林还草任务向中西部22个省区市倾斜，省区市要优先支持有需求的贫困县，特别是深度贫困地区。各贫困县要优先安排给符合条件的贫困人口。在树种、草种选择上，指导贫困户发展具有较好经济效益且适应当地种植条件的经济林种、草种，促使贫困户得到长期稳定收益，巩固脱贫成果。确保2020年底前，贫困县符合现行退耕政策且有退耕意愿的耕地全部完成退耕还林还草[②]。

2. 退牧还草工程。在内蒙古、陕西、宁夏、新疆、甘肃、四川、云南、青海、西藏、贵州等省区及新疆生产建设兵团符合条件的贫困县实施退牧还草工程，根据退牧还草工程区贫困农牧民需求，在具备条件的县适当增加舍饲棚圈和人工饲草地年度任务规模[③]。

3. 青海三江源生态保护和建设二期工程。深入推进三江源地区森林、草原、荒漠、湿地与湖泊生态系统保护和建设，加大黑土滩等退化草地治理，完成黑土滩治理面积220万亩，有效提高草地生产力。为从事畜牧业生产的牧户配套建设牲畜暖棚和贮草棚，改善生产条件。通过发展高原生态有机畜

---

① 国家发展改革委, 国家林业局, 财政部, 等. 生态扶贫工作方案[Z]. 2018-01-18: 1-2.

② 国家发展改革委, 国家林业局, 财政部, 等. 生态扶贫工作方案[Z]. 2018-01-18: 4.

③ 国家发展改革委, 国家林业局, 财政部, 等. 生态扶贫工作方案[Z]. 2018-01-18: 5.

牧业，促进牧民增收[1]。

4. 京津风沙源治理工程。推进工程范围内53个贫困县的林草植被保护修复和重点区域沙化土地治理，提高现有植被质量和覆盖率，遏制局部区域流沙侵蚀，安排营造林315万亩、工程固沙6万亩，吸纳贫困人口参与工程建设[2]。

5. 天然林资源保护工程。以长江上游、黄河上中游为重点，加大对贫困地区天然林资源保护工程建设支持力度。支持依法通过购买服务开展公益林管护，为贫困人口创造更多的就业机会[3]。

6. 三北等防护林体系建设工程。优先安排三北、长江、珠江、沿海、太行山等防护林体系建设工程范围内226个贫困县的建设任务，加大森林经营力度，推进退化林修复，完成营造林1 000万亩。加强国家储备林建设，积极利用金融等社会资本，重点在南方光热水土条件较好、森林资源较为丰富、集中连片贫困区域，发展1 000万亩国家储备林[4]。

7. 水土保持重点工程。加大长江和黄河上中游、西南岩溶区、东北黑土区等重点区域水土流失治理力度，对纳入相关规划的水土流失严重贫困县，加大政策和项目倾斜力度，加快推进坡耕地、侵蚀沟治理和小流域综合治理。在综合治理水土流失的同时，培育经济林果和特色产业，实施生态修复，促进项目区生态经济良性循环，改善项目区农业生产生活条件[5]。

8. 石漠化综合治理工程。坚持"治石与治贫"相结合，重点支持滇桂黔石漠化区、滇西边境山区、乌蒙山区和武陵山区等贫困地区146个重点县的石漠化治理工程，采取封山育林育草、人工造林、森林抚育、小流域综合治理等多种措施，完成岩溶治理面积1.8万平方公里[6]。

---

① 国家发展改革委，国家林业局，财政部，等. 生态扶贫工作方案[Z]. 2018-01-18: 6.
② 国家发展改革委，国家林业局，财政部，等. 生态扶贫工作方案[Z]. 2018-01-18: 6.
③ 国家发展改革委，国家林业局，财政部，等. 生态扶贫工作方案[Z]. 2018-01-18: 6.
④ 国家发展改革委，国家林业局，财政部，等. 生态扶贫工作方案[Z]. 2018-01-18: 6.
⑤ 国家发展改革委，国家林业局，财政部，等. 生态扶贫工作方案[Z]. 2018-01-18: 6.
⑥ 国家发展改革委，国家林业局，财政部，等. 生态扶贫工作方案[Z]. 2018-01-18: 6.

9. 沙化土地封禁保护区建设工程。在内蒙古、西藏、陕西、甘肃、青海、宁夏、新疆等省区及新疆生产建设兵团的贫困地区推进沙化土地封禁保护区建设，优先将贫困县498万亩适宜沙地纳入工程范围，实行严格的封禁保护。加大深度贫困地区全国防沙治沙综合示范区建设，提升贫困地区防风固沙能力[①]。

10. 湿地保护与恢复工程。在贫困地区的国际重要湿地、国家级湿地自然保护区，实施一批湿地保护修复重大工程，提升贫困地区涵养水源、蓄洪防涝、净化水质的能力。支持贫困县实施湿地保护与恢复、湿地生态效益补偿、退耕还湿试点等项目，完善湿地保护体系[②]。

11. 农牧交错带已垦草原综合治理工程。统筹推进农牧交错带已垦草原治理工程，加大向贫困地区倾斜力度，通过发展人工种草，提高治理区植被覆盖率，建设旱作优质饲草基地，结合饲草播种、加工机械的农机购置补贴，引导和支持贫困地区发展草食畜牧业，在实现草原生态恢复的同时，促进畜牧业提质增效[③]。

2018年6月15日，中共中央、国务院颁布的《关于打赢脱贫攻坚战三年行动的指导意见》强调要创新生态扶贫机制，加大贫困地区生态保护修复力度，实现生态改善和脱贫双赢；建设生态扶贫专业合作社（队），吸纳贫困人口参与防沙治沙、石漠化治理、防护林建设和储备林营造；推进贫困地区低产低效林提质增效工程；加大贫困地区新一轮退耕还林还草支持力度，将新增退耕还林还草任务向贫困地区倾斜，在确保省级耕地保有量和基本农田保护任务前提下，将25度以上坡耕地、重要水源地15～25度坡耕地、陡坡梯田、严重石漠化耕地、严重污染耕地、移民搬迁撂荒耕地纳入新一轮退耕还林还草工程范围，对符合退耕政策的贫困村、贫困户实现全覆盖；结合建立国家公园体制，多渠道筹措资金，对生态核心区内的居民实施生态搬迁，带

---

① 国家发展改革委, 国家林业局, 财政部, 等. 生态扶贫工作方案[Z]. 2018-01-18: 7.

② 国家发展改革委, 国家林业局, 财政部, 等. 生态扶贫工作方案[Z]. 2018-01-18: 7.

③ 国家发展改革委, 国家林业局, 财政部, 等. 生态扶贫工作方案[Z]. 2018-01-18: 7.

动贫困群众脱贫；深化贫困地区集体林权制度改革，鼓励贫困人口将林地经营权入股造林合作社，增加贫困人口资产性收入；完善横向生态保护补偿机制，让保护生态的贫困县、贫困村、贫困户更多受益；鼓励纳入碳排放权交易市场的重点排放单位购买贫困地区林业碳汇①。

设立生态保护公益岗位，是"生态补偿脱贫一批"的重要内容。2015年11月29日，中共中央、国务院印发的《关于打赢脱贫攻坚战的决定》指出："结合建立国家公园体制，创新生态资金使用方式，利用生态补偿和生态保护工程资金使当地有劳动能力的部分贫困人口转为护林员等生态保护人员"②。2016年8月16日，国家林业局办公室等3部门联合印发了《关于开展建档立卡贫困人口生态护林员选聘工作的通知》，开始部署生态护林员选聘工作。同年11月23日，国务院印发的《"十三五"脱贫攻坚规划》强调要设立生态公益岗位，"中央财政调整生态建设和补偿资金支出结构，支持在贫困县以政府购买服务或设立生态公益岗位的方式，以森林、草原、湿地、沙化土地管护为重点，让贫困户中有劳动能力的人员参加生态管护工作。充实完善国家公园的管护岗位，增加国家公园、国家级自然保护区、国家级风景名胜区周边贫困人口参与巡护和公益服务的就业机会"③。同时，开展生态公益岗位脱贫行动，"通过购买服务、专项补助等方式，在贫困县中选择一批能胜任岗位要求的建档立卡贫困人口，为其提供生态护林员、草管员、护渔员、护堤员等岗位。在贫困县域内的553处国家森林公园、湿地公园和国家级自然保护区，优先安排有劳动能力的建档立卡贫困人口从事森林管护、防火和服务"④。

2018年1月18日，国家发展改革委等6部门印发了《生态扶贫工作方

① 中共中央国务院关于打赢脱贫攻坚战三年行动的指导意见[M].北京:人民出版社,2018:13-14.
② 中共中央党史和文献研究院.十八大以来重要文献选编(下)[M].北京:中央文献出版社,2018:57-58.
③ 国务院."十三五"脱贫攻坚规划[J].中华人民共和国国务院公报,2016(35):28.
④ 国务院."十三五"脱贫攻坚规划[J].中华人民共和国国务院公报,2016(35):28.

案》，强调"支持在贫困县设立生态管护员工作岗位，以森林、草原、湿地、沙化土地管护为重点，让能胜任岗位要求的贫困人口参加生态管护工作，实现家门口脱贫。在贫困县域内的国家公园、自然保护区、森林公园和湿地公园等，优先安排有劳动能力的贫困人口参与服务和管理。在加强贫困地区生态保护的同时，精准带动贫困人口稳定增收脱贫""研究制定生态管护员制度，规范生态管护员的选聘程序、管护范围、工作职责、权利义务等，加强队伍建设，提升生态资源管护能力。加强生态管护员上岗培训，提升业务水平和安全意识。逐步加大贫困人口生态管护员选聘规模，重点向深度贫困地区、重点生态功能区及大江大河源头倾斜"①。同年6月15日，中共中央、国务院印发的《关于打赢脱贫攻坚战三年行动的指导意见》强调要"推进生态保护扶贫行动，到2020年在有劳动能力的贫困人口中新增选聘生态护林员、草管员岗位40万个。加大对贫困地区天然林保护工程建设支持力度。探索天然林、集体公益林托管，推广'合作社+管护+贫困户'模式，吸纳贫困人口参与管护"②。同年12月5日，生态环境部印发的《关于生态环境保护助力打赢精准脱贫攻坚战的指导意见》强调要采取政府购买服务或设立公益岗位的方式，吸纳贫困人口参与生态环境保护，安置贫困人口就业；污染防治、生态保护修复等工程项目建设运行中，设置一定数量岗位安排贫困人口就业；鼓励各地根据需要设置生态环境强化监督、生态保护红线管护等岗位，让贫困人口参与生态环境监管③。

根据上述文件精神，国家发展改革委印发的《陕甘宁革命老区振兴规划（2012—2020年）》强调要着力推进黄土丘陵沟壑区、干旱风沙区、土石山区水土流失综合治理，加大坡耕地综合整治及淤地坝建设力度；巩固退耕还林、退牧还草、防沙治沙等重点生态工程建设和国家水土保持重点工程成

---

① 国家发展改革委, 国家林业局, 财政部, 等. 生态扶贫工作方案[Z]. 2018-01-18: 12.

② 中共中央国务院关于打赢脱贫攻坚战三年行动的指导意见[M]. 北京: 人民出版社, 2018: 13.

③ 生态环境部. 关于生态环境保护助力打赢精准脱贫攻坚战的指导意见[J]. 中华人民共和国国务院公报, 2019（10）: 61.

果；继续实施三北防护林、天然林保护、湿地保护等生态工程，适时启动实施黄土高原地区综合治理规划，加强沙化土地封禁保护工作①。《赣闽粤原中央苏区振兴发展规划（2014—2020年）》强调要加强天然林资源保护，加大防护林、公益林建设和森林管护投入力度；加大水土流失综合治理力度，继续实施崩岗侵蚀防治等水土保持重点建设工程②。《左右江革命老区振兴规划（2015—2025年）》强调要继续实施退耕还林、天然林保护、退牧还草、水土保持、石漠化治理、湿地恢复、防护林建设等重大生态修复治理工程；将改善生态与搞好农民长远生计相结合，采取坡改梯、砌墙保土等措施，积极推进石漠化治理，重建岩溶地区生态系统；国家新一轮退耕还林工程向老区倾斜③。《大别山革命老区振兴发展规划（2015—2020年）》强调要巩固现有退耕还林还草成果，加大坡耕地水土流失综合治理力度；加强长江流域防护林、抑螺防病林等工程建设④。《川陕革命老区振兴发展规划（2016—2020年）》强调要实施生态保护工程，继续推进天然林保护、水土保持、湿地恢复、防护林建设等重大生态修复工程，因地制宜开展植树造林和森林经营，巩固退耕还林成果，积极推进新一轮退耕还林还草，稳定和扩大石漠化综合治理工程实施范围⑤。

2015年12月23日，中共中央办公厅、国务院办公厅印发的《关于加大脱贫攻坚力度支持革命老区开发建设的指导意见》强调要继续实施天然林保护、防护林建设、石漠化治理、防沙治沙、湿地保护与恢复、退牧还草、水土流失综合治理、坡耕地综合整治等重点生态工程，优先安排贫困老区新一轮退耕还林还草任务⑥。2021年1月24日，国务院颁发的《关于新时代支持革

① 国家发展改革委.陕甘宁革命老区振兴规划（2012—2020年）[Z].2012-03-25：20.
② 国家发展改革委.赣闽粤原中央苏区振兴发展规划（2014—2020年）[Z].2014-03-20：19.
③ 国家发展改革委.左右江革命老区振兴规划（2015—2025年）[Z].2015-03-02：25.
④ 国家发展改革委.大别山革命老区振兴发展规划（2015—2020年）[Z].2015-06-15：20.
⑤ 国家发展改革委.川陕革命老区振兴发展规划（2016—2020年）[Z].2016-07-27：29.
⑥ 中共中央办公厅，国务院办公厅.关于加大脱贫攻坚力度支持革命老区开发建设的指导意见[J].中华人民共和国国务院公报，2016（6）：19.

命老区振兴发展的意见》强调要"统筹推进革命老区山水林田湖草一体化保护和修复，加强长江、黄河等大江大河和其他重要江河源头生态环境治理，支持赣南等原中央苏区和陕甘宁、左右江等革命老区建设长江、黄河、珠江流域重要生态安全屏障。深入总结浙西南等革命老区生态保护修复成果经验，继续支持新安江等流域探索生态保护补偿，复制推广经验做法，建立健全流域上下游横向生态保护补偿机制"[①]。

第六节　旅游扶贫

旅游扶贫是指旅游资源禀赋条件较好的贫困地区乡村，以市场为导向，在政府和社会力量的支持下，通过合理开发本地特色旅游资源，将旅游业打造成地区性支柱产业，促进地方经济发展，并带动本地贫困农民增加收入，加快脱贫致富。

2011年5月27日，中共中央、国务院颁布的《中国农村扶贫开发纲要（2011—2020年）》把旅游扶贫作为产业扶贫的重要组成部分，强调要大力推进旅游扶贫。2012年2月16日，人民银行等7部委联合发布了《关于金融支持旅游业加快发展的若干意见》，强调各银行业金融机构要区别对待、有扶有控，加强和改进对旅游业的信贷管理和服务；支持旅游企业发展多元化融资渠道和方式；规范发展旅游业保险市场，增强旅游保险服务；改进旅游业支付结算服务，支持发展旅游消费信贷；完善旅游业外汇管理和服务，支持旅游企业"走出去"；加强旅游行业管理，营造金融支持旅游业的良好外部环境；加强政策协调落实和监测评估[②]。同年6月5日，国家旅游局发布了

---

① 国务院. 关于新时代支持革命老区振兴发展的意见[J]. 中华人民共和国国务院公报, 2021（7）：37-38.

② 《中国旅游年鉴2013》编辑委员会. 中国旅游年鉴2013（下册）[M]. 北京：中国旅游出版社, 2013：317-318.

《关于鼓励和引导民间资本投资旅游业的实施意见》，强调要鼓励民间资本投资旅游业，要提高民营旅游企业竞争力，为民间旅游投资创造良好环境，加强对民间投资的服务和管理，并提出鼓励民间资本投资旅游服务的11个重点领域[①]。

2013年8月，国务院扶贫办与国家旅游局启动了"旅游扶贫试验区"工作，在江西赣州市、吉安市，河北阜平县，宁夏六盘山设立了试验区，以红色旅游、生态旅游和民俗旅游等乡村旅游为重点，探索旅游扶贫模式，带动贫困农村增收脱贫。2013年12月18日，中共中央办公厅、国务院办公厅颁发的《关于创新机制扎实推进农村扶贫开发工作的意见》把乡村旅游作为扶贫开发的10项重点工作之一，强调要"在研究编制全国重点旅游区生态旅游发展规划时，对贫困乡村旅游发展给予重点支持。结合交通基础设施建设、农村危房改造、农村环境综合整治、生态搬迁、游牧民定居、特色景观旅游村镇、历史文化名村名镇和传统村落及民居保护等项目建设，加大政策、资金扶持力度，促进休闲农业和乡村旅游业发展"[②]。

2016年8月11日，国家旅游局等12个部门制定了《乡村旅游扶贫工程行动方案》，明确了乡村旅游扶贫工程的工作目标、基本原则、主要任务、实施保障，决定开展乡村旅游扶贫八大行动。同年9月30日，国家旅游局办公室发布了《关于实施旅游万企万村帮扶专项行动的通知》，提出旅游万企万村帮扶专项行动的目标任务、基本原则、帮扶方式与内容、保障措施等问题。同年11月23日，国务院印发的《"十三五"脱贫攻坚规划》强调要开展贫困村旅游资源普查和旅游扶贫摸底调查，建立乡村旅游扶贫工程重点村名录；以具备发展乡村旅游条件的2.26万个建档立卡贫困村为乡村旅游扶贫重点，推进旅游基础设施建设，实施乡村旅游后备箱工程、旅游基础设施提升

---

① 《中国旅游年鉴2013》编辑委员会. 中国旅游年鉴2013（下册）[M]. 北京：中国旅游出版社，2013：337-339.

② 中共中央办公厅，国务院办公厅. 关于创新机制扎实推进农村扶贫开发工作的意见[J]. 中华人民共和国国务院公报，2014（4）：7.

工程等一批旅游扶贫重点工程，打造精品旅游线路，推动游客资源共享[①]。

　　根据上述文件精神，国家发展改革委印发的《陕甘宁革命老区振兴规划（2012—2020年）》强调要按照政府引导、社会参与、市场运作的原则，加强旅游要素配套建设和服务平台建设，打造以红色旅游为特色的旅游目的地，进一步做大做强红色旅游品牌；加强旅游基础设施建设，推动旅游线路衔接与整合，形成一批精品线路，深入开发红色革命游、历史人文游、自然生态游、乡村民俗游、体育运动游等丰富多彩的特色和复合型旅游产品，重点打造一批红色旅游经典景区。（1）红色文化游。精品旅游线路包括会宁—静宁—固原—西吉—隆德—环县—吴起长征会师线；延安—延川—安塞—清涧—绥德—米脂—佳县—吴堡转战陕北线；延安—庆阳—固原—吴忠—榆林边区体验线；泾阳—淳化—旬邑—铜川—富平革命遗迹线。（2）历史人文游。精品旅游线路包括西安（秦始皇陵）—铜川（玉华宫）—延安（黄帝陵）—榆林（统万城）；宝鸡（炎帝陵）—平凉（崆峒山）—天水（麦积山）；庆阳（北、南石窟）—固原（须弥山）—中卫（大麦地岩画）。（3）自然生态游。精品旅游线路包括庆阳（子午岭周祖陵森林公园）—平凉（荆山、庄浪梯田、云崖寺）—固原（六盘山）；灵武（长流水景区、恐龙博物馆）—吴忠（黄河大峡谷）—中卫（沙坡头）　白银（黄河石林）；延安（黄河壶口瀑布）—榆林（红碱淖）。（4）精品人文自然景区。精品旅游线路包括延安—黄帝陵、黄河壶口瀑布、延川乾坤湾旅游景区；榆林—镇北台、红石峡、红碱淖景区；铜川—照金—香山、玉华宫、耀州博物馆、药王山景区；庆阳—岐黄文化、农耕文化、陇东民俗文化景区；平凉—崆峒山、大云寺—王母宫、龙泉寺景区；吴忠—青铜峡黄河大峡谷景区；中卫—沙坡头自然风光和治沙成果景区；固原—六盘山、火石寨、须弥山石窟景区[②]。

　　国家发展改革委印发的《赣闽粤原中央苏区振兴发展规划（2014—2020

---

① 国务院. "十三五"脱贫攻坚规划 [J]. 中华人民共和国国务院公报，2016（35）：17.

② 国家发展改革委. 陕甘宁革命老区振兴规划（2012—2020年）[Z]. 2012-03-25：27-28.

年）》强调要以井冈山、瑞金、兴国、上杭、长汀为核心，高起点建设一批红色旅游精品景区和经典线路，构建原中央苏区红色旅游圈；发挥武夷山、南岭山、罗霄山等生态优势，深入挖掘历史文化资源，加强旅游资源整合，加大国家级风景名胜区建设投入力度，建设国际知名的生态文化旅游目的地；加快赣州、吉安国家旅游扶贫试验区建设；推动龙岩、三明与赣州、抚州，南平与鹰潭、上饶建立旅游产业经济协作示范区；支持梅州加快建设生态文化旅游特色区。（1）重点红色旅游地。重点红色旅游地包括瑞金叶坪、沙洲坝革命遗址，井冈山茅坪景区，永新三湾改编旧址，宁都中央苏区反"围剿"旧址，大余南方红军三年游击战旧址，广昌驿前红三军团宿营景区，吉安东固革命根据地，横峰闽浙皖赣革命根据地旧址群，上杭古田会议旧址，连城红四军司令部与政治部旧址，长汀福建省苏维埃旧址，明溪红军战地医院遗址，梅县叶剑英元帅纪念馆。（2）重点生态旅游区。重点生态旅游区包括武夷山、罗霄山、井冈山、三清山、龙虎山、三百山、仙女湖、武功山、戴云山、冠豸山、桃源洞—鳞隐石林、南岭。（3）重点文化旅游区。重点文化旅游区包括福建土楼、赣南客家围屋、赣州宋城文化历史街区、吉安庐陵文化园、崇义上堡梯田、大余梅关古道、宁都东龙古村、石城南庐屋古村落、乐安流坑古村、金溪明清古建筑群、广昌驿前莲花古镇、峡江花门楼、龙虎山道教祖庭、袁州禅宗文化旅游区、莲花路口古名居、连城培田古村落、漳平奇和洞遗址、三明万寿岩古人类文化遗址、尤溪朱子文化园、泰宁明清尚书第古建筑群、长汀店头古街、南雄珠玑古巷[①]。

国家发展改革委印发的《左右江革命老区振兴规划（2015—2025年）》强调要以百色为核心，统筹规划红色旅游城市建设，高起点、高水平建设一批红色旅游精品景区，打造邓小平足迹之旅等红色旅游经典线路，构建左右江革命老区红色旅游圈；发挥丰富多元的民族民俗文化优势，以民族文化丰富旅游内涵，保护和传承布洛陀文化、布依族八音坐唱、苗族芦笙舞、侗族

① 国家发展改革委.赣闽粤原中央苏区振兴发展规划（2014—2020年）[Z].2014-03-20：12-13.

大歌、水族水书等非物质文化遗产，打造民族文化旅游经典景区。以巴马长寿养生国际旅游区为核心，联合荔波世界自然遗产等共同打造长寿养生旅游目的地；依托原生态山水资源，重点打造国家地质公园、森林公园、峡谷天坑群山水生态旅游景区，高水平规划开发黑水河、盘阳河、北盘江流域旅游资源，建设国际知名的生态旅游目的地；支持崇左、百色、文山因地制宜发展跨境旅游；加强旅游基础设施建设，打通景区景点通往国省干道的旅游公路，加强景区景点规划设计，完善景区配套服务设施。（1）红色旅游目的地。红色旅游目的地包括百色起义纪念园，乐业红七军、红八军会师旧址，黎平会议纪念馆，独山深河桥抗日遗址等全国红色旅游景点景区；此外，还有龙州起义纪念馆；百色、黔东南榕江、黔南荔波红七军军部旧址，龙州红八军军部旧址；三层岗革命旧址，东兰列宁岩农民讲习所旧址，田东、天等（向都）、黎平（怀公坪）苏维埃政府旧址、望谟黔桂边（革）委驻地旧址；晴隆"24道拐"；中法战争战场旧址、凭祥镇南关古炮台遗址；麻栗坡—老山爱国主义教育基地等。（2）重点民族文化旅游区。重点民族文化旅游区包括百色田阳敢壮山布洛陀文化、那坡黑衣壮原生态民族文化；河池东兰铜鼓博览园；崇左宁明花山岩画；黔西南望谟—册亨"三月三"布依文化；黔南三都水族、荔波瑶族文化；黔东南黎（平）从（江）榕（江）原生态苗侗文化；文山广南地母文化。（3）重点生态山水旅游区。重点生态山水旅游区包括乐业—凤山世界地质公园、布镜湖、靖西大峡谷旅游区、巴马—田东生态休闲旅游区；河池龙滩大峡谷国家森林公园、七百弄国家地质公园；崇左德天跨国大瀑布；贵州兴义万峰林—万峰湖；黔南荔波漳江生态旅游度假区；黔东南榕江苗山侗水、黎平侗乡国家级风景名胜区；云南文山丘北普者黑[①]。

　　国家发展改革委印发的《大别山革命老区振兴发展规划（2015—2020年）》强调要统筹协调旅游资源开发，合力打造大别山核心旅游品牌，把旅

---

① 国家发展改革委. 左右江革命老区振兴规划（2015—2025年）[Z]. 2015-03-02: 20-21.

游业培育成为支柱产业，建设全国著名旅游目的地；鼓励社会力量参与旅游开发，积极推进跨省协作，开发一批核心景区和旅游精品线路；支持新县、商城、确山、金寨、岳西、英山、罗田等资源条件好、发展潜力大的贫困地区积极发展特色旅游业；推进旅游服务标准化建设，提升旅游服务质量；促进特色景观旅游名镇、名村发展；深入挖掘特色文化资源，发展文化创意、影视制作、演艺娱乐、出版发行等文化产业，推进旅游与文化产业融合发展。（1）红色旅游景区（点）。红色旅游景区（点）包括红安县黄麻起义和鄂豫皖苏区革命烈士陵园，随州市新四军第五师旧址群、独山革命旧址群，确山竹沟革命纪念馆，新县鄂豫皖苏区首府革命博物馆，罗山县铁铺乡红二十五军长征出发地，岳西县及金寨县红二十八军军部及重建旧址，裕安区苏家埠战役纪念园。（2）生态旅游景区（点）。生态旅游景区（点）包括麻城龟峰山、孝感双峰山、英山吴家山、浠水三角山、蕲春云丹山、红安天台山、团风大崎山、大悟五峰山、黄梅龙感湖湿地、随州大洪山、信阳鸡公山、商城金刚台、新县金兰山、固始九华山、淮滨淮南湿地、驻马店嵖岈山、确山薄山湖、泌阳铜山湖、太湖花亭湖、潜山天柱山、岳西司空山、金安皖西大裂谷、枞阳浮山、舒城万佛湖、桐城龙眠山、宿松小孤山、天堂寨、罗田大别山。（3）历史文化旅游景区（点）。历史文化旅游景区（点）包括随州炎帝神农故里、黄州苏东坡谪居遗址、红安七里坪历史文化名镇、黄梅禅宗旅游地、蕲春李时珍纪念馆、孝昌董永故里、平桥楚王城遗址、罗山灵山寺、商城观音山、潢川黄国故城、固始陈氏将军祠、汝南南海禅寺、新蔡辛亥革命烈士祠、寿县楚文化博物馆、太湖五千年文博馆、桐城六尺巷遗址、金安双墩汉墓[1]。

国家发展改革委印发的《川陕革命老区振兴发展规划（2016—2020年）》强调要打造红色旅游精品景区和经典线路，构建以广元—巴中—达州为核心的原川陕苏区红色旅游圈，加强旅游品牌推介，开发一批富有老区特

① 国家发展改革委. 大别山革命老区振兴发展规划（2015—2020年）[Z]. 2015-06-15: 13-14.

色的红色旅游产品，支持老区群众以多种形式分享红色旅游发展成果；挖掘历史文化资源，打造两汉三国文化、古巴国文化、古蜀道文化等精品历史文化旅游景区；发展文化创意、演艺娱乐、影视制作、新闻出版等文化产业，推动旅游与文化产业融合发展，打造一批文化旅游产业集群；发挥原生态资源优势，加强旅游基础设施建设，推出一批生态休闲旅游景区；深入推进乡村旅游扶贫工作，建设一批特色景观旅游名镇名村，促进乡村建设和农民致富。（1）红色旅游景区（点）。红色旅游景区（点）包括巴中市通江县红四方面军总指挥部旧址纪念馆、通江川陕苏区红军烈士陵园、南江县巴山游击队纪念馆，广元市苍溪县红军渡纪念地、旺苍县红军街，达州市万源保卫战战史陈列馆，南充市仪陇县朱德故居纪念馆，汉中市川陕革命根据地纪念馆，汉中市洋县华阳红二十五军司令部旧址、西乡县红二十九军军部旧址。（2）生态旅游景区（点）。生态旅游景区（点）包括巴中市米仓山、光雾山—诺水河、空山天盆、神门，广元鼓城山—七里峡、曾家山、唐家河、天曌山、翠云廊、剑门关，绵阳市王朗、九皇山、窦圌山，南充市南部升钟湖、顺庆西山、高坪凌云山，达州市洋烈景区、八台山龙潭景区、百里峡、城口（镇坪）黄安坝—飞渡峡、城口中国亢谷、城口九重山，汉中市黎坪、华阳、紫柏山，安康市瀛湖、南宫山、天书峡，商洛市金丝峡、牛背梁，凤县通天河，太白县黄柏塬。（3）历史文化景区（点）。历史文化景区（点）包括巴中市米仓古栈道、恩阳古镇、南龛摩岩石窟，广元市剑门蜀道、昭化古城、皇泽寺、千佛崖、明月峡，达州市真佛山、渠县賨人谷、神剑园、宣汉罗家坝—渠县城坝巴人文化遗址，南充市阆中古城，绵阳市李白故里，汉中市武侯墓（祠）、张良庙、青木川古镇，安康汉阴凤堰古梯田、紫阳北五省会馆、镇坪古盐道、石泉云雾山鬼谷岭，商洛商於古道、棣花文化旅游景区、山阳漫川古镇，太白县药王谷风景区[①]。

中共中央办公厅、国务院办公厅印发的《2004—2010年全国红色旅游发

---

① 国家发展改革委.川陕革命老区振兴发展规划（2016—2020年）[Z].2016-07-27:16-17.

展规划纲要》《2011—2015年全国红色旅游发展规划纲要》《2016—2020年全国红色旅游发展规划纲要》明确了全国红色旅游发展的指导思想、基本原则、总体目标、主要任务、保障措施、组织领导等问题，为全国红色旅游发展指明了方向，推动了革命老区的经济社会发展。2015年12月23日，中共中央办公厅、国务院办公厅印发的《关于加大脱贫攻坚力度支持革命老区开发建设的指导意见》强调要"支持老区建设红色旅游经典景区，优先支持老区创建国家级旅游景区，旅游基础设施建设中央补助资金进一步向老区倾斜。加大跨区域旅游合作力度，重点打造国家级红色旅游经典景区和精品线路，加强旅游品牌推介，着力开发红色旅游产品，培育一批具有较高知名度的旅游节庆活动"[1]。2021年1月24日，国务院颁发的《关于新时代支持革命老区振兴发展的意见》再次强调要推动红色旅游高质量发展，建设红色旅游融合发展示范区，支持中央和地方各类媒体通过新闻报道、公益广告等多种方式宣传推广红色旅游[2]。

第七节　社会保障扶贫

社会保障扶贫是指国家通过立法和行政措施设立的，保证社会成员在遭遇年老、失业、患病、伤残、受灾、贫困等各种风险时，其基本生活能得到维持和保障的一种制度安排。社会保障的功能主要有：（1）权利保障功能。任何一国的公民及家庭成员，"在其生命周期中都有可能遭遇到年老、失业、患病、伤残、受灾、贫困等各种风险和不测事件，其基本生活和经济福利可能受到影响，甚至基本生存受到威胁。在遭遇风险和不测事件时获得

[1] 中共中央办公厅，国务院办公厅.关于加大脱贫攻坚力度支持革命老区开发建设的指导意见[J].中华人民共和国国务院公报，2016（6）：19.
[2] 国务院.关于新时代支持革命老区振兴发展的意见[J].中华人民共和国国务院公报，2021（7）：37.

政府和社会帮助，这是公民的一项基本权利；而政府通过建立和实施社会保障制度，为本国公民提供风险安全保障，这既是政府的一种法定责任，也是一种道德义务"①。（2）社会稳定功能。通过社会保障"对社会财富进行再分配，可适当缩小各阶层社会成员之间的收入差距，避免贫富悬殊；同时，在遭遇风险和不测事件时获得政府帮助，其基本生活能得到保障，这对于促进社会公平、缓解社会矛盾、维护社会稳定具有重要作用"②。（3）经济调节功能。社会保障"具有收入再分配功能，它有利于平衡效率与平等的关系，调动低收入群体参与经济增长的积极性；同时，还可以刺激消费，扩大社会总体需求，促进经济增长"③。

从扶贫开发角度看，我国建立了新型农村合作医疗、新型农村社会养老保险、农村居民最低生活保障、农村五保养老、特困救助、医疗救助、灾害救助等一系列农村社会保障制度，形成了扶贫开发与社会保障有效衔接的新格局。目前，我国农村尤其是革命老区等贫困地区社会保障制度仍不够完善，保障水平和服务水平还不高。

1985年9月23日，中国共产党全国代表会议通过的《中共中央关于制定国民经济和社会发展第七个五年计划的建议》提出要"适应对内搞活经济、对外实行开放的新情况，认真研究和建立形式多样、项目不同、标准有别的新的社会保障制度"④。1994年4月15日，国务院颁布的《国家八七扶贫攻坚计划（1994—2000年）》强调民政部门要加强贫困地区的救灾和救济工作，建立和健全社会保障体系，为贫困人口中优抚、救济对象创造基本生活条件。2002年，党的十六大提出有条件的地方，要积极探索建立农村最低生活保障制度。2007年7月11日，国务院颁布了《关于在全国建立农村最低生活保障制度的通知》，决定在全国建立农村最低生活保障制度，对没有发展能力

---

① 范小建. 扶贫开发常用词汇释义 [M]. 北京: 中国财政经济出版社, 2013: 119-120.
② 范小建. 扶贫开发常用词汇释义 [M]. 北京: 中国财政经济出版社, 2013: 120.
③ 范小建. 扶贫开发常用词汇释义 [M]. 北京: 中国财政经济出版社, 2013: 120.
④ 中共中央文献研究室. 十二大以来重要文献选编(中) [M]. 北京: 中央文献出版社, 2011: 280-281.

的农村贫困人口的基本生存问题作出了兜底性的制度安排。2011年5月27日，中共中央、国务院颁布的《中国农村扶贫开发纲要（2011—2020年）》强调要"逐步提高农村最低生活保障和五保供养水平，切实保障没有劳动能力和生活常年困难农村人口的基本生活。健全自然灾害应急救助体系，完善受灾群众生活救助政策。加快新型农村社会养老保险制度覆盖进度，支持贫困地区加强社会保障服务体系建设。加快农村养老机构和服务设施建设，支持贫困地区建立健全养老服务体系，解决广大老年人养老问题"[①]。

2014年2月21日，中华人民共和国国务院总理签署第649号令，决定颁布实施《社会救助暂行办法》（以下简称《办法》）。《办法》明确将最低生活保障、特困人员供养、受灾人员救助、医疗救助、教育救助、住房救助、就业救助、临时救助8项制度和社会力量参与作为社会救助基本内容。同年10月3日，国务院颁布了《关于全面建立临时救助制度的通知》，明确了临时救助制度的主要内容包括对象范围、申请受理、审核审批、救助方式。

2016年5月26日，中国保监会、国务院扶贫办印发了《关于做好保险业助推脱贫攻坚工作的意见》，强调保险业要精准对接脱贫攻坚多元化的保险需求。

1. 精准对接农业保险服务需求。保险机构要认真研究致贫原因和脱贫需求，积极开发扶贫农业保险产品，满足贫困农户多样化、多层次的保险需求。要加大投入，不断扩大贫困地区农业保险覆盖面，提高农业保险保障水平。要立足贫困地区资源优势和产业特色，因地制宜开展特色优势农产品保险，积极开发推广目标价格保险、天气指数保险、设施农业保险。要面向能带动贫困人口发展生产的新型农业经营主体，开发多档次、高保障农业保险产品和组合型农业保险产品，探索开展覆盖农业产业链的保险业务，协助新型农业经营主体获得信贷支持。切实做好贫困地区农业保险服务，灾后赔付要从快从简、应赔快赔。对已确定的灾害，可在查勘定损结束前按预估损失

---

① 中共中央文献研究室. 十七大以来重要文献选编（下）[M]. 北京：中央文献出版社，2013：365.

的一定比例预付部分赔款，帮助贫困农户尽早恢复生产。中国农业保险再保险共同体要加大对贫困地区农业保险业务的再保险支持力度，支持直保公司扩大保险覆盖面和提高保障水平[①]。

2. 精准对接健康保险服务需求。保险机构要发挥专业优势，不断改进大病保险服务水平，提高保障程度，缓解"因病致贫、因病返贫"现象。按照国家有关要求，研究探索大病保险向贫困人口予以倾斜。加强基本医保、大病保险、商业健康保险、医疗救助、疾病应急救助和社会慈善等衔接，提高贫困人口医疗费用实际报销比例。鼓励保险机构开发面向贫困人口的商业健康保险产品，参与医疗救助经办服务[②]。

3. 精准对接民生保险服务需求。保险机构要针对建档立卡贫困人口，积极开发推广贫困户主要劳动力意外伤害、疾病和医疗等扶贫小额人身保险产品。重点开发针对留守儿童、留守妇女、留守老人、失独老人、残疾人等人群的保险产品，对农村外出务工人员开辟异地理赔绿色通道，为农村居民安居生活提供保障。进一步扩大农房保险覆盖面，不断提升保障水平。积极开展农村治安保险和自然灾害公众责任保险试点。探索保险服务扶贫人员队伍新模式，为各地政府、企事业单位驻村干部和扶贫挂职干部，高校毕业生"三支一扶"提供保险保障。支持贫困地区开展巨灾保险试点[③]。

4. 精准对接产业脱贫保险服务需求。积极发展扶贫小额信贷保证保险，为贫困户融资提供增信支持，增强贫困人口获取信贷资金发展生产的能力。探索推广"保险+银行+政府"的多方信贷风险分担补偿机制。支持有条件的地方设立政府风险补偿基金，对扶贫信贷保证保险给予保费补贴和风险补偿。鼓励通过农业保险保单质押、土地承包经营权抵押贷款保证保险、农房财产权抵押贷款保证保险等方式，拓宽保险增信路径，引导信贷资源投入。探索开展贫困农户土地流转收益保证保险，确保贫困农户土地流转收益。结

---

① 《中国扶贫开发年鉴》编辑部. 中国扶贫开发年鉴（2017）[M]. 北京: 团结出版社, 2017: 1089.

② 《中国扶贫开发年鉴》编辑部. 中国扶贫开发年鉴（2017）[M]. 北京: 团结出版社, 2017: 1089-1090.

③ 《中国扶贫开发年鉴》编辑部. 中国扶贫开发年鉴（2017）[M]. 北京: 团结出版社, 2017: 1090.

合农村电商、乡村旅游、休闲农业等农业新业态，开发物流、仓储、农产品质量保证、"互联网+"等保险产品。创新保险资金运用方式，探索开展"农业保险+扶贫小额信贷保证保险+保险资金支农融资"业务试点，协助参保的贫困人口更便利地获得免担保、免抵押、优惠利率的小额资金①。

5. 精准对接教育脱贫保险服务需求。积极开展针对贫困家庭大中学生的助学贷款保证保险，解决经济困难家庭学生就学困难问题。推动保险参与转移就业扶贫，优先吸纳贫困人口作为农业保险协保员。要对接集中连片特困地区的职业院校和技工学校，面向贫困家庭子女开展保险职业教育、销售技能培训和定向招聘，实现靠技能脱贫②。

2017年8月1日，人力资源和社会保障部、财政部、国务院扶贫办联合印发了《关于切实做好社会保险扶贫工作的意见》，强调要完善并落实社会保险扶贫政策。

1. 减轻贫困人员参保缴费负担。对建档立卡未标注脱贫的贫困人口、低保对象、特困人员等困难群体，参加城乡居民基本养老保险的，地方人民政府为其代缴部分或全部最低标准养老保险费，并在提高最低缴费档次时，对其保留现行最低缴费档次。对贫困人员参加城乡居民基本医疗保险个人缴费部分由财政给予补贴。进一步做好建筑业农民工按项目参加工伤保险工作，对用工方式灵活、流动性大、建档立卡农村贫困劳动力相对集中的行业，探索按项目等方式参加工伤保险。用人单位招用农民合同制工人应当依法缴纳失业保险费，农民合同制工人本人不缴纳失业保险费。依法将包括农民工在内的合同制工人纳入生育保险，由用人单位缴纳生育保险费，职工个人不缴费③。

2. 减轻贫困人员医疗费用负担。结合城乡居民基本医疗保险制度整合，做好制度平稳并轨，确保贫困人员保障待遇不降低。巩固完善城乡居民大病

① 《中国扶贫开发年鉴》编辑部. 中国扶贫开发年鉴（2017）[M]. 北京: 团结出版社, 2017: 1090.
② 《中国扶贫开发年鉴》编辑部. 中国扶贫开发年鉴（2017）[M]. 北京: 团结出版社, 2017: 1090.
③ 《中国扶贫开发年鉴》编辑部. 中国扶贫开发年鉴（2018）[M]. 北京: 中国农业出版社, 2019: 895.

保险，对贫困人员通过降低起付线、提高报销比例和封顶线等倾斜性政策，实行精准支付。对贫困人员中已核准的因病致贫返贫患者，通过加强基本医保、大病保险和医疗救助的有效衔接，实施综合保障，提高其医保受益水平。对其他罹患重特大疾病陷入贫困的患者，可采取综合保障措施。对工伤尘肺病患者，按规定将疗效可靠的尘肺病治疗药物列入工伤保险药品目录，将符合医疗诊疗规范的尘肺病治疗技术和手段纳入工伤保险基金支付范围。将参加城乡居民基本医疗保险的非就业妇女符合条件的住院分娩医疗费用纳入城乡居民基本医疗保险报销范围①。

3. 适时提高社会保险待遇水平。研究建立城乡居民基本养老保险待遇确定与基础养老金最低标准正常调整机制，完善城乡居民基本养老保险筹资和保障机制。根据经济发展和居民收入水平增长情况，适时适度逐步提高城乡居民基本养老保险最低缴费标准和基础养老金标准。强化多缴多得、长缴多得的激励约束机制，完善缴费补贴政策，引导城乡居民主动参保缴费。完善基本养老保险基金投资运营政策，加强风险管理，提高投资回报率。农民合同制工人在用人单位依法为其缴纳失业保险费满1年，劳动合同期满不续订或提前与其解除劳动合同后，可申领一次性生活补助②。

4. 体现对贫困人员的适度优先。加强城乡居民基本养老保险与农村最低生活保障、特困人员救助供养等社会救助制度的统筹衔接，"十三五"期间，在认定农村低保和扶贫对象时，中央确定的城乡居民基本养老保险基础养老金暂不计入家庭收入。充分运用浮动费率政策，促使企业加强工伤预防，有效降低工伤发生率。对符合工伤保险待遇先行支付情形的贫困劳动力，工伤保险经办机构应给予先行支付。有条件的地区可打破户籍限制，统一农民合同制工人和城镇职工失业保险政策③。

---

① 《中国扶贫开发年鉴》编辑部. 中国扶贫开发年鉴（2018）[M]. 北京：中国农业出版社，2019：895.
② 《中国扶贫开发年鉴》编辑部. 中国扶贫开发年鉴（2018）[M]. 北京：中国农业出版社，2019：895-896.
③ 《中国扶贫开发年鉴》编辑部. 中国扶贫开发年鉴（2018）[M]. 北京：中国农业出版社，2019：896.

2018年6月15日，中共中央、国务院颁布的《关于打赢脱贫攻坚战三年行动的指导意见》强调要统筹各类保障措施，建立以社会保险、社会救助、社会福利制度为主体，以社会帮扶、社工助力为辅助的综合保障体系，为完全丧失劳动能力和部分丧失劳动能力且无法依靠产业就业帮扶脱贫的贫困人口提供兜底保障；完善城乡居民基本养老保险制度，对符合条件的贫困人口由地方政府代缴城乡居民养老保险费；继续实施社会服务兜底工程，加快建设为老年人、残疾人、精神障碍患者等特殊群体提供服务的设施；鼓励各地通过互助养老、设立孝善基金等途径，创新家庭养老方式；加快建立贫困家庭"三留守"关爱服务体系，落实家庭赡养、监护照料法定义务，探索建立信息台账和定期探访制度；完善农村低保制度，健全低保对象认定方法，将完全丧失劳动能力和部分丧失劳动能力且无法依靠产业就业帮扶脱贫的贫困人口纳入低保范围；对地广人稀的贫困地区适度降低国家救灾应急响应启动条件；加大临时救助力度，及时将符合条件的返贫人口纳入救助范围①。2018年7月16日，民政部等3部门联合发布了《关于在脱贫攻坚三年行动中切实做好社会救助兜底保障工作的实施意见》，明确了其任务措施是加强农村低保制度和扶贫开发政策有效衔接；完善农村低保制度，健全低保对象认定方法；全面落实特困人员救助供养制度；加大临时救助力度；切实加强相关扶贫政策衔接②。

根据党和政府关于健全社会保障体系的指示精神，革命老区在推进脱贫攻坚与振兴发展的过程中始终强调要健全社会保障体系。例如《陕甘宁革命老区振兴规划（2012—2020年）》强调要"完善覆盖城乡、制度健全、管理规范的社会保障体系。完善社会救助和保障标准与物价上涨挂钩的联动机制，逐步提高低保对象补助水平。完善医疗救助制度，逐步扩大医疗救助范围，做好医疗救助与基本医疗保险的衔接互补。加快推广新型农村社会养老

---

① 中共中央国务院关于打赢脱贫攻坚战三年行动的指导意见[M]. 北京: 人民出版社, 2018: 18-19.
② 《中国扶贫开发年鉴》编辑部. 中国扶贫开发年鉴（2019）[M]. 北京: 中国农业出版社, 2019: 987-988.

保险和城镇居民社会养老保险，尽快实现全覆盖。提高城镇职工失业、工伤等保险覆盖面。健全覆盖城乡居民的基本医疗保障体系，逐步提高医疗保障水平"[①]。《赣闽粤原中央苏区振兴发展规划（2014—2020年）》强调要"建立完善统筹城乡的社会保障体系，实现基本养老保险、基本医疗保险制度全覆盖，逐步实现社会保障一卡通。完善城乡低保制度，实现应保尽保，合理提高低保标准和补助水平，健全残疾人社会保障和服务体系。完善城乡居民大病保险和城乡医疗救助制度"[②]。《左右江革命老区振兴规划（2015—2025年）》强调要"以基本养老、基本医疗、最低生活保障为重点，完善覆盖城乡、制度健全、管理规范的多层次社会保障体系。完善社会救助和保障标准与物价上涨挂钩的联动机制，合理提高低保标准和低保补助水平，健全优抚保障制度。完善城乡医疗保障体系，适当提高医疗保障补助标准，推行城乡居民大病保险。完善医疗救助制度，扩大医疗救助范围，做好医疗救助与基本医疗保险的衔接互补"[③]。《大别山革命老区振兴发展规划（2015—2020年）》强调要"建立统一的城乡居民基本养老保险制度，并与职工基本养老保险制度相衔接。实现基本养老保险、基本医疗保险制度全覆盖。进一步完善城镇企业职工基本养老保险省级统筹。建立完善基本医疗保险关系转移接续和异地就医结算办法，加快推进城乡居民大病保险，完善重特大疾病医疗救助制度，提高大病患者住院合规自付费用报销和救助比例"[④]。《川陕革命老区振兴发展规划（2016—2020年）》强调要"建立健全统一的城乡居民基本养老保险制度，推进机关事业单位养老保险制度改革，实现基本养老保险、基本医疗保险目标人群全覆盖，健全医疗保险稳定可持续筹资和报销比例调整机制，合理确定最低生活保障标准和补助水平。

---

① 国家发展改革委. 陕甘宁革命老区振兴规划（2012—2020年）［Z］. 2012-03-25：35—36.

② 国家发展改革委. 赣闽粤原中央苏区振兴发展规划（2014—2020年）［Z］. 2014-03-20：22.

③ 国家发展改革委. 左右江革命老区振兴规划（2015—2025年）［Z］. 2015-03-02：30.

④ 国家发展改革委. 大别山革命老区振兴发展规划（2015—2020年）［Z］. 2015-06-15：25.

加快推进城乡居民大病保险，加强重特大疾病医疗救助"①。

2015年12月23日，中共中央办公厅、国务院办公厅印发的《关于加大脱贫攻坚力度支持革命老区开发建设的指导意见》强调要"加大社会救助力度，逐步提高老区最低生活保障水平，加快完善老区城乡居民基本养老保险制度，落实国家基础养老金标准相关政策"②。2021年1月24日，国务院颁发了《关于新时代支持革命老区振兴发展的意见》，提出要"完善城乡低保对象认定方法，适当提高低保标准，落实符合条件的'三红'人员（在乡退伍红军老战士、在乡西路军红军老战士、红军失散人员）、烈士老年子女、年满60周岁农村籍退役士兵等人群的优抚待遇"③。

---

① 国家发展改革委. 川陕革命老区振兴发展规划（2016—2020年）[Z]. 2016-07-27: 24.

② 中共中央办公厅, 国务院办公厅. 关于加大脱贫攻坚力度支持革命老区开发建设的指导意见[J]. 中华人民共和国国务院公报, 2016（6）: 20.

③ 国务院. 关于新时代支持革命老区振兴发展的意见[J]. 中华人民共和国国务院公报, 2021（7）: 35.

第三章

加强老区社会扶贫

动员全社会力量参与老区脱贫攻坚与振兴发展事业，有助于老区振兴发展和老区人民脱贫致富，有助于增强中华民族的凝聚力。东西部扶贫协作、党政机关等定点扶贫以及军队、企业、社会组织、社会工作专业人才、志愿者等成为社会扶贫的重要力量。

第一节　扶贫协作

1996年7月，在国务院的直接安排和部署下，东部沿海发达地区对口帮扶西部贫困地区的东西部扶贫协作全面展开。对口帮扶的具体安排是：北京市帮扶内蒙古自治区，天津市帮扶甘肃省，上海市帮扶云南省，广东省帮扶广西壮族自治区，江苏省帮扶陕西省，浙江省帮扶四川省，山东省帮扶新疆维吾尔自治区，辽宁省帮扶青海省，福建省帮扶宁夏回族自治区，大连、青岛、深圳、宁波4个计划单列市帮扶贵州省①。重庆直辖市设置后，国务院扶贫开发领导小组又于2002年初决定由广东省珠海市、福建省厦门市对口帮扶重庆。

2010年6月，经国务院批准，国务院扶贫办对浙江、四川、天津、甘肃、辽宁、青海、上海、云南、山东、重庆、新疆、厦门、珠海等13个省区市的东西扶贫协作对口帮扶关系进行了调整。具体安排是：山东省的东西扶贫协作任务由原帮扶新疆10个县调整为帮扶重庆市国家扶贫开发工作重点县，原对口帮扶重庆的厦门、珠海分别调整至甘肃临夏回族自治州、四川凉山彝族自治州，浙江与四川的东西扶贫协作扩大到四川甘孜藏族自治州、阿坝藏族羌族自治州、凉山彝族自治州木里藏族自治县，天津与甘肃的东西扶贫协作扩大到甘肃省甘南藏族自治州、武威市天祝藏族自治县，辽宁与青海重点推进与西宁市和海东地区的东西扶贫协作。至此，东西扶贫协作对口帮扶做到了对全国藏区的全覆盖②。2011年5月27日，中共中央、国务院印发的《中国农村扶贫开发纲要（2011—2020年）》强调"东西部扶贫协作双方要制定规划，在资金支持、产业发展、干部交流、人员培训以及劳动力转移就

---

① 中共中央文献研究室.十四大以来重要文献选编（下）[M].北京：人民出版社，1999：2098
② 韩广富，周耕.我国东西扶贫协作的回顾与思考[J].理论学刊，2014（7）：35.

业等方面积极配合，发挥贫困地区自然资源和劳动力资源优势，做好对口帮扶工作。国家有关部门组织的行业对口帮扶，应与东西部扶贫协作结对关系相衔接。积极推进东中部地区支援西藏、新疆经济社会发展，继续完善对口帮扶的制度和措施"①。

2013年2月，国务院决定由辽宁、上海、江苏、浙江、山东、广东等6个省（直辖市）的8个城市，分别对口帮扶贵州的8个市（州），即：大连市对口帮扶六盘水市、上海市对口帮扶遵义市、苏州市对口帮扶铜仁市、杭州市对口帮扶黔东南州、宁波市对口帮扶黔西南州、青岛市对口帮扶安顺市、广州市对口帮扶黔南州、深圳市对口帮扶毕节市②。2015年11月29日，中共中央、国务院颁发的《关于打赢脱贫攻坚战的决定》强调要"加大东西部扶贫协作力度，建立精准对接机制，使帮扶资金主要用于贫困村、贫困户。东部地区要根据财力增长情况，逐步增加对口帮扶财政投入，并列入年度预算。强化以企业合作为载体的扶贫协作，鼓励东西部按照当地主体功能定位共建产业园区，推动东部人才、资金、技术向贫困地区流动。启动实施经济强县（市）与国家扶贫开发工作重点县'携手奔小康'行动，东部各省（直辖市）在努力做好本区域内扶贫开发工作的同时，更多发挥县（市）作用，与扶贫协作省份的国家扶贫开发工作重点县开展结对帮扶"③。

2016年10月27日，中共中央办公厅、国务院办公厅颁发了《关于进一步加强东西部扶贫协作工作的指导意见》，强调东西部扶贫协作和对口支援是推动区域协调发展、协同发展、共同发展的大战略，是加强区域合作、优化产业布局、拓展对内对外开放新空间的大布局，是打赢脱贫攻坚战、实现先富帮后富、最终实现共同富裕目标的大举措，并明确了东西部扶贫协作的基本原则、结对关系、主要任务、保障措施等问题。

1. 东西部扶贫协作的基本原则。（1）坚持党的领导，社会广泛参与。

① 中共中央文献研究室. 十七大以来重要文献选编（下）[M]. 北京: 中央文献出版社, 2013: 366.
② 韩广富, 周耕. 我国东西扶贫协作的回顾与思考[J]. 理论学刊, 2014(7): 35.
③ 中共中央党史和文献研究院. 十八大以来重要文献选编（下）[M]. 北京: 中央文献出版社, 2018: 66.

帮扶双方党委和政府要加强对东西部扶贫协作和对口支援工作的领导，将工作纳入重要议事日程，科学编制帮扶规划并认真部署实施，建立完善机制，广泛动员党政机关、企事业单位和社会力量参与，形成帮扶合力。（2）坚持精准聚焦，提高帮扶实效。东西部扶贫协作和对口支援要聚焦脱贫攻坚，按照精准扶贫、精准脱贫要求，把被帮扶地区建档立卡贫困人口稳定脱贫作为工作重点，帮扶资金和项目瞄准贫困村、贫困户，真正帮到点上、扶到根上。（3）坚持优势互补，鼓励改革创新。立足帮扶双方实际情况，因地制宜、因人施策开展扶贫协作和对口支援，实现帮扶双方优势互补、长期合作、聚焦扶贫、实现共赢，努力探索先富帮后富、逐步实现共同富裕的新途径新方式。（4）坚持群众主体，激发内生动力。充分调动贫困地区干部群众积极性创造性，不断激发脱贫致富的内生动力，帮助和带动贫困人口苦干实干，实现光荣脱贫、勤劳致富[①]。

2. 东西部扶贫协作的结对关系。（1）调整东西部扶贫协作结对关系。对原有结对关系进行适当调整，在完善省际结对关系的同时，实现对民族自治州和西部贫困程度深的市州全覆盖，落实北京市、天津市与河北省扶贫协作任务。（2）开展携手奔小康行动。东部省份组织本行政区域内经济较发达县与扶贫协作省份和市州扶贫任务重、脱贫难度大的贫困县开展携手奔小康行动。探索在乡镇之间、行政村之间结对帮扶。（3）深化对口支援。对口支援西藏、新疆和四省藏区工作在现有机制下继续坚持向基层倾斜、向民生倾斜、向农牧民倾斜，更加聚焦精准扶贫、精准脱贫，瞄准建档立卡贫困人口精准发力，提高对口支援实效。北京市、天津市与河北省扶贫协作工作，要与京津冀协同发展中京津两市对口帮扶张承环京津相关地区做好衔接[②]。

3. 东西部扶贫协作的主要任务。（1）开展产业合作。帮扶双方要把东西部产业合作、优势互补作为深化供给侧结构性改革的新课题，研究出台

---

① 《中国扶贫开发年鉴》编辑部. 中国扶贫开发年鉴（2017）［M］. 北京：团结出版社，2017：1026-1027.
② 《中国扶贫开发年鉴》编辑部. 中国扶贫开发年鉴（2017）［M］. 北京：团结出版社，2017：1027.

相关政策，大力推动落实。（2）组织劳务协作。帮扶双方要建立和完善劳务输出精准对接机制，提高劳务输出脱贫的组织化程度。（3）加强人才支援。帮扶双方要选派优秀干部挂职，广泛开展人才交流，促进观念互通、思路互动、技术互学、作风互鉴。（4）加大资金支持。东部省份要根据财力增长情况，逐步增加扶贫协作和对口支援财政投入，并列入年度预算；西部地区要以扶贫规划为引领，整合扶贫协作和对口支援资金，聚焦脱贫攻坚，形成脱贫合力。（5）动员社会参与。帮扶省市要鼓励支持本行政区域内民营企业、社会组织、公民个人积极参与东西部扶贫协作和对口支援[1]。

4. 保障措施。（1）加强组织领导。国务院扶贫开发领导小组要加强东西部扶贫协作的组织协调、工作指导和考核督查。东西部扶贫协作双方要建立高层联席会议制度，党委或政府主要负责同志每年开展定期互访，确定协作重点，研究部署和协调推进扶贫协作工作。（2）完善政策支持。中央和国家机关各部门要加大政策支持力度。国务院扶贫办、国家发展改革委、教育部、民政部、人力资源和社会保障部、农业部、中国人民银行等部门要按照职责分工，加强对东西部扶贫协作和对口支援工作的指导和支持。中央组织部要统筹东西部扶贫协作和对口支援挂职干部人才选派管理工作。审计机关要依法加强对扶贫政策落实情况和扶贫资金的审计监督。纪检监察机关要加强扶贫领域监督执纪问责。（3）开展考核评估。把东西部扶贫协作工作纳入国家脱贫攻坚考核范围，作为国家扶贫督查巡查重要内容，突出目标导向、结果导向，督查巡查和考核内容包括减贫成效、劳务协作、产业合作、人才支援、资金支持五个方面，重点是解决多少建档立卡贫困人口脱贫。对口支援工作要进一步加强对精准扶贫工作成效的考核。东西部扶贫协作考核工作由国务院扶贫开发领导小组组织实施，考核结果向党中央、国务院报告[2]。

2016年11月23日，国务院印发了《"十三五"脱贫攻坚规划》，强调东

[1] 《中国扶贫开发年鉴》编辑部. 中国扶贫开发年鉴（2017）[M]. 北京：团结出版社，2017：1027-1028.
[2] 《中国扶贫开发年鉴》编辑部. 中国扶贫开发年鉴（2017）[M]. 北京：团结出版社，2017：1029.

西部要开展多层次的扶贫协作，积极拓展扶贫协作的有效途径。

1. 开展多层次扶贫协作。以闽宁协作模式为样板，建立东西部扶贫协作与建档立卡贫困村、贫困户的精准对接机制，做好与西部地区脱贫攻坚规划的衔接，确保产业合作、劳务协作、人才支援、资金支持精确瞄准建档立卡贫困人口。东部省份要根据财力增长情况，逐步增加对口帮扶财政投入，并列入年度预算。东部各级党政机关、人民团体、企事业单位、社会组织、各界人士等要积极参与扶贫协作工作。西部地区要整合用好扶贫协作等各类资源，聚焦脱贫攻坚，形成脱贫合力。启动实施东部省份经济较发达县（市）与对口帮扶省份贫困县"携手奔小康"行动，着力推动县与县精准对接。探索东西部乡镇、行政村之间结对帮扶。协作双方每年召开高层联席会议①。

2. 拓展扶贫协作有效途径。注重发挥市场机制作用，推动东部人才、资金、技术向贫困地区流动。鼓励援助方利用帮扶资金设立贷款担保基金、风险保障基金、贷款贴息资金和中小企业发展基金等，支持发展特色产业，引导省内优势企业到受援方创业兴业。鼓励企业通过量化股份、提供就业等形式，带动当地贫困人口脱贫增收。鼓励东部地区通过共建职业培训基地、开展合作办学、实施定向特招等形式，对西部地区贫困家庭劳动力进行职业技能培训，并提供就业咨询服务。帮扶双方要建立和完善省市协调、县乡组织、职校培训、定向安排、跟踪服务的劳务协作对接机制，提高劳务输出脱贫的组织化程度。以县级为重点，加强协作双方党政干部挂职交流。采取双向挂职、两地培训等方式，加大对西部地区特别是基层干部、贫困村创业致富带头人的培训力度。支持东西部学校、医院建立对口帮扶关系。建立东西部扶贫协作考核评价机制，重点考核带动贫困人口脱贫成效，西部地区也要纳入考核范围②。

2017年8月11日，国务院扶贫开发领导小组印发了《东西部扶贫协作考核办法（试行）》，明确了东西部扶贫协作考核的目的、对象、内容、组

---

① 国务院."十三五"脱贫攻坚规划［J］,中华人民共和国国务院公报,2016（35）:30.

② 国务院."十三五"脱贫攻坚规划［J］,中华人民共和国国务院公报,2016（35）:30.

织、步骤、结果及运用等问题。

1. 考核目的。发挥考核指挥棒作用，通过考核，激励先进，鞭策后进，推动参与东西部扶贫协作的各省（自治区、直辖市）深入贯彻精准扶贫精准脱贫基本方略，向深度贫困地区倾斜，向乡村基层延伸，进一步加大帮扶力度，提升帮扶工作水平，促进西部贫困地区如期完成脱贫攻坚任务[①]。

2. 考核对象。（1）东部地区参加帮扶的北京市、天津市、辽宁省、上海市、江苏省、浙江省、福建省、山东省、广东省等9个省市；辽宁省大连市，江苏省苏州市，浙江省杭州市、宁波市，福建省福州市、厦门市，山东省济南市、青岛市，广东省广州市、佛山市、中山市、东莞市、珠海市等13个市。（2）西部地区被帮扶的内蒙古自治区、广西壮族自治区、重庆市、四川省、贵州省、云南省、西藏自治区、陕西省、甘肃省、青海省、宁夏回族自治区、新疆维吾尔自治区等12个省区市；中西部的河北省张家口市、承德市、保定市，吉林省延边朝鲜族自治州，湖北省恩施土家族苗族自治州，湖南省湘西土家族苗族自治州，贵州省六盘水市、遵义市、安顺市、毕节市、铜仁市、黔西南布依族苗族自治州、黔东南苗族侗族自治州、黔南布依族苗族自治州等14个市州[②]。

3. 考核内容。（1）对东部地区进行考核的内容包括组织领导、人才支援、资金支持、产业合作、劳务协作、携手奔小康行动。（2）对西部地区进行考核的内容包括组织领导、人才交流、资金使用、产业合作、劳务协作、携手奔小康行动[③]。

4. 考核组织。国务院扶贫开发领导小组统一组织考核工作，从2017年到2020年，每年开展一次。由国务院扶贫办牵头，会同中央组织部、中央统战部、国家发展改革委、教育部、国家民委、财政部、人力资源和社会保障

① 《中国扶贫开发年鉴》编辑部. 中国扶贫开发年鉴（2018）[M]. 北京：中国农业出版社，2019：830.

② 《中国扶贫开发年鉴》编辑部. 中国扶贫开发年鉴（2018）[M]. 北京：中国农业出版社，2019：830.

③ 《中国扶贫开发年鉴》编辑部. 中国扶贫开发年鉴（2018）[M]. 北京：中国农业出版社，2019：830–831.

部、国家卫生计生委、全国工商联等国务院扶贫开发领导小组成员单位组成考核工作组[①]。

5. 考核步骤。（1）省市总结。每年年底前，东西部扶贫协作各省（自治区、直辖市）和市州，对照考核内容形成自评报告，征求结对省份或市州意见后，报送国务院扶贫办。（2）交叉考核。次年1月底前，考核工作组组织东西部扶贫协作省、市州有关人员，以省为单位统一编组，按照回避原则统筹确定考核对象，开展交叉核查，提出评价意见建议。（3）综合评议。次年2月底前，考核工作组根据交叉考核情况，综合考虑平时工作情况和创新性做法，分析确定初步考核结果，形成考核报告，提出考核等次建议，报国务院扶贫开发领导小组审定[②]。

6. 考核结果及运用。考核结果分为好、较好、一般、较差四个等次。在扶贫协作工作中出现重大违纪违规问题的，年度考核等次不得确定为"好"。国务院扶贫开发领导小组每年向党中央、国务院报告考核结果，并在一定范围内通报。考核结果作为对中西部省级党委和政府扶贫开发工作成效考核的参考依据[③]。

第二节　定点扶贫

党政机关和企事业单位开展定点扶贫工作，最初是由国务院贫困地区经济开发领导小组于1986年提议的。最早开展定点扶贫工作的是国务院所属相关部委，例如国家科委定点联系帮助大别山区、国家教委定点联系帮助太行山区、农牧渔业部定点联系帮助武陵山区、商业部定点联系帮助沂蒙山区、

---

① 《中国扶贫开发年鉴》编辑部. 中国扶贫开发年鉴（2018）[M]. 北京: 中国农业出版社, 2019: 831.
② 《中国扶贫开发年鉴》编辑部. 中国扶贫开发年鉴（2018）[M]. 北京: 中国农业出版社, 2019: 831.
③ 《中国扶贫开发年鉴》编辑部. 中国扶贫开发年鉴（2018）[M]. 北京: 中国农业出版社, 2019: 831.

林业部定点联系帮助黔桂九万大山地区、民政部定点联系帮助井冈山地区、地矿部定点联系帮助赣南山区、化工部定点联系帮助太行山区、中国科协定点联系帮助吕梁山区、中国科学院定点联系帮助努鲁儿虎山区①。

1987年2月10日，国务院召开国家机关第一次扶贫工作汇报会后，又有一些国家机关开展了定点扶贫工作。1988年2月27日，国务院召开国家机关第二次扶贫工作汇报会后，定点扶贫工作规模进一步扩大。1994年2月28日至3月3日，国务院召开的全国扶贫开发工作会议强调中央和地方党政机关及有条件的企事业单位都应参加定点扶贫。此后，越来越多的党政机关和企事业单位参加到定点扶贫工作中来，形成了中央单位定点帮扶到贫困县，地方各级党政机关定点帮扶到贫困乡村的基本格局。

1998年10月17日，国务院扶贫开发领导小组、中央直属机关工委、中央国家机关工委联合召开中央、国家机关定点扶贫工作会议，强调在国务院机构改革中，凡是保留的单位，定点扶贫任务一律不变；凡合并的单位，定点扶贫任务一律由合并后新单位承担；新设立的机构也要承担相应的扶贫任务，确定定点扶持的贫困县。同时，国务院扶贫办经与中央直属机关工委、中央国家机关工委研究，并同有关单位商议，重新安排了中央、国家机关的定点扶贫工作，使参加定点扶贫的单位从原来的124个增加到138个，定点帮扶325个国家重点扶持的贫困县②。2002年4月18日，国务院扶贫开发领导小组、中央组织部、中央直属机关工委、中央国家机关工委、中央金融工委、中央企业工委联合发布了《关于进一步做好中央、国家机关各部门和各有关单位定点扶贫工作的意见》，对新一轮中央、国家机关定点扶贫工作提出具体指导意见。2002年4月23日召开的中央、国家机关定点扶贫工作会议根据新世纪扶贫开发工作的新情况，对定点扶贫工作进行了再动员和再部署，会议确定了272个中央部委和企事业单位定点帮扶485个国家扶贫开发工作重点县③。

---

① 韩小伟，韩广富. 中央和国家机关定点扶贫的历史进程及经验启示[J]. 史学集刊，2020（4）：57-58.

② 韩小伟，韩广富. 中央和国家机关定点扶贫的历史进程及经验启示[J]. 史学集刊，2020（4）：59.

③ 韩小伟，韩广富. 中央和国家机关定点扶贫的历史进程及经验启示[J]. 史学集刊，2020（4）：60.

2011年5月27日，中共中央、国务院印发的《中国农村扶贫开发纲要（2011—2020年）》强调"中央和国家机关各部门各单位、人民团体、参照公务员法管理的事业单位和国有大型骨干企业、国有控股金融机构、国家重点科研院校、军队和武警部队，要积极参加定点扶贫，承担相应的定点扶贫任务。支持各民主党派中央、全国工商联参与定点扶贫工作。积极鼓励、引导、支持和帮助各类非公有制企业、社会组织承担定点扶贫任务。定点扶贫力争对重点县全覆盖。各定点扶贫单位要制定帮扶规划，积极筹措资金，定期选派优秀中青年干部挂职扶贫。地方各级党政机关和有关单位要切实做好定点扶贫工作，发挥党政领导定点帮扶的示范效应"①。2012年11月8日，国务院扶贫办、中央组织部、中央统战部、中央直属机关工委、中央国家机关工委、解放军总政治部、教育部、国务院国资委联合发布的《关于做好新一轮中央、国家机关和有关单位定点扶贫工作的通知》，确定了新一轮中央、国家机关和相关单位的定点扶贫结对关系，共有310个单位参与定点扶贫，第一次实现了定点扶贫工作对国家扶贫开发工作重点县的全覆盖②。

2015年8月21日，国务院扶贫办、中央组织部等9部委联合印发的《关于进一步完善定点扶贫工作的通知》指出：2012年，国家部署开展新一轮定点扶贫工作，参与定点扶贫的中央和国家机关等单位达到310个，军队和武警部队与全国63个县、547个乡镇、2 856个贫困村结对，首次实现定点扶贫对全国592个国家扶贫开发工作重点县的全覆盖。近年来，定点扶贫出现了一些新情况：因机构改革和央企重组，参与定点扶贫的单位由310个减少到300个；还有22个单位尚未承担定点扶贫任务；一些单位帮扶任务畸轻畸重，不利于下一步开展工作考核③。《通知》指出：当前，我国扶贫开发工作已进入啃硬骨头、攻坚拔寨的冲刺期。为贯彻落实习近平总书记重要指示，充分发挥中央、国家机关和有关单位在扶贫攻坚中的作用，进一步深化细化强化

---

① 中共中央文献研究室. 十七大以来重要文献选编（下）[M]. 北京：中央文献出版社，2013：365-366.

② 韩小伟，韩广富. 中央和国家机关定点扶贫的历史进程及经验启示[J]. 史学集刊，2020（4）：61.

③ 《中国扶贫开发年鉴》编辑部. 中国扶贫开发年鉴（2016）[M]. 北京：团结出版社，2016：862.

定点扶贫工作，确保贫困地区、贫困人口到2020年如期脱贫，国务院扶贫办会同各牵头组织部门，按照"同一类单位定点扶贫任务相对均衡、分类考核"的总体原则，对定点扶贫结对关系进行了局部调整。新增22个单位参加定点扶贫；部分单位参加地方组织的扶贫工作，调出帮扶单位序列。调整后，参与定点扶贫的中央、国家机关和有关单位共320个，帮扶全国592个国家扶贫开发工作重点县。军队和武警部队继续推进与贫困县、乡镇、村的定点帮扶工作①。《通知》进一步强调了以下几个问题：

1. 切实加强组织领导。建立定点扶贫工作机制，明确具体工作机构和责任人，制定定点扶贫工作规划和实施方案。单位领导同志每年应至少到定点扶贫县开展一次扶贫调研，推动工作落实。要将定点扶贫工作与党群工作密切结合起来，广泛发动本部门、本系统干部职工参与到定点扶贫中来，多方筹措帮扶资源，为定点扶贫县贫困群众办好事、办实事②。

2. 选派干部挂职扶贫。把培养锻炼干部与定点扶贫工作有机结合，选派优秀干部赴定点扶贫县挂职，可担任县委或县政府副职，分管或协助分管扶贫工作，不占领导班子职数，定期轮换，轮换时间一般为1~3年。要按照中央组织部文件规定，每个单位至少选派1名优秀干部到定点扶贫县贫困村任第一书记。要把挂职干部和第一书记的工作实绩作为考核干部的重要依据。要妥善解决他们的实际困难，落实相关待遇政策，使他们安心工作③。

3. 突出工作重点。坚持精准扶贫、精准脱贫，协助地方党委和政府拓宽工作思路，改革创新扶贫方式，抓好中央各项扶贫政策落地。发挥自身特点和部门优势，利用当地资源，因地制宜开辟脱贫致富路子。采取培训、转移就业等多种形式，增强当地干部群众依靠自身力量脱贫致富的能力④。

4. 认真落实帮扶时限与责任要求。帮扶时间与《中国农村扶贫开发纲要

---

① 《中国扶贫开发年鉴》编辑部. 中国扶贫开发年鉴（2016）[M]. 北京：团结出版社，2016：862-863.

② 《中国扶贫开发年鉴》编辑部. 中国扶贫开发年鉴（2016）[M]. 北京：团结出版社，2016：863.

③ 《中国扶贫开发年鉴》编辑部. 中国扶贫开发年鉴（2016）[M]. 北京：团结出版社，2016：863.

④ 《中国扶贫开发年鉴》编辑部. 中国扶贫开发年鉴（2016）[M]. 北京：团结出版社，2016：863.

（2011—2020年）》实施期限一致。对提前脱贫摘帽的县，各单位要继续帮扶，结对关系在一定时间内保持不变。帮扶期间撤销的单位，由其上级单位承担原定点扶贫任务，合并或重组的，由合并或重组后的单位承担原定点扶贫任务[①]。

5. 健全牵头联系机制。中央直属机关工委、中央国家机关工委、中央统战部、教育部、人民银行、国务院国资委、解放军总政治部分别牵头联系中直机关、中央国家机关、民主党派中央和全国工商联、高校、金融机构、中央企业、解放军和武警部队的定点扶贫工作。中央组织部牵头联系各单位选派挂职扶贫干部和第一书记工作。国务院扶贫办负责定点扶贫的综合协调工作。各牵头组织部门每年召开工作会议，开展工作考核，统计汇总有关情况，报国务院扶贫开发领导小组，每年定期向中央报告[②]。

6. 强化工作考核。在国务院扶贫开发领导小组统一领导下，按照业务归口和党的组织关系，由牵头组织部门每年对各自牵头联系的单位定点扶贫工作进行考核，主要考核定点扶贫文件规定的有关事项落实情况和定点扶贫县减贫成效情况。考核结果经国务院扶贫开发领导小组审定后，报党中央、国务院，并在一定范围内通报。具体考核办法由国务院扶贫办会同各牵头组织部门另行制定[③]。

2015年11月29日，中共中央、国务院颁发的《关于打赢脱贫攻坚战的决定》强调要"加强和改进定点扶贫工作，建立考核评价机制，确保各单位落实扶贫责任。深入推进中央企业定点帮扶困革命老区县'百县万村'活动。完善定点扶贫牵头联系机制，各牵头部门要按照分工督促指导各单位做好定点扶贫工作"[④]。2016年11月23日，国务院印发的《"十三五"脱贫攻坚规划》（以下简称《规划》）强调"结合当地脱贫攻坚规划，制定各单位

---

① 《中国扶贫开发年鉴》编辑部. 中国扶贫开发年鉴（2016）［M］. 北京：团结出版社，2016：863.
② 《中国扶贫开发年鉴》编辑部. 中国扶贫开发年鉴（2016）［M］. 北京：团结出版社，2016：863.
③ 《中国扶贫开发年鉴》编辑部. 中国扶贫开发年鉴（2016）［M］. 北京：团结出版社，2016：863-864.
④ 中共中央党史和文献研究院. 十八大以来重要文献选编（下）［M］. 北京：中央文献出版社，2018：66.

定点帮扶工作年度计划，以帮扶对象稳定脱贫为目标，实化帮扶举措，提升帮扶成效。各单位选派优秀中青年干部到定点扶贫县挂职、担任贫困村第一书记。省、市、县三级党委政府参照中央单位做法，组织党政机关、企事业单位开展定点帮扶工作。完善定点扶贫牵头联系机制，各牵头单位要落实责任人，加强工作协调，督促指导联系单位做好定点扶贫工作，协助开展考核评价工作"[①]。《规划》明确：中央直属机关工委牵头联系中央组织部、中央宣传部等43家中直机关单位；中央国家机关工委牵头联系外交部、国家发展改革委、教育部等81家中央国家机关单位；中央统战部牵头联系民主党派中央和全国工商联；教育部牵头联系北京大学、清华大学、中国农业大学等44所高校；人民银行牵头联系中国工商银行、中国农业银行、中国银行等24家金融机构和银监会、证监会、保监会；国务院国资委牵头联系中国核工业集团公司、中国核工业建设集团公司、中国航天科技集团公司等103家中央企业；中央军委政治工作部牵头联系解放军和武警部队有关单位；中央组织部牵头联系各单位选派挂职扶贫干部和第一书记工作[②]。

2017年8月8日，国务院扶贫开发领导小组印发了《中央单位定点扶贫工作考核办法（试行）》（以下简称《考核办法（试行）》），明确了中央单位定点扶贫工作考核的目的、对象、内容、组织、程序、结果及运用等问题。

1. 考核目的。通过考核，激励先进，鞭策后进，进一步压实中央单位的帮扶责任，推动加大帮扶力度，向深度贫困地区倾斜，向乡村基层延伸，切实帮助定点扶贫县如期完成脱贫攻坚任务。

2. 考核对象。考核对象是承担定点扶贫任务的中央单位。

3. 考核内容。考核内容包括帮扶成效、组织领导、选派干部、督促检查、基层满意情况、工作创新。主要考核中央单位发挥自身优势，开展精准帮扶、创新帮扶方式、总结宣传经验典型、动员社会力量参与等方面的情

① 国务院. "十三五"脱贫攻坚规划[J]. 中华人民共和国国务院公报, 2016 (35)：30.
② 国务院. "十三五"脱贫攻坚规划[J]. 中华人民共和国国务院公报, 2016 (35)：30.

况。中央单位定点扶贫县在深度贫困地区的，要在资金、项目、人员方面增加力度①。

4. 考核组织。国务院扶贫开发领导小组统一组织考核工作，组成考核工作组。从2017年到2020年，每年开展一次。9个定点扶贫牵头部门中，国务院扶贫办负责综合协调工作，中央组织部牵头对中央单位选派挂职扶贫干部、驻村第一书记工作进行督促落实；中央直属机关工委、中央国家机关工委、中央统战部、教育部、中国人民银行、国务院国资委分别牵头对中央直属机关、中央国家机关、各民主党派中央和全国工商联、高等院校、金融机构、中央企业的定点扶贫工作开展考核；中央军委政治工作部根据实际情况组织对军队和武警部队定点扶贫工作进行检查督导②。

5. 考核程序。（1）单位总结。每年年底前，中央单位将本年度定点扶贫工作总结报送相应定点扶贫牵头部门，并抄送国务院扶贫办。（2）分类考核。次年1月底前，中央直属机关工委、中央国家机关工委、中央统战部、教育部、中国人民银行、国务院国资委6个定点扶贫牵头部门通过审阅定点扶贫工作总结、开展实地核查等方式，分别对各自联系单位进行分类考核。（3）综合评议。次年2月底前，考核工作组对分类考核结果进行综合评议，提出考核等次建议，报国务院扶贫开发领导小组审定③。

6. 考核结果及运用。考核结果分为好、较好、一般、较差四个等次。排名前30%左右的单位确定为好和较好等次，排名靠后且存在突出问题的单位确定为较差等次，其余单位为一般等次。定点扶贫县未完成年度脱贫攻坚任务或出现重大涉贫事件的，负责帮扶的中央单位考核等次不能确定为"好"。国务院扶贫开发领导小组每年向党中央、国务院报告考核结果，并向中央各单位通报考核情况，表扬好和较好的单位，指出存在的问题，提出

---

① 《中国扶贫开发年鉴》编辑部. 中国扶贫开发年鉴（2018）[M]. 北京: 中国农业出版社, 2019: 833.
② 《中国扶贫开发年鉴》编辑部. 中国扶贫开发年鉴（2018）[M]. 北京: 中国农业出版社, 2019: 833.
③ 《中国扶贫开发年鉴》编辑部. 中国扶贫开发年鉴（2018）[M]. 北京: 中国农业出版社, 2019: 833–834.

改进工作的要求。考核结果送中央组织部[①]。

《考核办法（试行）》规定，中央单位定点扶贫工作考核指标包括：（1）帮扶成效。帮助定点扶贫县完成脱贫攻坚任务情况，加大对深度贫困地区帮扶情况（定点扶贫县属深度贫困地区）。（2）组织领导。单位负责同志当年至少到定点扶贫县调研考察一次；制定实施本单位定点扶贫工作年度计划；落实具体工作机构和责任人。（3）选派干部。向每个定点扶贫县选派挂职扶贫干部，挂职干部分管或协助分管扶贫工作；至少选派一名驻贫困村第一书记；加大对深度贫困地区倾斜力度（定点扶贫县属深度贫困地区）。（4）督促检查。对定点扶贫县在精准识别、精准帮扶、精准退出、资金管理使用等方面开展督促检查，督促定点扶贫县党委政府落实脱贫攻坚主体责任，落实好扶贫政策措施。（5）基层满意情况。定点扶贫县、乡镇、村三级干部群众对帮扶工作的满意情况。（6）工作创新。发挥行业优势、开展精准帮扶、创新帮扶方式、动员社会力量参与、宣传推广典型等方面的成效、经验和亮点[②]。

《考核办法（试行）》明确了牵头单位考核分工，具体如下：

1. 中央直属机关工委牵头考核单位（44家）：中央国家机关工委、中央纪委、中央办公厅、全国政协办公厅、中央组织部、中央宣传部、中央统战部、中央对外联络部、中央政法委、中央政策研究室、中央台办、中央网信办、中央财办、中央外办、中央编办、中央610办公室、中央党校、人民日报社、中央文献研究室、中央党史研究室、求是杂志社、全国总工会、共青团中央、全国妇联、中国文联、中国作协、中国科协、中国侨联、新闻出版广电总局、新华社、光明日报社、经济日报社、中国日报社、中央编译局、中国外文局、中国法学会、中国记协、全国台联、中国出版集团、国家档案局、中央保密办（国家保密局）、中国浦东干部学院、中国井冈山干部学

[①] 《中国扶贫开发年鉴》编辑部. 中国扶贫开发年鉴（2018）[M]. 北京：中国农业出版社, 2019: 834.
[②] 《中国扶贫开发年鉴》编辑部. 中国扶贫开发年鉴（2018）[M]. 北京：中国农业出版社, 2019: 834.

院、中国延安干部学院①。

2. 中央国家机关工委牵头考核单位（89家）：中央直属机关工委、全国人大常委会办公厅、最高人民法院、最高人民检察院、国务院办公厅、外交部、国家发展改革委、教育部、科学技术部、工业和信息化部、国家民族事务委员会、公安部、安全部、民政部、司法部、财政部、人力资源和社会保障部、国土资源部、环境保护部、住房城乡建设部、交通运输部、水利部、农业部、商务部、文化部、国家卫生计生委、中国人民银行、国家审计署、国务院国资委、海关总署、国家税务总局、国家工商行政管理总局、国家质量监督检验检疫总局、国家体育总局、国家安全生产监督管理总局、国家食品药品监督管理总局、国家统计局、国家林业局、国家知识产权局、国家旅游局、国家宗教事务局、国务院参事室、国家机关事务管理局、国务院侨务办公室、国务院港澳事务办公室、国务院法制办公室、国务院研究室、中国科学院、中国社会科学院、中国工程院、国务院发展研究中心、国家行政学院、中国工程物理研究院、中国地震局、中国气象局、全国社会保障基金理事会、国家自然科学基金委员会、国家信访局、国家粮食局、国家能源局、国家国防科技工业局、国家烟草专卖局、国家外国专家局、国家海洋局、国家测绘局、国家铁路局、中国民用航空局、国家邮政局、国家文物局、国家中医药管理局、国务院扶贫办、国务院三峡办、国务院南水北调办、中华全国供销合作总社、中国国际贸易促进会、中国人民对外友好协会、中国残疾人联合会、中国宋庆龄基金会、中国红十字会总会、中国铁路总公司、中国投资有限责任公司、中国中信集团公司、中国光大集团股份公司、中国邮政集团公司、北京航空航天大学、北京理工大学、西北工业大学、哈尔滨工业大学、中国科技大学②。

3. 中国人民银行牵头考核单位（23家）：中国银行业监督管理委员会、中国证券监督管理委员会、中国保险监督管理委员会、国家外汇管理局、国

① 《中国扶贫开发年鉴》编辑部. 中国扶贫开发年鉴（2018）[M]. 北京：中国农业出版社，2019：835.
② 《中国扶贫开发年鉴》编辑部. 中国扶贫开发年鉴（2018）[M]. 北京：中国农业出版社，2019：835-836.

家开发银行、中国进出口银行、中国农业发展银行、中国工商银行、中国农业银行、中国银行、中国建设银行、交通银行、中国人民保险集团股份有限公司、中国人寿保险（集团）公司、中国太平保险集团公司、中国出口信用保险公司、华融资产管理公司、长城资产管理公司、东方资产管理公司、信达资产管理公司、招商银行、民生银行、包商银行[①]。

4. 国务院国资委牵头考核单位（101家）：中国核工业集团公司、中国核工业建设集团公司、中国航天科技集团公司、中国航天科工集团公司、中国航空工业集团公司、中国船舶工业集团公司、中国船舶重工集团公司、中国兵器工业集团公司、中国兵器装备集团公司、中国电子科技集团公司、中国石油天然气集团公司、中国石油化工集团公司、中国海洋石油总公司、国家电网公司、中国南方电网有限责任公司、中国华能集团公司、中国大唐集团公司、中国华电集团公司、中国国电集团公司、国家电力投资集团公司、中国长江三峡集团公司、神华集团有限责任公司、中国电信集团公司、中国联合网络通信集团有限公司、中国移动通信集团公司、中国电子信息产业集团有限公司、中国第一汽车集团公司、东风汽车公司、中国第一重型机械集团公司、中国机械工业集团有限公司、哈尔滨电气集团公司、中国东方电气集团有限公司、鞍钢集团公司、中国宝武钢铁集团有限公司、中国铝业公司、中国远洋海运集团有限公司、中国航空集团公司、中国东方航空集团公司、中国南方航空集团公司、中国中化集团公司、中粮集团有限公司、中国五矿集团公司、中国通用技术（集团）控股有限责任公司、中国建筑工程总公司、中国储备粮管理总公司、国家开发投资公司、招商局集团有限公司、华润（集团）有限公司、中国旅游集团公司〔香港中旅（集团）有限公司〕、中国商用飞机有限责任公司、中国节能环保集团公司、中国国际工程咨询公司、中国诚通控股集团有限公司、中国中煤能源集团有限公司、中国煤炭科工集团有限公司、机械科学研究总院、中国中钢集团公司、中国钢研

---

① 《中国扶贫开发年鉴》编辑部. 中国扶贫开发年鉴（2018）[M]. 北京: 中国农业出版社, 2019: 836-837.

科技集团有限公司、中国化工集团公司、中国化学工程集团公司、中国轻工集团公司、中国工艺（集团）公司、中国盐业总公司、中国建材集团有限公司、中国有色矿业集团有限公司、北京有色金属研究总院、北京矿冶研究总院、中国国际技术智力合作公司、中国建筑科学研究院、中国中车集团公司、中国铁路通信信号集团公司、中国铁路工程总公司、中国铁道建筑总公司、中国交通建设集团有限公司、中国普天信息产业集团公司、电信科学技术研究院、中国农业发展集团有限公司、中国中丝集团公司、中国林业集团公司、中国医药集团总公司、中国保利集团公司、中国建筑设计研究院、中国冶金地质总局、中国煤炭地质总局、新兴际华集团有限公司、中国民航信息集团公司、中国航空油料集团公司、中国航空器材集团公司、中国电力建设集团有限公司、中国能源建设集团有限公司、中国黄金集团公司、中国广核集团有限公司、中国华录集团有限公司、上海贝尔股份有限公司、武汉邮电科学研究院、华侨城集团公司、中国南光（集团）有限公司、中国西电集团公司、中国铁路物资（集团）总公司、中国国新控股有限责任公司、中国铁塔股份有限公司[1]。

5. 教育部牵头考核单位（44家）：北京大学、清华大学、北京科技大学、北京化工大学、北京交通大学、北京邮电大学、中国农业大学、北京林业大学、中国地质大学（北京）、中国矿业大学（北京）、南开大学、天津大学、山东大学、东北大学、大连理工大学、吉林大学、东北林业大学、复旦大学、同济大学、上海交通大学、华东理工大学、东华大学、南京大学、东南大学、河海大学、南京农业大学、中国药科大学、浙江大学、合肥工业大学、厦门大学、华中科技大学、武汉大学、华中农业大学、湖南大学、中南大学、中山大学、华南理工大学、四川大学、电子科技大学、重庆大学、西安交通大学、西北农林科技大学、西安电子科技大学、长安大学[2]。

6. 中央统战部牵头考核单位（9家）：民革中央、民盟中央、民建中

---

[1] 《中国扶贫开发年鉴》编辑部. 中国扶贫开发年鉴（2018）[M]. 北京：中国农业出版社，2019：837-838.
[2] 《中国扶贫开发年鉴》编辑部. 中国扶贫开发年鉴（2018）[M]. 北京：中国农业出版社，2019：838-839.

央、民进中央、农工民主党中央、致公党中央、九三学社中央、台盟中央、全国工商联①。

2021年4月21日，国务院办公厅印发了《新时代中央国家机关及有关单位对口支援赣南等原中央苏区工作方案》（以下简称《方案》），《方案》规定：在对口支援赣南等原中央苏区工作框架中，对口支援单位包括63个中央国家机关及有关单位，受援地包括江西省赣州市、吉安市、抚州市和福建省龙岩市、三明市所辖共43个县；工作期限为2021年至2030年。其中，国家发展改革委、中央组织部作为牵头部门，负责对口支援工作的组织协调和统筹指导，并结合自身职能全面开展对口支援相关工作，不安排具体对口支援关系②；其他61个对口支援单位与受援地具体结对安排如下：

1. 赣州市18个县：国务院国资委、国家药监局——章贡区（含赣州经济技术开发区）；证监会、中国民航局——南康区；科技部、自然资源部——赣县区；财政部、新华社——瑞金市；工业和信息化部、海关总署——龙南市；农业农村部、国家能源局——信丰县；广电总局、中科院——大余县；教育部、全国工商联——上犹县；生态环境部、体育总局——崇义县；交通运输部、供销合作总社——安远县；银保监会、进出口银行——定南县；商务部、开发银行——全南县；人力资源和社会保障部、水利部——宁都县；国家卫生健康委、国家粮食和物资储备局——于都县；民政部、国家烟草局——兴国县；审计署、市场监管总局——会昌县；中央宣传部、国家统计局——寻乌县；司法部、国家乡村振兴局——石城县③。

2. 吉安市8个县：税务总局——吉州区；招商局集团有限公司——青原区；中国人民保险集团股份有限公司——吉安县；国家国防科工局——吉水

---

① 《中国扶贫开发年鉴》编辑部. 中国扶贫开发年鉴（2018）[M]. 北京：中国农业出版社，2019：839.

② 国务院办公厅. 新时代中央国家机关及有关单位对口支援赣南等原中央苏区工作方案[J]. 中华人民共和国国务院公报，2021（14）：27.

③ 国务院办公厅. 新时代中央国家机关及有关单位对口支援赣南等原中央苏区工作方案[J]. 中华人民共和国国务院公报，2021（14）：27.

县；人民银行——新干县；国家铁路局——永丰县；社科院——泰和县；国家林草局——万安县①。

3.抚州市5个县：中国旅游集团有限公司——黎川县；农业发展银行——南丰县；国家民委——乐安县；国家文物局——宜黄县；中央统战部——广昌县②。

4.龙岩市7个县：国家电网有限公司——新罗区；文化和旅游部——永定区；国务院台办——漳平市；中国建筑集团有限公司——长汀县；退役军人部——上杭县；国家开发投资集团有限公司——武平县；住房城乡建设部——连城县③。

5.三明市5个县：国家中医药局——明溪县；华润（集团）有限公司——清流县；应急部——宁化县；中国国家铁路集团有限公司——泰宁县；中粮集团有限公司——建宁县④。

《方案》对做好新时代中央国家机关及有关单位对口支援赣南等原中央苏区工作提出明确要求：（1）完善工作机制。国家发展改革委、中央组织部要加强统筹协调，会同各对口支援单位和受援地明确工作总体目标和重点任务，扎实推进落实对口支援各项工作任务。各对口支援单位要加强与受援地沟通协商，健全领导有力、联系紧密、运转高效的工作推进机制。江西、福建等有关省份和受援地要落实主体责任，明确任务分工，加强沟通衔接，参照本方案推进省级部门和企事业单位对口支援革命老区，确保对口支援工作取得实效。（2）落实重点任务。各对口支援单位要结合自身职能和优

---

① 国务院办公厅.新时代中央国家机关及有关单位对口支援赣南等原中央苏区工作方案[J].中华人民共和国国务院公报，2021（14）：27.

② 国务院办公厅.新时代中央国家机关及有关单位对口支援赣南等原中央苏区工作方案[J].中华人民共和国国务院公报，2021（14）：27.

③ 国务院办公厅.新时代中央国家机关及有关单位对口支援赣南等原中央苏区工作方案[J].中华人民共和国国务院公报，2021（14）：27.

④ 国务院办公厅.新时代中央国家机关及有关单位对口支援赣南等原中央苏区工作方案[J].中华人民共和国国务院公报，2021（14）：28.

势，充分考虑受援地比较优势和发展需要，以干部挂职、人才培训、营商环境营造、产业和创新平台建设等为重点，科学编制并推动落实对口支援实施方案。要把红色资源作为坚定理想信念、加强党性修养的生动教材，选派优秀干部到赣南等原中央苏区和其他革命老区挂职锻炼。要聚焦提升内生发展动力，支持受援地培训一批专业技术人才，推广一批改革创新举措，实施一批有利于推动高质量发展的政策与项目。支持其他革命老区重点市县学习借鉴赣南等原中央苏区经验做法，结合中央国家机关及有关单位选派干部挂职锻炼，探索建立合作机制。（3）加强督促评估。国家发展改革委、中央组织部要及时跟踪对口支援工作进展情况，加大督促检查力度，定期组织工作成效评估，并将评估结果纳入地方政府绩效评价考核体系。重大问题及时向国务院报告①。

第三节　军队帮扶

军队根据国家和驻地扶贫开发总体规划，积极参与实施定点扶贫和整村推进扶贫，支援农田水利、乡村道路、小流域治理等基础设施建设，开展捐资助学、科技服务和医疗帮扶等活动。

1987年3月28日，中国人民解放军总政治部转发群众工作部的《关于军队开展扶贫济困工作的基本情况和今后意见的报告》，回顾了两年来军队开展扶贫济困的基本情况，对下一阶段军队开展扶贫济困工作作出安排部署。

1. 驻贫困地区的部队要把扶贫济困工作作为开展军民共建活动的一项重要内容，积极协助地方政府宣传党中央、国务院关于扶贫济困工作的指导思想和方针政策，调动广大群众脱贫致富的积极性；贫困地区的人武部门要把

---

① 国务院办公厅. 新时代中央国家机关及有关单位对口支援赣南等原中央苏区工作方案[J]. 中华人民共和国国务院公报，2021（14）：28.

发动民兵脱贫致富、扶贫济困作为民兵带头参加两个文明建设的一项重要任务来抓，教育民兵既率先致富，又扶贫济困，走共同富裕的道路①。

2. 有条件的部队要量力而行参加一些解决群众温饱问题和经济开发的重点项目，参加一些解决贫困地区路、电、水等问题的公益事业；军队院校和科研技术单位，要积极开展智力助民活动，为贫困地区培养急需的人才，转让一些科研技术成果；部队医疗卫生单位要积极组织医疗小分队到贫困地区为群众防病治病；驻城市的机关部队所需的合同工，视情况可在贫困地区多招收一些并使他们学会一两项专业技术②。

1994年4月15日，国务院印发的《国家八七扶贫攻坚计划（1994—2000年）》强调人民解放军和武警部队要发扬拥政爱民的光荣传统，帮助驻地群众解决温饱、脱贫致富。2001年6月13日，国务院印发的《中国农村扶贫开发纲要（2001—2010年）》强调要充分发挥人民解放军和武警部队在扶贫开发中的重要作用。2005年8月8日，新华社发布消息称：国务院扶贫开发领导小组、中国人民解放军总政治部近日发布了《关于进一步加强部队参与扶贫开发工作的意见》（以下简称《意见》）。《意见》指出：多年来，全军积极响应党和国家的号召，开展多种形式的扶贫帮困活动，为国家的扶贫事业作出了积极的贡献。当前，扶贫开发的任务仍然十分艰巨。尽快帮助贫困群众脱贫致富，是军队履行全心全意为人民服务宗旨的具体体现。各部队要充分认识参与扶贫开发工作的重要意义，以强烈的政治责任感，积极投身这项工作。各地区、相关部门要把部队作为推进扶贫开发工作的一支重要力量，充分发挥其优势和作用，以加快实现新阶段扶贫开发的目标③。《意见》对加强部队参与扶贫开发工作进行了部署。

1. 整村推进是新阶段扶贫开发的一项重要措施，各地要把部队定点挂钩

---

① 王振川. 中国改革开放新时期年鉴（1987）[M]. 北京：中国民主法制出版社，2015：250-251.
② 王振川. 中国改革开放新时期年鉴（1987）[M]. 北京：中国民主法制出版社，2015：251.
③ 国务院扶贫开发领导小组，中国人民解放军总政治部. 关于进一步加强部队参与扶贫开发工作的意见 [J]. 新华月报，2005（9）：116.

扶贫纳入地方整村扶贫计划，统一组织实施。驻贫困地区部队应就地就近，与扶贫开发工作重点村建立挂钩关系。部队可相对集中力量，参加治水、改土、修路、通电等基础设施和防沙治沙、植树种草等生态环境建设及保护。省军区系统可根据当地实际，协调部队和组织民兵集中参与扶贫项目建设，为贫困地区发展创造条件[①]。

2. 要发挥部队院校、科研单位优势，向贫困地区群众传授科普知识，转让科技成果，推广适用技术。利用部队教育资源，采取军地联合培训、代培代训、接收进修等形式，为贫困地区培养人才。部队训练基地、装备修理等单位，应帮助贫困地区搞好劳动力培训，提高就业致富能力。军地密切配合，共同宣传党的扶贫开发政策，引导贫困群众解放思想、更新观念、勤劳致富。帮助制定脱贫计划，提供致富信息。鼓励和支持群众依托当地资源，发展种植业、养殖业和农产品加工业，开发旅游资源，拓宽致富渠道[②]。

3. 通过开展军民共建文明新村活动，宣传引导群众树立社会主义新思想、新道德、新风尚，帮助农村发展文化事业，丰富农民业余文化生活。对农村"老烈属、老复员军人、老伤残军人"中的贫困户，要给予重点帮助。动员和组织部队继续开展助学兴教活动，资助贫困学生入学和完成学业。组织部队医院继续对口支援贫困地区县、乡医院，重点搞好医疗、技术、装备支援和管理帮带。驻边疆地区部队，要重点支持边境国家扶贫开发工作重点县，把支持扶贫开发和加强边防、巩固边疆安定紧密结合起来，为国家构建和谐社会创造稳定的环境。驻经济发达地区部队，可由军以上单位统一组织，在贫困地区继续开展援建希望学校、开办"春蕾女童班"和进行医疗扶贫等活动，加大对贫困地区入伍士兵的文化和专业技术知识培训力度，鼓励

---

① 国务院扶贫开发领导小组，中国人民解放军总政治部. 关于进一步加强部队参与扶贫开发工作的意见 [J]. 新华月报，2005（9）：116.

② 国务院扶贫开发领导小组，中国人民解放军总政治部. 关于进一步加强部队参与扶贫开发工作的意见 [J]. 新华月报，2005（9）：116.

和帮助他们退伍回乡带头脱贫致富①。

4.各地区、相关部门对部队扶贫工作要高度重视，列入总体规划，实施统一领导，给予必要支持。各部队要把扶贫工作摆上议程，统筹规划，精心组织，切实推进这项工作。军地有关部门要建立相应制度，加强联系，共同筹划，做好驻军部队参与扶贫开发的组织协调工作。要加强对部队扶贫情况进行检查，总结经验，共同搞好扶贫开发工作，为全面建设小康社会和构建社会主义和谐社会创造条件②。

2011年5月27日，中共中央、国务院印发的《中国农村扶贫开发纲要（2011—2020年）》强调"坚持把地方扶贫开发所需与部队所能结合起来。部队应本着就地就近、量力而行、有所作为的原则，充分发挥组织严密、突击力强和人才、科技、装备等优势，积极参与地方扶贫开发，实现军地优势互补"③。

2016年3月27日，《解放军报》称：中央军委政治工作部和国务院扶贫办近日联合印发了《关于军队参与打赢脱贫攻坚战的意见》（以下简称《意见》），明确了军队参与脱贫攻坚的指导思想、基本原则、主要任务和措施要求等。

1.军队参与打赢脱贫攻坚战的基本原则。《意见》强调应当把握好五条原则：（1）科学谋划，统筹推进。要搞好顶层设计和宏观谋划，统筹好完成部队中心任务与参与脱贫攻坚，实施精准帮扶与支援贫困地区开发建设等工作，做到两不误、双促进。（2）发挥优势，主动作为。要坚持从实际出发，充分挖掘自身优势和资源，在最能体现部队作用的领域和项目上投入力量、有所作为。（3）因地制宜，精准发力。要贯彻精准扶贫、精准脱贫的

①　国务院扶贫开发领导小组,中国人民解放军总政治部.关于进一步加强部队参与扶贫开发工作的意见[J].新华月报,2005(9):116.

②　国务院扶贫开发领导小组,中国人民解放军总政治部.关于进一步加强部队参与扶贫开发工作的意见[J].新华月报,2005(9):116.

③　中共中央文献研究室.十七大以来重要文献选编(下)[M].北京:中央文献出版社,2013:366.

基本方略，瞄准帮扶的贫困村贫困户，找准穷根，对症下药，在精准施策、精准推进、精准落地上下实功见实效。（4）军地协作，整体联动。（5）改进创新，务求实效。需要明确的是，军队参与打赢脱贫攻坚战，必须严格落实军委有关规定，坚持无偿服务、无偿援助，切实做到扶真贫、真扶贫、真脱贫①。

2.军队参与打赢脱贫攻坚战的主要任务。《意见》从总体上明确了军队参与打赢脱贫攻坚战可承担的10项任务，各级应结合实际，从这些任务中科学确定帮扶重点。（1）共性的工作主动去做。比如，配合地方搞好扶贫开发宣传教育、参与生态环境保护、帮助改善生产生活条件、发动官兵捐资助学等活动，各部队都应主动参与。（2）能发挥优势作用的工作积极去做。比如，作战部队人员较多，生活物资采购可向贫困地区倾斜，强化与帮扶对象的利益联结。再比如，省军区系统可发挥桥梁纽带作用，军地协作扶持贫困对象发展特色优势产业，培育一批退役军人和民兵预备役人员创业致富带头人。（3）具有特有优势的工作尽力去做。比如，参加兴边富民行动，是驻边疆地区部队的一项重要任务，应在保卫边防安全的同时，积极参加驻地民族团结进步创建活动，支持边疆农村牧区基础设施建设，扶持发展边境贸易和特色经济，促进边民安心生产生活、安心守边固边②。

3.军队参与打赢脱贫攻坚战的具体举措。《意见》立足全局、聚焦精准，从四个方面对军队参与打赢脱贫攻坚战提出明确要求。（1）帮扶对象精准到村到户。《意见》提出，要本着就地就近原则，重新梳理调整帮扶对象。明确定点扶贫以国家扶贫开发工作重点县的贫困乡村为主要对象，重点与革命老区、民族地区、边疆地区、连片特困地区的贫困村建立帮扶关系；结对帮扶以建档立卡贫困人口为主体，优先扶持家境困难的军烈属、退役军

---

① 钧正群, 张天南. 齐心协力打赢脱贫攻坚战——军委政治工作部群众工作局领导就学习贯彻《关于军队参与打赢脱贫攻坚战的意见》答记者问［N］. 解放军报, 2016-03-27（3）.

② 钧正群, 张天南. 齐心协力打赢脱贫攻坚战——军委政治工作部群众工作局领导就学习贯彻《关于军队参与打赢脱贫攻坚战的意见》答记者问［N］. 解放军报, 2016-03-27（3）.

人等群体，防止出现"大水漫灌"的现象。（2）帮扶责任定到具体单位。《意见》明确了军委机关各部（厅、委）、副大军区级以上单位机关，省军区、武警总队和军分区定点帮扶贫困村，以及驻贫困地区师以上作战部队和旅团级单位承担扶贫项目的数量，并对驻经济发达地区部队和有关专业技术单位承担结对帮扶任务提出要求。（3）帮扶方案具体到册到表。《意见》要求各级要进村入户搞好调查研究，弄清帮扶对象的贫困程度和致贫原因，在此基础上，建立帮扶对象基本情况登记册，因村因户制订科学合理的脱贫方案和实施计划表，明确目标任务、具体措施、职责分工和完成时限，做到一村一套扶贫计划、一户一本帮扶台账，增强帮扶工作的针对性实效性。（4）帮扶行动要求扎实有力到位①。

4. 军队参与打赢脱贫攻坚战的军地协调。《意见》对此主要明确了两点：（1）对地方而言，要求各级各有关部门重视发挥部队的优势和作用，参照国家层面做法，将省军区、军分区、人武部和扶贫任务重的驻军单位吸收进同级政府扶贫开发领导机构，将部队扶贫工作纳入本地区脱贫攻坚总体规划，建立沟通协调、信息共享、工作会商等机制，在政策制定、项目安排和相关保障等方面给予倾斜，为部队开展工作提供有力支持和指导。（2）对部队而言，要求各级主动加强与地方党委、政府及有关部门的沟通联系，及时了解地方需求，密切与地方驻村工作队的协同协作，相互支持配合，共同做好工作。要求省军区系统充分发挥桥梁纽带作用，承担起沟通、协调、推动的责任，及时向地方反映部队参与脱贫攻坚情况，协调地方帮助部队解决工作中遇到的矛盾问题，努力形成脱贫攻坚整体合力②。

5. 军队参与打赢脱贫攻坚战的制度机制。（1）形势分析制度。根据帮扶工作进程，会同地方定期进行工作会商，分析形势任务，研究推进工作

---

① 钧正群，张天南. 齐心协力打赢脱贫攻坚战——军委政治工作部群众工作局领导就学习贯彻《关于军队参与打赢脱贫攻坚战的意见》答记者问[N]. 解放军报，2016-03-27（3）.

② 钧正群，张天南. 齐心协力打赢脱贫攻坚战——军委政治工作部群众工作局领导就学习贯彻《关于军队参与打赢脱贫攻坚战的意见》答记者问[N]. 解放军报，2016-03-27（3）.

落实的措施办法。（2）工作报告制度。驻贫困地区部队团以上单位政治机关每年对参与脱贫攻坚情况进行总结，并向上级单位政治机关报告工作。（3）检查考评制度。军地有关部门应加强对部队帮扶工作的检查指导，定期组织督查考评，推动工作有效落实。（4）表彰激励制度。军地适时对参与脱贫攻坚工作实绩突出、事迹感人的部队单位和个人，予以表彰奖励，树立鲜明导向①。

2016年11月23日，国务院印发的《"十三五"脱贫攻坚规划》强调要"把地方所需、群众所盼与部队所能结合起来，优先扶持家境困难的军烈属、退役军人等群体。中央军委机关各部门（不含直属机构）和副战区级以上单位机关带头做好定点帮扶工作。省军区系统和武警总队帮扶本辖区范围内相关贫困村脱贫。驻贫困地区作战部队实施一批具体扶贫项目和扶贫产业，部队生活物资采购注重向贫困地区倾斜。驻经济发达地区部队和有关专业技术单位根据实际承担结对帮扶任务"②。"发挥思想政治工作优势，深入贫困地区开展脱贫攻坚宣传教育，组织军民共建活动，传播文明新风，丰富贫困人口精神文化生活。发挥战斗力突击力优势，积极支持和参与农业农村基础设施建设、生态环境治理、易地扶贫搬迁等工作。发挥人才培育优势，配合实施教育扶贫工程，接续做好'八一爱民学校'援建工作，组织开展'1+1'、'N+1'等结对助学活动，团级以上干部与贫困家庭学生建立稳定帮扶关系。采取军地联训、代培代训等方式，帮助贫困地区培养实用人才，培育一批退役军人和民兵预备役人员致富带头人。发挥科技、医疗等资源优势，促进军民两用科技成果转化运用，组织87家军队和武警部队三级医院对口帮扶113家贫困县县级医院，开展送医送药和巡诊治病活动。帮助革命老区加强红色资源开发，培育壮大红色旅游产业"③。

---

① 钧正群，张天南.齐心协力打赢脱贫攻坚战——军委政治工作部群众工作局领导就学习贯彻《关于军队参与打赢脱贫攻坚战的意见》答记者问[N].解放军报，2016-03-27(3).

② 国务院."十三五"脱贫攻坚规划[J].中华人民共和国国务院公报，2016(35)：31.

③ 国务院."十三五"脱贫攻坚规划[J].中华人民共和国国务院公报，2016(35)：31-32.

第四节　企业帮扶

1994年4月15日，国务院印发的《国家八七扶贫攻坚计划（1994—2000年）》强调有条件的企业都应积极与贫困县定点挂钩扶贫，一定几年不变，不脱贫不脱钩。2001年6月13日，国务院颁发的《中国农村扶贫开发纲要（2001—2010年）》强调企业可以通过捐赠资金，与非政府组织合作，共同参与扶贫开发。2011年5月27日，中共中央、国务院印发的《中国农村扶贫开发纲要（2011—2020年）》强调要大力倡导企业社会责任，鼓励企业采取多种方式，推进集体经济发展和农民增收。

2014年11月19日，国务院办公厅印发的《关于进一步动员社会各方面力量参与扶贫开发的意见》强调要大力倡导民营企业扶贫，"鼓励民营企业积极承担社会责任，充分激发市场活力，发挥资金、技术、市场、管理等优势，通过资源开发、产业培育、市场开拓、村企共建等多种形式到贫困地区投资兴业、培训技能、吸纳就业、捐资助贫，参与扶贫开发，发挥辐射和带动作用"[1]。

2015年9月21日，全国工商联、国务院扶贫办、中国光彩会联合印发了《"万企帮万村"精准扶贫行动方案》，明确了"万企帮万村"精准扶贫行动的目标任务、总体要求、帮扶途径、工作分工、实施进度、组织保障等问题。

1. 目标任务。"万企帮万村行动"以民营企业为帮扶方，以建档立卡的贫困村为帮扶对象，以签约结对、村企共建为主要形式，力争用三到五年时间，动员全国一万家以上民营企业参与，帮助一万个以上贫困村加快脱贫进程，为促进非公有制经济健康发展和非公有制经济人士健康成长、打好扶贫

---

① 国务院办公厅. 关于进一步动员社会各方面力量参与扶贫开发的意见[J]. 中华人民共和国国务院公报，2014（35）：25.

攻坚战、全面建成小康社会贡献力量[①]。

2. 总体要求。（1）"万企帮万村行动"坚持政府引导、农民主体、部门联动、民企帮扶、社会参与，努力实现政府扶贫、社会扶贫和贫困群众自力更生脱贫的有机结合。（2）"万企帮万村行动"坚持精准识别、精准帮扶、精准管理、精准考核，将帮扶重点向建档立卡贫困户、贫困人口聚焦。（3）"万企帮万村行动"坚持"义利兼顾、以义为先"的光彩理念，组织民营企业自觉自愿、量力而行，以开发式扶贫为重点，帮助贫困村建立扶贫长效机制，努力实现村企互惠双赢。（4）"万企帮万村行动"坚持"做贡献"与"受教育"相统一，引导民营企业家积极参与理想信念教育实践活动，在先富帮后富实践中不断增强对中国特色社会主义的信念、对党和政府的信任、对企业发展的信心和对社会的信誉[②]。

3. 帮扶途径。各级工商联、扶贫办和光彩会要在总结提升以往组织民营企业参与农村扶贫开发相关工作基础上，指导民营企业因地制宜选择具体帮扶途径，包括：产业扶贫、商贸扶贫、就业扶贫、捐赠扶贫、智力扶贫、其他扶贫[③]。

4. 工作分工。（1）各级工商联、光彩会牵头，扶贫办配合。积极争取党委政府促进结对帮扶企业的健康发展，优先享受当地支持民营企业发展的政策措施；当企业遇到经营困难无法完成帮扶目标时，要协调新的企业接力帮扶；要教育企业在结对帮扶过程中守法诚信，充分尊重和保护农民利益；要充分发挥行业商会、异地商会在"万企帮万村行动"中的特色优势和积极作用。（2）各级扶贫办牵头，工商联、光彩会配合。本级专项扶贫资金、行业扶贫项目，优先向结对村倾斜；本级统筹支配的扶贫贴息贷款，要优先

[①]　全国工商联,国务院扶贫办,中国光彩会.　"万企帮万村"精准扶贫行动方案[EB/OL].（2015-09-21）[2015-10-19]. http://ccn. people. com. cn/n/2015/1019/c366510-27715199-2. html.

[②]　全国工商联,国务院扶贫办,中国光彩会.　"万企帮万村"精准扶贫行动方案[EB/OL].（2015-09-21）[2015-10-19]. http://ccn. people. com. cn/n/2015/1019/c366510-27715199-2. html.

[③]　全国工商联,国务院扶贫办,中国光彩会.　"万企帮万村"精准扶贫行动方案[EB/OL].（2015-09-21）[2015-10-19]. http://ccn. people. com. cn/n/2015/1019/c366510-27715199-2. html.

支持参与结对帮扶的民营企业；要协调政府有关部门，确保企业在结对村的各类投资和捐赠，依法享受优惠财税政策；企业在帮扶过程中遇到障碍和问题时，要积极协调予以解决；要跟踪帮扶进度，做好统计工作，每年汇总民营企业在结对村的投入情况、规划落实情况和主要成效[①]。

5. 实施进度。（1）签约启动。全国工商联、国务院扶贫办、中国光彩会联合发文指导，各级工商联、扶贫办和光彩会广泛动员，组织企业与建档立卡贫困村签约建立结对帮扶关系，并将结对名单上报全国工商联扶贫与社会服务部。（2）制定规划。各级扶贫办、工商联和光彩会共同指导、协助签约企业针对结对村的实际，制定具体帮扶规划，明确政府工作任务、企业帮扶措施以及落实时间表。各省级扶贫办负责汇总本省份结对村的帮扶规划，上报国务院扶贫办国际合作社会扶贫司。（3）示范指导。各省级工商联、光彩会牵头，扶贫办配合，在以往工作基础上，从当地签约结对村中选择5个典型村，于2016年6月30日前，上报全国工商联扶贫与社会服务部。全国工商联、国务院扶贫办、中国光彩会将从中选择部分示范村，将民营企业在这些村的好做法好经验，通过交流会、现场会、专题宣传等形式向全国推广，供其他签约企业学习借鉴。（4）调研推动。各级工商联、扶贫办和光彩会横向联合、上下联动，大力开展调查研究，发现问题、总结经验、寻找典型。各级工商联要加大调研成果转化力度，通过参政议政渠道，不断完善鼓励支持民营企业参与精准扶贫的政策建议。同时，在调研中发现企业遇到的具体困难和障碍，三方要共同努力，积极主动帮助企业协调解决。（5）验收总结。"万企帮万村行动"期间，各级工商联、扶贫办和光彩会每年要对照签约双方的帮扶规划，检查各帮扶主体的措施落实情况，总结企业的投入情况、采取的扶贫手段、取得的扶贫成果，统计经地方确认实现脱贫的村、户，逐级汇总上报到全国工商联扶贫与社会服务部。全国工商联、国务院扶贫办、中国光彩会将把"万企帮万村行动"实施情况及取得的成绩向有

[①]　全国工商联，国务院扶贫办，中国光彩会. "万企帮万村"精准扶贫行动方案［EB/OL］.（2015-09-21）［2015-10-19］. http://ccn. people. com. cn/n/2015/1019/c366510-27715199-2. html.

关方面做专题汇报，对做出突出成绩的企业和个人进行广泛宣传。"万企帮万村行动"中表现突出的民营企业将优先推荐参加全国社会扶贫评选表彰等活动①。

6. 组织保障。为保障"万企帮万村行动"顺利实施，全国工商联、国务院扶贫办、中国光彩会决定成立"万企帮万村"精准扶贫行动领导小组。组长：谢经荣，全国工商联副主席、中国光彩会副会长；洪天云，国务院扶贫办副主任。副组长：戚建美，中央统战部五局巡视员、中国光彩会副秘书长；李春光，国务院扶贫办国际合作和社会扶贫司司长；余敏安，中央统战部光彩事业指导中心主任、中国光彩会副秘书长；王力涛，全国工商联扶贫与社会服务部副部长。小组成员由全国工商联扶贫与社会服务部、国务院扶贫办国际合作和社会扶贫司、中国光彩会有关人员组成。全国工商联扶贫与社会服务部负责领导小组日常协调服务工作②。

2015年11月29日，中共中央、国务院颁发的《关于打赢脱贫攻坚战的决定》强调要鼓励支持民营企业参与扶贫开发，实现社会帮扶资源和精准扶贫有效对接；"吸纳农村贫困人口就业的企业，按规定享受税收优惠、职业培训补贴等就业支持政策。落实企业和个人公益扶贫捐赠所得税税前扣除政策""工商联系统组织民营企业开展'万企帮万村'精准扶贫行动""完善扶贫龙头企业认定制度，增强企业辐射带动贫困户增收的能力。鼓励有条件的企业设立扶贫公益基金和开展扶贫公益信托"③。

2016年1月18日，全国工商联、国务院扶贫办、中国光彩会联合颁发了《关于推进"万企帮万村"精准扶贫行动的实施意见》，再次明确了推进"万企帮万村"精准扶贫行动的基本要求、帮扶方式、工作措施、组织领

---

① 全国工商联,国务院扶贫办,中国光彩会. "万企帮万村"精准扶贫行动方案[EB/OL].(2015-09-21)[2015-10-19]. http://ccn. people. com. cn/n/2015/1019/c366510-27715199-2. html.

② 全国工商联,国务院扶贫办,中国光彩会. "万企帮万村"精准扶贫行动方案[EB/OL].(2015-09-21)[2015-10-19]. http://ccn. people. com. cn/n/2015/1019/c366510-27715199-2. html.

③ 中共中央党史和文献研究院. 十八大以来重要文献选编(下)[M]. 北京:中央文献出版社,2018: 66-67.

导等问题。2016年11月23日，国务院印发的《"十三五"脱贫攻坚规划》提出要强化国有企业帮扶责任，深入推进中央企业定点帮扶贫困革命老区"百县万村"活动；引导中央企业设立贫困地区产业投资基金，吸引企业到贫困地区从事资源开发、产业园区建设、新型城镇化发展等；继续实施"同舟工程——中央企业参与'救急难'行动"，充分发挥中央企业在社会救助工作中的补充作用；地方政府要动员本地国有企业积极承担包村帮扶等扶贫开发任务；积极引导民营企业参与扶贫开发，"充分发挥工商联的桥梁纽带作用，以点带面，鼓励引导民营企业和其他所有制企业参与扶贫开发。组织开展'万企帮万村'精准扶贫行动，引导东部地区的民营企业在东西部扶贫协作框架下结对帮扶西部地区贫困村。鼓励有条件的企业设立扶贫公益基金、开展扶贫慈善信托。完善对龙头企业参与扶贫开发的支持政策。吸纳贫困人口就业的企业，按规定享受职业培训补贴等就业支持政策，落实相关税收优惠"①。

2018年7月23日，全国工商联、国务院扶贫办、中国光彩会、中国农业发展银行联合印发了《推进"万企帮万村"精准扶贫行动向深度贫困地区倾斜的落实方案（2018—2020年）》，对推进"万企帮万村"精准扶贫行动向深度贫困地区倾斜提出了明确意见，作出了具体安排。

1. 提高政治站位，统一思想认识。（1）打赢打好脱贫攻坚战是党的十九大提出的三大攻坚战之一，是全面建成小康社会的底线目标。打赢打好脱贫攻坚战的关键是打好深度贫困地区的脱贫攻坚战。深度贫困地区自然条件差，经济基础弱，群众难脱贫、易返贫，是脱贫攻坚难啃的"硬骨头"。确保深度贫困地区和群众与全国人民一道进入全面小康社会，需要全党全国全社会共同努力。（2）"万企帮万村"精准扶贫行动是脱贫攻坚十大行动之一，是社会扶贫战线的知名品牌，是构建政府、市场、社会协同推进大扶贫格局的重要支撑，是新时代民营企业家听党话跟党走的实际行动，对于激

---

① 国务院. "十三五"脱贫攻坚规划 [J]. 中华人民共和国国务院公报，2016（35）：31.

发和弘扬企业家精神、促进社会和谐、营造非公有制经济发展良好舆论环境意义重大。（3）落实"万企帮万村"精准扶贫行动向深度贫困地区倾斜，是各级工商联、扶贫办、光彩会、农发行学习贯彻习近平新时代中国特色社会主义思想、牢固树立"四个意识"的具体行动，是促进非公有制经济健康发展和非公有制经济人士健康成长的工作抓手。要进一步统一思想认识、进一步凝心聚力攻坚、进一步加大工作力度，为打好深度贫困地区脱贫攻坚战贡献力量[①]。

2. 明确目标重点，细化任务分工。（1）到2020年底以前，要组织引导民营企业，将帮扶重点聚焦深度贫困地区、深度贫困村和深度贫困人口。对已经参与"万企帮万村"精准扶贫行动并与贫困村建立帮扶关系的民营企业，要引导他们将帮扶力量瞄准建档立卡贫困户；对新参与"万企帮万村"精准扶贫行动的民营企业，要引导他们与各省确定的深度贫困村建立结对帮扶关系，聚焦深度贫困人口发力攻坚。（2）全国"万企帮万村"精准扶贫行动领导小组主要聚焦西藏、新疆南疆四地州、四省藏区和甘肃省临夏州、四川省凉山州、云南省怒江州，通过组织"光彩行"活动等形式，组织企业开展帮扶。有东西部扶贫协作和对口支援帮扶任务的省市"万企帮万村"精准扶贫行动领导小组，要积极参与到当地党委政府的对口帮扶工作中，组织民营企业到受帮扶地区开展精准帮扶。中西部省区市"万企帮万村"精准扶贫行动领导小组，要组织引导本地民营企业聚焦省内确定的深度贫困村结对帮扶。（3）按照中央统筹、省负总责、市县抓落实的工作机制，省级"万企帮万村"精准扶贫行动领导小组要对省内地市、县市认真梳理，对没有脱贫攻坚任务的市和县，根据当地非公有制经济发展实际，鼓励各级工商联到对口帮扶地区或在省内选择一个深度贫困村开展结对。参与"携手奔小康"行动的东部县市，其县级工商联要到携手帮扶县选择至少一个深度贫困村结对。各级工商联与贫困村结对后，要组织所属会员企业和直属商会开展精准

---

① 《中国扶贫开发年鉴》编辑部. 中国扶贫开发年鉴（2019）[M]. 北京: 中国农业出版社, 2019: 990-991.

帮扶并录入"万企帮万村"精准扶贫行动台账①。

3. 总结帮扶模式，务求脱贫实效。充分总结各地在"万企帮万村"精准扶贫行动推进实施中的好经验好模式，结合深度贫困地区脱贫攻坚规划，组织引导民营企业着力提高帮扶精准度，切实构建起脱贫长效机制，提升脱贫质量。（1）在产业扶贫方面：种养殖业企业要通过提高农业科技化集约化和农民组织化程度，提升生产效率，增加贫困户收入；农业产业化龙头企业要通过保护价收购等方式保障贫困户受益并适当向贫困户让利；劳动密集型企业要通过"扶贫车间"等方式，将部分生产环节转移到贫困村，增加贫困群众的劳务收入；旅游服务业企业要大力开发深度贫困地区特色旅游资源，带动贫困群众脱贫致富。（2）在就业扶贫方面：各类企业要有针对性招收贫困户劳动力就业，加强岗前、岗中培训，提高社会保障水平和就业质量，增强贫困劳动力的可持续就业能力。（3）在消费扶贫方面：零售、电商、物流、会展等领域的企业，要加大对扶贫产品的营销推广力度，畅通扶贫产品上行渠道；各类企业和商会在集体食堂、员工福利、客户礼品、培训旅游等消费活动中，都要努力创造条件购买扶贫产品和服务。（4）在公益扶贫方面：各类企业和商会在拟定年度公益计划和策划公益项目时，要努力将受益对象瞄准深度贫困地区，助推贫困群众实现"两不愁、三保障"。各类企业和企业家要以参与脱贫攻坚为荣，因企制宜创新探索参与形式。大型企业可以通过设立贫困地区产业投资基金或精准扶贫公益基金参与产业扶贫和公益扶贫；大中型企业可以通过"大手拉小手"的形式帮助西部带贫效果好的中小微企业，增强其帮扶力量；中小型企业可以组织员工购买扶贫产品和服务，开展志愿服务，关爱贫困老人、留守贫困儿童、贫困残疾人等；县域小微企业要发挥贴近"三农"的优势，努力提高带贫能力；企业家和企业高管可以为贫困群众提供信息、谋划项目、义务培训等，促进扶智扶志。各类商会尤其是异地商会要发挥特殊优势，组织会员企业参与深度贫困地区脱贫攻

---

① 《中国扶贫开发年鉴》编辑部. 中国扶贫开发年鉴（2019）[M]. 北京：中国农业出版社，2019：991.

坚^①。

4. 坚持原则定位，做好引导服务。（1）各级行动领导小组在推进"万企帮万村"精准扶贫行动向深度贫困地区倾斜工作中，要始终坚持"义利兼顾、以义为先"的光彩理念，民营企业是自觉自愿参与，对贫困村是帮不是替、是帮不是包。各级行动领导小组既要努力组织引导，扩大民营企业的参与面、贡献度，同时也要防止出现向企业摊派扶贫任务、"企业一上手政府就撒手"现象。（2）要始终坚持以开发式扶贫为重点，以村企互惠双赢为目标，充分发挥民营企业特色优势，稳妥推进、量力而行、防范风险，防止出现产业扶贫项目"一窝蜂""拉郎配"现象。中国农业发展银行要充分发挥农业政策性银行示范引领作用，以支持优质示范企业为重点，继续加大支持力度，切实为企业提供融资融智等金融服务。各级工商联、光彩会要加强对民营企业家的教育引导，要真扶贫扶真贫，尽力而为帮助贫困群众，绝不坑农害农，绝不打着扶贫的幌子欺骗政府和社会。各级扶贫办要加强监督服务，努力提高帮扶的精准度。（3）要始终坚持"两个关注"，既要关注企业的发展和贡献，也要关注企业的困难和问题。对企业实施的帮扶项目要跟踪服务，做好协调沟通和群众组织工作，推动落实配套设施建设和支持优惠政策，做到符合条件的企业"应享尽享"，增强企业的获得感。要大力宣传和表彰企业参与精准扶贫脱贫的先进经验、先进人物和典型案例，传递正能量^②。

5. 改进工作作风，夯实工作基础。（1）各级行动领导小组要把作风建设贯穿到推进"万企帮万村"精准扶贫行动实施全过程，着力解决思想认识不到位、责任落实不到位、组织发动不到位、联系引导不到位、服务支持不到位问题，力戒形式主义、官僚主义和"应付事""走过场"现象，防范在争取支持、表彰评选、宣传对象选择上"优亲厚友"等腐败风险。（2）要

---

① 《中国扶贫开发年鉴》编辑部. 中国扶贫开发年鉴（2019）[M]. 北京: 中国农业出版社, 2019: 991-992.

② 《中国扶贫开发年鉴》编辑部. 中国扶贫开发年鉴（2019）[M]. 北京: 中国农业出版社, 2019: 992.

改进调查研究。各级行动领导小组成员单位要分工协作，深入民营企业的帮扶项目一线，实地了解情况，指导推进工作，协调解决困难，对共性问题要通过报送调研报告、建言献策等形式向党委政府和上级领导小组反映，推动出台完善相关政策，促进企业作用的发挥。（3）要加强台账管理，坚决防止数字脱贫、弄虚作假。对民营企业所帮扶的村"走到、补全、纠错、评估"，真实、全面、准确收集"万企帮万村"精准扶贫行动在深度贫困地区脱贫攻坚中所做的工作，既不能浮夸成绩，也不能埋没贡献。各级工商联负责联系指导民营企业录入，各级扶贫办负责核实、确认，共同建立中国民营企业扶贫的权威档案。（4）要做好"万企帮万村"精准扶贫行动与组织民营企业助力乡村振兴的有效衔接。2020年底前，民营企业履行社会责任的主要形式是聚焦深度贫困村，推进"万企帮万村"精准扶贫行动。要聚焦打赢打好脱贫攻坚战，积极配合国家脱贫攻坚战略部署，围绕中心、服务大局。要坚持"两不愁、三保障"的扶贫标准，不能擅自拔高标准，也不能降低标准，既不急躁，也不拖延，保证脱贫质量，为实施乡村振兴战略打下坚实的基础[1]。

第五节　社会组织帮扶

1994年4月15日，国务院印发的《国家八七扶贫攻坚计划（1994—2000年）》强调各级工会、共青团、妇联、科协、残联要积极参与扶贫开发工作，充分发挥中国扶贫基金会和其他各类民间扶贫团体的作用。2001年6月13日，国务院印发的《中国农村扶贫开发纲要（2001—2010年）》强调要积极创造条件，引导非政府组织参与和执行政府扶贫开发项目，逐步规范非政

---

[1]　《中国扶贫开发年鉴》编辑部. 中国扶贫开发年鉴（2019）[M]. 北京：中国农业出版社，2019: 992.

府组织开展的扶贫开发活动。2011年5月27日，中共中央国务院印发的《中国农村扶贫开发纲要（2011—2020年）》强调要鼓励社会组织通过多种方式参与扶贫开发，鼓励工会、共青团、妇联、科协、侨联等群众组织参与扶贫。

2014年11月19日，国务院办公厅颁发的《关于进一步动员社会各方面力量参与扶贫开发的意见》强调要积极引导社会组织扶贫，"支持社会团体、基金会、民办非企业单位等各类组织积极从事扶贫开发事业。地方各级政府和有关部门要对社会组织开展扶贫活动提供信息服务、业务指导，鼓励其参与社会扶贫资源动员、配置和使用等环节，建设充满活力的社会组织参与扶贫机制"①。2015年11月29日，中共中央、国务院颁发的《关于打赢脱贫攻坚战的决定》强调要通过政府购买服务等方式，鼓励各类社会组织开展到村到户精准扶贫。2016年11月23日，国务院印发的《"十三五"脱贫攻坚规划》强调要"支持社会团体、基金会、社会服务机构等各类组织从事扶贫开发事业。建立健全社会组织参与扶贫开发的协调服务机制，构建社会扶贫信息服务网络。以各级脱贫攻坚规划为引导，鼓励社会组织扶贫重心下移，促进帮扶资源与贫困户精准对接帮扶。支持社会组织通过公开竞争等方式，积极参加政府面向社会购买扶贫服务工作。鼓励和支持社会组织参与扶贫资源动员、资源配置使用、绩效论证评估等工作，支持其承担扶贫项目实施。探索发展公益众筹扶贫模式。着力打造扶贫公益品牌。鼓励社会组织在贫困地区大力倡导现代文明理念和生活方式，努力满足贫困人口的精神文化需求。制定出台社会组织参与脱贫攻坚的指导性文件，从国家层面予以指导。建立健全社会扶贫监测评估机制，创新监测评估方法，及时公开评估结果，增强社会扶贫公信力和影响力"②。

2017年11月22日，国务院扶贫开发领导小组印发了《关于广泛引导和动员社会组织参与脱贫攻坚的通知》，对广泛引导和动员社会组织参与脱贫攻

---

① 国务院办公厅.关于进一步动员社会各方面力量参与扶贫开发的意见[J].中华人民共和国国务院公报,2014(35):25.

② 国务院."十三五"脱贫攻坚规划[J].中华人民共和国国务院公报,2016(35):32.

坚进行了动员部署。

1. 参与脱贫攻坚是社会组织的重要责任。社会组织是我国社会主义现代化建设的重要力量，是联系爱心企业、爱心人士等社会帮扶资源与农村贫困人口的重要纽带，是动员组织社会力量参与脱贫攻坚的重要载体，是构建专项扶贫、行业扶贫、社会扶贫"三位一体"大扶贫格局的重要组成部分。参与脱贫攻坚，既是社会组织的重要责任，又是社会组织服务国家、服务社会、服务群众、服务行业的重要体现，更是社会组织发展壮大的重要舞台和现实途径。要按照党的十九大关于动员全党全国全社会力量参与脱贫攻坚的要求，积极引导各级各类社会组织深入学习贯彻习近平总书记扶贫开发的重要战略思想，领会精髓实质，牢固树立政治意识、大局意识、核心意识、看齐意识，与以习近平同志为核心的党中央同心同德、同向同行，发挥自身专长和优势，从帮助贫困人口解决最直接、最现实、最紧迫的问题入手，促进社会帮扶资源进一步向贫困地区、贫困人口汇聚，在承担公共服务、提供智力支持、实施帮扶项目、协助科学决策等方面主动作为，在打赢脱贫攻坚战中发挥重要作用[①]。

2. 社会组织参与脱贫攻坚的重点领域。（1）参与产业扶贫。支持有条件的社会组织特别是行业协会商会、农村专业技术协会参与落实贫困地区特色产业发展规划，围绕市场需求踊跃参与贫困地区特色产业发展、培育农民专业合作组织、引进龙头企业、搭建产销平台、推广应用中国社会扶贫网、推进电商扶贫工程、促进休闲农业和乡村旅游开发、支持农民工返乡创业等。鼓励社会组织组织专业人才为贫困地区发展特色优势产业提供智力和技术支持，提高贫困人口脱贫增收能力，促进贫困地区经济社会发展。（2）参与教育扶贫。鼓励社会组织特别是基金会参与《教育脱贫攻坚"十三五"规划》《职业教育东西协作行动计划（2016—2020年）》等政策的落实工作，参与实施教育扶贫结对帮扶、扶贫助学助困项目。鼓励社会组织通过增

---

① 《中国扶贫开发年鉴》编辑部. 中国扶贫开发年鉴（2018）[M]. 北京: 中国农业出版社, 2019: 847.

强贫困地区教育培训机构能力和师资水平，开展科学普及，提升贫困地区教育水平，帮助扶贫对象（含建档立卡贫困人口、农村低保对象、特困人员、贫困残疾人）学习掌握职业技能、致富技术，提供职业指导，增强就业能力。鼓励社会组织有序组织大学生、退休教师、社会人士到贫困地区开展扶贫支教。鼓励非营利性民办学校加大对贫困学生资助力度。（3）参与健康扶贫。鼓励社会组织通过提供医疗技术支持、卫生人才培训和紧缺设备援助等，帮助贫困地区提高医疗水平，改善服务设施。支持社会组织针对贫困人口实施儿童营养改善、新生儿疾病筛查、小儿先心病治疗、妇女两癌筛查、优生优育、白内障治疗、失能失智老人照护等健康项目，帮助解决大病、地方病、慢性病等问题，做好疾病预防宣传、早发现、早治疗等工作。动员有条件的社会组织对贫困人口开展义诊、免费体检等公益活动。鼓励支持相关公益慈善组织通过设立专项基金等形式，开展贫困人口重特大疾病专项救助。依托慈善组织互联网公开募捐信息平台向社会公众进行募捐，加大慈善医疗救助力度，精准对接特殊困难家庭，减轻贫困人口医疗费用负担。鼓励非营利性民办医院对贫困人口开展一对一帮扶和义诊等活动。（4）参与易地扶贫搬迁。鼓励社会组织积极参与易地扶贫搬迁，促进帮扶资源与建档立卡搬迁户精准对接，帮助搬迁群众发展生产、充分就业。支持社会组织发挥专项建设规划、心理疏导、关系调适等方面的优势，促进搬迁群众融合适应，形成现代文明理念和生活方式，为"搬得进、稳得住、能脱贫"创造条件。（5）倡导志愿扶贫。支持贫困地区培育发展志愿服务组织，鼓励志愿服务组织到贫困地区开展扶贫志愿服务。推动社会工作服务机构为贫困人口提供心理疏导、生活帮扶、能力提升、权益保障等专业服务，为贫困妇女、青年提供技能培训、能力提升、就业援助、生计发展等服务。支持社会组织参与贫困村农村社区服务体系建设，开展贫困村老人、残疾人、留守儿童、低保家庭、特困人员等关爱保障工作，帮助化解其生活、学习等方面的困难。（6）支持社会组织参与其他扶贫行动。发挥产业信息汇集、行业资源聚集、专业人才密集等优势，助推劳务输出就业扶贫；发挥服务专业、成本低廉、运作高效等优势，助力贫困地区水利交通建设、电力能源开发、危房改造、文化建设等工作。鼓励社会组织对脱贫攻坚工作提出政策建议、参与第三方评估、反映贫困人口需求等。支持社会组织在贫困地区宣传现代文明理念和生活方式，开展科技助力精准扶贫活动，参与环境综合治理整治，保护和修复生态，改善贫困乡村生产生活条件①。

3. 发挥全国性和省级社会组织示范带头作用。（1）全国性和省级社会组织是社会组织参与脱贫攻坚的主力军。要倡导全国性和省级社会组织结合自身专长、优势和活动地域，每年至少面向贫困地区开展一次扶贫活动；主办、承办的博览会、展销会、年会、专题会等，优先选择在贫困地区举行，积极与贫困地区经济发展、招商引资、扶贫开发等相结合，并对贫困地区参展参会给予费用减免等优惠。要支持全国性和省级社会组织通过设立慈善信托、实施扶贫项目、结对帮扶、捐赠款物、消费扶贫、资助贫困地区公益慈善组织等方式，参与贫困地区脱贫攻坚工作。要鼓励公益慈善类社会组织、科技类社会组织、行业协会商会和民办教育、培训、养老、卫生等社会服务机构，进一步提高业务活动成本中用于脱贫攻坚的比例。（2）社会组织业务主管单位、行业管理部门和登记管理机关要按照管理权限，引导实行双重管理的全国性和省级社会组织、脱钩后的全国性和省级行业协会商会、直接登记试点的全国性和省级社会组织，主动对接政府扶贫工作计划和扶贫工作部署，按要求定期上报参与脱贫攻坚的情况，配合做好工作检查和信息统计，并通过互联网等多种途径及时、全面地公开"在哪里扶贫""扶了谁""扶了多少""扶贫效果怎么样"等情况，接受社会各方监督。（3）社会组织业务主管单位、行业管理部门和登记管理机关要引导全国性和省级社会组织，按照其宗旨和业务范围，结合上述要求制定2020年前参与脱贫攻坚工作规划和年度工作计划，明确工作目标，细化任务措施。②

4. 创造条件，支持社会组织参与脱贫攻坚。（1）国务院扶贫开发领导

---

① 《中国扶贫开发年鉴》编辑部. 中国扶贫开发年鉴（2018）［M］. 北京：中国农业出版社，2019：847-848.
② 《中国扶贫开发年鉴》编辑部. 中国扶贫开发年鉴（2018）［M］. 北京：中国农业出版社，2019：848.

小组各成员单位、中央国家机关各有关单位、各省区市扶贫开发领导小组要通过思想动员、政策支持、典型宣传等方式，支持引导社会组织积极参与脱贫攻坚。要推动社会组织资源供给和扶贫需求实现有效对接，努力为社会组织提供信息服务。要建立健全政府向社会组织购买扶贫服务制度，细化落实社会组织参与扶贫济困活动的税收减免、信贷支持、行政事业性费用减免等政策，努力为社会组织提供优惠政策服务。要定期开展相关扶贫政策和业务知识培训，努力为社会组织提供能力建设服务。民政部门、扶贫部门要建设共享合作平台和信息服务网络，建立健全社会组织参与脱贫攻坚信息核对和抽查机制，确保"真扶贫""扶真贫"。（2）扶贫部门要将社会组织参与脱贫攻坚纳入重要议事日程，建立相应机制，积极协调本级扶贫开发领导小组成员单位为社会组织参与脱贫攻坚提供方便、创造条件。定期与社会组织沟通工作，切实加强业务指导，通过合理方式对到贫困地区参与脱贫攻坚的社会组织给予必要的资金和项目支持。（3）民政部门要做好社会组织依法登记、年检年报、评估、慈善组织认定、公募资格审定、慈善信托的备案和监督等工作，支持、规范社会组织参与脱贫攻坚。要会同同级扶贫部门牵头建立协调服务机制，明确专门机构和人员负责组织协调服务工作，及时解决社会组织参与脱贫攻坚遇到的困难和问题。要创新宣传形式，拓宽宣传渠道，大力表彰在脱贫攻坚中做出突出贡献的社会组织，配合新闻宣传部门，加大社会组织参与脱贫攻坚先进事迹、先进人物宣传力度，营造支持社会组织参与脱贫攻坚的浓厚氛围。（4）社会组织业务主管单位应当定期检查社会组织参与脱贫攻坚工作的情况，每年12月底前，统计并公布本单位、本部门、本系统社会组织参与脱贫攻坚的情况，并将检查情况和统计信息通报给同级登记管理机关和扶贫部门。（5）行业管理部门等有关单位要依法对社会组织参与脱贫攻坚中弄虚作假的行为进行公开曝光批评；对挪用、截留扶贫资金或擅自改变用途，以及假借扶贫开发名义，违法募集、套取资金的，对没有公开募捐资格或未获得互联网公开募捐信息平台指定，擅自开展在线扶贫募捐的，要严肃予以查处；对未经登记、擅自以社会组织名义进行扶贫开发的非法社会组织，要坚决予以取缔；对于假借扶贫名义，搞各种违法犯罪活动的，要坚决予以打击[①]。

第六节　社会工作专业力量帮扶

2011年5月27日，中共中央、国务院印发的《中国农村扶贫开发纲要（2011—2020年）》强调要组织教育、科技、文化、卫生等行业人员到贫困地区服务。2011年9月26日，中共中央组织部等10部门印发了《边远贫困地区、边疆民族地区和革命老区人才支持计划实施方案》，明确了边远贫困地区、边疆民族地区和革命老区人才支持计划项目的指导思想，目标任务，工作原则，基本要求（支持范围、人员范围、选派范围、选派要求、培养要求），组织实施（组织领导、责任分工、任务分配、实施步骤），保障措施（政策保障、经费保障）等问题[②]。2012年9月28日，中共中央组织部、民政部、教育部、财政部、人力资源和社会保障部、国务院扶贫办印发了《边远贫困地区，边疆民族地区和革命老区人才支持计划社会工作专业人才专项计划实施方案》，明确了社会工作专业人才支持边远贫困地区、边疆民族地区和革命老区项目的目标任务、实施原则、支持范围、选派项目内容（选派条件、选派方式、服务形式、服务领域）、培养项目内容（培养对象、培养方式）、组织实施、保障措施等问题[③]。

---

① 《中国扶贫开发年鉴》编辑部. 中国扶贫开发年鉴（2018）[M]. 北京: 中国农业出版社, 2019: 849.

② 中共中央组织部, 教育部, 民政部, 等. 边远贫困地区、边疆民族地区和革命老区人才支持计划实施方案[EB/OL]. （2011-09-26）[2012-06-20]. http://cpc. people. com. cn/GB/244800/244856/18246324. html.

③ 中共中央组织部, 民政部, 教育部, 等. 边远贫困地区、边疆民族地区和革命老区人才支持计划社会工作专业人才专项计划实施方案[EB/OL]. （2012-09-28）[2014-02-18]. http://mzt. hunan. gov. cn/xxgk/zcfg/wj/201402/t20140218_3726803. html.

2015年11月29日，中共中央、国务院颁发的《关于打赢脱贫攻坚战的决定》强调要实施社会工作专业人才服务贫困地区计划。2016年11月23日，国务院印发的《"十三五"脱贫攻坚规划》再次强调要实施社会工作专业人才服务贫困地区系列行动计划，鼓励发达地区社会工作专业人才和社会工作服务机构组建专业服务团队、兴办社会工作服务机构，为贫困地区培养和选派社会工作专业人才[①]。

2017年6月27日，民政部、财政部、国务院扶贫办印发了《关于支持社会工作专业力量参与脱贫攻坚的指导意见》（以下简称《指导意见》），《指导意见》指出："社会工作专业人才是为贫困群众提供心理疏导、精神关爱、关系调适、能力提升等社会服务的新兴力量，在帮助贫困群众转变思想观念、树立自我脱贫信心、拓宽致富路径、提升自我脱贫能力等方面可以发挥积极作用"[②]。《指导意见》就支持社会工作专业力量参与脱贫攻坚问题进行了总体部署。

1. 总体要求。支持社会工作专业力量参与脱贫攻坚工作，要坚持党政引领、协同推进，将发展专业社会工作纳入当地党委政府关于脱贫攻坚的总体安排中，同其他扶贫工作一同部署、协同推进；坚持以人为本、精准服务，科学评估贫困群众服务需求，分类制定个性化扶贫方案，有效配置扶贫资源，灵活选择服务方式，开展有针对性的个案服务，助力精准扶贫、精准脱贫；坚持东西协作、广泛参与，充分发挥东部发达地区社会工作专业人才、资源优势，采用定点帮扶、对口支援、结对共建等方式帮助西部贫困地区发展壮大社会工作专业力量，开展专业社会工作服务；坚持群众主体、助人自助，发挥社会工作专业人才组织协调、资源链接、宣传倡导的优势，激发贫困群众的内生动力，帮助贫困群众建立健全社会支持系统，支持贫困群众提升自我脱贫、自我发展能力[③]。

---

① 国务院. "十三五"脱贫攻坚规划[J]. 中华人民共和国国务院公报, 2016（35）: 32.
② 《中国扶贫开发年鉴》编辑部. 中国扶贫开发年鉴（2018）[M]. 北京: 中国农业出版社, 2019: 871.
③ 《中国扶贫开发年鉴》编辑部. 中国扶贫开发年鉴（2018）[M]. 北京: 中国农业出版社, 2019: 871.

2. 明确社会工作专业力量参与脱贫攻坚的服务内容。社会工作专业力量要在贫困地区党委政府领导下，围绕脱贫攻坚的实际需求，重点开展以下服务：（1）参与贫困群众救助帮扶。配合社会救助经办机构对贫困群众开展需求评估、分析致贫原因、制定救助方案，促进救助对象的精准识别和精准管理，推动贫困群众服务需求与扶贫资源精准对接。为社会救助对象提供心理疏导、社会融入、团体互助、宣传倡导等服务，推动健全物质资金帮扶与心理社会支持相结合、基本救助服务与专业化个性化服务相补充的新型社会救助模式。（2）参与贫困群众脱贫能力建设。配合相关部门、会同相关社会力量帮助有劳动能力的贫困群众转变思想观念，增强脱贫信心和内生动力，促进其发挥潜能、提升技能、互帮互助、积极就业创业，通过增加稳定收入脱贫致富。（3）促进易地搬迁贫困群众融合适应。帮助因自然条件恶劣需易地搬迁的贫困群众疏导不良情绪，加强关系调适，联系就业资源，发展自助互助组织，重构社会支持网络，促进其更好融入新的社区生活。（4）参与贫困地区留守儿童关爱保护。联合相关部门、会同相关力量开展贫困村留守儿童及家庭的监护随访、调查评估、监护指导等工作，督促指导农村留守儿童家庭承担监护主体责任。以困境儿童为重点，开展成长辅导、法制宣教、临界预防、行为矫正、社交指导、情绪疏导等服务。配合学校和社区做好适龄儿童"控辍保学"工作和成长关爱服务。（5）针对其他特殊困难人群开展关爱服务。为贫困地区特殊困难老年人提供精神慰藉、生活照顾、权益保障、临终关怀等服务。为贫困地区特殊困难妇女提供精神减压、心理支持、亲职辅导、权益维护等服务。对贫困地区有不良行为青少年、社区服刑人员、刑满释放人员等特殊人群强化心理社会支持，帮助其改善家庭和社区关系，恢复和发展社会功能[①]。

3. 扶持壮大贫困地区社会工作专业力量。（1）支持贫困地区加强社会工作专业人才队伍建设。各级民政部门和扶贫部门要将贫困地区社会工作

---

① 《中国扶贫开发年鉴》编辑部. 中国扶贫开发年鉴（2018）[M]. 北京：中国农业出版社，2019：871-872.

专业人才队伍建设纳入部门的议事日程，在有关培训中加入社会工作专业课程。贫困地区民政部门要加快本地社会工作专业人才培养，将社会服务部门、基层群众性自治组织、农村社区服务机构、基层群团组织、相关事业单位和社会组织中从事社会管理与服务工作人员纳入社会工作专业培训范围。鼓励符合条件人员参加全国社会工作者职业水平考试和社会工作学历学位教育，着力提升应用社会工作专业理念、知识与方法开展扶贫工作的能力。各地要通过合理开发公益性岗位、机构派驻、挂职锻炼、对口援建、城乡共建等方式，支持贫困地区引进社会工作专业人才开展服务。（2）支持贫困地区加强社会工作组织建设。发挥中国社会工作联合会、中国社会工作教育协会、中国社会工作学会等全国性社会团体和各省级社会工作领域社会组织的枢纽作用，促进贫困地区社会工作领域社会组织发展。加快贫困地区社会工作服务机构发展，鼓励社会工作领域社会团体、志愿服务组织、公益慈善类社会组织、企事业单位和个人通过对口援建、项目合作、定向帮扶、捐资创办等方式扶持发展一批面向贫困地区的社会工作服务机构，依托乡（镇）社会救助站、综合服务设施等建设一批社会工作服务站点[①]。

4. 支持实施社会工作专业力量参与脱贫攻坚重点项目。（1）实施社会工作教育对口扶贫计划。发挥中国社会工作教育协会的推动作用，支持和鼓励高校社会工作专业院系与贫困地区合作建立社会工作专业培训、教师实践和学生实习实训基地，帮助贫困地区培养社会工作专业人才。支持高校社会工作专业教师到贫困地区开展专业督导，引导社会工作专业在校生到贫困地区进行社会实践。支持鼓励社会工作专业毕业生到贫困地区就业。到2020年，促成至少200所高校与贫困县建立社会工作专业培训、教师实践和学生实习实训基地。（2）实施社会工作服务机构"牵手计划"。从2017年到2020年，从发达地区共选择300家管理规范、服务专业、公信力强的社会工作服务机构，与贫困地区社会工作服务机构、儿童福利机构、老年人福利

---

① 《中国扶贫开发年鉴》编辑部. 中国扶贫开发年鉴（2018）[M]. 北京: 中国农业出版社, 2019: 872.

机构、救助保护机构、特困人员救助供养服务机构、优抚安置服务机构、残疾人福利与服务机构、农村社区儿童之家等开展结对帮扶，通过人才支持、项目支持、督导支持、培训支持等方式，将受援机构的社会工作服务水平提升到一个新高度。（3）实施社会工作专业人才服务边远贫困地区、边疆民族地区和革命老区计划。按照《边远贫困地区、边疆民族地区和革命老区人才支持计划社会工作专业人才专项计划实施方案》规定程序和经费安排，从2017年到2020年由中央财政和省级财政继续支持每年选派1 000名社会工作专业人才，深入中西部艰苦贫困地区，扎根贫困村开展社会工作服务。（4）实施面向贫困地区的社会工作服务示范项目。积极利用各渠道资金，每年支持实施一批农村特殊困难群体救助帮扶示范项目，重点为因灾、因残、因病等陷入贫困、失去生活来源的扶贫对象提供生计发展服务；支持实施一批农村留守儿童、困境儿童社会关爱示范项目，重点为贫困地区儿童提供成长支持、精神关爱和社会保护服务；支持实施一批农村特殊困难老年人社会工作服务示范项目，重点为特困老年人和空巢、失独、病残、失能老年人开展生活照护、社会参与、生命关怀、精神慰藉等服务[1]。

5. 加强组织保障。（1）加强组织领导。民政、财政、扶贫等部门要加强沟通，密切合作，共同协商研究解决重点、难点问题。各级民政部门要发挥好统筹推进社会工作发展的职能作用，牵头研究制定具体实施意见，进一步加强广大贫困地区社会工作专业人才、组织和平台建设，支持和引导社会工作专业力量参与实施脱贫攻坚项目、开展扶贫济困服务，为到贫困地区开展服务的社会工作专业力量解决实际困难、提供必要保障。各级财政部门要充分发挥政府购买服务的作用，完善社会工作服务成本核算制度，为社会工作专业力量参与脱贫攻坚提供支持。以财政资金为牵引，引导整合各类慈善资金、社会资金投入扶贫社会服务。各级扶贫部门要加强宏观指导和统筹协调，将社会工作专业力量参与脱贫攻坚纳入总体工作部署，并会同民政部门

---

[1]　《中国扶贫开发年鉴》编辑部. 中国扶贫开发年鉴（2018）[M]. 北京：中国农业出版社，2019：872-873.

按照《关于进一步加强东西部扶贫协作工作的指导意见》要求，将社会工作专业力量参与脱贫攻坚纳入国家东西部协作扶贫和对口支援工作范围。鼓励各地各有关部门将社会工作专业力量参与脱贫攻坚列入经济强县（市）与贫困县"携手奔小康"行动任务中。（2）加强服务协同。建立健全社会工作专业人才和志愿者协作扶贫机制，充分发挥社会工作专业人才在志愿者招募、注册、培训、管理等方面的作用，发动和组织志愿者有序开展扶贫志愿服务，加快孵化培育扶贫志愿服务组织，通过购买服务、公益创投等方式支持志愿服务组织实施扶贫志愿服务项目。支持贫困地区建立健全农村社区、社会组织和社会工作联动机制，加快形成社会工作专业力量协同参与脱贫攻坚格局。将社会工作专业力量作为慈善资源的有力补充，鼓励在慈善扶贫社会组织和服务项目中吸纳使用社会工作专业人才。（3）加强激励保障。对在脱贫攻坚中作出重要贡献、成绩显著的社会工作专业人才和机构根据国家有关规定给予奖励，将表现优异、贡献突出的社会工作专业人才纳入国家和地方脱贫攻坚表彰范围。鼓励有条件的企业、社会组织和个人依法设立社会工作扶持奖励基金，对在脱贫攻坚中有突出贡献的社会工作专业人才和机构进行奖励。对到贫困地区开展服务、带动贫困群众就业增收的社会工作组织，严格落实税收减免等相关支持政策。对自愿长期留在贫困地区工作的优秀社会工作专业人才，当地民政和扶贫部门要根据有关政策协助解决其住房、子女就学、配偶就业等事宜。（4）加强宣传引导。充分利用各类媒体，多渠道、多角度宣传社会工作专业力量助力脱贫攻坚的典型案例和先进事迹，不断激发社会工作专业力量服务贫困地区的热情，努力营造关心、支持社会工作专业力量助力脱贫攻坚的浓厚社会氛围[①]。

---

① 《中国扶贫开发年鉴》编辑部. 中国扶贫开发年鉴（2018）[M]. 北京：中国农业出版社，2019：873-874.

第七节　志愿者帮扶

2011年5月27日，中共中央、国务院印发的《中国农村扶贫开发纲要（2011—2020年）》提出要积极倡导扶贫志愿者行动，构建扶贫志愿者服务网络。2012年2月21日，国务院扶贫办印发了《扶贫志愿者行动计划（2011—2020年）》，明确了组织开展扶贫志愿者行动的背景和意义、扶贫志愿者和扶贫志愿者行动计划的性质和特点、扶贫志愿者行动计划的主要内容、扶贫志愿者行动计划的实施方式、扶贫志愿者行动计划的政策措施、扶贫志愿者行动计划的组织协调等问题[①]。

2014年11月19日，国务院办公厅印发了《关于进一步动员社会各方面力量参与扶贫开发的意见》，提出要开展扶贫志愿行动，"鼓励和支持青年学生、专业技术人才、退休人员和社会各界人士参与扶贫志愿者行动，建立扶贫志愿者组织，构建贫困地区扶贫志愿者服务网络。组织和支持各类志愿者参与扶贫调研、支教支医、文化下乡、科技推广等扶贫活动"[②]。2015年11月29日，中共中央、国务院颁发的《关于打赢脱贫攻坚战的决定》提出要实施扶贫志愿者行动计划。2016年11月23日，国务院印发的《"十三五"脱贫攻坚规划》强调要实施脱贫攻坚志愿服务行动计划，"鼓励支持青年学生、专业技术人员、退休人员和社会各界人士参与扶贫志愿者行动。充分发挥中国志愿服务联合会、中华志愿者协会、中国青年志愿者协会、中国志愿服务基金会和中国扶贫志愿服务促进会等志愿服务行业组织的作用，构建扶贫志

[①]　《中国扶贫开发年鉴》编委会. 中国扶贫开发年鉴（2013）[M]. 北京：团结出版社，2014：42-45.

[②]　国务院办公厅. 关于进一步动员社会各方面力量参与扶贫开发的意见[J]. 中华人民共和国国务院公报，2014（35）：26.

愿者服务网络"①。

2019年1月22日，共青团中央办公厅、民政部办公厅印发了《关于实施青年志愿者助力脱贫攻坚行动的通知》，提出构建青年志愿者助力脱贫攻坚项目体系，建设青年志愿者助力脱贫攻坚组织队伍，打造青年志愿者助力脱贫攻坚网络平台，强化青年志愿者助力脱贫攻坚的政策保障，加强组织领导和工作落实。

1. 构建青年志愿者助力脱贫攻坚项目体系。（1）发挥重点志愿服务项目示范带动作用。进一步发挥大学生志愿服务西部计划（含扶贫接力计划研究生支教团）的示范作用，围绕服务领域、日常运行、管理评估等方面，提升整个项目的扶贫效能。加强对地方扶贫志愿服务项目的具体指导和服务支持。深化关爱农村留守儿童志愿服务行动，做实"结对+接力"、项目专员、七彩小屋、七彩课堂等四位一体工作机制，聚焦国家扶贫工作重点县和建档立卡贫困户开展精准志愿服务。扎实推进青年志愿者助残阳光行动，把工作重点放在贫困残疾青少年、助残机构协同、"多对一"、"多对多"结对等环节，坚持高质量结对、常态化服务。启动共青团关爱乡村青少年志愿服务试点项目，针对7省市46个国家扶贫工作重点县的210个乡村中小学，坚持日常服务、精准服务与假期活动相结合，形成可复制可推广项目经验。（2）分批建设脱贫攻坚志愿服务项目。依托中国青年志愿服务项目大赛和省、市、县及各有关行业赛，发挥脱贫攻坚志愿服务项目申报、评审、激励的撬动作用，重点支持一批、发展一批、培育一批脱贫攻坚志愿服务项目。通过启动脱贫攻坚志愿服务项目专项赛、加强已有脱贫攻坚志愿服务项目的运营支持等举措，到2020年，使得脱贫攻坚类志愿服务项目入围全国赛的比例逐年提高10%。坚持点面结合、典型引路，用基层经验指导基层实践，加大对优秀脱贫攻坚志愿服务项目的总结、运用和推广。（3）加快脱贫攻坚志愿服务项目标准化建设。认真贯彻《中华人民共和国慈善法》《志愿服务

---

① 国务院. "十三五"脱贫攻坚规划［J］. 中华人民共和国国务院公报, 2016（35）: 32.

条例》有关规定，积极引导脱贫攻坚志愿服务项目规范化发展。明确脱贫攻坚志愿服务项目基本要素，确定服务时间、投入资源、基本内容等指标，围绕"项目目标明确、服务内容合理、日常管理规范、运营保障有力、社会影响良好"的总要求，打通志愿服务项目周期，形成完整实施闭环。摸清社会需求的共性和个性问题，精心策划开展活动的计划书，增强志愿服务的活跃度，定准服务对象和服务方式，开展项目评估反馈与成果提升，大力提升项目的互联网公开运营、筹资、合作等能力①。

2. 建设青年志愿者助力脱贫攻坚组织队伍。（1）培育引导青年志愿服务组织投身脱贫攻坚行动。以中国青年志愿者协会和各级青年志愿者协会为枢纽，吸引、凝聚和动员更多青年志愿服务组织开展脱贫攻坚志愿服务。充分发挥协会理事会、会员的主体作用，加大协会脱贫攻坚工作力量配备，进一步整合社会各方资源，发挥桥梁纽带作用。在中国青年志愿者公益创赛中，开设脱贫攻坚专项赛，推动基层青年志愿者组织围绕脱贫攻坚设计项目、开展服务、强化运营，培育一批先进脱贫攻坚青年志愿者组织。（2）建设脱贫攻坚志愿服务队伍。广泛动员各行业青年，特别是农业专业技术人才，加入到青年志愿者队伍，逐步扩大队伍规模。以驻村扶贫干部等为基础，因地制宜组建一批青年扶贫志愿服务队伍。培育一批脱贫攻坚青年志愿者骨干人才。动员各地青年志愿者组织对注册青年志愿者中的专业人员进行有效识别和深度挖掘，根据各地的不同特点和群体的不同需求，有针对性地组建农牧技术、心理辅导、文艺宣传、金融服务、医疗护理、文化教育等多种专业化志愿服务队伍。（3）加大脱贫攻坚志愿服务培训力度。依托团属培训机构和青年志愿者培训基地，组织开展各类脱贫攻坚青年志愿服务项目专业培训。着重培养志愿服务项目骨干，以项目骨干带动项目管理的规范化，提升项目服务效能。推广贵州等地团组织开展的青年志愿者脱贫攻坚"农民夜校"等经验做法，深入开展扶贫扶志教育活动。加强对青年志愿者

---

① 共青团中央办公厅, 民政部办公厅. 关于实施青年志愿者助力脱贫攻坚行动的通知[EB/OL]. （2019-01-22）[2019-01-28]. http://www.mca.gov.cn/article/xw/tzgg/201901/20190100014644.shtml.

骨干的发掘培养工作，对优秀青年志愿者骨干进行层层推荐，发现各类优秀青年志愿者骨干人才，组织专项培训[①]。

3. 打造青年志愿者助力脱贫攻坚网络平台。（1）推动形成"互联网+"脱贫攻坚志愿服务工作矩阵。以中国青年志愿服务项目大赛暨志愿服务交流会为综合性工作平台，以优秀青年志愿服务项目和全国青年志愿者组织为依托，选择一批具有公开募捐资格的慈善组织（基金会）、擅长志愿服务运营的社会服务机构、热心志愿服务事业的互联网公开募捐信息平台和新闻媒体，形成项目展示交流、公开运营筹资和整体助力脱贫攻坚的志愿服务工作矩阵。（2）完善"互联网+"脱贫攻坚志愿服务运行机制。充分发挥互联网平台优势，为脱贫攻坚志愿者招募、项目运营、宣传交流等提供工作支撑。加强与新媒体合作，开辟脱贫攻坚青年志愿服务宣传专栏，着力做好宣传推广，建立脱贫攻坚青年志愿服务"互联网+"宣传平台。推进志愿服务信息化发展，引导志愿服务组织与各种公益慈善资源对接合作，着力拓宽组织动员、项目发布、资金募集、信息宣传工作渠道[②]。

4. 强化青年志愿者助力脱贫攻坚的政策保障。加强政策支持和示范引导。各地民政部门在安排社会组织参与社会服务示范项目、福彩公益金社会工作和志愿服务项目，以及其他政府购买服务、福彩公益金项目时，同等条件下优先支持优秀志愿服务项目和青年志愿服务组织。对符合条件的青年志愿服务组织，民政部门依法进行社会组织登记，开展慈善组织认定、公开募捐资格审批、社会组织评估工作。各级共青团、志愿服务组织要定期召开推介会，向政府有关部门、基金会、企业、社会组织、爱心人士等推荐青年志愿服务项目，争取各方面的支持帮助。积极协调乡镇政府（街道办事处）、村（居）委会，发挥大学生等重点群体志愿者作用，加大扶贫济困、助老助

① 共青团中央办公厅,民政部办公厅. 关于实施青年志愿者助力脱贫攻坚行动的通知[EB/OL].（2019-01-22）[2019-01-28]. http://www.mca.gov.cn/article/xw/tzgg/201901/20190100014644.shtml.
② 共青团中央办公厅,民政部办公厅. 关于实施青年志愿者助力脱贫攻坚行动的通知[EB/OL].（2019-01-22）[2019-01-28]. http://www.mca.gov.cn/article/xw/tzgg/201901/20190100014644.shtml.

残、环境、应急等社区志愿服务实施力度，给予政策资金支持[①]。

5. 加强组织领导和工作落实。共青团中央、民政部建立青年志愿者助力脱贫攻坚行动协调机制，项目办公室设在团中央青年志愿者行动指导中心。各地共青团组织、民政部门要建立相应的协调机制，专题谋划，明确任务、明确责任、明确专人，把实施青年志愿者助力脱贫攻坚行动提上日程、狠抓落实。要制定专门行动方案，完善考核评价体系，围绕项目管理、项目种类、政策落实、参与人数、服务人数、资金投入等方面量化指标，制定细则，认真评估，并将评估结果作为评选优秀青年志愿服务项目、组织、个人的依据。要加强宣传引导，广泛宣传脱贫攻坚志愿服务好经验、好做法、好典型，反映中国青年志愿者和社会各界为全球减贫事业作出的努力和贡献，大力弘扬志愿精神，营造良好的社会氛围和工作氛围[②]。

革命老区在脱贫攻坚与振兴发展过程中，始终高度重视社会力量的参与。例如《陕甘宁革命老区振兴规划（2012—2020年）》强调要建立中央企业支持老区发展的长效机制，鼓励当地分支机构支持老区经济社会发展和民生事业改善；"鼓励东部地区和省（区）内发达县市开展自愿帮扶，在产业发展、人口转移、劳动力培训等方面对老区给予支持"[③]。《赣闽粤原中央苏区振兴发展规划（2014—2020年）》强调要"加快推进中央国家机关和有关单位对口支援赣南等原中央苏区有关县（市、区）工作，加大力度推动中央企业帮扶赣州产业发展。福建、广东省要继续完善省内对口支援机制，进一步加大对省内原中央苏区支持力度"[④]。《左右江革命老区振兴规划（2015—2025年）》强调要加大东中部地区、中央国家机关、中央企业与老区开展干部双向挂职、任职交流工作的力度；引导社会组织和企业参与扶

① 共青团中央办公厅，民政部办公厅. 关于实施青年志愿者助力脱贫攻坚行动的通知[EB/OL].（2019-01-22）[2019-01-28]. http://www.mca.gov.cn/article/xw/tzgg/201901/20190100014644.shtml.
② 共青团中央办公厅，民政部办公厅. 关于实施青年志愿者助力脱贫攻坚行动的通知[EB/OL].（2019-01-22）[2019-01-28]. http://www.mca.gov.cn/article/xw/tzgg/201901/20190100014644.shtml.
③ 国家发展改革委. 陕甘宁革命老区振兴规划（2012—2020年）[Z]. 2012-03-25：40.
④ 国家发展改革委. 赣闽粤原中央苏区振兴发展规划（2014—2020年）[Z]. 2014-03-20：29.

贫开发，鼓励更多社会力量发挥积极作用①。《大别山革命老区振兴发展规划（2015—2020年）》提出要制定和出台动员社会力量参与扶贫的特殊政策；继续组织基层干部赴东部地区培训锻炼②。《川陕革命老区振兴发展规划（2016—2020年）》强调要加快完善省级政府机关、企事业单位定点帮扶本省贫困老区的工作机制，中央企业定点帮扶贫困老区"百县万村"专项活动以及民营企业"千企千村"帮扶示范工程等公益活动，优先在老区开展；"建立省内发达市、县与贫困老区县的结对帮扶机制，在基础设施建设、资源开发和产业发展、公共服务、精准扶贫等方面加大对口扶持力度。鼓励东部对口帮扶省份组织经济强县与扶贫协作省份的老区贫困县建立结对帮扶关系"③。

2015年12月23日，中共中央办公厅、国务院办公厅印发的《关于加大脱贫攻坚力度支持革命老区开发建设的指导意见》强调要"加快建立省级政府机关、企事业单位或省内发达县市对口帮扶本省贫困老区的工作机制""深入推进中央企业定点帮扶贫困革命老区县'百县万村'活动，进一步挖掘中央和省级定点扶贫单位帮扶资源，逐步实现定点扶贫工作对贫困老区全覆盖"④"鼓励各类企业通过资源开发、产业培育、市场开拓、村企共建等形式到贫困老区投资兴业、培训技能、吸纳就业、捐资助贫，引导一批大型企业在贫困老区包县包村扶贫，鼓励社会团体、基金会、民办非企业单位等各类组织积极支持老区开发建设。对于各类企业和社会组织到贫困老区投资兴业、带动贫困群众就业增收的，严格落实税收、土地、金融等相关支持政策。开展多种类型的公益活动，引导广大社会成员和港澳同胞、台湾同胞、华侨及海外人士，通过爱心捐赠、志愿服务、结对帮扶等多种形式参与老区

① 国家发展改革委. 左右江革命老区振兴规划（2015—2025年）[Z]. 2015-03-02：24.

② 国家发展改革委. 大别山革命老区振兴发展规划（2015—2020年）[Z]. 2015-06-15：26、29.

③ 国家发展改革委. 川陕革命老区振兴发展规划（2016—2020年）[Z]. 2016-07-27：36.

④ 中共中央办公厅, 国务院办公厅. 关于加大脱贫攻坚力度支持革命老区开发建设的指导意见[J]. 中华人民共和国国务院公报, 2016（6）：22.

扶贫开发"①。据此，一些省份制定了具体的实施意见。例如，2016年6月3日，中共福建省委办公厅、福建省人民政府办公厅印发的《关于加大脱贫攻坚力度支持革命老区开发建设的实施意见》强调要完善挂钩帮扶重点县制度，落实沿海发达县（市、区）与重点县山海协作、对口帮扶工作，实施"携手奔小康"行动，每年对口帮扶资金不少于1 200万元，重点用于促进贫困户脱贫项目；引导社会团体、基金会、民办非企业单位等各类组织积极支持老区开发建设；引导广大社会成员和港澳同胞、台湾同胞、华侨和海外人士，通过志愿服务等多种形式参与老区扶贫开发②。2016年9月26日，中共湖南省委办公厅、湖南省人民政府办公厅印发的《关于加大脱贫攻坚力度支持革命老区开发建设的实施意见》强调"推进贫困老区与发达地区干部交流，加大党政机关、国有企业与贫困老区干部双向挂职锻炼工作力度""建立省直部门、企事业单位、军队和武警部队与省内发达县市对口帮扶贫困老区工作机制"③"广泛动员各类企业、社会团体、基金会、民办非企业单位等社会各方面力量，发挥各自优势，到老区投资兴业、培训技能、吸纳就业、捐资助贫"④。2016年11月8日，中共广东省委办公厅、广东省人民政府办公厅印发的《关于加大脱贫攻坚力度支持革命老区开发建设的实施意见》强调要鼓励社会团体、基金会、民办非企业单位等支持老区开发建设，对于社会组织到老区投资兴业，严格落实税收、土地、金融等相关支持政策；开展多种类型的公益活动，引导广大社会成员和港澳同胞、台湾同胞、华侨和海外人士，通过爱心捐赠、志愿服务、结对帮扶等多种形式参与老区扶贫开

① 中共中央办公厅, 国务院办公厅. 关于加大脱贫攻坚力度支持革命老区开发建设的指导意见[J]. 中华人民共和国国务院公报, 2016（6）: 23.
② 中共福建省委办公厅, 福建省人民政府办公厅. 关于加大脱贫攻坚力度支持革命老区开发建设的实施意见[EB/OL].（2016-06-03）[2016-08-04]. http://www. qzslch. com/Article/Article_Show. aspx? classId=2&Id=405.
③ 宋高胜. 湖南财政年鉴（2017）[M]. 长沙: 湖南人民出版社, 2017: 114.
④ 宋高胜. 湖南财政年鉴（2017）[M]. 长沙: 湖南人民出版社, 2017: 114-115.

发[1]。2021年1月24日，国务院颁发了《关于新时代支持革命老区振兴发展的意见》，提出要"出台中央国家机关及有关单位对口支援赣南等原中央苏区工作方案，继续组织对口支援工作。研究建立发达省市与革命老区重点城市对口合作机制，支持革命老区重点城市与中央国家机关及有关单位、重点高校、经济发达地区开展干部双向挂职交流"[2]。

① 中共广东省委办公厅，广东省人民政府办公厅. 关于加大脱贫攻坚力度支持革命老区开发建设的实施意见[EB/OL]. （2016-11-08）[2016-12-26]. http://www. maoming. gov. cn/zwgk/zwzl/zdlyxxgkzl/fpzcfg/bszc/content/post_553579.html.
② 国务院. 关于新时代支持革命老区振兴发展的意见[J]. 中华人民共和国国务院公报，2021（7）：38.

第四章

巩固拓展老区脱贫攻坚成果与乡村振兴有效衔接

革命老区在打赢脱贫攻坚战、全面建成小康社会之后，要在巩固拓展脱贫攻坚成果的基础上，接续推进老区乡村实现全面振兴。加快推进脱贫老区乡村产业、人才、文化、生态、组织等全面振兴，让老区人民过上更加美好的生活，向共同富裕目标稳步前进。

第一节　建立健全巩固拓展脱贫攻坚成果长效机制

2020年12月16日，中共中央、国务院印发的《关于实现巩固拓展脱贫攻坚成果同乡村振兴有效衔接的意见》，对建立健全巩固拓展脱贫攻坚成果长效机制问题进行了全面部署。

1. 保持主要帮扶政策总体稳定。过渡期内严格落实"四个不摘"要求，摘帽不摘责任，防止松劲懈怠；摘帽不摘政策，防止急刹车；摘帽不摘帮扶，防止一撤了之；摘帽不摘监管，防止贫困反弹。现有帮扶政策该延续的延续、该优化的优化、该调整的调整，确保政策连续性。兜底救助类政策要继续保持稳定。落实好教育、医疗、住房、饮水等民生保障普惠性政策，并根据脱贫人口实际困难给予适度倾斜。优化产业就业等发展类政策①。

2. 健全防止返贫动态监测和帮扶机制。对脱贫不稳定户、边缘易致贫户，以及因病因灾因意外事故等刚性支出较大或收入大幅缩减导致基本生活出现严重困难户，开展定期检查、动态管理，重点监测其收入支出状况、"两不愁三保障"及饮水安全状况，合理确定监测标准。建立健全易返贫致贫人口快速发现和响应机制，分层分类及时纳入帮扶政策范围，实行动态清零。健全防止返贫大数据监测平台，加强相关部门、单位数据共享和对接，充分利用先进技术手段提升监测准确性，以国家脱贫攻坚普查结果为依据，进一步完善基础数据库。建立农户主动申请、部门信息比对、基层干部定期跟踪回访相结合的易返贫致贫人口发现和核查机制，实施帮扶对象动态管理。坚持预防性措施和事后帮扶相结合，精准分析返贫致贫原因，采取有针

---

① 中共中央, 国务院. 关于实现巩固拓展脱贫攻坚成果同乡村振兴有效衔接的意见[J]. 中华人民共和国国务院公报, 2021(10)：5-6.

对性的帮扶措施[①]。

3. 巩固"两不愁三保障"成果。落实行业主管部门工作责任。健全控辍保学工作机制，确保除身体原因不具备学习条件外脱贫家庭义务教育阶段适龄儿童少年不失学辍学。有效防范因病返贫致贫风险，落实分类资助参保政策，做好脱贫人口参保动员工作。建立农村脱贫人口住房安全动态监测机制，通过农村危房改造等多种方式保障低收入人口基本住房安全。巩固维护好已建农村供水工程成果，不断提升农村供水保障水平[②]。

4. 做好易地扶贫搬迁后续扶持工作。聚焦原深度贫困地区、大型特大型安置区，从就业需要、产业发展和后续配套设施建设提升完善等方面加大扶持力度，完善后续扶持政策体系，持续巩固易地搬迁脱贫成果，确保搬迁群众稳得住、有就业、逐步能致富。提升安置区社区管理服务水平，建立关爱机制，促进社会融入[③]。

5. 加强扶贫项目资产管理和监督。分类摸清各类扶贫项目形成的资产底数。公益性资产要落实管护主体，明确管护责任，确保继续发挥作用。经营性资产要明晰产权关系，防止资产流失和被侵占，资产收益重点用于项目运行管护、巩固拓展脱贫攻坚成果、村级公益事业等。确权到农户或其他经营主体的扶贫资产，依法维护其财产权利，由其自主管理和运营[④]。

---

① 中共中央,国务院.关于实现巩固拓展脱贫攻坚成果同乡村振兴有效衔接的意见[J].中华人民共和国国务院公报,2021(10):6.

② 中共中央,国务院.关于实现巩固拓展脱贫攻坚成果同乡村振兴有效衔接的意见[J].中华人民共和国国务院公报,2021(10):6.

③ 中共中央,国务院.关于实现巩固拓展脱贫攻坚成果同乡村振兴有效衔接的意见[J].中华人民共和国国务院公报,2021(10):6.

④ 中共中央,国务院.关于实现巩固拓展脱贫攻坚成果同乡村振兴有效衔接的意见[J].中华人民共和国国务院公报,2021(10):6.

第二节　做好脱贫地区巩固拓展脱贫攻坚成果同乡村振兴有效衔接重点工作

2020年12月16日，中共中央、国务院印发的《关于实现巩固拓展脱贫攻坚成果同乡村振兴有效衔接的意见》，对切实做好脱贫地区巩固拓展脱贫攻坚成果同乡村振兴有效衔接重点工作进行了全面部署。

1. 支持脱贫地区乡村特色产业发展壮大。注重产业后续长期培育，尊重市场规律和产业发展规律，提高产业市场竞争力和抗风险能力。以脱贫县为单位规划发展乡村特色产业，实施特色种养业提升行动，完善全产业链支持措施。加快脱贫地区农产品和食品仓储保鲜、冷链物流设施建设，支持农产品流通企业、电商、批发市场与区域特色产业精准对接。现代农业产业园、科技园、产业融合发展示范园继续优先支持脱贫县。支持脱贫地区培育绿色食品、有机农产品、地理标志农产品，打造区域公用品牌。继续大力实施消费帮扶①。

2. 促进脱贫人口稳定就业。搭建用工信息平台，培育区域劳务品牌，加大脱贫人口有组织劳务输出力度。支持脱贫地区在农村人居环境、小型水利、乡村道路、农田整治、水土保持、产业园区、林业草原基础设施等涉农项目建设和管护时广泛采取以工代赈方式。延续支持扶贫车间的优惠政策。过渡期内逐步调整优化生态护林员政策。统筹用好乡村公益岗位，健全按需设岗、以岗聘任、在岗领补、有序退岗的管理机制，过渡期内逐步调整优化公益岗位政策②。

---

① 中共中央,国务院.关于实现巩固拓展脱贫攻坚成果同乡村振兴有效衔接的意见[J].中华人民共和国国务院公报,2021(10):6.

② 中共中央,国务院.关于实现巩固拓展脱贫攻坚成果同乡村振兴有效衔接的意见[J].中华人民共和国国务院公报,2021(10):6-7.

3. 持续改善脱贫地区基础设施条件。继续加大对脱贫地区基础设施建设的支持力度，重点谋划建设一批高速公路、客货共线铁路、水利、电力、机场、通信网络等区域性和跨区域重大基础设施建设工程。按照实施乡村建设行动统一部署，支持脱贫地区因地制宜推进农村厕所革命、生活垃圾和污水治理、村容村貌提升。推进脱贫县"四好农村路"建设，推动交通项目更多向进村入户倾斜，因地制宜推进较大人口规模自然村（组）通硬化路，加强通村公路和村内主干道连接，加大农村产业路、旅游路建设力度。加强脱贫地区农村防洪、灌溉等中小型水利工程建设。统筹推进脱贫地区县乡村三级物流体系建设，实施"快递进村"工程。支持脱贫地区电网建设和乡村电气化提升工程实施①。

4. 提升脱贫地区公共服务水平。继续改善义务教育办学条件，加强乡村寄宿制学校和乡村小规模学校建设。加强脱贫地区职业院校（含技工院校）基础能力建设。继续实施家庭经济困难学生资助政策和农村义务教育学生营养改善计划。在脱贫地区普遍增加公费师范生培养供给，加强城乡教师合理流动和对口支援。过渡期内保持现有健康帮扶政策基本稳定，完善大病专项救治政策，优化高血压等主要慢病签约服务，调整完善县域内先诊疗后付费政策。继续开展三级医院对口帮扶并建立长效机制，持续提升县级医院诊疗能力。加大中央倾斜支持脱贫地区医疗卫生机构基础设施建设和设备配备力度，继续改善疾病预防控制机构条件。继续实施农村危房改造和地震高烈度设防地区农房抗震改造，逐步建立农村低收入人口住房安全保障长效机制。继续加强脱贫地区村级综合服务设施建设，提升为民服务能力和水平②。

---

① 中共中央，国务院. 关于实现巩固拓展脱贫攻坚成果同乡村振兴有效衔接的意见[J]. 中华人民共和国国务院公报，2021（10）：7.

② 中共中央，国务院. 关于实现巩固拓展脱贫攻坚成果同乡村振兴有效衔接的意见[J]. 中华人民共和国国务院公报，2021（10）：7.

第三节　健全农村低收入人口常态化帮扶机制

2020年12月16日，中共中央、国务院印发的《关于实现巩固拓展脱贫攻坚成果同乡村振兴有效衔接的意见》，对健全农村低收入人口常态化帮扶机制进行了全面部署。

1. 加强农村低收入人口监测。以现有社会保障体系为基础，对农村低保对象、农村特困人员、农村易返贫致贫人口，以及因病因灾因意外事故等刚性支出较大或收入大幅缩减导致基本生活出现严重困难人口等农村低收入人口开展动态监测。充分利用民政、扶贫、教育、人力资源和社会保障、住房城乡建设、医疗保障等政府部门现有数据平台，加强数据比对和信息共享，完善基层主动发现机制。健全多部门联动的风险预警、研判和处置机制，实现对农村低收入人口风险点的早发现和早帮扶。完善农村低收入人口定期核查和动态调整机制[1]。

2. 分层分类实施社会救助。完善最低生活保障制度，科学认定农村低保对象，提高政策精准性。调整优化针对原建档立卡贫困户的低保"单人户"政策。完善低保家庭收入财产认定方法。健全低保标准制定和动态调整机制。加大低保标准制定省级统筹力度。鼓励有劳动能力的农村低保对象参与就业，在计算家庭收入时扣减必要的就业成本。完善农村特困人员救助供养制度，合理提高救助供养水平和服务质量。完善残疾儿童康复救助制度，提高救助服务质量。加强社会救助资源统筹，根据对象类型、困难程度等，及时有针对性地给予困难群众医疗、教育、住房、就业等专项救助，做到精准识别、应救尽救。对基本生活陷入暂时困难的群众加强临时救助，做到凡困

---

[1] 中共中央, 国务院. 关于实现巩固拓展脱贫攻坚成果同乡村振兴有效衔接的意见[J]. 中华人民共和国国务院公报, 2021(10): 7.

必帮、有难必救。鼓励通过政府购买服务对社会救助家庭中生活不能自理的老年人、未成年人、残疾人等提供必要的访视、照料服务①。

3. 合理确定农村医疗保障待遇水平。坚持基本标准，统筹发挥基本医疗保险、大病保险、医疗救助三重保障制度综合梯次减负功能。完善城乡居民基本医疗保险参保个人缴费资助政策，继续全额资助农村特困人员，定额资助低保对象，过渡期内逐步调整脱贫人口资助政策。在逐步提高大病保障水平基础上，大病保险继续对低保对象、特困人员和返贫致贫人口进行倾斜支付。进一步夯实医疗救助托底保障，合理设定年度救助限额，合理控制救助对象政策范围内自付费用比例。分阶段、分对象、分类别调整脱贫攻坚期超常规保障措施。重点加大医疗救助资金投入，倾斜支持乡村振兴重点帮扶县②。

4. 完善养老保障和儿童关爱服务。完善城乡居民基本养老保险费代缴政策，地方政府结合当地实际情况，按照最低缴费档次为参加城乡居民养老保险的低保对象、特困人员、返贫致贫人口、重度残疾人等缴费困难群体代缴部分或全部保费。在提高城乡居民养老保险缴费档次时，对上述困难群体和其他已脱贫人口可保留现行最低缴费档次。强化县乡两级养老机构对失能、部分失能特困老年人口的兜底保障。加大对孤儿、事实无人抚养儿童等保障力度。加强残疾人托养照护、康复服务③。

5. 织密兜牢丧失劳动能力人口基本生活保障底线。对脱贫人口中完全丧失劳动能力或部分丧失劳动能力且无法通过产业就业获得稳定收入的人口，要按规定纳入农村低保或特困人员救助供养范围，并按困难类型及时给予专项救助、临时救助等，做到应保尽保、应兜尽兜④。

---

① 中共中央，国务院.关于实现巩固拓展脱贫攻坚成果同乡村振兴有效衔接的意见[J].中华人民共和国国务院公报，2021（10）：7.

② 中共中央，国务院.关于实现巩固拓展脱贫攻坚成果同乡村振兴有效衔接的意见[J].中华人民共和国国务院公报，2021（10）：7-8.

③ 中共中央，国务院.关于实现巩固拓展脱贫攻坚成果同乡村振兴有效衔接的意见[J].中华人民共和国国务院公报，2021（10）：8.

④ 中共中央，国务院.关于实现巩固拓展脱贫攻坚成果同乡村振兴有效衔接的意见[J].中华人民共和国国务院公报，2021（10）：8.

第四节　着力提升脱贫地区整体发展水平

2020年12月16日，中共中央、国务院印发的《关于实现巩固拓展脱贫攻坚成果同乡村振兴有效衔接的意见》，对着力提升脱贫地区整体发展水平进行了全面部署。

1. 在西部地区脱贫县中集中支持一批乡村振兴重点帮扶县。按照应减尽减原则，在西部地区处于边远或高海拔、自然环境相对恶劣、经济发展基础薄弱、社会事业发展相对滞后的脱贫县中，确定一批国家乡村振兴重点帮扶县，从财政、金融、土地、人才、基础设施建设、公共服务等方面给予集中支持，增强其区域发展能力。支持各地在脱贫县中自主选择一部分县作为乡村振兴重点帮扶县。支持革命老区、民族地区、边疆地区巩固脱贫攻坚成果和乡村振兴。建立跟踪监测机制，对乡村振兴重点帮扶县进行定期监测评估[①]。

2. 坚持和完善东西部协作和对口支援、社会力量参与帮扶机制。继续坚持并完善东西部协作机制，在保持现有结对关系基本稳定和加强现有经济联系的基础上，调整优化结对帮扶关系，将现行一对多、多对一的帮扶办法，调整为原则上一个东部地区省份帮扶一个西部地区省份的长期固定结对帮扶关系。省际间要做好帮扶关系的衔接，防止出现工作断档、力量弱化。中部地区不再实施省际间结对帮扶。优化协作帮扶方式，在继续给予资金支持、援建项目基础上，进一步加强产业合作、劳务协作、人才支援，推进产业梯度转移，鼓励东西部共建产业园区。教育、文化、医疗卫生、科技等行业对口支援原则上纳入新的东西部协作结对关系。更加注重发挥市场作用，强化

---

① 中共中央，国务院. 关于实现巩固拓展脱贫攻坚成果同乡村振兴有效衔接的意见[J]. 中华人民共和国国务院公报，2021（10）：8.

以企业合作为载体的帮扶协作。继续坚持定点帮扶机制，适当予以调整优化，安排有能力的部门、单位和企业承担更多责任。军队持续推进定点帮扶工作，健全完善长效机制，巩固提升帮扶成效。继续实施"万企帮万村"行动。定期对东西部协作和定点帮扶成效进行考核评价①。

第五节　加强脱贫攻坚与乡村振兴政策有效衔接

2020年12月16日，中共中央、国务院印发的《关于实现巩固拓展脱贫攻坚成果同乡村振兴有效衔接的意见》，对加强脱贫攻坚与乡村振兴政策有效衔接进行了全面部署。

1. 做好财政投入政策衔接。过渡期内在保持财政支持政策总体稳定的前提下，根据巩固拓展脱贫攻坚成果同乡村振兴有效衔接的需要和财力状况，合理安排财政投入规模，优化支出结构，调整支持重点。保留并调整优化原财政专项扶贫资金，聚焦支持脱贫地区巩固拓展脱贫攻坚成果和乡村振兴，适当向国家乡村振兴重点帮扶县倾斜，并逐步提高用于产业发展的比例。各地要用好城乡建设用地增减挂钩政策，统筹地方可支配财力，支持"十三五"易地扶贫搬迁融资资金偿还。对农村低收入人口的救助帮扶，通过现有资金支出渠道支持。过渡期前3年脱贫县继续实行涉农资金统筹整合试点政策，此后调整至国家乡村振兴重点帮扶县实施，其他地区探索建立涉农资金整合长效机制。确保以工代赈中央预算内投资落实到项目，及时足额发放劳务报酬。现有财政相关转移支付继续倾斜支持脱贫地区。对支持脱贫地区产业发展效果明显的贷款贴息、政府采购等政策，在调整优化基础上继

---

① 中共中央，国务院.关于实现巩固拓展脱贫攻坚成果同乡村振兴有效衔接的意见[J].中华人民共和国国务院公报，2021（10）：8.

续实施。过渡期内延续脱贫攻坚相关税收优惠政策①。

2. 做好金融服务政策衔接。继续发挥再贷款作用，现有再贷款帮扶政策在展期期间保持不变。进一步完善针对脱贫人口的小额信贷政策。对有较大贷款资金需求、符合贷款条件的对象，鼓励其申请创业担保贷款政策支持。加大对脱贫地区优势特色产业信贷和保险支持力度。鼓励各地因地制宜开发优势特色农产品保险。对脱贫地区继续实施企业上市"绿色通道"政策。探索农产品期货期权和农业保险联动②。

3. 做好土地支持政策衔接。坚持最严格耕地保护制度，强化耕地保护主体责任，严格控制非农建设占用耕地，坚决守住18亿亩耕地红线。以国土空间规划为依据，按照应保尽保原则，新增建设用地计划指标优先保障巩固拓展脱贫攻坚成果和乡村振兴用地需要，过渡期内专项安排脱贫县年度新增建设用地计划指标，专项指标不得挪用；原深度贫困地区计划指标不足的，由所在省份协调解决。过渡期内，对脱贫地区继续实施城乡建设用地增减挂钩节余指标省内交易政策；在东西部协作和对口支援框架下，对现行政策进行调整完善，继续开展增减挂钩节余指标跨省域调剂③。

4. 做好人才智力支持政策衔接。延续脱贫攻坚期间各项人才智力支持政策，建立健全引导各类人才服务乡村振兴长效机制。继续实施农村义务教育阶段教师特岗计划、中小学幼儿园教师国家级培训计划、银龄讲学计划、乡村教师生活补助政策，优先满足脱贫地区对高素质教师的补充需求。继续实施高校毕业生"三支一扶"计划，继续实施重点高校定向招生专项计划。全科医生特岗和农村订单定向医学生免费培养计划优先向中西部地区倾斜。在国家乡村振兴重点帮扶县对农业科技推广人员探索"县管乡用、下沉到村"

---

① 中共中央,国务院. 关于实现巩固拓展脱贫攻坚成果同乡村振兴有效衔接的意见[J]. 中华人民共和国国务院公报,2021(10)：8-9.

② 中共中央,国务院. 关于实现巩固拓展脱贫攻坚成果同乡村振兴有效衔接的意见[J]. 中华人民共和国国务院公报,2021(10)：9.

③ 中共中央,国务院. 关于实现巩固拓展脱贫攻坚成果同乡村振兴有效衔接的意见[J]. 中华人民共和国国务院公报,2021(10)：9.

的新机制。继续支持脱贫户"两后生"接受职业教育,并按规定给予相应资助。鼓励和引导各方面人才向国家乡村振兴重点帮扶县基层流动①。

2021年1月4日,中共中央、国务院颁发的《关于全面推进乡村振兴加快农业农村现代化的意见》再次强调要实现巩固拓展脱贫攻坚成果同乡村振兴有效衔接。

1. 设立衔接过渡期。脱贫攻坚目标任务完成后,对摆脱贫困的县,从脱贫之日起设立5年过渡期,做到扶上马送一程。过渡期内保持现有主要帮扶政策总体稳定,并逐项分类优化调整,合理把握节奏、力度和时限,逐步实现由集中资源支持脱贫攻坚向全面推进乡村振兴平稳过渡,推动"三农"工作重心历史性转移。抓紧出台各项政策完善优化的具体实施办法,确保工作不留空档、政策不留空白②。

2. 持续巩固拓展脱贫攻坚成果。健全防止返贫动态监测和帮扶机制,对易返贫致贫人口及时发现、及时帮扶,守住防止规模性返贫底线。以大中型集中安置区为重点,扎实做好易地搬迁后续帮扶工作,持续加大就业和产业扶持力度,继续完善安置区配套基础设施、产业园区配套设施、公共服务设施,切实提升社区治理能力。加强扶贫项目资产管理和监督③。

3. 接续推进脱贫地区乡村振兴。实施脱贫地区特色种养业提升行动,广泛开展农产品产销对接活动,深化拓展消费帮扶。持续做好有组织劳务输出工作。统筹用好公益岗位,对符合条件的就业困难人员进行就业援助。在农业农村基础设施建设领域推广以工代赈方式,吸纳更多脱贫人口和低收入人口就地就近就业。在脱贫地区重点建设一批区域性和跨区域重大基础设施工程。加大对脱贫县乡村振兴支持力度。在西部地区脱贫县中确定一批国家

① 中共中央,国务院.关于实现巩固拓展脱贫攻坚成果同乡村振兴有效衔接的意见[J].中华人民共和国国务院公报,2021(10):9.
② 中共中央,国务院.关于全面推进乡村振兴加快农业农村现代化的意见[J].中华人民共和国国务院公报,2021(7):15.
③ 中共中央,国务院.关于全面推进乡村振兴加快农业农村现代化的意见[J].中华人民共和国国务院公报,2021(7):15.

乡村振兴重点帮扶县集中支持。支持各地自主选择部分脱贫县作为乡村振兴重点帮扶县。坚持和完善东西部协作和对口支援、社会力量参与帮扶等机制①。

4. 加强农村低收入人口常态化帮扶。开展农村低收入人口动态监测，实行分层分类帮扶。对有劳动能力的农村低收入人口，坚持开发式帮扶，帮助其提高内生发展能力，发展产业、参与就业，依靠双手勤劳致富。对脱贫人口中丧失劳动能力且无法通过产业就业获得稳定收入的人口，以现有社会保障体系为基础，按规定纳入农村低保或特困人员救助供养范围，并按困难类型及时给予专项救助、临时救助②。

2022年1月4日，中共中央、国务院印发的《关于做好2022年全面推进乡村振兴重点工作的意见》强调要坚决守住不发生规模性返贫底线。

1. 完善监测帮扶机制。精准确定监测对象，将有返贫致贫风险和突发严重困难的农户纳入监测范围，简化工作流程，缩短认定时间。针对发现的因灾因病因疫等苗头性问题，及时落实社会救助、医疗保障等帮扶措施。强化监测帮扶责任落实，确保工作不留空档、政策不留空白。继续开展巩固脱贫成果后评估工作③。

2. 促进脱贫人口持续增收。推动脱贫地区更多依靠发展来巩固拓展脱贫攻坚成果，让脱贫群众生活更上一层楼。巩固提升脱贫地区特色产业，完善联农带农机制，提高脱贫人口家庭经营性收入。逐步提高中央财政衔接推进乡村振兴补助资金用于产业发展的比重，重点支持帮扶产业补上技术、设施、营销等短板，强化龙头带动作用，促进产业提档升级。巩固光伏扶贫工程成效，在有条件的脱贫地区发展光伏产业。压实就业帮扶责任，确保脱贫

---

① 中共中央，国务院. 关于全面推进乡村振兴加快农业农村现代化的意见[J]. 中华人民共和国国务院公报，2021(7)：15.

② 中共中央，国务院. 关于全面推进乡村振兴加快农业农村现代化的意见[J]. 中华人民共和国国务院公报，2021(7)：15.

③ 中共中央，国务院. 关于做好2022年全面推进乡村振兴重点工作的意见[EB/OL]. (2022-01-04) [2022-02-22]. http://www.gov.cn/zhengce/2022-02/22/content_5675035.htm.

劳动力就业规模稳定。深化东西部劳务协作，做好省内转移就业工作。延续支持帮扶车间发展优惠政策。发挥以工代赈作用，具备条件的可提高劳务报酬发放比例。统筹用好乡村公益岗位，实行动态管理。逐步调整优化生态护林员政策[①]。

3. 加大对乡村振兴重点帮扶县和易地搬迁集中安置区支持力度。在乡村振兴重点帮扶县实施一批补短板促发展项目。编制国家乡村振兴重点帮扶县巩固拓展脱贫攻坚成果同乡村振兴有效衔接实施方案。做好国家乡村振兴重点帮扶县科技特派团选派，实行产业技术顾问制度，有计划开展教育、医疗干部人才组团式帮扶。建立健全国家乡村振兴重点帮扶县发展监测评价机制。加大对国家乡村振兴重点帮扶县信贷资金投入和保险保障力度。完善易地搬迁集中安置区配套设施和公共服务，持续加大安置区产业培育力度，开展搬迁群众就业帮扶专项行动。落实搬迁群众户籍管理、合法权益保障、社会融入等工作举措，提升安置社区治理水平[②]。

4. 推动脱贫地区帮扶政策落地见效。保持主要帮扶政策总体稳定，细化落实过渡期各项帮扶政策，开展政策效果评估。拓展东西部协作工作领域，深化区县、村企、学校、医院等结对帮扶。在东西部协作和对口支援框架下，继续开展城乡建设用地增减挂钩节余指标跨省域调剂。持续做好中央单位定点帮扶工作。扎实做好脱贫人口小额信贷工作。创建消费帮扶示范城市和产地示范区，发挥脱贫地区农副产品网络销售平台作用[③]。

据此，党和国家在推进革命老区脱贫攻坚与振兴发展的过程中，高度重视巩固拓展脱贫攻坚成果与乡村振兴有效衔接问题。2021年1月24日，国务院颁发的《关于新时代支持革命老区振兴发展的意见》强调要推动实现巩固

---

① 中共中央, 国务院. 关于做好2022年全面推进乡村振兴重点工作的意见［EB/OL］.（2022-01-04）［2022-02-22］. http://www. gov. cn/zhengce/2022-02/22/content_5675035. htm.

② 中共中央, 国务院. 关于做好2022年全面推进乡村振兴重点工作的意见［EB/OL］.（2022-01-04）［2022-02-22］. http://www. gov. cn/zhengce/2022-02/22/content_5675035. htm.

③ 中共中央, 国务院. 关于做好2022年全面推进乡村振兴重点工作的意见［EB/OL］.（2022-01-04）［2022-02-22］. http://www. gov. cn/zhengce/2022-02/22/content_5675035. htm.

拓展脱贫攻坚成果同乡村振兴有效衔接，"一定时期内保持脱贫攻坚政策总体稳定，完善防止返贫监测和帮扶机制，优先支持将革命老区县列为国家乡村振兴重点帮扶县，巩固'两不愁三保障'等脱贫攻坚成果。做好易地扶贫搬迁后续帮扶工作，建设配套产业园区，提升完善安置区公共服务设施。加大以工代赈对革命老区的支持力度，合理确定建设领域、赈济方式。统筹城乡规划，以交通、能源、水利、信息网络等为重点，加快推进革命老区美丽生态宜居乡村建设。提高农房设计和建造水平，改善群众住房条件和居住环境。因地制宜发展规模化供水、建设小型标准化供水设施，大力实施乡村电气化提升工程，全面推进'四好农村路'建设，开展数字乡村试点，加快乡村绿化美化。坚持扶志扶智相结合，加大对革命老区农村低收入群体就业技能培训和外出务工的扶持力度。完善城乡低保对象认定方法，适当提高低保标准，落实符合条件的'三红'人员（在乡退伍红军老战士、在乡西路军红军老战士、红军失散人员）、烈士老年子女、年满60周岁农村籍退役士兵等人群的优抚待遇"①。

2021年11月22日，国家发展改革委等15部门联合印发的《"十四五"支持革命老区巩固拓展脱贫攻坚成果衔接推进乡村振兴实施方案》（以下简称《方案》），强调实现巩固拓展脱贫攻坚成果同乡村振兴有效衔接，是新时代支持革命老区振兴发展的重要任务。

《方案》提出要健全革命老区脱贫地区长效帮扶机制，包括健全防止返贫动态监测和帮扶机制、加大易地扶贫搬迁后续扶持、深入实施以工代赈和消费帮扶、集中支持一批革命老区乡村振兴重点帮扶县。

1. 健全防止返贫动态监测和帮扶机制。建立健全多部门参与的防止返贫动态监测帮扶机制，重点跟踪监测收入变化和"两不愁三保障"巩固情况，建立健全快速发现和响应机制。坚持就业优先，支持革命老区统筹用好乡村公益性岗位，提供技能培训和用工信息，建立农业新型经营主体带动帮扶机

---

① 国务院. 关于新时代支持革命老区振兴发展的意见［J］. 中华人民共和国国务院公报, 2021（7）: 35.

制，帮助脱贫家庭主要劳动力就近获得稳定的就业机会。建立健全扶贫项目资产长效运行管理机制，推动特色产业可持续发展。充分发挥农村基层党组织战斗堡垒作用，对脱贫村、易地扶贫搬迁安置村（社区）、乡村振兴任务较重的村，以及党组织软弱涣散村，继续选派驻村第一书记和工作队。注重扶志扶智相结合，建立正向激励机制，促进形成自强自立、争先发展的精神面貌①。

2. 加大易地扶贫搬迁后续扶持。以西部地区、原深度贫困地区、大型特大型安置区为重点，从就业需要、产业发展和后续配套设施建设提升完善等方面加大扶持力度，持续完善安置区配套基础设施、产业园区配套设施、公共服务设施，切实提升社区治理能力，持续加大就业和产业扶持力度，完善后续扶持政策体系，持续巩固易地搬迁脱贫成果。支持革命老区开展好易地扶贫搬迁安置区就业帮扶专项活动②。

3. 深入实施以工代赈和消费帮扶。加大革命老区以工代赈支持力度，以农村劳动力特别是脱贫人口、易返贫致贫监测对象和其他低收入人口为赈济对象，以改善生产生活条件、发放劳务报酬等为主要赈济模式，有序拓展以工代赈实施范围和建设领域、赈济模式，重点支持农村公益性基础设施、农村产业发展配套基础设施建设，最大程度吸纳当地农村劳动力务工就业，最大限度提高劳务报酬发放比例，依托项目建设有针对性地开展实训。在农业农村基础设施建设领域大力推广以工代赈方式，扩大以工代赈方式实施范围。支持革命老区开展消费帮扶，鼓励利用国家粮食交易平台等公共平台的资源和优势，推进特色农产品产销对接，拓展销售渠道，促进群众稳定增收③。

---

① 国家发展改革委，农业农村部，国家乡村振兴局，等. "十四五"支持革命老区巩固拓展脱贫攻坚成果衔接推进乡村振兴实施方案 [Z]. 2021–11–22: 2.

② 国家发展改革委，农业农村部，国家乡村振兴局，等. "十四五"支持革命老区巩固拓展脱贫攻坚成果衔接推进乡村振兴实施方案 [Z]. 2021–11–22: 2.

③ 国家发展改革委，农业农村部，国家乡村振兴局，等. "十四五"支持革命老区巩固拓展脱贫攻坚成果衔接推进乡村振兴实施方案 [Z]. 2021–11–22: 3.

4. 集中支持一批革命老区乡村振兴重点帮扶县。对位于革命老区的国家乡村振兴重点帮扶县，从财政、金融、土地、人才、基础设施建设、公共服务等方面给予集中支持，增强巩固拓展脱贫攻坚成果和衔接推进乡村振兴发展能力。支持赣闽粤、大别山、湘赣边、海陆丰、琼崖、浙西南、沂蒙、太行等东中部革命老区所在省份，自主选择一部分经济发展基础薄弱的县作为省级乡村振兴重点帮扶县。各级政府有关支持革命老区振兴的财政、融资配套、投资等政策，要重点向乡村振兴重点帮扶县倾斜。建立跟踪监测机制，对乡村振兴重点帮扶县进行定期监测评估①。

《方案》提出要推动革命老区城乡融合发展，包括大力实施乡村建设行动、推进革命老区重点县城建设、支持革命老区重点城市发展、加强公共服务设施建设。

1. 大力实施乡村建设行动。加快推进革命老区宜居宜业美丽乡村建设，支持规范开展全域土地综合整治，将保护历史文化名镇名村、传统村落、村寨、乡村风貌与革命遗址遗迹保护修复有机结合。支持老区完善乡村水、电、路、气、邮政通信、广播电视、物流等基础设施，提升农房建设质量，全面推进"四好农村路"建设。支持老区开展农村人居环境整治提升行动，稳步解决乡村垃圾和黑臭水体等环境问题。支持左右江革命老区边境村镇建设，统筹建设住房和配套生产生活设施，打造宜居宜业生活环境。支持革命老区县市因地制宜发展特色种养业、手工业、特色小吃、文化旅游等富民产业，促进群众就地就近就业和增收致富②。

2. 推进革命老区重点县城建设。支持革命老区加快县城补短板强弱项，支持县城环境卫生、市政公用设施、公共服务设施、产业配套设施提质增效，加快老旧小区改造，增强综合承载能力。支持城镇污水处理设施、城镇

---

① 国家发展改革委，农业农村部，国家乡村振兴局，等. "十四五"支持革命老区巩固拓展脱贫攻坚成果衔接推进乡村振兴实施方案[Z]. 2021-11-22: 3.

② 国家发展改革委，农业农村部，国家乡村振兴局，等. "十四五"支持革命老区巩固拓展脱贫攻坚成果衔接推进乡村振兴实施方案[Z]. 2021-11-22: 4.

排水防涝设施建设，不断提高革命老区城乡供水保障水平。支持革命老区县域经济发展，推进重点县城建设，完善县域交通基础设施，发挥辐射带动周边的作用，支持湖北仙桃、湖南浏阳等县城产业转型升级示范园区建设以及福建长汀、广东海丰、陕西富平等全国县城建设示范地区建设。健全城乡融合发展体制机制，统筹城乡市政公用设施建设，促进有条件的地区城镇公共基础设施向周边乡村延伸，推动基本公共服务常住人口全覆盖，保障符合条件的未落户农民工在流入地平等享受城镇基本公共服务[①]。

3. 支持革命老区重点城市发展。加强与城市群中心城市合作，明确差异化发展定位，因地制宜建设城市群节点城市、先进制造业基地、商贸物流中心和区域专业服务中心，提高对革命老区乡村振兴的引领带动作用。支持赣州、延安、遵义、长治等城市建设省域副中心城市，增强辐射带动能力。支持龙岩、梅州、郴州、临沂等城市建设省际交界地区节点城市，强化跨省合作联动发展。支持六安、黄冈、汕尾等城市加强与省会城市的对接协作，加强与都市圈协调联动。支持吉安、信阳、巴中、庆阳等城市改善基础设施条件，加强产业合作，建设特色产业基地。支持三明市区与永安组团发展，支持百色在沿边开发开放中加快发展，支持张家界、恩施等城市建设知名旅游目的地，支持丽水在浙江共同富裕示范区建设中为其他山区地区提供经验借鉴与实践示范。衔接落实"十四五"革命老区基础设施建设实施方案，规划建设一批铁路、公路、机场、航运、能源、水利、信息基础设施项目，支持革命老区开展交通强国建设试点工作，持续改善基础设施条件[②]。

4. 加强公共服务设施建设。更好聚焦老区群众普遍关注的民生问题，办好民生实事。支持革命老区持续改善义务教育办学条件，深入推进义务教育薄弱环节改善与能力提升工作，改善学校寄宿条件，继续改善规划保留的

---

① 国家发展改革委，农业农村部，国家乡村振兴局，等. "十四五"支持革命老区巩固拓展脱贫攻坚成果衔接推进乡村振兴实施方案 [Z]. 2021-11-22: 4-5.

② 国家发展改革委，农业农村部，国家乡村振兴局，等. "十四五"支持革命老区巩固拓展脱贫攻坚成果衔接推进乡村振兴实施方案 [Z]. 2021-11-22: 5-6.

乡村小规模学校办学条件，推动城区优质教育资源向乡镇辐射。推进革命老区农村学前教育普及普惠发展，办好乡镇公办中心幼儿园，支持常住人口较多的行政村建设达标的村级公办幼儿园，人口较少的村联合办园。衔接落实中西部欠发达地区优秀教师定向培养计划、教育部直属师范大学与地方师范院校采取师范生公费教育，为革命老区脱贫县培养优秀师资，改善中小学教师队伍质量。支持革命老区脱贫县开展三级医院对口帮扶工作，对未纳入"十四五"时期三级医院对口帮扶县级医院关系的县级医院，由省内自主安排帮扶工作并建立长效机制，鼓励合作共建专科联盟和远程医疗协作网。积极推广三明医改经验。支持革命老区提升乡村卫生健康服务能力，加大基层医疗卫生机构基础设施建设和设备配套支持力度，改善乡镇卫生院和村级卫生室机构设施设备条件，促进医养结合。有条件的地方可根据农村需求适当开展高职（专科）层次订单定向医学生培养，培育一批乡村卫生人才[①]。

《方案》提出要支持革命老区特色产业发展，包括加快推进农业现代化、加快发展特色制造业、培育发展特色服务业、加强产业园区和产业平台建设、加快绿色转型发展。

1. 加快推进农业现代化。支持革命老区建设优势农产品产业带和特色农产品优势区，坚持绿色发展方向，强化品牌意识，培育绿色食品、有机农产品、地理标志农产品，推行食用农产品达标合格证制度，创建绿色有机农产品基地，深入实施地理标志农产品保护工程。重点建设优质水稻、小麦、杂粮、茶叶、中药材、木本油料、果业、健康水产、畜禽养殖及优质蔬菜基地，深入推进优质粮食工程，建设高质量农产品综合供应基地。立足农业资源多样性和气候适宜优势，支持琼崖、海陆丰、左右江等革命老区发展热带特色高效农业，支持赣州、延安、临沂等地建设设施蔬菜基地，支持恩施、巴中、安康等富硒产业发展。加强种质资源保护利用和种子库建设，优先支持革命老区建设现代农作物良种繁育基地。加强革命老区防洪、灌溉、水源

---

① 国家发展改革委,农业农村部,国家乡村振兴局,等. "十四五"支持革命老区巩固拓展脱贫攻坚成果衔接推进乡村振兴实施方案[Z]. 2021-11-22: 6-7.

等水利工程建设，加快大中型灌区续建配套与现代化改造，新建一批大中型灌区，有序推进老区重大水利工程建设。积极支持革命老区发展农业保险[①]。

2. 加快发展特色制造业。支持在有条件的革命老区优先布局一批国家级创新平台，支持科研院所、高等学校与革命老区开展合作。做大做强特色先进制造业，支持发展清洁能源、有色金属、装备制造、纺织服装、生物医药等特色产业及配套产业。支持赣闽粤原中央苏区依托稀土资源优势，加快建设稀土科研平台和有色金属产业基地。支持陕甘宁、太行等革命老区加快推动能源资源产业集约节约利用，促进旅游业发展，建设清洁能源基地和文化旅游目的地。支持大别山、川陕、湘鄂渝黔、湘赣边、浙西南等革命老区积极融入长江经济带发展，大力发展电子信息、农产品加工、清洁能源和绿色产业。支持左右江革命老区依托沿边开放和资源优势，加快建设清洁能源和特色资源精深加工基地。支持海陆丰、琼崖、沂蒙等东部地区革命老区加快产业转型升级，因地制宜发展特色新兴产业。支持革命老区积极推进整县分布式光伏开发试点。在保护好生态的基础上，支持陕甘宁等革命老区因地制宜利用沙漠、戈壁、荒漠以及采煤沉陷区、露天矿排土场、关停矿区建设风电和太阳能发电基地[②]。

3. 培育发展特色服务业。衔接落实"十四五"革命老区红色旅游发展实施方案，支持革命老区加强红色遗址保护和旅游基础设施建设，打造一批高水平的红色旅游景区、红色旅游精品线路。常态化运营韶山至井冈山等红色旅游线路旅游列车。因地制宜发展乡村旅游、生态旅游、康养旅游、休闲农业等新产业新业态，推进红色旅游与旅游多业态融合发展，创建红色旅游融合发展示范区。支持湘鄂渝黔交界县市依托特色自然和人文资源建设协同发

---

① 国家发展改革委，农业农村部，国家乡村振兴局，等. "十四五"支持革命老区巩固拓展脱贫攻坚成果衔接推进乡村振兴实施方案[Z]. 2021-11-22: 7.

② 国家发展改革委，农业农村部，国家乡村振兴局，等. "十四五"支持革命老区巩固拓展脱贫攻坚成果衔接推进乡村振兴实施方案[Z]. 2021-11-22: 8-9.

展合作区。支持革命老区培育、创建、发展一批具有地方特色的优质劳务品牌，引进劳动密集型产业，拓展就地就近就业渠道。统筹推进县乡村三级物流体系建设，实施"快递进村"工程，因地制宜推进客货邮融合发展。支持在革命老区建设多功能农村综合商贸服务中心，鼓励引导电商企业开辟革命老区特色农产品网上销售平台，加大品牌宣传推介力度，鼓励临沂等城市发展现代化商贸物流业①。

4. 加强产业园区和产业平台建设。统筹推动革命老区各级各类开发区空间整合和体制创新，全面提升开发区开放能级。支持革命老区现有国家级经济技术开发区、国家级高新技术产业开发区、综合保税区等做大做强，优先支持延安、信阳、遵义以及其他符合条件的革命老区重点城市创建国家级开发区。依托经济技术开发区、高新技术产业开发区等平台，培育壮大特色优势产业集群，因地制宜发展农产品加工、电子信息、生物医药、清洁能源等绿色产业。引导支持社会资本到老区投资兴业，优先支持革命老区创建国家现代农业产业园、农业现代化示范区、国家农村产业融合发展示范园，打造一批农业产业强镇和优势特色产业集群②。

5. 加快绿色转型发展。衔接落实"十四五"革命老区生态环境保护修复实施方案，促进革命老区生态建设、乡村振兴和民生保障相得益彰。指导和支持革命老区划定生态保护红线、永久基本农田、城镇开发边界以及城市蓝线、绿线等重要控制线，推进长江、黄河等生态廊道以及秦岭、太行山、大别山、南岭、武夷山等生态屏障建设。统筹推进山水林田湖草沙系统治理，支持赣闽粤、陕甘宁、大别山、川陕、左右江、太行等革命老区重点区域生态保护和修复，加强对长江、黄河源头和重要水源涵养地，以及珠江、淮河、汉江等主要江河源头和丹江口库区及上游生态保护修复和环境污染治

---

① 国家发展改革委，农业农村部，国家乡村振兴局，等．"十四五"支持革命老区巩固拓展脱贫攻坚成果衔接推进乡村振兴实施方案[Z]．2021-11-22：9．

② 国家发展改革委，农业农村部，国家乡村振兴局，等．"十四五"支持革命老区巩固拓展脱贫攻坚成果衔接推进乡村振兴实施方案[Z]．2021-11-22：9-10．

理。支持吉安、安康等符合条件的城市开展生态产品价值实现机制探索，健全新安江流域、东江流域等横向生态补偿长效机制，完善大别山区水环境生态补偿机制，深入推进安徽金寨、福建泰宁、江西井冈山、海南琼中、贵州赤水等生态综合补偿试点县建设。支持革命老区探索开展排污权、用能权、用水权市场化交易，积极参与全国碳排放权交易市场[①]。

---

① 国家发展改革委, 农业农村部, 国家乡村振兴局, 等. "十四五"支持革命老区巩固拓展脱贫攻坚成果衔接推进乡村振兴实施方案[Z]. 2021-11-22: 10-11.

第五章

培育老区特色优势产业

革命老区基于自然资源禀赋优势，着力培育发展壮大特色产业，不断增强"造血"功能；积极有序地开发稀土、有色金属、非金属等优势矿产资源，切实发挥其辐射带动效应；大力发展现代生物医药产业，推动生物医药行业跨越升级。

第一节　发展特色农业

发展特色产业是提高贫困地区自我发展能力的根本举措，易地搬迁脱贫、生态保护脱贫、发展教育脱贫等，都需要通过发展特色产业来实现长期稳定就业增收，从而实现脱贫致富。

革命老区在脱贫攻坚与振兴发展的过程中，高度重视发展特色农业。《陕甘宁革命老区振兴规划（2012—2020年）》提出要"构建集农业新品种培育、新技术引进、产业化经营、休闲观光以及生态家园于一体的特色农业综合示范区，探索西北地区旱作农业高效发展的新路子"[1]。（1）在黄土塬及河川地区积极推广小麦及谷类、杂豆等小杂粮优良品种，围绕提高单产和经济效益，建设优质高产小麦基地和绿色有机小杂粮基地。（2）在土石山区广泛普及节水高效旱作农业等实用技术，改良品种，提升玉米、马铃薯产量和品质。（3）在宁夏沿黄地区建设节水型优质水稻基地。（4）在山地及丘陵地区推进苹果、枣、梨、杏、枸杞、沙棘、柿子、核桃、酿酒葡萄、中药材等良种苗木繁育和产业化发展，建设一批标准化生产基地，促进果业提质增效。（5）积极推进滩羊、白绒山羊、秦川牛、平凉红牛、泾源黄牛等畜产品良种繁育工程，建设一批标准化养殖示范小区。

《赣闽粤原中央苏区振兴发展规划（2014—2020年）》提出要"做强脐橙、蜜桔、甜（蜜）柚等柑橘产业，加快建设国家脐橙工程技术研究中心，推进标准化有机果园建设，加大柑橘危险性病虫害防控力度，着力打造优质脐橙产业基地和柑橘产业基地。着力发展茶产业，大力提升茶叶品质，建设全国重要的茶产业基地。实施油茶低产林改造，推进高产示范区建设，

---

① 国家发展改革委. 陕甘宁革命老区振兴规划（2012—2020年）[Z]. 2012-03-25: 8.

打造全国重要的油茶深加工基地。积极发展白莲、食用菌、蔬菜、畜禽、水产品、中药材、花卉苗木等特色农产品，积极推动毛竹、油茶示范基地建设"①。（1）柑橘产业。重点建设赣南脐橙、南丰—寻乌蜜桔、广丰—井冈山—南康—平和—和平—梅县甜（蜜）柚和尤溪金柑产区。（2）油茶产业。实施油茶低产林改造和高产林示范工程，重点建设赣南—赣西、粤东北、闽西—闽北集中产区。（3）茶叶产业。实施有机茶园建设和传统茶园改造工程，提升福建乌龙茶和红茶、江西绿茶和白茶品牌影响力。（4）中草药产业。培育推广杜仲、葛根、红豆杉、金线莲、铁皮石斛、草珊瑚、黄精、仙草等特色药材，实施示范药场建设、中药材研发和精深加工工程。（5）果蔬及花卉产业。加快建设标准化设施蔬菜、优质白莲、特色林木、林下蔬菜（菌类）、花卉苗木种植基地，培育龙头企业和交易市场。

《左右江革命老区振兴规划（2015—2025年）》提出要"积极调整农业种植结构，支持发展优质粮食、木薯、甘蔗、水果、蔬菜、花卉、茶叶、油茶、烟叶""实施黔茶、滇茶、桂茶品牌战略，重点支持都匀毛尖、广南普洱、凌云白毫等精品茶叶品牌，建设绿色有机茶叶基地"②。（1）蔗糖基地。以崇左为核心，带动河池、百色、黔西南、文山等地区，实施千万亩高效高糖原料蔗种植工程，发展朗姆酒、酵母、造纸、复合肥等综合利用产业，打造蔗糖循环经济示范基地。（2）优质茶叶基地。这包括百色凌云白毫、河池环江石崖、崇左扶绥姑辽、黔南都匀毛尖、黔西南晴隆翠芽、黔东南黎平雀舌、文山广南普洱等。（3）特色养殖基地。积极发展麻鸭、香猪、黑山羊、肉牛、龟鳖蛇特种养殖等。（4）油茶基地。实施油茶低产林改造，推进高产示范区建设，支持在河池巴马、黔东南黎平、文山广南等地区建设油茶种植示范基地。（5）桑蚕茧丝绸基地。以河池为核心，带动百色、崇左等地区，稳步扩大种养规模，丰富深加工产品种类，提升产品附加值，组建丝绸产业集团，打造优质丝绸产业品牌。

① 国家发展改革委.赣闽粤原中央苏区振兴发展规划（2014—2020年）[Z].2014-03-20：8.
② 国家发展改革委.左右江革命老区振兴规划（2015—2025年）[Z].2015-03-02：19.

　　《大别山革命老区振兴发展规划（2015—2020年）》提出要"着力推进长江、淮河流域优质油菜产业带建设，重点发展'双低'油菜。加快发展现代畜牧业，推进畜禽标准化规模养殖场（小区）建设，高起点建设生猪、肉牛和禽类产业集聚区，完善动物疫病防控和良种繁育体系，建设优质安全畜禽产品生产基地。推进优质无公害水产基地建设。着力发展茶产业，重点发展无性系生态有机茶，打造茶产业集群示范区。支持优质药材、蚕桑、蔬菜、花木、林果、食用菌等特色农产品规模化发展"①。（1）畜禽。提高生猪、肉牛、禽类竞争力，加快黄冈奶牛、泌阳夏南牛、南阳（唐河）黄牛、麻城黑山羊、霍寿黑猪、皖西白鹅产业化基地建设。（2）茶叶。发展无性系生态有机茶，壮大信阳毛尖、六安瓜片、岳西翠兰、潜山天柱、红安老君眉、英山云雾等精品茶叶主产区。（3）油料。重点发展"双低"油菜、花生、芝麻、油茶，引进油用牡丹种植。（4）中药材。重点发展天麻、茯苓、西洋参、金银花、桐桔梗、夏枯草、山茱萸、裕丹参、唐半夏、辛夷、银杏、石斛等产品，推广中药材规范化种植技术和仿野生种植模式。（5）蚕桑。改造提升英山、罗田、麻城、岳西、潜山、金寨、太湖等桑蚕基地，适度扩大生产规模，推动桑蚕产业规模化、效益化、品牌化。（6）果蔬。建立冬枣、葡萄、石榴、桃、梨、银杏、甜柿、猕猴桃、板栗、马铃薯等林果基地。

　　《川陕革命老区振兴发展规划（2016—2020年）》提出要"优化农产品区域布局，建设优质粮油和特色农林产品种植加工基地，积极发展具有地方特色的生态畜牧业、水产养殖业和特种养殖业，大力开发富硒农产品""建设特色经济林基地，大力发展木本油料、林下经济""推动无公害食品、绿色食品、有机食品认证及国家地理保护标志的申请和认证"②。据此，2017年6月20日，四川省人民政府办公厅印发了《四川省川陕革命老区振兴发展规划实施方案》，强调要"加快有机、生态、富硒、无公害等特色农产品

---

① 国家发展改革委. 大别山革命老区振兴发展规划（2015—2020年）[Z]. 2015-06-15: 10.
② 国家发展改革委. 川陕革命老区振兴发展规划（2016—2020年）[Z]. 2016-07-27: 13-14.

开发，推动无公害农产品、绿色食品、有机农产品认证及国家地理保护标志、生态原产地产品的申请和认证，建设一批特色优质农产品生产和深加工基地。培育壮大一批农业新型经营主体，加快构建农业新型经营体系，培育新产业、新业态。促进食品农产品扩大出口，支持农业供给侧结构性改革。加强产业技术创新和成果转化推广示范，构建一批科技产业扶贫示范地"①。

第二节　开发优势矿产资源

　　稀土、有色金属、非金属矿产是革命老区的优势资源，是推动国民经济发展的重要资源。要增加地质矿产调查评价专项对贫困老区的投入，引导社会资本参与老区矿产资源勘查开发，积极有序地开发稀土、有色金属、非金属等优势矿产资源，切实发挥其辐射带动效应。

　　1. 稀土矿产资源。稀土是元素周期表中镧系元素镧、铈、镨、钕、钷、钐、铕、钆、铽、镝、钬、铒、铥、镱、镥，加上与其同族的钪和钇，共17种元素的总称。按元素原子量及物理化学性质来划分，稀土元素分为轻、中、重稀土，前5种元素为轻稀土，其余为中重稀土。稀土因其独特的物理化学性质，广泛应用于新能源、新材料、节能环保、航空航天、电子信息等领域，是现代工业中不可或缺的重要元素，是不可再生的重要战略资源。

　　稀土元素在地壳中主要以矿物形式存在，其赋存状态主要有三种：（1）作为矿物的基本组成元素，稀土以离子化合物形式赋存于矿物晶格中，构成矿物必不可少的成分。这类矿物通常称为稀土矿物，如独居石、氟碳铈矿等。（2）作为矿物的杂质元素，以类质同象置换的形式，分散于造

---

① 四川省人民政府办公厅. 四川省川陕革命老区振兴发展规划实施方案[J]. 四川政报, 2017(13): 28.

岩矿物和稀有金属矿物中，这类矿物可称为含有稀土元素的矿物，如磷灰石、萤石等。（3）呈离子状态被吸附于某些矿物的表面或颗粒间。这类矿物主要是各种黏土矿物、云母类矿物。这类状态的稀土元素很容易提取。

我国拥有较为丰富的稀土资源，稀土储量约占世界总储量的23%。稀土资源主要有以下特点：（1）资源赋存分布"北轻南重"。轻稀土矿主要分布在内蒙古包头等北方地区和四川凉山，中重稀土矿主要分布在江西赣州、福建龙岩等南方地区。（2）资源类型较多。稀土矿物种类丰富，包括氟碳铈矿、独居石矿、离子型矿、磷钇矿、褐钇铌矿等，稀土元素较全。（3）轻稀土矿伴生的放射性元素对环境影响大。轻稀土矿大多可规模化工业性开采，但钍等放射性元素处理难度较大，在开采和冶炼分离过程中需重视对人类健康和生态环境的影响。（4）离子型中重稀土矿赋存条件差。离子型稀土矿中稀土元素呈离子态吸附于土壤之中，分布散、丰度低、规模化工业性开采难度大[①]。

我国已形成内蒙古包头、四川凉山轻稀土和以江西赣州为代表的南方五省中重稀土三大生产基地，具有完整的采选、冶炼、分离技术以及装备制造、材料加工和应用工业体系，可以生产400多个品种、1 000多个规格的稀土产品。中国生产的稀土永磁材料、发光材料、储氢材料、抛光材料等均占世界产量的70%以上。中国的稀土材料、器件以及节能灯、微特电机、镍氢电池等终端产品，满足了世界各国特别是发达国家高技术产业发展的需求。

中国稀土行业的发展也存在不少问题，中国付出了巨大代价。（1）资源过度开发。经过半个多世纪的超强度开采，中国稀土资源保有储量及保障年限不断下降，主要矿区资源加速衰减，原有矿山资源大多枯竭。包头稀土矿主要矿区资源仅剩三分之一，南方离子型稀土矿储采比已由20年前的50降至目前的15。南方离子型稀土大多位于偏远山区，山高林密，矿区分散，矿点众多，监管成本高、难度大，非法开采使资源遭到了严重破坏。采富弃

---

① 中华人民共和国国务院新闻办公室. 中国的稀土状况与政策（白皮书）［EB/OL］.（2012-06-20）
　　［2012-06-20］. http://www. gov. cn/zhengce/2012-06/20/content_2618561. htm.

贫、采易弃难现象严重，资源回收率较低，南方离子型稀土资源开采回收率不到50%，包头稀土矿采选利用率仅10%。（2）生态环境破坏严重。稀土开采、选冶、分离存在的落后生产工艺和技术，严重破坏地表植被，造成水土流失和土壤污染、酸化，使得农作物减产甚至绝收。离子型中重稀土矿过去采用落后的堆浸、池浸工艺，每生产1吨稀土氧化物产生约2 000吨尾砂，目前虽已采用较为先进的原地浸矿工艺，但仍不可避免地产生大量的氨氮、重金属等污染物，破坏植被，严重污染地表水、地下水和农田。轻稀土矿多为多金属共伴生矿，在冶炼、分离过程中会产生大量有毒有害气体、高浓度氨氮废水、放射性废渣等污染物。一些地方因为稀土的过度开采，还造成山体滑坡、河道堵塞、突发性环境污染事件，甚至造成重大事故灾难，给公众的生命健康和生态环境带来重大损失。（3）产业结构不合理。稀土材料及器件研发滞后，在稀土新材料开发和终端应用技术方面与国际先进水平差距明显，拥有知识产权和新型稀土材料及器件生产加工技术较少，低端产品过剩，高端产品匮乏。稀土作为一个小行业，产业集中度低，缺少具有核心竞争力的大型企业，行业自律性差，存在一定程度的恶性竞争[①]。2011年5月10日，国务院颁布的《关于促进稀土行业持续健康发展的若干意见》明确了稀土行业发展的指导思想、基本原则和发展目标，强调要建立健全行业监管体系，加强和改善行业管理；依法开展稀土专项整治，切实维护良好的行业秩序；加快稀土行业整合，调整优化产业结构；加强稀土资源储备，大力发展稀土应用产业[②]。

2012年6月20日，国务院新闻办公室发布了《中国的稀土状况与政策》（白皮书），明确了中国稀土产业发展的原则和目标、有效保护和合理利用资源、促进稀土利用与环境协调发展、推进技术进步和产业升级、促进公平

---

① 中华人民共和国国务院新闻办公室. 中国的稀土状况与政策（白皮书）[EB/OL].（2012-06-20）[2012-06-20]. http://www. gov. cn/zhengce/2012-06/20/content_2618561. htm.

② 国务院. 关于促进稀土行业持续健康发展的若干意见[EB/OL].（2011-05-10）[2011-05-19]. http://www. gov. cn/zwgk/2011-05/19/content_1866997. htm.

贸易和国际合作等问题。在推进稀土产业技术进步和产业升级方面强调了以下几个问题：（1）鼓励稀土行业的技术创新。国家支持稀土基础研究、前沿技术研究、产业关键技术研发与推广应用，推动建立以企业为主体、市场为导向、产学研相结合的技术创新体系。积极开发环境友好、先进适用的稀土开采技术，复杂地质条件高效采矿技术，共伴生资源综合回收技术，提高资源采收率和循环利用水平。大力组织研发低碳低盐排放、超高纯产品制备、膜分离、伴生钍资源回收和利用、尾气氟硫回收处理、化工原料循环利用、生产自动控制等先进技术，实现稀土高效清洁冶炼分离。（2）加快推进企业技术改造。推动利用原地浸矿等高效绿色采选矿技术和先进设备改造现有稀土矿山，提高资源综合利用、生态修复、环境保护和安全生产水平，建设完善专用尾矿堆存和处理设施，加强尾矿保护与利用。鼓励利用无氨氮冶炼分离、联动萃取分离等先进技术和装备改造现有稀土冶炼分离生产线，降低化工材料消耗和"三废"排放。采用新型低排放、低能耗技术和设备改造稀土金属冶炼企业，提高生产效率和产品质量，降低能耗、物耗。加快淘汰氨皂化分离、氯化物电解、湿法制备氟化稀土等落后工艺。支持企业将技术改造与兼并重组、淘汰落后产能相结合，加快推进落后企业关停并转。（3）调整优化产业结构。严格控制稀土冶炼分离总量，除国家批准的兼并重组、优化布局项目外，停止核准新建稀土冶炼分离项目，禁止现有稀土冶炼分离项目扩大生产规模。坚决制止违规项目建设，对越权审批、违规建设的，依法追究相关单位和负责人责任。调整稀土加工产品结构，控制稀土在低端领域的过度消费，压缩档次低、稀土消耗量大的加工产品产量，顺应国际稀土科技和产业发展趋势，鼓励发展高技术含量、高附加值的稀土应用产业。加快发展高性能稀土磁性材料、发光材料、储氢材料、催化材料等稀土新材料和器件，推动稀土材料在信息、新能源、节能、环保、医疗等领域的应用[①]。

---

① 中华人民共和国国务院新闻办公室. 中国的稀土状况与政策（白皮书）［EB/OL］.（2012-06-20）［2012-06-20］. http://www.gov.cn/zhengce/2012-06/20/content_2618561.htm.

革命老区在脱贫攻坚与振兴发展过程中，高度重视稀土矿产资源开发问题。例如《赣闽粤原中央苏区振兴发展规划（2014—2020年）》强调要"以赣州为核心，建设具有较强国际竞争力的稀土产业基地，大力发展稀土磁性材料、发光材料、储氢材料及其应用产业链。建设稀土产学研合作创新示范基地和南方离子型稀土资源高效开发利用工程技术研究中心，加强稀土标准化技术研究。按照国家稀土产业总体布局，积极推动资源整合重组，在赣州组建大型稀土企业集团，建设南方离子型稀土战略资源储备基地"[①]。《左右江革命老区振兴规划（2015—2025年）》强调要"以崇左为核心，强化总量控制和存量优化，提升开采、冶炼和应用的技术水平，重点发展稀土磁性、储氢、发光、功能陶瓷等新材料"[②]。2019年5月20日，习近平在江西赣州实地调研相关稀土企业，并就推动稀土产业绿色可持续发展作出重要指示："稀土是重要的战略资源，也是不可再生资源。要加大科技创新工作力度，不断提高开发利用的技术水平，延伸产业链，提高附加值，加强项目环境保护，实现绿色发展、可持续发展。"[③]

2. 有色金属矿产资源。从广义上来说，有色金属矿产是指除黑色金属矿产以外的所有金属矿产，它包括铜、铅、锌、镍、钴、钨、锡、铋、钼、锑、汞等重金属矿产，铝、镁等轻金属矿产，金、银、铂族等贵金属矿产以及稀有金属矿产、稀土金属矿产、分散金属矿产等金属矿产。有色金属是国民经济、人民日常生活及国防工业、科学技术发展必不可少的基础材料，飞机、导弹、火箭、卫星、核潜艇等尖端武器以及原子能、电视、通讯、雷达、电子计算机等尖端技术所需的构件或部件大都是由有色金属中的轻金属和稀有金属制成的。

据统计资料显示：2013年，中国铜资源储量为9 111.9万吨，中国铜资源

---

① 国家发展改革委. 赣闽粤原中央苏区振兴发展规划（2014—2020年）[Z]. 2014-03-20: 9.

② 国家发展改革委. 左右江革命老区振兴规划（2015—2025年）[Z]. 2015-03-02: 17.

③ 习近平. 贯彻新发展理念推动高质量发展 奋力开创中部地区崛起新局面[EB/OL]. (2019-05-20) [2019-05-22]. http://www.xinhuanet.com/politics/leaders/2019-05/22/c_1124529225.htm.

储量主要分布于西藏、江西、云南、安徽等地。中国铜矿类型较多，主要类型有斑岩型、矽卡岩型、铜镍硫化物型、海相火山岩型、海相沉积型，铜矿品位一般较低，远低于智利、赞比亚等国的铜矿石品位。目前，中国初步形成了江西、铜陵、大冶、白银、中条山、云南、东北等7大铜业基地。2013年，中国铝土矿查明资源储量（矿石）40.2亿吨，主要集中在山西、河南、广西、贵州四省区。中国铝土矿资源以难熔的一水硬铝石为主，氧化铝生产能耗是国外先进水平的两倍。中国铅矿资源储量居世界第二位，2013年铅资源储量为6 737.2万吨。2013年锌查明资源储量13 737.7万吨，主要集中在云南、内蒙古、甘肃、广西、湖南、广东、四川、河北和江西九省区。中国金矿资源比较丰富，分布广泛。2013年中国金资源储量8 974.7吨[①]。

　　2011年12月8日，国务院办公厅转发的国土资源部等部门制定的《找矿突破战略行动纲要（2011—2020年）》强调要实施有色金属矿产资源综合利用示范工程，重点示范推广低品位氧化矿、复杂难处理多金属硫化矿、难利用铜矿、难利用铝土矿和黑色岩系资源高效综合利用技术。2016年11月2日，国务院批复实施的《全国矿产资源规划（2016—2020年）》（以下简称《规划》）强调要保障重要金属矿产有效供给，这包括：（1）要适度扩大铜铝镍等矿产开发规模。巩固长江中下游、内蒙古乌努格吐山、甘肃金川、新疆阿勒泰等现有铜镍生产基地，建设铜产业集群，稳定铜矿生产能力在60～70万吨/年，保持镍矿生产能力在9～10万吨/年。新建青海野马泉—夏日哈木等铜镍基地，力争新增铜矿供应能力8～10万吨/年。鼓励大型矿业企业参与晋中、豫西北、桂西南、黔中北等铝土矿基地资源开发整合，力争新形成2 000～3 000万吨/年铝土矿供应能力。（2）适当控制铅锌钼矿产开发利用强度。以南疆、甘肃南部、湘南—粤北、滇中—川南、滇西南等地区为重点，推进资源整合，鼓励资源向骨干企业集中。提高铅锌等矿山规模和环保准入门槛，加强现有矿山周边和深部找矿与资源储量升级工作，力争到2020年铅

①　自然资源部中国地质调查局. 重要矿产资源［EB/OL］.（2015-04-20）［2015-04-20］. http://www.cgs.gov.cn/ddztt/jdqr/d46gdq/bjzy/201603/t20160309_293104. html.

锌矿开采能力分别控制在350万吨/年、625万吨/年以内。建设豫西、陕西渭南、黑龙江伊春等钼矿基地，控制新增产能，有序开发利用。（3）保护性开发钨锡锑等矿产。巩固赣南、湖南郴州等钨矿资源基地，稳定开采规模，合理利用共伴生钨、低品位钨和含钨尾矿资源。稳定锡锑开发格局，重点提升滇东南、广西河池、湖南安化冷水江等资源基地开采和供给能力，加强对藏南、藏北等地区锑矿资源管理和保护。（4）鼓励金银等贵金属矿产勘查开发。加强贵金属矿产勘查，建设山东招远—莱州等资源基地，进一步提高安全、环保、能耗、工艺等办矿标准和生产水平，稳定国内金银等贵金属供给。鼓励企业按照市场规律开展兼并重组和资源整合，形成一批具有核心竞争力的大型黄金企业集团。不再新建地下开采规模低于3万吨、露天开采规模低于6万吨的黄金矿山[①]。《规划》提出要建设有色金属矿产基地43个，包括铜矿7个：安徽铜陵—芜湖、江西德兴—九江、内蒙古呼伦贝尔、山西侯马—垣曲、滇西北、西藏驱龙、西藏玉龙；铝土矿6个：晋中、晋南、晋西、豫西北、黔中北、桂西南；镍矿2个：甘肃金川、青海野马泉—夏日哈木；铅锌矿10个：内蒙古乌拉特后旗、内蒙古赤峰北、青海滩涧山—锡铁山、甘肃陇南、广东韶关、滇中—川南、滇西南、新疆乌恰、新疆和田火烧云、湘西花垣；钨锡锑多金属矿7个：江西武宁—修水、赣南、滇东南个旧—马关都龙、广西河池、湖南郴州、湖南安化冷水江、甘肃张掖—酒泉；钼矿4个：黑龙江伊春、豫西、陕西渭南、安徽金寨；金矿7个：山东招远—莱州、河南小秦岭—熊耳山、福建龙岩紫金山、贵州贞丰—普安、青海东昆仑、甘肃甘南、湖南平江—醴陵[②]。

江西省矿产资源储量居全国前列的有钨、钽、铷、锂、铯、铜、铋、银、铍，铜、钨、稀土、铀、钽铌、金、银素有"七朵金花"之称，钨矿和

①　自然资源部. 全国矿产资源规划（2016—2020年）[EB/OL]. (2016-11-02) [2016-11-15]. http://www.mnr.gov.cn/gk/ghjh/201811/t20181101_2324927.html.

②　自然资源部. 全国矿产资源规划（2016—2020年）[EB/OL]. (2016-11-02) [2016-11-15]. http://www.mnr.gov.cn/gk/ghjh/201811/t20181101_2324927.html.

离子型稀土矿在世界矿业领域具有重大影响，享有"世界钨都"和"稀土王国"的美誉。福建省金、铜、铅、锌、镍、钨、锡、钼、银等矿产资源较为丰富，例如光泽—宁化的铜、铅、锌、锡、金、银；浦城—宁德的铜、钼、金、银、铅、锌；松溪—德化的铜、铅、锌、金、银、钼等；闽西南的铜、铅、锌；上杭—云霄的铜、金、钼等。广东省的铜、铅、锌、钨、锡、钼、铋、锑等矿产资源较为丰富，大型矿床有曲江大宝山多金属矿、仁化凡口铅锌矿、连平锯板坑钨锡多金属矿和连平大顶铁多金属矿；中型矿床有阳春石碌铜矿、潮州厚婆坳锡多金属矿、乐昌杨柳塘铅锌矿、翁源红岭钨矿、南雄棉土窝钨铜矿等。据此，国家发展改革委印发的《赣闽粤原中央苏区振兴发展规划（2014—2020年）》强调要"在控制钨精矿生产总量的基础上，着重发展高性能钨硬质合金材料及配套工具，打造具有国际竞争力的钨产业基地。大力发展铜材精深加工，建设鹰潭（贵溪）铜基新材料产业基地。提升锂资源开发利用技术，打造碳酸锂生产基地。提升锡矿、锰矿、钼矿、金银、铅锌、铝矿开采和深加工水平"[1]。规划建设的有色金属产业基地包括章贡、崇义、大余、全南、定南、新罗、连平钨矿业基地，贵溪、上饶、横峰、广丰、赣县、上杭、梅县铜矿业基地，上杭、德化金矿业基地，武平白银矿业基地，南平、将乐铝矿业基地，上犹、寻乌、于都、尤溪、大田、永春铅锌矿业基地，安远、寻乌、五华钼矿业基地，南康、会昌、饶平锡矿业基地，袁州、宁都、新余锂矿业基地，蕉岭铷矿业基地[2]。

广西百色最重要的矿产资源是铝土矿，主要分布在平果县那豆、太平、教美，靖西市古力、南坡、大面、大品、三合、禄峒、新圩，那坡县龙合、德华，德保县那甲、马隘、县头等地。截至2015年12月，百色累计查明铝土矿资源储量83 432万吨，占广西铝土矿资源储量的93%，占全国铝土矿资源

---

① 国家发展改革委.赣闽粤原中央苏区振兴发展规划（2014—2020年）[Z].2014-03-20：9.
② 国家发展改革委.赣闽粤原中央苏区振兴发展规划（2014—2020年）[Z].2014-03-20：10.

储量的25%以上①。广西河池的有色金属矿产在全国占有很大的比重，是全国著名的"有色金属之乡"，其中，锡金属储量占全国三分之一，居全国之首；铟金属储量名列世界前茅；锑和铅金属储量居全国第二。广西崇左地处桂西矿产资源富集区南段，矿产资源较为丰富，主要有钨、铋、铜、铅、锌、金、银、锑、铝等种。贵州省黔西南州矿藏有金、锑、铊、铅、锌、铁、铜、铝土等。金矿资源已探明的特大型矿床1处、大型矿床4处、中型矿床1处、小型矿床4处及矿点、矿化点数十处，保有储量占贵州省的90%以上，已探明的地质储量约500金属吨，远景储量1 000吨以上，被中国黄金协会命名为"中国金州"。云南省文山市锑储量居全国第二位，锡储量居全国第三位，铝土储量居云南省首位。锡钨主要分布在马关、麻栗坡、文山三县；锑矿主要分布在广南、富宁、西畴、丘北、砚山五县；铅锌矿主要分布在文山、马关、广南、麻栗坡、砚山、丘北六县。据此，国家发展改革委印发的《左右江革命老区振兴规划（2015—2025年）》强调要"发挥百色铝产业优势，合理开发利用铝土矿资源，着力构建铝产业链、热电联产工业链和配套产业链。以河池为核心，通过产业集聚实现有色金属集约发展，延长锡、锑、铟、锌等产业链，研发生产高附加值产品。以黔西南为核心，加大资源勘探力度，发展黄金深加工产品及配套产业，打造'中国金州'品牌。有序推进崇左铜铝、文山铟锡钨等有色金属合理开发利用"②。

3. 非金属矿产资源。非金属矿产是指除金属矿石、矿物燃料以外具有经济价值的任何种类的岩石、矿物或矿物集合体。目前，非金属矿产在我国利用得比较广泛，这主要体现在以下几方面：（1）为了提高并保持农作物的产量，大量使用由磷、钾矿石生产的磷肥和钾肥，以及农用轻稀土。（2）在玻璃、化工、造纸、橡胶、食品、医药、电子电气、机械、飞机、雷达、导弹、原子能、尖端技术工业，以及光学、钻探等方面采用了有特殊工艺技

① 百色市自然资源局. 百色市矿产资源基本情况［EB/OL］.（2016-10-13）［2016-10-13］. http://bs. dnr. gxzf. gov. cn/dzhj/gyxdzzl/t3106829. shtml.

② 国家发展改革委. 左右江革命老区振兴规划（2015—2025年）［Z］. 2015-03-02: 16-17.

术特点的非金属矿产。如硅石和长石是制造玻璃的主要原料；石墨在火箭、导弹的装置中用作耐热材料和机械运转的润滑剂；云母是电气、无线电和航空技术中不可缺少的电气绝缘材料；明矾是炼铝、制造钾肥和硫酸的原料，也可用于印刷、造纸、油漆工业。（3）陶瓷制品是工业和民用中须臾离不得的，其应用数量之多、范围之广，为其他器皿所不及。陶瓷的制造原料就是高岭土、叶蜡石和硅灰石等非金属矿物。（4）建材用矿物原料占整个非金属矿产量的90%，仅石灰岩一项，一年的消耗量就达数十亿吨。随着现代化城市建筑业的发展，人们正在研究和寻找具有轻质、高强、隔热、隔音和防震等性质的非金属原料。（5）冶金工业需要大量的非金属矿产，用以制造耐火材料、熔剂的原料①。

我国是世界上非金属矿产品种比较齐全、资源比较丰富、质量比较优良的国家之一。我国已发现非金属矿物约110余种，已探明储量的近90种，非金属矿物产地8 000余处。石墨、菱镁矿、滑石、芒硝、石膏、膨润土、重晶石、萤石、磷矿、硅藻土矿等规模之大，世界罕见。我国非金属矿物产地分布广泛，如萤石、耐火黏土、硫、重晶石、盐矿、云母、石膏、水泥灰岩、玻璃硅质原料、高岭土、膨润土、花岗石和大理石等矿物产地覆盖全国2/3以上的省（区、市）。大多数矿产储量相对集中在我国东部和中部地区，特别是在东南沿海一带，如硫、石英砂、高岭土、石墨、滑石、萤石、重晶石等。在非金属矿物中，只有磷矿相对集中在云、贵、川、鄂等省，而钾盐、芒硝、盐矿、天然碱等盐类矿产则大量分布在青海柴达木盆地和新疆等地。

2008年12月31日，国土资源部发布的《全国矿产资源规划（2008—2015年）》强调要加强重要非金属矿产资源勘查，为化工和建材业发展奠定资源基础，"重点开展磷、硫、钾盐、优质高岭土、菱镁矿、晶质石墨、优质叶蜡石、萤石、优质膨润土等矿产资源勘查。加强成矿条件好的贵州、云南、湖北、四川等地区的磷矿勘查，发现一批新的大中型磷矿产地，增加资源储

---

① 张乾. 非金属矿产资源及其用途［EB/OL］.（2007-02-01）［2007-02-01］. http://www. csmpg. org. cn/kpyd2017/kpzs_135013/201709/t20170904_4854655. html.

量。加强华北地台北缘、长江中下游、粤桂湘赣成矿区带，四川、内蒙古、云南等西部省区硫资源勘查。有计划有重点地对成盐成钾条件好的油气区加强钾盐勘查，加强对青海、新疆、西藏、四川等省区盐湖型钾盐和富钾卤水的勘查，争取实现找矿新突破，为钾肥基地建设增加资源储量。加强具有地方特色的建材及其他重要非金属矿产的勘查，发现一批可供开发利用的矿产地"[①]。2011年12月8日，国务院办公厅转发的国土资源部等部门制定的《找矿突破战略行动纲要（2011—2020年）》强调要开展非金属矿产资源综合利用示范，重点推广示范高铝黏土、萤石、石墨、菱镁矿等优势非金属矿资源的高效利用工程，显著提高共伴生非金属矿产资源的综合利用水平[②]。

江西省的瓷土、熔剂灰岩等量大质优。此外，粉石英、硅灰石、膨润土、滑石、花岗石、大理石、珍珠岩等矿产资源丰富，其中赣西粉石英矿面积大、储量丰、埋藏浅，矿体裸露，适宜于工业规模露天开采。福建省的石英砂、花岗石材、叶蜡石、萤石、建筑砂等非金属矿产储量居全国前茅，龙岩、永定、漳平、永安、顺昌、三明、将乐等地的水泥用灰岩矿产，闽北邵武、建阳、光泽、顺昌、浦城一带萤石矿、东部火山岩地区叶蜡石、高岭土矿及沿海石英砂矿等资源丰富。广东省的高岭土、泥炭、脉石英、玻璃用砂、冰洲石、压电水晶、陶瓷土等非金属矿产在全国占重要位置。据此，国家发展改革委印发的《赣闽粤原中央苏区振兴发展规划（2014—2020年）》强调要"发挥萤石、岩盐、石英砂、高岭土、石灰石、硅灰石、膨润土、石墨储量优势，大力发展非金属材料产业，建设全国重要的盐化工、氟化工、硅化工、陶瓷等产业基地"[③]。规划建设的非金属矿产业基地包括会昌、上杭氟盐化工基地，瑞金、兴国、全南、三元、明溪氟化工基地，新干、樟树

① 国土资源部. 全国矿产资源规划（2008—2015年）[EB/OL].（2008-12-31）[2009-01-07]. http://www. gov. cn/gzdt/2009—01/07/content_1198508. htm.

② 国土资源部，国家发展改革委，科技部，等. 找矿突破战略行动纲要（2011—2020年）[J]. 中华人民共和国国务院公报，2012（19）：32.

③ 国家发展改革委. 赣闽粤原中央苏区振兴发展规划（2014—2020年）[Z]. 2014-03-20：10.

盐化工基地，上犹玻纤基地，贵溪硫磷化工基地，安源、龙岩特种玻璃基地，芦溪电瓷基地，黎川、德化、新罗陶瓷基地，安远电气石基地，金溪、永安石墨基地，广丰、永丰、弋阳黑滑石基地，遂川、崇义、石城硅石基地，漳平硅化物产业基地[①]。

第三节 发展生物医药产业

生物医药产业包括生物药品制品制造、化学药品与原料药制造、现代中药与民族药制造、生物医药关键装备与原辅料制造、生物医药相关服务。

2010年10月10日，国务院颁发的《关于加快培育和发展战略性新兴产业的决定》强调要"大力发展用于重大疾病防治的生物技术药物、新型疫苗和诊断试剂、化学药物、现代中药等创新药物大品种，提升生物医药产业水平。加快先进医疗设备、医用材料等生物医学工程产品的研发和产业化，促进规模化发展"[②]。2016年11月29日，国务院印发的《"十三五"国家战略性新兴产业发展规划》强调要推动生物医药行业跨越升级，"加快基因测序、细胞规模化培养、靶向和长效释药、绿色智能生产等技术研发应用，支撑产业高端发展。开发新型抗体和疫苗、基因治疗、细胞治疗等生物制品和制剂，推动化学药物创新和高端制剂开发，加速特色创新中药研发，实现重大疾病防治药物原始创新。支持生物类似药规模化发展，开展专利到期药物大品种研发和生产，加快制药装备升级换代，提升制药自动化、数字化和智能化水平，进一步推动中药产品标准化发展，促进产业标准体系与国际接轨，加速国际化步伐。发展海洋创新药物，开发具有民族特色的现代海洋中药产品，推动试剂原料和中间体产业化，形成一批海洋生物医药产业集

---

① 国家发展改革委. 赣闽粤原中央苏区振兴发展规划（2014—2020年）[Z]. 2014-03-20: 10.

② 国务院. 关于加快培育和发展战略性新兴产业的决定 [J]. 中华人民共和国国务院公报, 2010（30）: 6.

群"①。据此，规划建设的重点工程是围绕构建可持续发展的生物医药产业体系，以抗体药物、重组蛋白药物、新型疫苗等新兴药物为重点，推动临床紧缺的重大疾病、多发疾病、罕见病、儿童疾病等药物的新药研发、产业化和质量升级，整合各类要素形成一批先进产品标准和具有国际先进水平的产业技术体系，提升关键原辅料和装备配套能力，支撑生物技术药物持续创新发展②。

革命老区在脱贫攻坚与振兴发展过程中，始终高度重视发展生物医药产业。例如《赣闽粤原中央苏区振兴发展规划（2014—2020年）》强调要加快中成药、西药、保健食品及化学原料药、医药化工等企业集聚，培育和引进医疗器械研发生产企业，努力形成以创新药物研发和先进医疗设备制造为主体的产业链。规划建设的医药产业基地包括抚州、赣州、吉安、三明、南平、龙岩、梅州、宜春（袁州、樟树）③。《左右江革命老区振兴规划（2015—2025年）》强调要"加强道地药材药品的品牌建设，利用现代生物提取技术，建设中药饮片和医药中间体提取生产线，推进中医药、民族药系列产品现代化、规模化、规范化生产。以文山为核心，重点发展以三七为主的中药材种植、加工、经销网络，建设国家重要的中药材现代化种植基地、健康产品研发生产基地、中药材市场集散地，提升文山三七品牌影响力。支持百色、河池、崇左发展壮药、瑶药，支持黔东南、黔南、黔西南发展苗药、侗药、水药，培育一批民族骨干制药企业。实施百色田七产业化工程。推进特色生物医药、医学工程产品产业化，重点发展生物分离介质与药用辅料、生物医药服务"④。具体而言，规划建设的道地药材基地包括文山三七、万寿菊等，百色田七、铁皮石斛、猫豆等，河池广豆根等，崇左七叶一枝花、金钱草等，黔西南金银花、灵芝等，黔南艾纳香、何首乌等，黔东

① 国务院. "十三五"国家战略性新兴产业发展规划［J］. 中华人民共和国国务院公报，2017（1）：34-35.

② 国务院. "十三五"国家战略性新兴产业发展规划［J］. 中华人民共和国国务院公报，2017（1）：35.

③ 国家发展改革委. 赣闽粤原中央苏区振兴发展规划（2014—2020年）［Z］. 2014-03-20：10.

④ 国家发展改革委. 左右江革命老区振兴规划（2015—2025年）［Z］. 2015-03-02：18.

南钩藤、天麻等。规划建设的制药基地包括申报文山三七国家工程研发中心，建设"文山三七生物谷"；百色现代中药原料产业示范区；崇左、河池等生物制药，黔南、黔东南、黔西南民族医药等。《川陕革命老区振兴发展规划（2016—2020年）》强调要依托道地中药材药源基地，引进高新技术和现代制药企业，加快中药现代剂型、中药饮片、医药中间体创新技术开发、应用和产业化，大力发展生物制药[①]。

据此，相关省份印发了具体方案或意见，指导本区域生物医药产业高质量发展。例如2018年9月6日，广西壮族自治区人民政府办公厅印发了《广西生物医药产业跨越发展实施方案》（以下简称《方案》），对着力推动广西生物医药产业跨越发展作出部署。《方案》强调要构建合理的生物医药产业体系。

1. 重点发展特色中药民族药产业。突出广西中药民族药产业特点，传承和发掘传统优势，运用先进技术改造传统中药民族药，加速实现中药民族药产业现代化。加快推动壮药瑶药标准上升为国家标准，推动壮药瑶药进入《中国药典》。鼓励中药壮药瑶药制剂发展，推动重大中药壮药瑶药的新药创制和产业化。中药重点发展心脑血管系统、跌打损伤、妇科儿科、呼吸系统、泌尿系统类用药和中药提取物、中药饮片及配方颗粒；壮药重点发展治疗风湿病、肩周炎、痛症、肿瘤类用药；瑶药重点发展治疗妇科疾病、皮肤病、系统性红斑狼疮、骨伤、偏瘫类用药。实施大品种战略，支持采用现代生物技术、先进制药工艺和制剂技术，对广西传统名优中成药及传统名方、经典验方进行二次开发，形成新的增长点[②]。

2. 大力发展化学药产业。以提升化学药质量、规模和效益为目标，按照制剂优先、原料药协同发展的思路，加强新药研发和生产的关键技术研究，提高化学药制剂水平。发挥广西在抗感染、抗肿瘤、抗疟疾、抗喘、解热镇

---

① 国家发展改革委. 川陕革命老区振兴发展规划（2016—2020年）[Z]. 2016-07-27: 14.
② 广西壮族自治区人民政府办公厅. 广西生物医药产业跨越发展实施方案[EB/OL]. (2018-09-06) [2018-09-06]. http://www.gxzf.gov.cn/zwgk/zfwj/20180919-713802.shtml.

痛、心脑血管系统和防治神经性疾病等领域的优势，加大新药自主创新力度，鼓励研制具有自主知识产权的小分子化合物。巩固大宗原料药市场，重点发展小品种原料药，支持原料药企业提升装备水平，积极采用酶化合成、生物转化、膜技术、结晶技术等共性技术，提高原料药生产工艺和质量水平。加快经皮给药、经黏膜给药、靶向给药和缓控释制剂、长效制剂等化学药新制剂的发展[①]。

3. 培育壮大医疗器械产业。鼓励发展创新型医疗器械产业，大力推进临床医学检验设备及器械开发制造、重大医疗仪器设备制造、放射影像产品制造、全科诊断系统设备制造等项目规模化发展，重点支持体液分析仪、血糖检测仪、电子计算机断层扫描机高频头、高频高压医用X光机、全科检测设备、洁牙设备、介入诊疗手术床、诊断类试纸、试剂盒、注射泵、无菌医疗器械、一次性医疗器械等优势产品加快发展。积极引进发展全自动生化分析仪、化学发光免疫分析仪、高质量基因测序仪、五分类血细胞分析仪等体外诊断设备和配套试剂，形成产业链[②]。

4. 积极发展生物技术药物产业。依托现有产业基础，重点发展壮大血液制品、生物酶制剂、治疗性基因工程药物等广西优势品种，鼓励和支持企业在疫苗、重组蛋白类药物和单克隆抗体等生物药新兴领域产品的研发及产业化。积极引进国内外生物药龙头企业和新药品种及先进技术，提升广西生物技术药物产业规模化生产能力[③]。

5. 积极培育发展海洋生物医药产业。充分利用北部湾区域丰富的海洋资源，提取高价值海洋生物活性物质，加快发展以珍珠、中华鲎、海蛇、海马、海龙、海星为原料的多糖、蛋白质、氨基酸、酯类、生物碱类、萜类和

---

① 广西壮族自治区人民政府办公厅. 广西生物医药产业跨越发展实施方案 [EB/OL]. (2018-09-06) [2018-09-06]. http://www.gxzf.gov.cn/zwgk/zfwj/20180919-713802.shtml.

② 广西壮族自治区人民政府办公厅. 广西生物医药产业跨越发展实施方案 [EB/OL]. (2018-09-06) [2018-09-06]. http://www.gxzf.gov.cn/zwgk/zfwj/20180919-713802.shtml.

③ 广西壮族自治区人民政府办公厅. 广西生物医药产业跨越发展实施方案 [EB/OL]. (2018-09-06) [2018-09-06]. http://www.gxzf.gov.cn/zwgk/zfwj/20180919-713802.shtml.

甾醇类等海洋药物，加快海洋药物规模化、产业化发展①。

2019年11月7日，云南省人民政府印发了《关于加快生物医药产业高质量发展的若干意见》，对云南省以生物技术药、现代中药、仿制药为重点的生物医药产业高质量发展提出具体意见。

1.促进生物技术药领先发展。（1）优先发展生物疫苗。加快多联多价联合疫苗、基因工程疫苗关键技术攻关，抢占高端疫苗技术制高点。鼓励重点研发生产机构通过市场化手段引进合作伙伴，扩大优势产品产能，重点支持提升肺炎疫苗、脊灰系列疫苗、百白破联合疫苗、手足口病疫苗等新型疫苗产业化规模。鼓励企业申报世界卫生组织预认证、开展新型疫苗产品国外注册、推进产品国际化。鼓励各州、市采取"政府补贴、企业让利、百姓购买"形式，推广生物疫苗惠民工程，提高全民疾病预防水平。（2）大力发展精准医疗产品。推进具有重大需求的白蛋白、凝血因子、免疫球蛋白等产品产业化进程。发展大规模、高表达、高纯度、高活性抗体生产技术以及新型抗体制备技术。开发3D生物打印再生医学产品，将医学3D打印技术纳入医疗服务收费项目。利用液体活检、生物标志物早筛与早诊等检测手段，发现新病理机制和新靶点，开发治疗肿瘤、免疫系统、心脑血管和感染性疾病抗体药物。积极发展免疫原性低、稳定性好、靶向性强、生物利用度高、长效重组蛋白药物。（3）积极发展以干细胞为重点的细胞治疗产品。加强细胞产品应用基础研究和转化研究，推进细胞产品临床研究项目备案。依托在滇科研机构或有关企业，建设细胞产品制备中心。推动建设细胞产品检测中心，积极开展区域性第三方检测评价服务。制定统一、标准、规范的技术质量体系，推进临床研究成果商业化应用。鼓励企业围绕恶性肿瘤治疗和免疫功能异常，加快发展免疫细胞治疗产品②。

---

① 广西壮族自治区人民政府办公厅.广西生物医药产业跨越发展实施方案[EB/OL].（2018-09-06）[2018-09-06].http://www.gxzf.gov.cn/zwgk/zfwj/20180919-713802.shtml.

② 云南省人民政府.关于加快生物医药产业高质量发展的若干意见[EB/OL].（2019-11-07）[2019-11-14].http://www.yn.gov.cn/zwgk/zcwj/yzf/201911/t20191114_184595.html.

2. 加快现代中药转型发展。（1）夯实中药质量基础。支持标准化、规范化、有机化中药材种植养殖基地建设，积极发展道地药材。大力推进标准体系建设，推动生产企业、研究单位联合开展质量标准、炮制规范研究，系统构建中药标准化服务支撑体系和信息化追溯体系。推进智能制造，鼓励开展产业链质量传递评价、指纹图谱质量控制等关键技术研究，培育一批示范标杆企业。支持企业开展已上市中药注射剂及中药大品种再评价。（2）推进中药创新。围绕中药在疾病预防和慢性病、功能失调、疑难疾病治疗等方面的优势，建设全国重要的中药研发、生产与集散中心。鼓励以院内制剂、经典名方和民族民间医药为基础研制中药新药。提升现代中药提纯技术和制剂技术开发应用水平，扩大植物提取物研发生产规模，进一步拓展国内外市场。加快引进一批国内中药、植物药龙头企业和国外知名企业，整合提升中药发展水平。（3）大力发展中药配方颗粒。建立中药配方颗粒产业链质量体系，保证产品安全可靠。探索研究中药配方颗粒与饮片共煎、传统饮片等效性问题。鼓励医疗机构配备使用一体化智能配方设备，建设智慧药房。建立省际互认质量标准体系，发展道地药材配方颗粒大品种。（4）提升三七提取物发展水平。鼓励开展三七系列保健食品、日用品等产品研究开发，拓展应用领域；鼓励开展药理研究，阐明三七活性成分作用机理；鼓励开展临床对比研究和临床大数据分析，系统研究三七系列产品有效性和安全性。着力支持防治心血管疾病三七创新药物开发。加快三七提取物标准国际化进程，推动三七产业走向国际市场。（5）创新中药发展模式。促进中药产业与中医药健康服务业融合发展，研发并生产具有自主知识产权的保健食品、功能食品、特殊用途化妆品。发展"互联网+中药+中医+中医药健康服务"平台经济，构建中药产业新业态、新模式[①]。

3. 推动仿制药突破发展。（1）积极推进仿制药一致性评价。引导和支持企业围绕临床价值布局产品线，合理选择临床需求稳定、增长潜力大的仿

---

① 云南省人民政府. 关于加快生物医药产业高质量发展的若干意见[EB/OL]. (2019-11-07) [2019-11-14]. http://www.yn.gov.cn/zwgk/zcwj/yzf/201911/t20191114_184595.html.

制药品种开展一致性评价。支持企业围绕一致性评价品种进行技术改造及产能提升。（2）大力引进仿制药落地生产。着力支持上市许可持有人品种转化落地。鼓励企业引进国外专利药授权许可，依法申请专利强制许可，拓展仿制药品种。支持具备资源和环境承载能力的地区发展大宗化学原料药以及辅料、包装材料等配套产业，提高环保、安全和智能化水平，实现绿色发展。借助特色原料药产业，发挥区位优势，加强与南亚东南亚国家在仿制药研发生产方面的交流合作，探索建设仿制药研发生产国际合作基地。（3）鼓励化学药研发。鼓励企业针对重大疾病开展创新药、改良型新药研发，加快临床必需、疗效确切、供应短缺以及专利到期前一年尚未提出注册申请的仿制药研发生产。重点加大对进入临床试验环节的新药研发支持力度。以产业链布局创新链，加强药用原辅料、包装材料和制剂研发联动。鼓励企业积极开展国际认证和境外申报，推进国际产能合作，建立跨境研发合作平台[①]。

4. 打造生物医药聚集区。（1）全力打造产业核心区。依托昆明国家生物产业基地和昆明大健康产业示范区，紧盯产业链、技术链、价值链高端，主攻生物疫苗、现代中药、仿制药三大重点方向，聚集资源、政策、人才等要素，形成以昆明生物医药产业聚集区为核心区，楚雄彝药园、文山三七园、玉溪生物制品园等园区协同发展的产业格局，走出一条差异化、特色化、集约化发展路子。深化"放管服"改革，营造生物医药聚集区一流营商环境。设立药品检验、安全性评价、药品评审等分支机构，建立省级部门"直通服务"。（2）建设创新研发平台。立足昆明生物医药产业聚集区，按照"政府引导、市场运作、资源整合、开放共享"模式，依托现有研发平台，采取共同出资、技术入股、股权投资等方式，吸纳省级投资平台、国内外知名医药研发机构、企业集团等创新资源，集省市之力，共同组建生物医药创新中心。聚焦关键环节研发、大型仪器设备共享、产权交易、项目孵化

---

① 云南省人民政府. 关于加快生物医药产业高质量发展的若干意见［EB/OL］.（2019-11-07）［2019-11-14］. http://www.yn.gov.cn/zwgk/zcwj/yzf/201911/t20191114_184595.html.

等核心业务，提升药物数字化研发水平，推动研发创新链向两端延伸。努力将创新中心培育成为全国重要的综合性药物研发平台、创新资源的整合优化管理平台、创新成果的孵化共享平台、创新人才的服务平台。（3）建设临床试验平台。引导组建云南省药物临床试验联盟，争取建设国家药物临床综合评价中心和评价基地，打造临床研究平台体系。拓展临床试验认定专业，重点推进生物等效性试验平台建设，加快商业化运作步伐，突破发展瓶颈。（4）建设检验检测平台。鼓励省食品药品监督检验研究院等检验研究机构提高检验检测水平，积极参与重大基础研究、核心技术研究以及重大科技攻关。加快推动国家级口岸药品检验所、疫苗批签发检验所建设。鼓励国内龙头检测技术机构在云南省设立总部或分支机构。支持云南省内生物医药企业剥离优势检验检测资源，设立具有独立法人地位的第三方检测技术机构[①]。

5. 培育壮大龙头企业和特色品种。（1）实施龙头企业引育工程。坚持外引内培、一企一策，坚持招大引强，瞄准生物医药世界500强、国内百强企业，重点引进一批大企业大集团落户云南省。推进生物医药工业加快数字化、网络化、智能化建设步伐。鼓励企业剥离整合，聚焦核心业务，实现专业化分工，发展合同研发、生产组织。支持企业并购重组，提升技术水平，实现集约发展。支持企业强强联合、开放合作，在全球范围布局研发、生产、营销基地，打造具有国际竞争力的大型企业集团。（2）实施品种体系优化工程。建立品种培育目录，实行动态管理，做强一批大品种、做大一批小品种、做活一批闲置品种。着力做大独家品种、特色品种规模，形成优势品种产业支撑。支持云南省企业收购国内外优质闲置品种。积极引进或自主研发一批创新药、改良型新药、古代经典名方在云南省落地生产[②]。

6. 加强要素保障。（1）构建多层次人才体系。借助云南省优良自然环

---

① 云南省人民政府. 关于加快生物医药产业高质量发展的若干意见［EB/OL］.（2019-11-07）［2019-11-14］. http://www. yn. gov. cn/zwgk/zcwj/yzf/201911/t20191114_184595. html.

② 云南省人民政府. 关于加快生物医药产业高质量发展的若干意见［EB/OL］.（2019-11-07）［2019-11-14］. http://www. yn. gov. cn/zwgk/zcwj/yzf/201911/t20191114_184595. html.

境和独特区位优势，积极引进一批生物医药领域高端人才入滇发展。切实加大高层次人才带技术、团队入滇发展项目的支持力度。鼓励云南省内高等院校、科研院所以市场需求为导向，打造生物医药专业技术人才培养基地。推进产学研联合培养、定向培养模式，加强职业高中、技工学校产业工人培养。创新人才发展体制机制，支持科研人员到生物医药企业兼职兼薪，支持企业建立以知识价值为导向的收入分配制度和奖励机制。强化政策激励，用好现有人才资源，重点提升产业链稀缺人才的薪酬、职称等方面待遇。

（2）完善投融资体系。搭建以"创业投资为主导，天使投资为补充，多层次资本市场和科技信贷为支撑"的多元投融资体系。着力引进风险投资机构，探索以政府引导、社会资本为主设立生物医药产业发展基金。加快建立生物医药产业产权交易平台，完善交易机制，促进产权流通。加强信用担保机制、风险补偿机制建设，推动商业银行设立生物医药产业专贷业务，解决企业贷款难问题。支持符合条件的生物医药企业发行企业债券、短期融资券、中期票据等金融产品。培育上市资源，拓宽上市渠道，推动一批主业突出、成长性好、带动力强的企业通过多层次资本市场直接融资[①]。

7. 加大资金支持。省财政统筹中药饮片产业发展资金作为生物医药产业发展专项资金，支持重点领域和关键环节，由省工业和信息化厅会同省财政厅、省科技厅组织实施。强化政策评估及财政资金预算绩效管理，加强评估结果运用，不断提高政策实施效果和财政资金预算管理水平。（1）大力推进招商引资。支持取得药品注册批件并在我省生物医药产业聚集区内实施产业化的项目。总部新落户云南省的生物医药世界500强或国内工业百强企业，一次性奖励1 000万元。（2）支持创新发展。云南省企业或研究单位取得临床批件或进行临床备案，以及完成国内外Ⅰ、Ⅱ、Ⅲ期临床研究的，按照研发投入的20%，分别给予最高300万元、300万元、500万元、800万元补助。支持云南省企业开展仿制药一致性评价和中成药上市后再评价，对通

---

① 云南省人民政府. 关于加快生物医药产业高质量发展的若干意见[EB/OL].（2019-11-07）[2019-11-14]. http://www. yn. gov. cn/zwgk/zcwj/yzf/201911/t20191114_184595. html.

过一致性评价的，每个品种给予最高300万元奖励，通过中成药上市后再评价，每个品种给予最高500万元奖励。支持企业按照新发展理念，进行技术改造或改建扩建。（3）加大平台建设支持力度。采取固定资产建设奖补、研发合同奖补等多种支持方式，对创新研发平台、临床试验平台、检验检测平台加大支持力度。（4）推进品种产业化。支持生物医药新品种引进，鼓励药品上市许可持有人、医疗机构委托生产或调配制剂①。

8. 优化发展环境。（1）完善市场准入。支持符合条件的中药饮片及配方颗粒、医院制剂和云南省民族药品种优先纳入省内医保基金支付范围。对云南省企业生产的创新药、通过一致性评价品种及时纳入省级药品采购范围，鼓励医疗机构在同等条件下优先采购。（2）创新流通模式。鼓励药品流通企业充分运用互联网、大数据、区块链技术，创新营销模式。支持中小型药品流通和零售企业发展采购联盟和药店联盟，采用联购分销、统一配送等方式，形成高效、安全、便利的现代药品流通体系。支持云南国际中药材交易中心等区域产销对接平台建设。（3）强化协调服务。建立省级专项协调团队，主动对接国家有关部委，加快新型疫苗、创新药、罕见病治疗药、儿童专用药优先审评审批。进一步落实领导干部挂钩联系民营企业制度，组建高层次专家顾问智库，协调解决企业研发及发展中出现的突出问题。积极开展高端论坛、创新协作等大型活动，促进产业开放发展。加快制定云南省生物医药企业三年倍增计划，合力推进生物医药产业发展政策措施落实②。

---

① 云南省人民政府. 关于加快生物医药产业高质量发展的若干意见［EB/OL］.（2019-11-07）［2019-11-14］. http://www.yn.gov.cn/zwgk/zcwj/yzf/201911/t20191114_184595.html.

② 云南省人民政府. 关于加快生物医药产业高质量发展的若干意见［EB/OL］.（2019-11-07）［2019-11-14］. http://www.yn.gov.cn/zwgk/zcwj/yzf/201911/t20191114_184595.html.

第六章

完善老区基础设施网络

针对革命老区基础设施网络薄弱的现实情况，革命老区在脱贫攻坚与振兴发展过程中，通过完善综合交通网络，加快水利设施建设，因地制宜开发清洁能源，着力改善老区发展环境与条件，破解老区脱贫攻坚与振兴发展瓶颈制约。

第一节　完善综合交通网络

交通等基础设施情况，是革命老区扶贫脱贫与振兴发展的重要条件。为扶持老区加快脱贫发展，国家向老区优先安排铁路建设项目，推进老区高等级公路建设，布局一批支线和通用机场，支持有条件的老区加快港口、码头、航道等水运基础设施建设。

1. 铁路建设。陕甘宁革命老区铁路建设规划项目包括：（1）干线铁路。新建西安—宝鸡—兰州客运专线，银川—西安铁路；包头—西安通道扩能改造建设，包头—呼和浩特—集宁复线电气化改造，西安—信阳、西安—安康—重庆、西安—安康—武汉、包兰铁路银川—兰州段、宝中铁路增建二线。（2）支线铁路。新建西安—平凉、天水—平凉、神木北—大保当、神木—瓦塘东、准格尔—朔州、准格尔—神木等资源通道；干塘—武威南铁路增建二线①。赣闽粤原中央苏区铁路建设规划项目包括建设昌（南昌）吉（安）赣（州）铁路客运专线、赣（州）龙（岩）铁路扩能、南（平）二（明）龙（岩）、岳（阳）吉（安）等铁路项目。开展鹰（潭）瑞（金）梅（州）、浦（城）梅（州）、赣（州）井（冈山）、梅（州）汕（头）等铁路项目前期工作，研究赣（州）深（圳）铁路客运专线、赣（州）韶（关）铁路复线、吉（安）建（宁）铁路等项目②。左右江革命老区铁路建设规划项目包括黔桂铁路增建二线、南昆铁路扩能改造、湘桂铁路南宁—凭祥段扩能改造，黄桶—百色、河池—南宁、靖西—龙邦等国家铁路③。大别山革命老区规划推进客运专线、城际铁路、能源运输通道建设，进一步完善铁路客

---

① 国家发展改革委.陕甘宁革命老区振兴规划（2012—2020年）[Z].2012-03-25：16.

② 国家发展改革委.赣闽粤原中央苏区振兴发展规划（2014—2020年）[Z].2014-03-20：15.

③ 国家发展改革委.左右江革命老区振兴规划（2015—2025年）[Z].2015-03-02：12.

货运输通道和区域路网布局，构建内联外畅的现代化铁路运输体系；推进铁路综合运输枢纽及仓储配送、信息服务等配套设施建设[1]。川陕革命老区铁路建设规划项目包括：（1）对外交通主通道。加快建设兰州—重庆铁路、西安—成都高速铁路、阳平关—安康铁路复线，规划建设汉中—巴中—南充铁路、西安—武汉高速铁路、西安—重庆高速铁路，规划研究安康—张家界铁路。（2）区域内通道。实施广元—巴中铁路扩能改造，适时研究建设区域内城际铁路和若干支线铁路[2]。

2. 高等级公路建设。陕甘宁革命老区公路建设规划重点项目包括：（1）高速公路。延安—黄陵—铜川，东山坡—毛家沟（宁甘界），徽县（陕甘界）—天水，临洮—渭源—武都。（2）普通干线公路。长官路口—宁县—正宁—政平（陕西界）—长庆桥，彭阳—镇原—肖金，西峰—合水，环县二十里沟口—沙井子—车路崾岘，正宁—调令关，国道309线驿马—王洼—原州区段，店塔—红碱淖，华亭—崇信—灵台公路；西安至禹门口高速与西安至铜川高速连接线，省道305线海原新区至海原老县城，吴忠至太阳山，国道309线西吉—郭家沟段，国道210线铜川老市区—新市区过境路改线，省道101线固原过境段，省道203线高台经王洼至高寨源、静宁—西吉—会宁—榆中段；华池—南梁—太白—新堡，富平—耀州—照金—旬邑，泾源—六盘山—西吉—须弥山公路[3]。赣闽粤原中央苏区公路建设规划重点项目包括大广高速赣州、吉安繁忙路段扩容，厦蓉高速漳州天宝至龙岩蛟洋段扩容，新建济广高速平远至兴宁段、湄渝高速莆田至建宁段、汕昆高速龙川至英德段及南昌至韶关等国家高速公路；G105、G205等国道和重要省道改造[4]。左右江革命老区规划建设贵阳—百色—靖西—龙邦（口岸）国家高速公路，建成三都—南丹—巴马—田东—龙州—凭祥（口岸）、兴义—西林—

① 国家发展改革委. 大别山革命老区振兴发展规划（2015—2020年）[Z]. 2015-06-15：15.
② 国家发展改革委. 川陕革命老区振兴发展规划（2016—2020年）[Z]. 2016-07-27：10.
③ 国家发展改革委. 陕甘宁革命老区振兴规划（2012—2020年）[Z]. 2012-03-25：15-16.
④ 国家发展改革委. 赣闽粤原中央苏区振兴发展规划（2014—2020年）[Z]. 2014-03-20：15.

广南—麻栗坡（口岸）以及马关—麻栗坡—富宁—靖西—东兴沿边高等级公路[①]。大别山革命老区规划推进国家高速公路、城际快速通道建设，完善区域高速公路网络；实施普通国省干线升级改造和路面改造工程，基本实现国道达到二级及以上等级；加强公路危桥改造、安保工程建设，有序推进县乡道改造、连通工程建设等，完善农村公路网络[②]。川陕革命老区高速公路规划项目包括：加快建设巴中—汉中—宝鸡、巴中—广安—重庆等高速公路，开工建设开县—城口—岚皋—安康、平利—镇坪—巫溪等高速公路[③]。

3. 水运基础设施建设。赣闽粤原中央苏区航运建设规划重点项目包括：（1）航道。建设赣州—吉安—峡江三级航道、新干航电枢纽；实施信江、樟树赣江综合治理，袁河航道治理，闽江水口电站枢纽坝下水位治理，沙溪口坝下航道整治，重阳溪生态航道建设，韩江、梅江、石窟河航道整治工程。（2）港口。建设赣江、闽江、梅江、汀江、韩江沿线客货运码头，赣州陡水湖码头，漳州古雷港大型液体化工码头，潮州港客货运码头[④]。左右江革命老区水运基础设施建设规划项目包括：（1）右江。加快百色水利枢纽通航设施建设，整治富宁至百色、百色至南宁段航道，推进建设百色港大旺、头塘、二塘、祥周、旺江等作业区和富宁港二期工程。（2）左江。提升南宁（宋村三江口）至龙州航道以及水口河、平而河等国际航道等级。加快先锋、左江等水电站通航设施建设改造，新建山秀、美亚等船闸，建设崇左港扶绥、龙州等港区以及作业区、旅游码头。（3）红水河。规划建设南北盘江、红水河高等级航道工程。加快龙滩水电站通航设施建设，改造岩滩等水电站通航设施。推进建设南丹吾隘、都安红渡、东兰弄堂等作业区，以及金钟山、蔗香等港口码头。（4）都柳江。规划建设都柳江三都至老堡口

航道整治工程。加快从江、大融等航电枢纽工程建设①。大别山革命老区规划加强长江干线、淮河等高等级航道建设，稳步改善主要支流航道条件，推进港口码头基础设施建设②。川陕革命老区水运基础设施建设规划项目包括：（1）航道。渠江航道升级改造、嘉陵江川境段航运配套工程，洋县—安康五级航道、安康—旬阳—白河四级航道建设。（2）港口码头。建设南充港河西作业区、广元港张家坝作业区，达州港，汉江安康港、白河港等主要作业码头③。

4. 民航支线和机场建设。国家发展改革委在编制重点革命老区振兴发展规划时强调原陕甘宁革命老区要优化民用机场布局，提升航空运输及应急能力，迁建延安机场，改扩建银川、榆林、庆阳等机场，新建府谷机场，研究论证壶口、定边、平凉等支线机场项目，构建开放衔接、协调发展的航空网络，提升支线航空的通达通畅能力④。赣闽粤原中央苏区要积极推进赣州黄金机场、吉安井冈山机场扩建，加快上饶、三明、漳州等新机场建设；做好武夷山、梅县机场迁建，抚州、鹰潭机场新建前期工作，研究建设瑞金等通勤机场和一批通用机场⑤。左右江革命老区要优化机场网络布局，加强支线机场建设，因地制宜建设通用机场，提升机场服务功能，形成功能完善、快捷便利的航空体系；做好兴义、文山、黎平、荔波等机场改扩建前期准备工作；规划新建丘北、罗甸、都匀等支线机场，研究迁建百色机场⑥。大别山革命老区要加快民航机场建设，推进武汉天河国际机场三期工程，完成信阳明港机场军民合用改扩建，研究迁建安庆机场，加快黄冈机场前期工作，规划研究通用机场⑦。川陕革命老区要积极推进支线机场新建和改扩建，增

---

① 国家发展改革委. 左右江革命老区振兴规划（2015—2025年）[Z]. 2015-03-02: 14.

② 国家发展改革委. 大别山革命老区振兴发展规划（2015—2020年）[Z]. 2015-06-15: 17.

③ 国家发展改革委. 川陕革命老区振兴发展规划（2016—2020年）[Z]. 2016-07-27: 10.

④ 国家发展改革委. 陕甘宁革命老区振兴规划（2012—2020年）[Z]. 2012-03-25: 17.

⑤ 国家发展改革委. 赣闽粤原中央苏区振兴发展规划（2014—2020年）[Z]. 2014-03-20: 16.

⑥ 国家发展改革委. 左右江革命老区振兴规划（2015—2025年）[Z]. 2015-03-02: 14.

⑦ 国家发展改革委. 大别山革命老区振兴发展规划（2015—2020年）[Z]. 2015-06-15: 17-18.

强航空客货集散能力，研究建设一批通用航空机场。一是支线机场。新建巴中机场、阆中机场，改扩建南充机场，迁建达州机场、安康机场。二是通用航空。研究建设绵阳北川，达州宣汉、万源，广元旺苍、青川，巴中南江、通江，汉中南郑、西乡，安康岚皋、镇坪，商洛丹凤，重庆城口等通用机场[①]。

第二节　加快水利设施建设

水利设施是发展农业生产、提高农业综合生产能力和发展农村经济的重要基础设施，是提高粮食产量和改善农民生活水平的重要支撑。为此，必须加快建设水资源开发利用工程，农田水利工程，防洪减灾工程，水土保持工程。

1. 水资源开发利用工程。国家发展改革委印发的《陕甘宁革命老区振兴规划（2012—2020年）》强调要加强调水工程建设，包括甘肃引洮、会宁北部供水、宁夏盐环定扬黄续建、兴仁扬水等工程；加强水库工程建设，包括延安北洛河南沟门水库、咸阳亭口水库；有序推进陕北能源化工基地黄河大泉引水以及陇东能源基地庆阳、平凉基地供水等工程的前期工作[②]。国家发展改革委印发的《赣闽粤原中央苏区振兴发展规划（2014—2020年）》强调要加快推进水利枢纽建设，包括韩江（高陂）大型水利枢纽，峡江、新余白梅、梅州梅南水利枢纽；加强水资源配置工程建设，包括赣州上犹江引水，寻乌引太入文，南丰引潭入琴，横峰引伦入横，峡江引水入渝，白云山、武功湖引水，袁州飞剑潭引水，潮州引韩济饶，龙岩产业集中区、三明生态工贸区水资源配置，漳平永福后盂蓄水，长汀水土流失区引调水等工程；加强

---

① 国家发展改革委. 川陕革命老区振兴发展规划（2016—2020年）[Z]. 2016-07-27: 11.
② 国家发展改革委. 陕甘宁革命老区振兴规划（2012—2020年）[Z]. 2012-03-25: 19.

水库工程建设，包括新建信丰龙井、于都上蕉和岭下、兴国洋池口、寻乌太湖、莲花寒山、宜春四方井、永新铁镜山、黎川长滩、铅山伦潭、芦溪山口岩、光泽茶富、安溪白濑、德化彭村、尤溪兴头、平远凤池、丰顺龙峡、浦城王家洲、新罗坪坑、长汀荣丰、漳浦朝阳等水库①。国家发展改革委印发的《左右江革命老区振兴规划（2015—2025年）》强调要建设石漠化片区重点水源工程，新建兴义马岭、崇左驮英、文山德厚等大型水库，新建田东那拔河、德保陇温、东兰大巴英、平塘擦耳岩、三都鸭寨、独山甲摆、安龙平桥、从江宰章、广南那榔等中小型水库；推动田阳百东河、田林丰厚、凤山乔音等水库扩容工程建设②。国家发展改革委印发的《大别山革命老区振兴发展规划（2015—2020年）》强调要推进鄂北水资源配置工程、引江济淮等跨区域调水重点工程建设，推进沿淮流域老区县引淮供水建设工程；新建或除险加固下浒山、金鸡河、桐山、邢河、金顶湖、牛圈鼻、出山店、三塔寺、邹家河等大中型水库③。国家发展改革委印发的《川陕革命老区振兴发展规划（2016—2020年）》，强调要建设红鱼洞水库、土溪口水库、固军水库、黄石盘水库、汉江干流黄金峡水利枢纽、亭子口水利枢纽等大型水库；规划研究江家口水库、焦岩水库、子午河三河口水利枢纽、月河补水工程等大型水库建设；建设乐园、曲河、双峡湖、九龙潭、油房沟、刘家拱桥、寨子河、石峡子、土地滩、天星桥、湾潭河、雷家河、渔洞河、金鸡沟、龙滩子、双叉河、沉水、解元、白岩滩、双河口、草溪河、开茂、龙峡、汉阴洞河等中型水库；规划研究斑竹沟、李家梁、白兔、大义、望京、云河、石沟、双河、营房沟、大浪溪、石泉双营、苏家湾等中型水库建设④。

2. 农田水利工程。《陕甘宁革命老区振兴规划（2012—2020年）》强调要加快灌溉排水泵站配套改造，因地制宜兴建中小型水利设施，支持山丘

---

① 国家发展改革委. 赣闽粤原中央苏区振兴发展规划（2014—2020年）[Z]. 2014-03-20: 18.

② 国家发展改革委. 左右江革命老区振兴规划（2015—2025年）[Z]. 2015-03-02: 23.

③ 国家发展改革委. 大别山革命老区振兴发展规划（2015—2020年）[Z]. 2015-06-15: 19.

④ 国家发展改革委. 川陕革命老区振兴发展规划（2016—2020年）[Z]. 2016-07-27: 12

区小水窖、小水池、小塘坝、小泵站、小水渠等"五小"蓄水工程建设；加强现有灌区节水改造，推行节水灌溉，推广渠道防渗、管道输水、喷灌滴灌等技术，扩大节水、抗旱设备补贴范围，实施农业节水增效示范工程[①]。《赣闽粤原中央苏区振兴发展规划（2014—2020年）》强调要加快灌溉排涝泵站更新改造，开展章江、廖坊、万安、雷公坝、长岗、长龙、团结、袁北、南浦、朝阳、龙岩、梅州、宁化石壁、饶平东溪等灌区续建配套与节水改造；加快推进小水窖、小水池、小塘坝、小泵站、小水渠等"五小"蓄水工程，支持深山地区建设小微型农田水利设施[②]。《左右江革命老区振兴规划（2015—2025年）》强调要建设高效节水灌溉工程，包括百色、驮英、宜州六坡、盘江、兴中、平远、黎榕等灌区工程[③]。《大别山革命老区振兴发展规划（2015—2020年）》强调要加快大中型灌区续建配套与节水改造，新建下浒山、东堰口等水库灌区，推进金檀、蕲水、三河口、浮桥河、黄州引江、陇坪、古角、永安、梅川、薄山、板桥、宿鸭湖、鲇鱼山、梅山、浥河、石山口、陈兴寨、花凉亭、钓鱼台、红旗、长春、五丰河、乌石堰等大中型灌区续建配套和节水改造工程[④]。《川陕革命老区振兴发展规划（2016—2020年）》强调要加快建设一批区域性重点灌区工程，包括武引二期灌区工程、升钟灌区二期工程及灌区节水改造工程[⑤]。

3. 防洪减灾工程。《陕甘宁革命老区振兴规划（2012—2020年）》强调要实施中小河流治理工程，加大堤防建设和河道整治力度；全面完成病险水库、水闸除险加固。《赣闽粤原中央苏区振兴发展规划（2014—2020年）》强调要全面完成规划内中型及小型病险水库除险加固，加快实施规划内大中型病险水闸除险加固；支持赣江、抚河、汀江、九龙江、闽江、梅江

① 国家发展改革委. 陕甘宁革命老区振兴规划（2012—2020年）[Z]. 2012-03-25: 17-18.
② 国家发展改革委. 赣闽粤原中央苏区振兴发展规划（2014—2020年）[Z]. 2014-03-20: 17.
③ 国家发展改革委. 左右江革命老区振兴规划（2015—2025年）[Z]. 2015-03-02: 23.
④ 国家发展改革委. 大别山革命老区振兴发展规划（2015—2020年）[Z]. 2015-06-15: 19.
⑤ 国家发展改革委. 川陕革命老区振兴发展规划（2016—2020年）[Z]. 2016-07-27: 12.

上游防洪工程建设，加快实施中小河流治理①。《左右江革命老区振兴规划（2015—2025年）》强调要实施病险水库、水闸除险加固工程。《大别山革命老区振兴发展规划（2015—2020年）》强调要做好长江、淮河干流整治，继续实施长江中下游河势控制工程，推进淮河流域重点平原洼地治理及长江、淮河流域蓄滞洪区建设；加快举水等中小河流治理和城西湖、姜家湖等湖泊、洼地治理，使治理河段达到国家防洪标准，平原湖区、圩区除涝能力达到设计标准；尽快完成病险水库水闸除险加固；开展山洪灾害调查评价和山洪沟治理工作，构建非工程措施和工程措施相结合的山洪灾害综合防御体系②。《川陕革命老区振兴发展规划（2016—2020年）》强调要积极实施病险水库除险加固；推进汉江、嘉陵江、渠江、涪江、丹江等主要江河堤防工程建设，对其开展综合整治，实施中小河流治理工程③。

4. 水土保持工程。《陕甘宁革命老区振兴规划（2012—2020年）》强调要加强黄河、渭河、泾河、清水河、葫芦河等重点流域水源地和湿地保护，有效改善水环境，努力实现区域河流水功能区水质达标；加大地下水保护力度，合理开发、节约利用地下水，加强城乡集中式饮用水水源地保护，保障饮水安全；开展水生态系统保护与修复④。《赣闽粤原中央苏区振兴发展规划（2014—2020年）》强调要加大水土流失综合治理力度，继续实施崩岗侵蚀防治等水土保持重点建设工程，推动抚州、梅州和有条件的县创建水土保持生态文明示范市（县），总结推广"长汀经验"⑤。《左右江革命老区振兴规划（2015—2025年）》强调要采取坡改梯、砌墙保土等措施，加大水土保持力度；加强水源地、河流、湖泊和湿地保护；积极推进石漠化治理，重建岩溶地区生态系统⑥。《大别山革命老区振兴发展规划（2015—2020

① 国家发展改革委.赣闽粤原中央苏区振兴发展规划（2014—2020年）[Z].2014-03-20：17.
② 国家发展改革委.大别山革命老区振兴发展规划（2015—2020年）[Z].2015-06-15：18-19.
③ 国家发展改革委.川陕革命老区振兴发展规划（2016—2020年）[Z].2016-07-27：11-12.
④ 国家发展改革委.陕甘宁革命老区振兴规划（2012—2020年）[Z].2012-03-25：18.
⑤ 国家发展改革委.赣闽粤原中央苏区振兴发展规划（2014—2020年）[Z].2014-03-20：19.
⑥ 国家发展改革委.左右江革命老区振兴规划（2015—2025年）[Z].2015-03-02：25.

年）》强调要推进水生态文明建设，加大水生态系统保护与修复力度，积极开展重要生态保护区、水源涵养区、江河源头区生态自然修复和预防保护；巩固现有退耕还林还草成果，加大坡耕地水土流失综合治理力度；实施白莲河、薄山、板桥、宋家场、史河等水库上游地区和大别山区等水土保持工程；加强大中型水库上游饮用水水源地安全保障达标建设，加强水功能区监督管理，强化水源地库区一线及淠河总干渠沿线环境综合整治[①]。《川陕革命老区振兴发展规划（2016—2020年）》强调要积极开展水土保持、生态修复工程建设；加快建设一批区域性重点水源工程；稳定和扩大石漠化综合治理工程实施范围[②]。

第三节　因地制宜开发清洁能源

清洁能源是指不排放污染物的能源，能够直接用于生产生活的能源，它包括核能和可再生能源。可再生能源是指原材料可以再生的能源，如水力发电、风力发电、太阳能、生物能（沼气）、海潮能这些能源。可再生能源不存在能源耗竭的可能，因此日益受到许多国家的重视，尤其是能源短缺的国家。鉴于此，革命老区在扶贫脱贫与振兴发展过程中，高度重视清洁能源开发问题。

2012年3月25日，国家发展改革委印发的《陕甘宁革命老区振兴规划（2012—2020年）》强调要积极发展风电，加快吴忠、灵武、中卫、固原、庆阳、榆林等风电场建设；发展太阳能，推动光伏产业规模化发展，培育完整产业链条，支持榆林靖边，延安安塞、黄龙，咸阳彬县，庆阳环县，吴忠太阳山光伏发电项目建设；加大煤层气资源开发利用，采用先进技术抽采煤

---

① 国家发展改革委. 大别山革命老区振兴发展规划（2015—2020年）[Z]. 2015-06-15: 21.
② 国家发展改革委. 川陕革命老区振兴发展规划（2016—2020年）[Z]. 2016-07-27: 11.

层气，在庆阳、铜川、平凉等地建设煤层气开发示范项目；促进油页岩、致密砂岩气等非常规油气资源的经济高效开发，积极开发利用生物质能[1]。据此，同年6月11日，宁夏回族自治区人民政府办公厅印发的《〈陕甘宁革命老区振兴规划〉分工方案》强调要发展风电，加快吴忠、灵武、中卫、固原等风电场建设；发展太阳能，推动光伏产业规模化发展，培育完整产业链条，支持吴忠太阳山等地光伏发电项目建设；积极开发利用生物质能[2]。同年6月14日，甘肃省人民政府颁发的《关于贯彻落实〈陕甘宁革命老区振兴规划〉的实施意见》强调要积极发展风电、太阳能光伏发电等。同年9月17日，陕西省人民政府颁发的《陕甘宁革命老区振兴规划实施方案》强调要加大榆林、延安等地风能资源开发利用，加快建设陕北百万千瓦风电基地；支持榆林靖边，延安安塞，咸阳彬县、长武等地太阳能光伏发电项目建设；以沼气建设为重点，提升农村可再生能源利用水平[3]。

2014年3月20日，国家发展改革委印发的《赣闽粤原中央苏区振兴发展规划（2014—2020年）》强调要加快风能、太阳能、生物质能等清洁能源的开发利用。据此，同年9月26日，中共福建省委、福建省人民政府印发的《关于贯彻落实〈赣闽粤原中央苏区振兴发展规划〉的实施意见》强调要发展风能、太阳能、地热能、生物质能等可再生能源，有序推进陆上风电规模化开发和生物质发电项目建设[4]。2015年3月24日，广东省发展改革委印发的《广东省贯彻落实〈赣闽粤原中央苏区振兴发展规划〉实施方案》强调要积极推动创建国家新能源示范城市和国家绿色能源示范县，加快饶平县国家绿

---

① 国家发展改革委. 陕甘宁革命老区振兴规划（2012—2020年）[Z]. 2012-03-25：21-22.

② 宁夏回族自治区人民政府办公厅. 陕甘宁革命老区振兴规划分工方案[J]. 宁夏回族自治区人民政府公报，2012（13）：43.

③ 陕西省人民政府. 陕甘宁革命老区振兴规划实施方案[J]. 陕西省人民政府公报，2012（20）：34.

④ 中共福建省委，福建省人民政府. 关于贯彻落实《赣闽粤原中央苏区振兴发展规划》的实施意见[Z]. 2014-09-26：12.

色能源示范县建设，有序发展梅州风电等项目[①]。

2015年3月2日，国家发展改革委印发的《左右江革命老区振兴规划（2015—2025年）》强调要突出发展生物质能源，因地制宜发展生物质直燃和气化发电；稳妥推进城镇垃圾发电项目建设，鼓励有机废弃物排放量大的企业发展沼气发电；稳妥推进太阳能光热、光伏电站建设以及风能、余热发电等[②]。据此，2015年9月21日，广西壮族自治区人民政府办公厅印发的《广西贯彻落实左右江革命老区振兴规划的实施方案》强调要充分利用生物质资源，因地制宜发展生物质直燃和气化发电，稳妥推进城镇垃圾发电、太阳能光热、光伏发电以及风能、余热发电项目建设，鼓励有机废弃物排放量大的企业发展沼气发电；在百色右江、田东、靖西、凌云，河池都安，崇左江州、扶绥、宁明等地实施生物质发电项目；在百色德保、乐业、田林，崇左江州、天等，河池罗城、环江、天峨，南宁马山等实施风电项目；开展百色光伏发电项目、江州光伏农业项目、扶绥光伏农业项目、南丹车河热电联产项目、金城江五圩热电联产项目、河池大任热电联产项目、宜州城西热电联产项目、罗城光伏发电项目和一批光伏扶贫等项目建设[③]。

2015年6月15日，国家发展改革委印发的《大别山革命老区振兴发展规划（2015—2020年）》强调要发展农村联户沼气、养殖小区沼气和大中型沼气，有序发展生物质能发电，开展纤维乙醇与秸秆发电联建联产试点[④]。据此，同年12月2日，安徽省人民政府办公厅印发的《安徽省贯彻落实大别山革命老区振兴发展规划实施方案》强调要鼓励开发区建设光伏集中应用示范区，在荒山、荒坡、荒滩等未利用地和水面建设光伏电站，支持金寨、霍邱、寿县、舒城、岳西等县建设光伏电厂；加快建设舒城庐镇、怀宁龙池、

① 广东省老区建设促进会. 革命老区脱贫攻坚建设发展文件选编（内部资料）[M]. 广州：广东省老区建设促进会，2016：202.

② 国家发展改革委. 左右江革命老区振兴规划（2015—2025年）[Z]. 2015-03-02：16.

③ 广西壮族自治区人民政府办公厅. 广西贯彻落实左右江革命老区振兴规划的实施方案[J]. 广西壮族自治区人民政府公报，2015（23）：16.

④ 国家发展改革委. 大别山革命老区振兴发展规划（2015—2020年）[Z]. 2015-06-15：18.

望江陈岭等风电项目，争取金寨、寿县、枞阳、岳西等县风电项目列入国家核准计划；充分利用秸秆和林木资源、城乡生活垃圾等，建设枞阳秸秆发电、寿县垃圾发电等一批生物质能发电项目[①]。2016年2月18日，湖北省人民政府印发的《关于加快推进湖北大别山革命老区振兴发展的实施意见》强调要因地制宜开发新能源，积极推进黄冈、随州、孝感风能资源开发，有序开展光伏发电项目建设，统筹布局生物质能电站建设[②]。同年4月5日，河南省人民政府印发的《河南省大别山革命老区振兴发展规划实施方案》强调要优化能源结构，扩大引入清洁能源规模，大力发展清洁能源，积极推进罗山县2×30万千瓦燃气发电、固始县生物质热电联产等电源重大工程建设；实施风、光、地热等可再生能源提速工程，重点建设浅山丘陵区集中开发型风电项目，加快发展屋顶和与建筑结合的分布式光伏发电，推进地热能资源合理开发和有序利用，加快推进遂平县、桐柏县风力发电、光伏发电项目建设，建设一批先进生物质能示范基地[③]。

2016年7月27日，国家发展改革委印发的《川陕革命老区振兴发展规划（2016—2020年）》强调要开发利用页岩气，因地制宜开发风能、生物质能、太阳能等清洁能源。据此，2017年6月20日，四川省人民政府办公厅发布的《四川省川陕革命老区振兴发展规划实施方案》强调要科学有序发展水能、风能、生物质能等能源。

---

① 安徽省人民政府办公厅. 安徽省贯彻落实大别山革命老区振兴发展规划实施方案 [EB/OL]. (2015-12-02) [2015-12-18]. https://www.ah.gov.cn/public/1681/7944901.html.

② 湖北省人民政府. 关于加快推进湖北大别山革命老区振兴发展的实施意见 [J]. 湖北省人民政府公报，2016 (7): 39.

③ 河南省人民政府. 河南省大别山革命老区振兴发展规划实施方案 [J]. 河南省人民政府公报，2016 (11): 7-8.

第七章

改善老区生产生活条件

通过解决农村饮水安全、实施农村电网改造升级、推进农村道路硬化、扩大农村危房改造规模等举措，改善老区生产生活条件，提高老区人民生活水平，这是全力推进老区民生改善的重要内容，是老区脱贫攻坚与振兴发展的中心任务。

第一节 解决农村饮水安全

2004年11月24日，水利部、原卫生部联合发布了《农村饮用水安全卫生评价指标体系》，这是衡量农村饮水是否安全的主要依据。该"指标体系分安全和基本安全两个档次，由水质、水量、方便程度和保证率四项指标组成。四项指标中只要有一项低于安全或基本安全最低值，就不能定为饮用水安全或基本安全"[①]。一是水质。符合国家《生活饮用水卫生标准》（GB5749—85）要求的为安全；符合《农村实施〈生活饮用水卫生标准〉准则》要求的为基本安全。二是水量。每人每天可获得的水量不低于40～60升为安全；不低于20～40升为基本安全。三是方便程度。人力取水往返时间不超过10分钟为安全；取水往返时间不超过20分钟为基本安全。四是保证率。供水保证率不低于95%为安全；不低于90%为基本安全[②]。

从20世纪70年代末开始，解决农村饮水安全问题被列入各级政府重要议事日程，并成为扶贫开发的一项重要任务。

1. 实施农村饮水解困工程（1979—2004年）。从1979年起，国家开始在小型农田水利补助费中安排人畜饮水专款，用于缓解农村人畜饮水困难。1980年，水利部在山西阳城召开了第一次全国农村人畜饮水工作会议，会议提出了解决农村人畜饮水困难的五年奋斗目标。1984年8月13日，国务院办公厅转发了水利电力部上报的《关于加速解决农村人畜饮水问题的报告》和《关于农村人畜饮水工作的暂行规定》，对解决农村人畜缺水的范围、人畜缺水的标准、人畜饮水的标准、人畜饮水工程的修建、人畜饮水工程的管

---

① 朱尔明. 中国水利年鉴（2005）[M]. 北京：中国水利水电出版社，2005：52.

② 朱尔明. 中国水利年鉴（2005）[M]. 北京：中国水利水电出版社，2005：52.

理等问题作出规定①。从此，解决农村饮水困难问题被正式列入国家发展规划。1994年4月15日，国务院印发的《国家八七扶贫攻坚计划（1994—2000年）》把"基本解决人畜饮水困难"确定为扶贫攻坚的奋斗目标之一。2001年6月13日，国务院印发的《中国农村扶贫开发纲要（2001—2010年）》再次强调"2010年前，基本解决贫困地区人畜饮水困难"②。2001年12月30日，水利部颁发了《关于实施农村饮水解困工程的意见》，决定"十五"期间在严重缺水地区实施"农村饮水解困工程"。

2. 实施农村饮水安全工程（2005—2015年）。2006年3月23日，国务院常务会议审议通过了国家发展改革委制定的《2005—2006年农村饮水安全应急工程规划》，规划提出通过两年的农村饮水安全工程建设，解决2 120万农村人口饮水困难③。同年8月30日，国务院常务会议审议通过的《全国农村饮水安全工程"十一五"规划》提出解决1.6亿农村人口的饮水安全问题，重点解决饮用水高氟、高砷、苦咸、污染及微生物病害等严重影响身体健康的水质问题，以及局部地区的严重缺水问题，优先解决人口较少民族、水库移民、血吸虫病区和农村学校的饮水安全问题④。2011年5月27日，中共中央、国务院颁布的《中国农村扶贫开发纲要（2011—2020年）》强调要积极实施农村饮水安全工程，"到2015年，贫困地区农村饮水安全问题基本得到解决。到2020年，农村饮水安全保障程度和自来水普及率进一步提高"⑤。

3. 实施农村饮水安全巩固提升工程（2016年以后）。2016年12月30日，水利部印发了《"十三五"全国水利扶贫专项规划》，强调要"加快解决

① 国务院办公厅. 转发水利电力部关于加速解决农村人畜饮水问题的报告的通知[J]. 中华人民共和国国务院公报, 1984（20）: 663-665.

② 中共中央文献研究室. 十五大以来重要文献选编（下）[M]. 北京: 人民出版社, 2003: 1880-1881.

③ 刘文朝, 刘群昌, 程先军, 等. 2005—2006年农村饮水安全应急工程规划要点[J]. 中国水利, 2005（3）: 33.

④ 国家发展改革委, 水利部, 卫生部. 全国农村饮水安全工程"十一五"规划（摘要）[J]. 中国水利, 2007（10）: 3.

⑤ 中共中央文献研究室. 十七大以来重要文献选编（下）[M]. 北京: 中央文献出版社, 2013: 358.

老区群众饮水安全问题，因地制宜建设一批农村饮水安全巩固提升工程。'十三五'期间，在352个老区贫困县共建成集中供水工程3.9万处，使800万贫困人口受益；不具备管网延伸、集中供水工程的地方，因地制宜改造配套一批供水工程，使老区200万贫困人口受益"①。2018年8月10日，水利部颁发了《水利扶贫行动三年（2018—2020年）实施方案》，强调要"提高农村集中供水率、自来水普及率、供水保证率和水质达标率，到2020年全面解决贫困人口饮水安全问题"②。2021年8月10日，水利部等9部门联合印发了《关于做好农村供水保障工作的指导意见》，明确了今后5年乃至更长时期农村供水保障工作的指导思想、发展目标、重点任务和保障措施等问题。

根据党和政府关于解决农村饮水安全问题的指示精神，革命老区在推进脱贫攻坚与振兴发展的过程中始终强调要解决农村饮水安全问题。例如《陕甘宁革命老区振兴规划（2012—2020年）》强调要加快推进农村饮水安全建设，全面解决农村饮水不安全人口的饮水问题，积极推进集中供水工程建设，提高农村自来水普及率。《赣闽粤原中央苏区振兴发展规划（2014—2020年）》强调要实施农村饮水安全工程，支持有条件的农村地区发展规模化集中供水。《左右江革命老区振兴规划（2015—2025年）》强调要实施农村民生水利工程，建设安全饮水工程、地头水柜、石漠化片区重点水源工程、中小型水库、高效节水灌溉工程等，解决好用水"最后一公里"问题。《大别山革命老区振兴发展规划（2015—2020年）》强调要加快抗旱水源和农村安全饮水工程建设，严格保护农村饮用水水源地环境，在有条件的地方实现村村通自来水。《川陕革命老区振兴发展规划（2016—2020年）》强调要加大农村饮水安全工程投入力度，尽快建立健全农村水质安全监测系统，全面解决所有建档立卡贫困村、贫困户的饮水安全保障问题。

2012年6月28日，国务院印发的《关于支持赣南等原中央苏区振兴发展

---

① 水利部. "十三五"全国水利扶贫专项规划［Z］. 2016-12-30: 15.
② 水利部. 水利扶贫行动三年（2018—2020年）实施方案［J］. 中华人民共和国水利部公报, 2018（3）: 14.

的若干意见》强调"加大农村安全饮水工程实施力度，2014年底前解决赣州市农村饮水安全问题，'十二五'末全面完成赣南等原中央苏区农村饮水安全任务。支持有条件的农村地区发展规模化集中供水，鼓励城镇供水管网向农村延伸。建立健全农村水质安全监测系统"①。2015年12月23日，中共中央办公厅、国务院办公厅印发的《关于加大脱贫攻坚力度支持革命老区开发建设的指导意见》强调要"加快解决老区群众饮水安全问题"②。2021年1月24日，国务院颁发的《关于新时代支持革命老区振兴发展的意见》提出要"因地制宜发展规模化供水、建设小型标准化供水设施"③。

第二节　实施农村电网改造升级

解决用电问题一直是扶贫开发工作的重要内容。1994年4月15日，国务院印发的《国家八七扶贫攻坚计划（1994—2000年）》把"消灭无电县，绝大多数贫困乡用上电"作为扶贫攻坚的奋斗目标之一。

1998年6月29日至7月1日，国家计委召开了"加快农村电网建设（改造）工作会议"，决定在全国开展农村电网建设与改造工作。同年月17日，国家计委向国务院上报了《关于改造农村电网改革农电管理体制实现城乡同网同价请示》（以下简称《请示》）。同年10月4日，国务院批转了该《请示》，并将其确定为扩大内需的重要投资领域，安排了包括国债在内的资金1 893亿元作为农网改造的基本金④。由此拉开了第一期农村电网建设与改造

---

① 国务院.关于支持赣南等原中央苏区振兴发展的若干意见［J］.中华人民共和国国务院公报，2012（20）：18.

② 中共中央办公厅，国务院办公厅.关于加大脱贫攻坚力度支持革命老区开发建设的指导意见［J］.中华人民共和国国务院公报，2016（6）：20.

③ 国务院.关于新时代支持革命老区振兴发展的意见［J］.中华人民共和国国务院公报，2021（7）：35.

④ 本刊编辑部.农网升级改造大事记［J］.国家电网，2016（3）：44.

工程的序幕。

2001年6月13日，国务院颁发的《中国农村扶贫开发纲要（2001—2010年）》强调要改善贫困地区的基本生产生活条件，力争做到绝大多数行政村通电。同时，鉴于第一期农村电网改造中低压电网改造面仅为60%左右，国家在2002年启动实施了第二期农村电网改造工程。2003年以后，国家又相继实施了县城电网改造、中西部农网完善和无电地区电力建设工程；特别是2008年以后，国家分三批下达了农网改造和无电地区电力建设投资562.4亿元，其中中央预算内投资132亿元；到2010年，全国已累计安排农村电网建设与改造及无电地区电力建设投资4 622亿元，其中国债资金（中央投资）923亿元、银行贷款3 666亿元、企业自有资金33亿元[①]。

2011年1月5日，国务院常务会议决定实施新一轮农村电网改造升级工程。同年5月10日，国务院办公厅转发了国家发展改革委制定的《关于实施新一轮农村电网改造升级工程的意见》，提出了新一轮农村电网改造升级工程的工作重点："（一）对未改造地区的农村电网（包括农场、林场及其他独立管理地区的电网），按照新的建设标准和要求进行全面改造，彻底解决遗留的农村电网未改造问题。（二）对已进行改造，但因电力需求快速增长出现供电能力不足、供电可靠性较低问题的农村电网，按照新的建设标准和要求实施升级改造，提高电网供电能力和电能质量。（三）根据各地区农业生产特点和农村实际情况，因地制宜，对粮食主产区农田灌溉、农村经济作物和农副产品加工、畜禽水产养殖等供电设施进行改造，满足农业生产用电需要。（四）按照统筹城乡发展要求，在实现城乡居民用电同网同价基础上，实现城乡各类用电同网同价，进一步减轻农村用电负担"[②]。

至2012年底，"全国还有273万无电人口，主要分布在新疆、西藏、四

---

① 张国宝. 统一思想 明确目标 认真做好新一轮农村电网改造升级工作——在全国农村电网改造升级工作会议上的讲话（节选）[N]. 中国能源报，2010-07-19（1）.

② 国家发展改革委. 关于实施新一轮农村电网改造升级工程的意见[J]. 中华人民共和国国务院公报，2011（15）：10.

川、青海等省（区）偏远少数民族地区，涉及40个地市、240多个县、1 500多个乡镇、约8 000多个行政村"①。鉴于此，2013年8月，国家能源局颁布了《全面解决无电人口用电问题三年行动计划（2013—2015年）》，提出到2013年底前基本完成光伏独立供电建设任务，2014年底前基本完成电网延伸工程建设任务；到2015年底，全国273万无电人口用电问题得到全部解决②。

2016年2月16日，国务院办公厅转发了国家发展改革委制定的《关于"十三五"期间实施新一轮农村电网改造升级工程的意见》（以下简称《意见》），明确了"十三五"时期实施新一轮农村电网改造升级的目标是："到2020年，全国农村地区基本实现稳定可靠的供电服务全覆盖，供电能力和服务水平明显提升，农村电网供电可靠率达到99.8%，综合电压合格率达到97.9%，户均配变容量不低于2千伏安，建成结构合理、技术先进、安全可靠、智能高效的现代农村电网，电能在农村家庭能源消费中的比重大幅提高。东部地区基本实现城乡供电服务均等化，中西部地区城乡供电服务差距大幅缩小，贫困及偏远少数民族地区农村电网基本满足生产生活需要"③。《意见》强调要"重点推进国家扶贫开发工作重点县、集中连片特困地区以及革命老区的农村电网改造升级，解决电压不达标、架构不合理、不通动力电等问题，提升电力普遍服务水平。结合新能源扶贫工程和微电网建设，提高农村电网接纳分布式新能源发电的能力，到2020年贫困地区供电服务水平接近本省（区、市）农村平均水平"④。

根据党和政府关于加快农村电网改造升级的指示精神，革命老区在推进脱贫攻坚与振兴发展的过程中始终强调要加快农村电网改造升级工程。例如

① 国家能源局. 全国全面解决无电人口用电问题任务圆满完成［EB/OL］.（2015-12-24）［2015-12-24］. http://www. nea. gov. cn/2015-12/24/c_134948340. htm.

② 魏昭峰. 中国电力年鉴（2014）［M］. 北京: 中国电力出版社，2014: 580-581.

③ 国家发展改革委. 关于"十三五"期间实施新一轮农村电网改造升级工程的意见［J］. 中华人民共和国国务院公报，2016（7）: 89.

④ 国家发展改革委. 关于"十三五"期间实施新一轮农村电网改造升级工程的意见［J］. 中华人民共和国国务院公报，2016（7）: 89.

《陕甘宁革命老区振兴规划（2012—2020年）》强调要提高老区农网供电可靠性和质量，实现行政村和农户全部通电；《赣闽粤原中央苏区振兴发展规划（2014—2020年）》强调要加强老区农村电网建设与改造，加快解决农村供电设施过负荷、电压低等突出问题；《左右江革命老区振兴规划（2015—2025年）》强调要全面提高老区农村用电安全保障水平，实现户户通电；《大别山革命老区振兴发展规划（2015—2020年）》强调要加快实施老区农村电网改造升级工程；《川陕革命老区振兴发展规划（2016—2020年）》强调要加大老区农村电网升级改造力度，重点解决边远村落群众生产生活用电问题，提高电网性能和用电质量。

2012年6月28日，国务院印发的《关于支持赣南等原中央苏区振兴发展的若干意见》强调"加快推进赣南等原中央苏区新一轮农村电网改造升级，到'十二五'末建立起安全可靠、节能环保、技术先进、管理规范的新型农村电网。支持赣州市农网改造升级工程建设，电网企业加大投入，2013年底前全面解决赣州市部分农村不通电或电压低问题"[1]。2015年12月23日，中共中央办公厅、国务院办公厅印发的《关于加大脱贫攻坚力度支持革命老区开发建设的指导意见》强调要"加大农村电网改造升级力度"[2]。2021年1月24日，国务院颁发的《关于新时代支持革命老区振兴发展的意见》提出要"大力实施乡村电气化提升工程"[3]。

---

[1]　国务院.关于支持赣南等原中央苏区振兴发展的若干意见[J].中华人民共和国国务院公报，2012（20）：19.

[2]　中共中央办公厅，国务院办公厅.关于加大脱贫攻坚力度支持革命老区开发建设的指导意见[J].中华人民共和国国务院公报，2016（6）：20.

[3]　国务院.关于新时代支持革命老区振兴发展的意见[J].中华人民共和国国务院公报，2021（7）：35.

第三节　推进农村道路硬化

改革开放初期，我国农村公路里程少、等级低，许多乡镇和村庄都不通公路。鉴于此，1984年9月29日，中共中央、国务院印发的《关于帮助贫困地区尽快改变面貌的通知》强调"贫困地区要首先解决由县通到乡（区或公社）的道路。争取在五年内使大部分乡（区或公社）都能通汽车或马车"[①]。1994年4月15日，国务院印发的《国家八七扶贫攻坚计划（1994—2000年）》把"绝大多数贫困乡镇和有集贸市场、商品产地的地方通公路"作为扶贫攻坚的奋斗目标之一。

2001年6月13日，国务院印发的《中国农村扶贫开发纲要（2001—2010年）》强调要改善贫困地区的生产生活条件，2010年前力争做到绝大多数行政村通公路。2005年8月发布的《全国农村公路建设规划》提出"到'十一五'末，基本实现全国所有具备条件的乡（镇）通沥青（水泥）路（西藏自治区视建设条件确定）；东中部地区所有具备条件的建制村通沥青（水泥）路；西部地区基本实现具备条件的建制村通公路。到2010年，全国农村公路里程达到310万公里"[②]。到2020年，"具备条件的乡（镇）和建制村通沥青（水泥）路，全国农村公路里程达370万公里，全面提高农村公路的密度和服务水平，形成以县道为局域骨干、乡村公路为基础的干支相连、布局合理、具有较高服务水平的农村公路网"[③]。

---

① 中共中央，国务院.关于帮助贫困地区尽快改变面貌的通知[J].中华人民共和国国务院公报，1984（25）：868.

② 交通部.全国农村公路建设规划[EB/OL].（2005-08）[2005-09-17].http://www.gov.cn/ztzl/2005-09/17/contentt_64455.htm.

③ 交通部.全国农村公路建设规划[EB/OL].（2005-08）[2005-09-17].http://www.gov.cn/ztzl/2005-09/17/contentt_64455.htm.

2011年5月27日，中共中央、国务院颁布的《中国农村扶贫开发纲要（2011—2020年）》提出"到2015年，提高贫困地区县城通二级及以上高等级公路比例，除西藏外，西部地区80%的建制村通沥青（水泥）路，稳步提高贫困地区农村客运班车通达率。到2020年，实现具备条件的建制村通沥青（水泥）路，推进村庄内道路硬化，实现村村通班车，全面提高农村公路服务水平和防灾抗灾能力"①。2012年7月6日，交通运输部印发的《集中连片特困地区交通建设扶贫规划纲要（2011—2020年）》提出在农村公路建设方面的主要任务是"重点推进建制村通沥青（水泥）路建设，同步建设必要的安全防护设施和中小桥梁。'十二五'期分别建设通乡镇、通建制村沥青（水泥）路1.07万公里和22.2万公里，解决419个乡镇、39 164个建制村的通畅问题；改造农村公路中桥以上危桥；以加强县乡连通、促进资源和旅游开发为重点，加快县乡公路改造，建设一批对贫困地区经济社会发展有重要作用的县际出口路、旅游路、资源开发路，建设规模为1.7万公里。'十三五'期间，继续推进剩余具备条件的建制村通沥青（水泥）路建设，加大县乡道建设改造的支持力度，逐步消除断头路；加强农村公路安全防护设施建设，提高农村公路网络整体安全水平和抗灾能力"②。

2016年11月23日，国务院颁发的《十三五脱贫攻坚规划》强调要"全面完成具备条件的行政村通硬化路建设，优先安排建档立卡贫困村通村道路硬化。推动一定人口规模的自然村通公路，重点支持较大人口规模撤并建制村通硬化路。加强贫困村通客车线路上的生命安全防护工程建设，改造现有危桥，对不能满足安全通客车要求的窄路基路面路段进行加宽改造。加大以工代赈力度，支持贫困地区实施上述村级道路建设任务。通过'一事一议'等方式，合理规划建设村内道路"③。在"十三五"时期，国家开展百万公里农村公路工程建设，即"建设通乡镇硬化路1万公里，通行政村硬化路23万

① 中共中央文献研究室.十七大以来重要文献选编（下）[M].北京：中央文献出版社，2013：358-359.
② 《中国扶贫开发年鉴》编委会.中国扶贫开发年鉴（2013）[M].北京：团结出版社，2014：707.
③ 国务院."十三五"脱贫攻坚规划[J].中华人民共和国国务院公报，2016（35）：35-36.

公里，一定人口规模的自然村公路25万公里（其中撤并建制村通硬化路约8.3万公里）。新建改建乡村旅游公路和产业园区公路5万公里。加大农村公路养护力度，改建不达标路段23万公里，着力改造'油返砂'公路20万公里。改造农村公路危桥1.5万座"①。2018年7月6日，交通运输部办公厅印发的《交通运输脱贫攻坚三年行动计划（2018—2020年）》强调"到2020年，贫困地区基本建成'外通内联、通村畅乡、客车到村、安全便捷'的交通运输网络，具备条件的乡镇和建制村通硬化路、通客车，具备条件的县城通二级及以上公路，基本完成乡道及以上行政等级公路安全隐患治理，建立健全农村公路建设管理养护和运行体制机制"②。

根据党和政府关于加快农村道路建设的指示精神，革命老区在推进脱贫攻坚与振兴发展的过程中始终强调要加快农村道路建设。例如《陕甘宁革命老区振兴规划（2012—2020年）》强调要加强村内道路硬化建设，实现与通村通乡公路有效连接；《赣闽粤原中央苏区振兴发展规划（2014—2020年）》强调要继续推进农村公路建设，加强县乡道改造和连通工程，注重安保工程和危桥改造，加大农村公路养护力度；《左右江革命老区振兴规划（2015—2025年）》强调要加强农村公路建设，同步推进村庄内部道路硬化，全面提高通达率、通畅率和养护水平；《大别山革命老区振兴发展规划（2015—2020年）》强调要加强农村公路建设，逐步提高硬化率和网络化水平；《川陕革命老区振兴发展规划（2016—2020年）》强调要加快实施交通扶贫"双百"工程，实现贫困老区所有具备条件的乡镇、建制村、撤并村及一定人口规模的自然村通硬化路。

2012年6月28日，国务院印发的《关于支持赣南等原中央苏区振兴发展的若干意见》强调要"实施农村公路危桥改造，推进县乡道改造和连通工

---

①　国务院. "十三五"脱贫攻坚规划 [J]. 中华人民共和国国务院公报, 2016 (35)：37.

②　交通运输部办公厅. 交通运输脱贫攻坚三年行动计划（2018—2020年）[Z]. 2018-07-06：1-2.

程，进一步提高农村公路的等级标准和通达深度"①。2015年12月23日，中共中央办公厅、国务院办公厅印发的《关于加大脱贫攻坚力度支持革命老区开发建设的指导意见》强调要"加快贫困老区农村公路建设，重点推进剩余乡镇和建制村通硬化路建设，推动一定人口规模的自然村通公路"②。2021年1月24日，国务院颁发的《关于新时代支持革命老区振兴发展的意见》提出要"全面推进'四好农村路'建设"③。

第四节　扩大农村危房改造规模

2008年，国家支持贵州省率先进行农村危房改造试点。2009年5月8日，住房城乡建设部等联合发布《关于2009年扩大农村危房改造试点的指导意见》，明确了扩大农村危房改造试点的指导思想、目标任务、基本原则，强调要加强规划编制与资金筹集、合理确定补助标准和补助对象、落实农村危房改造建设的基本要求④。2011年5月27日，中共中央、国务院颁布的《中国农村扶贫开发纲要（2011—2020年）》强调要扩大农村危房改造试点，帮助贫困户解决基本住房安全问题，"到2015年，完成农村困难家庭危房改造800万户。到2020年，贫困地区群众的居住条件得到显著改善"⑤。此后，农村危房改造扩大试点工作逐步在全国展开。一是实施范围和改造规模不断扩

①　国务院. 关于支持赣南等原中央苏区振兴发展的若干意见[J]. 中华人民共和国国务院公报，2012（20）：19.

②　中共中央办公厅，国务院办公厅. 关于加大脱贫攻坚力度支持革命老区开发建设的指导意见[J]. 中华人民共和国国务院公报，2016（6）：20.

③　国务院. 关于新时代支持革命老区振兴发展的意见[J]. 中华人民共和国国务院公报，2021（7）：35.

④　住房城乡建设部，国家发展改革委，财政部. 关于2009扩大农村危房改造试点的指导意见[J]. 中华人民共和国国务院公报，2009（25）：20-23.

⑤　中共中央文献研究室. 十七大以来重要文献选编（下）[M]. 北京：中央文献出版社，2013：359.

大，由2009年的陆地边境县、西部地区民族自治县、国家扶贫开发工作重点县、贵州省全部县和新疆生产建设兵团边境一线团场共80万户，扩大到2012年的中西部地区全部县（市、区、旗）和辽宁、江苏、浙江、福建、山东、广东等省全部县（市、区）共400万户。二是户均补助标准逐步提高，由2009年的5 000元，增加到2012年的7 500元。三是投入力度不断加大，中央财政投入的补助资金，由2009年的40亿元，增加到2012年的318.72亿元①。

2013年12月18日，中共中央办公厅、国务院办公厅印发的《关于创新机制扎实推进农村扶贫开发工作的意见》强调要"制定贫困地区危房改造计划，继续加大对贫困地区和贫困人口倾斜力度。明确建设标准，确保改造户住房达到最低建设要求。完善现有危房改造信息系统，有步骤地向社会公开。加强对农村危房改造的管理和监督检查"②。2016年11月3日，住房城乡建设部等联合发布了《关于加强建档立卡贫困户等重点对象危房改造工作的指导意见》，强调建档立卡贫困户、低保户、农村分散供养特困人员和贫困残疾人家庭（4类重点对象）是"十三五"期间农村危房改造的重点和难点，明确了加强建档立卡贫困户等重点对象危房改造工作的总体思路、基本原则，强调要加大资金支持力度，加强指导监督③。

2016年11月23日，国务院颁发的《十三五脱贫攻坚规划》强调要"加快推进农村危房改造，按照精准扶贫要求，重点解决建档立卡贫困户、低保户、分散供养特困人员、贫困残疾人家庭的基本住房安全问题。统筹中央和地方补助资金，建立健全分类补助机制。严格控制贫困户建房标准。通过建设农村集体公租房、幸福院，以及利用闲置农户住房和集体公房置换改造等方式，解决好贫困户基本住房安全问题"④。2017年8月28日，住房城乡建

---

① 范小建. 扶贫开发常用词汇释义 [M]. 北京: 中国财政经济出版社, 2013: 201-202.

② 中共中央办公厅, 国务院办公厅. 关于创新机制扎实推进农村扶贫开发工作的意见 [J]. 中华人民共和国国务院公报, 2014 (4): 7.

③ 《中国扶贫开发年鉴》编辑部. 中国扶贫开发年鉴 (2017) [M]. 北京: 团结出版社, 2017: 1140-1142.

④ 国务院. "十三五" 脱贫攻坚规划 [J]. 中华人民共和国国务院公报, 2016 (35): 36.

设部等联合发布了《关于加强和完善建档立卡贫困户等重点对象农村危房改造若干问题的通知》，强调"中央支持的农村危房改造对象应在建档立卡贫困户、低保户、农村分散供养特困人员和贫困残疾人家庭等4类重点对象中根据住房危险程度确定。建档立卡贫困户身份识别以扶贫部门认定为准，低保户和农村分散供养特困人员身份识别以民政部门认定为准，贫困残疾人家庭身份识别应由残联商扶贫或民政部门联合认定为准。县级住房城乡建设部门要依据上述部门提供的4类重点对象名单组织开展房屋危险性评定，根据《农村危险房屋鉴定技术导则（试行）》（建村函〔2009〕69号）制定简明易行的评定办法，少数确实难以评定的可通过购买服务方式请专业机构鉴定。经评定为C级和D级危房的4类重点对象列为危房改造对象"①。2018年11月6日，住房城乡建设部、财政部印发了《农村危房改造脱贫攻坚三年行动方案》，明确了农村危房改造脱贫攻坚的重点任务是规范补助对象认定程序，建立危房台账并实施精准管理，坚持农村危房改造基本安全要求，明确危房改造建设标准，因地制宜采取适宜改造方式和技术，加强补助资金使用管理和监督检查，建立完善危房改造信息公示制度②。

　　根据党和政府关于加快农村危房改造的指示精神，革命老区在推进脱贫攻坚与振兴发展的过程中始终强调要加快推进农村危房改造。例如《陕甘宁革命老区振兴规划（2012—2020年）》强调要加快推进农村危房及国有林场、农场危房改造，改善群众居住条件。《赣闽粤原中央苏区振兴发展规划（2014—2020年）》强调要完成农村危旧土坯房改造，优化居住点布局。《左右江革命老区振兴规划（2015—2025年）》强调要加大保障性安居工程建设力度，推进棚户区（危旧房）改造工作。《大别山革命老区振兴发展规划（2015—2020年）》提出要大力推进农村危房改造，加快改善贫困农村生

---

① 《既有建筑改造年鉴》编委会. 既有建筑改造年鉴（2017）［M］. 北京：中国建筑工业出版社，2018：26.

② 《中国扶贫开发年鉴》编辑部. 中国扶贫开发年鉴（2019）［M］. 北京：中国农业出版社，2019：1012-1013.

产生活条件。《川陕革命老区振兴发展规划（2016—2020年）》提出要扩大农村危房改造任务规模，切实解决农村居民住房安全问题。

2012年6月28日，国务院印发的《关于支持赣南等原中央苏区振兴发展的若干意见》强调要"加大对赣南等原中央苏区农村危旧土坯房改造支持力度，重点支持赣州市加快完成改造任务。适应城镇化趋势，结合新农村建设，积极探索创新土坯房改造方式。大力支持保障性住房建设，加大对赣州市城市棚户区改造支持力度，加快国有工矿棚户区和国有农林场危房改造，'十二五'末基本完成改造任务"①。2015年12月23日，中共中央办公厅、国务院办公厅印发的《关于加大脱贫攻坚力度支持革命老区开发建设的指导意见》强调要"加大农村危房改造力度，统筹开展农房抗震改造，对贫困老区予以倾斜支持"②。2021年1月24日，国务院颁发的《关于新时代支持革命老区振兴发展的意见》提出要"提高农房设计和建造水平，改善群众住房条件和居住环境"③。

---

① 国务院.关于支持赣南等原中央苏区振兴发展的若干意见[J].中华人民共和国国务院公报，2012（20）：18.

② 中共中央办公厅，国务院办公厅.关于加大脱贫攻坚力度支持革命老区开发建设的指导意见[J].中华人民共和国国务院公报，2016（6）：20.

③ 国务院.关于新时代支持革命老区振兴发展的意见[J].中华人民共和国国务院公报，2021（7）：35.

第八章

开展老区生态文明建设试点示范

设立国家生态文明先行示范区和国家生态文明试验区，探索生态文明建设模式。设立自然保护区，对有代表性的自然生态系统、珍稀濒危野生动植物物种的天然集中分布区、有特殊意义的自然遗迹等进行保护，建立以国家公园为主体的自然保护地体系。

第一节 建设国家生态文明先行示范区

2013年8月1日，国务院印发的《关于加快发展节能环保产业的意见》提出开展生态文明先行示范区建设，在全国选择有代表性的100个地区开展生态文明先行示范区建设，探索符合中国国情的生态文明建设模式[①]。12月2日，国家发展改革委等6部门联合印发了《国家生态文明先行示范区建设方案（试行）》，明确了生态文明先行示范区建设的主要任务是科学谋划空间开发格局、调整优化产业结构、推动绿色循环低碳发展、节约集约利用资源、加大生态系统和环境保护力度、建立生态文化体系、创新体制机制、加强基础能力建设，并规定了生态文明先行示范区的申报条件、审核批准、方案实施、考核评价、经验推广等问题[②]。

2014年7月22日，国家发展改革委等6部门联合印发了《生态文明先行示范区建设地区（第一批）及制度创新重点》，把北京市密云县等55个地区确定为生态文明先行示范区，并明确了其制度创新的重点。同时，根据国务院2014年3月10日印发的《支持福建省深入实施生态省战略加快建设生态文明先行示范区的若干意见》，以及经国务院同意国家发展改革委等6部门于2014年5月30日印发的《关于印发浙江省湖州市生态文明先行示范区建设方案的通知》，把福建省和浙江省湖州市确定为生态文明先行示范区，并明确了其制度创新的重点。这样，共有57个地区被纳入第一批生态文明先行示范区建设范围，这57个地区是北京市密云县（今密云区）、延庆县（今延庆区），天津市武清区，河北省承德市、张家口市，山西省芮城县、娄烦县，

[①] 国务院. 关于加快发展节能环保产业的意见[J]. 中华人民共和国国务院公报, 2013(23): 17.

[②] 国家发展改革委, 财政部, 国土资源部, 等. 国家生态文明先行示范区建设方案（试行）[J]. 中华人民共和国国务院公报, 2014(8): 53-55.

内蒙古自治区鄂尔多斯市、巴彦淖尔市，辽宁省辽河流域、抚顺大伙房水源保护区，吉林省延边朝鲜族自治州、四平市，黑龙江省伊春市、五常市，上海市闵行区、崇明县（今崇明区），江苏省镇江市、淮河流域重点地区，浙江省杭州市、湖州市、丽水市，安徽省巢湖流域、黄山市，福建省，江西省，山东省临沂市、淄博市，河南省郑州市、南阳市，湖北省十堰市（含神农架林区）、宜昌市，湖南省湘江源头区域、武陵山片区，广东省梅州市、韶关市，广西壮族自治区玉林市、富川瑶族自治县，海南省万宁市、琼海市，重庆市渝东南武陵山区、渝东北三峡库区，四川省成都市、雅安市，贵州省，云南省，西藏自治区山南地区、林芝地区，陕西省西咸新区、延安市，甘肃省甘南藏族自治州、定西市，青海省，宁夏回族自治区永宁县、吴忠市利通区，新疆维吾尔自治区昌吉州玛纳斯县、伊犁州特克斯县[①]。

2015年12月31日，国家发展改革委等9部门联合印发了《第二批生态文明先行示范区建设地区及制度创新重点》，把北京市怀柔区等45个地区纳入第二批生态文明先行示范区建设范围，并明确了各自的制度创新重点。这45个地区是北京市怀柔区，天津市静海区，河北省秦皇岛市，京津冀协同共建地区（北京平谷、天津蓟县、河北廊坊北三县），山西省朔州市平鲁区、孝义市，内蒙古自治区包头市、乌海市，辽宁省大连市、本溪满族自治县，吉林省吉林市、白城市，黑龙江省牡丹江市、齐齐哈尔市，上海市青浦区，江苏省南京市、南通市，浙江省宁波市，安徽省宣城市、蚌埠市，山东省济南市、青岛红岛经济区，河南省许昌市、濮阳市，湖北省黄石市、荆州市，湖南省衡阳市、宁乡县（今宁乡市），广东省东莞市、深圳东部湾区（盐田区、大鹏新区），广西壮族自治区桂林市、马山县，海南省儋州市，重庆市大娄山生态屏障（重庆片区），四川省川西北地区、嘉陵江流域，西藏自治区日喀则市，陕西省西安浐灞生态区、神木县（今神木市），甘肃省兰州

---

① 国家发展改革委，财政部，国土资源部，等. 生态文明先行示范区建设地区（第一批）及制度创新重点[EB/OL].（2014-07-22）[2014-08-04]. https://www.ndrc.gov.cn/fggz/hjyzy/stwmjs/201408/t20140804_1161157.html.

市、酒泉市，宁夏回族自治区石嘴山市，新疆维吾尔自治区昭苏县、哈巴河县，新疆生产建设兵团第一师阿拉尔市①。

国家生态文明先行示范区建设的主要目标是"通过5年左右的努力，先行示范地区基本形成符合主体功能定位的开发格局，资源循环利用体系初步建立，节能减排和碳强度指标下降幅度超过上级政府下达的约束性指标，资源产出率、单位建设用地生产总值、万元工业增加值用水量、农业灌溉水有效利用系数、城镇（乡）生活污水处理率、生活垃圾无害化处理率等处于全国或本省（市）前列，城镇供水水源地全面达标，森林、草原、湖泊、湿地等面积逐步增加、质量逐步提高，水土流失和沙化、荒漠化、石漠化土地面积明显减少，耕地质量稳步提高，物种得到有效保护，覆盖全社会的生态文化体系基本建立，绿色生活方式普遍推行，最严格的耕地保护制度、水资源管理制度、环境保护制度得到有效落实，生态文明制度建设取得重大突破，形成可复制、可推广的生态文明建设典型模式"②。

第二节　设立国家生态文明试验区

2015年10月，党的十八届五中全会提出要设立统一规范的国家生态文明试验区，开展生态文明体制改革综合试验，规范各类试点示范，为完善生态文明制度体系探索路径、积累经验。2016年8月22日，中共中央办公厅、国务院办公厅印发了《关于设立统一规范的国家生态文明试验区的意见》（以

---

① 国家发展改革委, 科技部, 财政部, 等. 第二批生态文明先行示范区建设地区及制度创新重点[EB/OL]. (2015-12-31) [2016-01-12]. https://www.ndrc.gov.cn/fggz/hjyzy/stwmjs/201601/t20160112_1161166.html.

② 国家发展改革委, 财政部, 国土资源部, 等. 国家生态文明先行示范区建设方案(试行)[J]. 中华人民共和国国务院公报, 2014(8): 53.

下简称《意见》），明确了设立国家生态文明试验区的指导思想、基本原则、主要目标、试验重点、试验区设立、统一规范各类试点示范、组织实施等问题①。《意见》指出："综合考虑各地现有生态文明改革实践基础、区域差异性和发展阶段等因素，首批选择生态基础较好、资源环境承载能力较强的福建省、江西省和贵州省作为试验区。今后根据改革举措落实情况和试验任务需要，适时选择不同类型、具有代表性的地区开展试验区建设。试验区数量要从严控制，务求改革实效。"②

2016年8月22日，中共中央办公厅、国务院办公厅印发了《国家生态文明试验区（福建）实施方案》，明确了国家生态文明福建试验区的战略定位是国土空间科学开发的先导区，生态产品价值实现的先行区，环境治理体系改革的示范区，绿色发展评价导向的实践区③。福建试验区建设的重点任务是建立健全国土空间规划和用途管制制度，健全环境治理和生态保护市场体系，建立多元化的生态保护补偿机制，健全环境治理体系，建立健全自然资源资产产权制度，开展绿色发展绩效评价考核④。

2017年10月2日，中共中央办公厅、国务院办公厅印发了《国家生态文明试验区（江西）实施方案》，明确了国家生态文明江西试验区的战略定位是山水林田湖草综合治理样板区，中部地区绿色崛起先行区，生态环境保护管理制度创新区，生态扶贫共享发展示范区⑤。江西试验区建设的重点任务是构建山水林田湖草系统保护与综合治理制度体系，构建严格的生态环境保

---

① 中共中央办公厅, 国务院办公厅. 关于设立统一规范的国家生态文明试验区的意见[J]. 中华人民共和国国务院公报, 2016(26)：5–7.

② 中共中央办公厅, 国务院办公厅. 关于设立统一规范的国家生态文明试验区的意见[J]. 中华人民共和国国务院公报, 2016(26)：6.

③ 中共中央办公厅, 国务院办公厅. 国家生态文明试验区（福建）实施方案[J]. 中华人民共和国国务院公报, 2016(26)：8–9.

④ 中共中央办公厅, 国务院办公厅. 国家生态文明试验区（福建）实施方案[J]. 中华人民共和国国务院公报, 2016(26)：8–14.

⑤ 中共中央办公厅, 国务院办公厅. 国家生态文明试验区（江西）实施方案[J]. 中华人民共和国国务院公报, 2017(29)：23.

护与监管体系，构建促进绿色产业发展的制度体系，构建环境治理和生态保护市场体系，构建绿色共治共享制度体系，构建全过程的生态文明绩效考核和责任追究制度体系[①]。

2017年10月2日，中共中央办公厅、国务院办公厅印发了《国家生态文明试验区（贵州）实施方案》，明确了国家生态文明贵州试验区的战略定位是长江珠江上游绿色屏障建设示范区，西部地区绿色发展示范区，生态脱贫攻坚示范区，生态文明法治建设示范区，生态文明国际交流合作示范区[②]。贵州试验区建设的重点任务是开展绿色屏障建设制度创新试验，开展促进绿色发展制度创新试验，开展生态脱贫制度创新试验，开展生态文明大数据建设制度创新试验，开展生态旅游发展制度创新试验，开展生态文明法治建设创新试验，开展生态文明对外交流合作示范试验，开展绿色绩效评价考核创新试验[③]。

2019年5月12日，中共中央办公厅、国务院办公厅印发了《国家生态文明试验区（海南）实施方案》，明确了国家生态文明海南试验区的战略定位是生态文明体制改革样板区，陆海统筹保护发展实践区，生态价值实现机制试验区，清洁能源优先发展示范区[④]。海南试验区建设的重点任务是构建国土空间开发保护制度，推动形成陆海统筹保护发展新格局，建立完善生态环境质量巩固提升机制，建立健全生态环境和资源保护现代监管体系，创新探索生态产品价值实现机制，推动形成绿色生产生活方式[⑤]。

---

① 中共中央办公厅, 国务院办公厅. 国家生态文明试验区（江西）实施方案[J]. 中华人民共和国国务院公报, 2017（29）: 24-30.

② 中共中央办公厅, 国务院办公厅. 国家生态文明试验区（贵州）实施方案[J]. 中华人民共和国国务院公报, 2017（29）: 31-32.

③ 中共中央办公厅, 国务院办公厅. 国家生态文明试验区（贵州）实施方案[J]. 中华人民共和国国务院公报, 2017（29）: 33-38.

④ 中共中央办公厅, 国务院办公厅. 国家生态文明试验区（海南）实施方案[J]. 中华人民共和国国务院公报, 2019（15）: 17.

⑤ 中共中央办公厅, 国务院办公厅. 国家生态文明试验区（海南）实施方案[J]. 中华人民共和国国务院公报, 2019（15）: 18-24.

　　设立国家生态文明试验区的主要目标是"通过试验探索，到2017年，推动生态文明体制改革总体方案中的重点改革任务取得重要进展，形成若干可操作、有效管用的生态文明制度成果；到2020年，试验区率先建成较为完善的生态文明制度体系，形成一批可在全国复制推广的重大制度成果，资源利用水平大幅提高，生态环境质量持续改善，发展质量和效益明显提升，实现经济社会发展和生态环境保护双赢，形成人与自然和谐发展的现代化建设新格局，为加快生态文明建设、实现绿色发展、建设美丽中国提供有力制度保障"①。

第三节　加强自然保护区建设

　　1994年10月9日，国务院印发了《中华人民共和国自然保护区条例》，明确了自然保护区的建设、管理及法律责任等问题。1998年8月4日，国务院办公厅印发的《关于进一步加强自然保护区管理工作的通知》强调"建立自然保护区，加强对有代表性的自然生态系统、珍稀濒危野生动植物物种和有特殊意义的自然遗迹的保护，是保护自然环境、自然资源和生物多样性的有效措施，是社会经济可持续发展的客观要求"②。2002年11月19日，国家环境保护总局印发了《关于进一步加强自然保护区建设和管理工作的通知》，强调要抓紧做好自然保护区的划界立标和土地确权工作，明确边界和土地权属；合理划定自然保护区，加强自然保护区范围、功能区调整工作的管理；切实加强自然保护区内资源开发活动的监督管理；强化机构建设，稳定管理

---

① 中共中央办公厅, 国务院办公厅. 关于设立统一规范的国家生态文明试验区的意见[J]. 中华人民共和国国务院公报, 2016（26）: 6.

② 国务院办公厅. 关于进一步加强自然保护区管理工作的通知[J]. 中华人民共和国国务院公报, 1998（20）: 798.

队伍，提高管理水平；建立和完善自然保护区的发展和制约机制，加强对自然保护区的监督检查和管理[①]。

2006年10月26日，国家环境保护总局印发了《国家级自然保护区监督检查办法》，明确了国家级自然保护区定期评估的内容是："（一）管理机构的设置和人员编制情况；（二）管护设施状况；（三）面积和功能分区适宜性、范围、界线和土地权属；（四）管理规章、规划的制定及其实施情况；（五）资源本底、保护及利用情况；（六）科研、监测、档案和标本情况；（七）自然保护区内建设项目管理情况；（八）旅游和其他人类活动情况；（九）与周边社区的关系状况；（十）宣传教育、培训、交流与合作情况；（十一）管理经费情况；（十二）其他应当评估的内容。"[②]国家级自然保护区执法检查的内容是："（一）国家级自然保护区的设立、范围和功能区的调整以及名称的更改是否符合有关规定；（二）国家级自然保护区内是否存在违法砍伐、放牧、狩猎、捕捞、采药、开垦、烧荒、开矿、采石、挖沙、影视拍摄以及其他法律法规禁止的活动；（三）国家级自然保护区内是否存在违法的建设项目，排污单位的污染物排放是否符合环境保护法律、法规及自然保护区管理的有关规定，超标排污单位限期治理的情况；（四）涉及国家级自然保护区且其环境影响评价文件依法由地方环境保护行政主管部门审批的建设项目，其环境影响评价文件在审批前是否征得国务院环境保护行政主管部门的同意；（五）国家级自然保护区内是否存在破坏、侵占、非法转让自然保护区的土地或者其他自然资源的行为；（六）国家级自然保护区的旅游活动方案是否经过国务院有关自然保护区行政主管部门批准，旅游活动是否符合法律法规规定和自然保护区建设规划（总体规划）的要求；（七）国家级自然保护区建设是否符合建设规划（总体规划）要求，相关基础设施、设备是否符合国家有关标准和技术规范；（八）国家级自然保护区

---

① 国家环境保护总局. 关于进一步加强自然保护区建设和管理工作的通知［EB/OL］. (2002-11-19)［2011-03-05］. https://china. findlaw. cn/jingjifa/huanjinbaohu/flfg/66076. html.

② 国家环境保护总局. 国家级自然保护区监督检查办法［J］. 环境保护, 2006 (21)：67.

管理机构是否依法履行职责；（九）国家级自然保护区的建设和管理经费的使用是否符合国家有关规定；（十）法律法规规定的应当实施监督检查的其他内容。"①2010年12月28日，国务院办公厅印发了《关于做好自然保护区管理有关工作的通知》，强调要科学规划自然保护区的发展，强化对自然保护区范围和功能区调整的管理，严格限制涉及自然保护区的开发建设活动，加强涉及自然保护区开发建设项目管理，规范自然保护区内土地和海域管理，强化自然保护区专项执法检查监督，加大自然保护区各项建设投资，增强自然保护区的科技支撑，建立自然保护区的领导协调机制②。

2013年12月2日，国务院印发的《国家级自然保护区调整管理规定》强调指出："调整国家级自然保护区原则上不得缩小核心区、缓冲区面积，应确保主要保护对象得到有效保护，不破坏生态系统和生态过程的完整性，不损害生物多样性，不得改变自然保护区性质。"③2015年5月6日，环境保护部等10部门联合印发了《关于进一步加强涉及自然保护区开发建设活动监督管理的通知》（以下简称《通知》）。《通知》指出：近年来，一些企业和单位无视国家法律法规，一些地方重发展、轻保护，为了追求眼前和局部的经济增长，在自然保护区内进行盲目开发、过度开发、无序开发，使自然保护区受到的威胁和影响不断加大，有的甚至遭到破坏④。《通知》强调要加强对涉及自然保护区开发建设活动的监督管理，严肃查处各种违法违规行为，并对此作出具体部署。

1. 切实提高对自然保护区工作重要性的认识。自然保护区是保护生态环境和自然资源的有效措施，是维护生态安全、建设美丽中国的有力手段，是走向生态文明新时代、实现中华民族永续发展的重要保障。各地区、各部门

---

① 国家环境保护总局.国家级自然保护区监督检查办法[J].环境保护,2006(21):67-68.

② 国务院办公厅.关于做好自然保护区管理有关工作的通知[J].江西省人民政府公报,2011(3):17-18.

③ 国务院.国家级自然保护区调整管理规定[J].中华人民共和国国务院公报,2014(1):35.

④ 李瑞农.中国环境年鉴(2016)[M].北京:中国环境年鉴社,2016:167.

要进一步提高对自然保护区重要性的认识，正确处理好发展与保护的关系，决不能先破坏后治理，以牺牲环境、浪费资源为代价换取一时的经济增长。要加强对自然保护区工作的组织领导，严格执法，强化监管，认真解决自然保护区的困难和问题，切实把自然保护区建设好、管理好、保护好[①]。

2. 严格执行有关法律法规。自然保护区属于禁止开发区域，严禁在自然保护区内开展不符合功能定位的开发建设活动。地方各有关部门要严格执行《自然保护区条例》等相关法律法规，禁止在自然保护区核心区、缓冲区开展任何开发建设活动，建设任何生产经营设施；在实验区不得建设污染环境、破坏自然资源或自然景观的生产设施[②]。

3. 抓紧组织开展自然保护区开发建设活动专项检查。地方各有关部门近期要对本行政区自然保护区内存在的开发建设活动进行一次全面检查。检查重点为自然保护区内开展的采矿、探矿、房地产、水（风）电开发、开垦、挖沙采石，以及核心区、缓冲区内的旅游开发建设等其他破坏资源和环境的活动。要落实责任，建立自然保护区管理机构对违法违规活动自查自纠、自然保护区主管部门监督的工作机制。要将检查结果向社会公布，充分发挥社会舆论的监督作用，鼓励社会公众举报、揭发涉及自然保护区违法违规建设活动[③]。

4. 坚决整治各种违法开发建设活动。地方各有关部门要依据相关法规，对检查发现的违法开发建设活动进行专项整治。禁止在自然保护区内进行开矿、开垦、挖沙、采石等法律明令禁止的活动，对在核心区和缓冲区内违法开展的水（风）电开发、房地产、旅游开发等活动，要立即予以关停或关闭，限期拆除，并实施生态恢复。对于实验区内未批先建、批建不符的项目，要责令停止建设或使用，并恢复原状。对违法排放污染物和影响生态环境的项目，要责令限期整改；整改后仍不达标的，要坚决依法关停或关闭。

---

① 李瑞农. 中国环境年鉴（2016）［M］. 北京：中国环境年鉴社，2016：167.

② 李瑞农. 中国环境年鉴（2016）［M］. 北京：中国环境年鉴社，2016：167.

③ 李瑞农. 中国环境年鉴（2016）［M］. 北京：中国环境年鉴社，2016：167.

对自然保护区内已设置的商业探矿权、采矿权和取水权，要限期退出；对自然保护区设立之前已存在的合法探矿权、采矿权和取水权，以及自然保护区设立之后各项手续完备且已征得保护区主管部门同意设立的探矿权、采矿权和取水权，要分类提出差别化的补偿和退出方案，在保障探矿权、采矿权和取水权人合法权益的前提下，依法退出自然保护区核心区和缓冲区。在保障原有居民生存权的条件下，保护区内原有居民的自用房建设应符合土地管理相关法律规定和自然保护区分区管理相关规定，新建、改建房应沿用当地传统居民风格，不应对自然景观造成破坏。对不符合自然保护区相关管理规定但在设立前已合法存在的其他历史遗留问题，要制定方案，分步推动解决。对于开发活动造成重大生态破坏的，要暂停审批项目所在区域内建设项目环境影响评价文件，并依法追究相关单位和人员的责任[①]。

5. 加强对涉及自然保护区建设项目的监督管理。地方各有关部门依据各自职责，切实加强涉及自然保护区建设项目的准入审查。建设项目选址（线）应尽可能避让自然保护区，确因重大基础设施建设和自然条件等因素限制无法避让的，要严格执行环境影响评价等制度，涉及国家级自然保护区的，建设前须征得省级以上自然保护区主管部门同意，并接受监督。对经批准同意在自然保护区内开展的建设项目，要加强对项目施工期和运营期的监督管理，确保各项生态保护措施落实到位。保护区管理机构要对项目建设进行全过程跟踪，开展生态监测，发现问题应当及时处理和报告[②]。

6. 严格自然保护区范围和功能区调整。地方各有关部门要认真执行《国家级自然保护区调整管理规定》，从严控制自然保护区调整。对自然保护区造成生态破坏的不合理调整，应当予以撤销。擅自调整的，要责令限期整改，恢复原状，并依法追究相关单位和人员的责任。各地要抓紧制定和完善本省区市地方级自然保护区的调整管理规定，不得随意改变自然保护区的性质、范围和功能区划，环境保护部将会同其他自然保护区主管部门完善地方

---

① 李瑞农. 中国环境年鉴（2016）[M]. 北京：中国环境年鉴社，2016：167–168.
② 李瑞农. 中国环境年鉴（2016）[M]. 北京：中国环境年鉴社，2016：168.

级自然保护区调整备案制度，开展事后监督①。

7. 完善自然保护区管理制度和政策措施。地方各有关部门应当加强自然保护区制度建设，研究建立考核和责任追究制度，实行任期目标管理。国家级自然保护区由其所在地的省级人民政府有关自然保护区行政主管部门或者国务院有关自然保护区行政主管部门管理。认真落实《国务院办公厅关于做好自然保护区管理有关工作的通知》要求，保障自然保护区建设管理经费，完善自然保护区生态补偿政策。对自然保护区内土地、海域和水域等不动产实施统一登记，加强管理，落实用途管制。禁止社会资本进入自然保护区探矿，保护区内探明的矿产只能作为国家战略储备资源。要加强地方级自然保护区的基础调查、规划和日常管理工作，依法确认自然保护区的范围和功能区划，予以公告并勘界立标，加强日常监管，鼓励公众参与，共同做好保护工作②。

第四节　开展国家公园设立试点

国家公园是指由国家批准设立并主导管理，边界清晰，以保护具有国家代表性的大面积自然生态系统为主要目的，实现自然资源科学保护和合理利用的特定陆地或海洋区域。2013年11月12日，中共中央颁发的《关于全面深化改革若干重大问题的决定》，明确提出建立国家公园体制。2015年1月20日，国家发展改革委等13部门联合发布了《关于印发建立国家公园体制试点方案的通知》，明确了建立国家公园体制试点的目标是试点区域国家级自然保护区、国家级风景名胜区、世界文化自然遗产、国家森林公园、国家地质公园等禁止开发区域，交叉重叠、多头管理的碎片化问题得到基本解决，

---

① 李瑞农. 中国环境年鉴 (2016) [M]. 北京: 中国环境年鉴社, 2016: 168.
② 李瑞农. 中国环境年鉴 (2016) [M]. 北京: 中国环境年鉴社, 2016: 168.

形成统一、规范、高效的管理体制和资金保障机制，自然资源资产产权归属更加明确，统筹保护和利用取得重要成效，形成可复制、可推广的保护管理模式[①]，并决定在北京、吉林、黑龙江、浙江、福建、湖北、湖南、云南、青海等9省市开展建立国家公园体制试点，试点时间是3年，至2017年底结束[②]。

2017年9月26日，中共中央办公厅、国务院办公厅印发了《建立国家公园体制总体方案》（以下简称《方案》），强调要科学界定国家公园内涵，建立统一事权、分级管理体制，建立资金保障制度，完善自然生态系统保护制度，构建社区协调发展制度。《方案》明确建立国家公园体制的主要目标是"建成统一规范高效的中国特色国家公园体制，交叉重叠、多头管理的碎片化问题得到有效解决，国家重要自然生态系统原真性、完整性得到有效保护，形成自然生态系统保护的新体制新模式，促进生态环境治理体系和治理能力现代化，保障国家生态安全，实现人与自然和谐共生。到2020年，建立国家公园体制试点基本完成，整合设立一批国家公园，分级统一的管理体制基本建立，国家公园总体布局初步形成。到2030年，国家公园体制更加健全，分级统一的管理体制更加完善，保护管理效能明显提高"[③]。

2019年6月26日，新华社授权发布的中共中央办公厅、国务院办公厅印发的《关于建立以国家公园为主体的自然保护地体系的指导意见》（以下简称《指导意见》），强调要构建科学合理的自然保护地体系，这包括以下6个方面：（1）明确自然保护地功能定位，"自然保护地是由各级政府依法划定或确认，对重要的自然生态系统、自然遗迹、自然景观及其所承载的自

---

① 李韶辉，刘政.聚焦建立国家公园体制试点系列报道之六：坚持保护优先 生态理念深植碧水丹山[EB/OL].（2017-04-06）[2017-04-06]. http://www. gov. cn/xinwen/2017-04/06/content_5183836. htm.

② 安蓓，赵超.我国选定北京等9省市开展国家公园体制试点[EB/OL].（2015-06-08）[2015-06-08]. http://www. gov. cn/xinwen/2015-06/08/content_2875563. htm.

③ 中共中央办公厅，国务院办公厅.建立国家公园体制总体方案[J].中华人民共和国国务院公报，2017（29）：8.

然资源、生态功能和文化价值实施长期保护的陆域或海域"①。（2）科学划定自然保护地类型，逐步形成以国家公园为主体、自然保护区为基础、各类自然公园为补充的自然保护地分类系统。国家公园是指"以保护具有国家代表性的自然生态系统为主要目的，实现自然资源科学保护和合理利用的特定陆域或海域，是我国自然生态系统中最重要、自然景观最独特、自然遗产最精华、生物多样性最富集的部分，保护范围大，生态过程完整，具有全球价值、国家象征，国民认同度高"；自然保护区是指"保护典型的自然生态系统、珍稀濒危野生动植物种的天然集中分布区、有特殊意义的自然遗迹的区域。具有较大面积，确保主要保护对象安全，维持和恢复珍稀濒危野生动植物种群数量及赖以生存的栖息环境"；自然公园是指"保护重要的自然生态系统、自然遗迹和自然景观，具有生态、观赏、文化和科学价值，可持续利用的区域。确保森林、海洋、湿地、水域、冰川、草原、生物等珍贵自然资源，以及所承载的景观、地质地貌和文化多样性得到有效保护。包括森林公园、地质公园、海洋公园、湿地公园等各类自然公园"②。（3）确立国家公园主体地位，"确立国家公园在维护国家生态安全关键区域中的首要地位，确保国家公园在保护最珍贵、最重要生物多样性集中分布区中的主导地位，确定国家公园保护价值和生态功能在全国自然保护地体系中的主体地位"③。（4）编制自然保护地规划，明确自然保护地发展目标、规模和划定区域。（5）整合交叉重叠的自然保护地，解决自然保护地区域交叉、空间重叠的问题，将符合条件的优先整合设立国家公园。（6）归并优化相邻自然保护地，制定自然保护地整合优化办法，明确整合归并规则，严格报批程序。此外，《指导意见》还强调要建立统一规范高效的管理体制，包括统一

---

① 中共中央办公厅，国务院办公厅. 关于建立以国家公园为主体的自然保护地体系的指导意见[J]. 中华人民共和国国务院公报，2019（19）：17.

② 中共中央办公厅，国务院办公厅. 关于建立以国家公园为主体的自然保护地体系的指导意见[J]. 中华人民共和国国务院公报，2019（19）：18.

③ 中共中央办公厅，国务院办公厅. 关于建立以国家公园为主体的自然保护地体系的指导意见[J]. 中华人民共和国国务院公报，2019（19）：18.

管理自然保护地、分级行使自然保护地管理职责、合理调整自然保护地范围并勘界立标、推进自然资源资产确权登记、实行自然保护地差别化管控；创新自然保护地建设发展机制，包括加强自然保护地建设、分类有序解决历史遗留问题、创新自然资源使用制度、探索全民共享机制；加强自然保护地生态环境监督考核，包括建立监测体系、加强评估考核、严格执法监督[①]。

2021年10月12日，中国政府宣布设立三江源、大熊猫、东北虎豹、海南热带雨林、武夷山等首批五个国家公园。第一批正式设立的这5个国家公园，保护面积达23万平方公里，涵盖了中国陆域近30%的国家重点保护野生动植物种类。其中，三江源国家公园，保护面积19.07万平方公里，实现了长江、黄河、澜沧江源头的整体保护，是地球第三极青藏高原高寒生态系统大尺度保护的典范；大熊猫国家公园，保护面积2.2万平方公里，横跨四川、陕西、甘肃三省，是野生大熊猫集中分布区和主要繁衍栖息地，保护了全国70%以上的野生大熊猫；东北虎豹国家公园，保护面积1.41万平方公里，居住着中国境内规模最大、唯一具有繁殖家族的野生东北虎、东北豹种群，是温带森林生态系统的典型代表；海南热带雨林国家公园，保护面积4 269平方公里，保存了中国最完整、最多样的岛屿型热带雨林，是全球最濒危的灵长类动物——海南长臂猿的唯一分布地；武夷山国家公园，保护面积1 280平方公里，实现了福建和江西区域武夷山生态系统整体保护，拥有世界文化和自然"双遗产"[②]。

革命老区在脱贫攻坚与振兴发展过程中，积极支持各地开展方式多样的生态文明建设试点示范。例如《陕甘宁革命老区振兴规划（2012—2020年）》强调要强化自然保护区、森林公园建设和监管，加大生物物种资源保

---

① 中共中央办公厅，国务院办公厅. 关于建立以国家公园为主体的自然保护地体系的指导意见[J]. 中华人民共和国国务院公报，2019（19）：19-20.

② 单璐. 国家林草局详解为何首批设立这5个国家公园[EB/OL]. （2021-10-21）［2021-10-21］. http://www.chinanews.com/sh/shipin/cns-d/2021/10-21/news904647.shtml.

护和管理力度，推进建设黄土高原生态文明示范区①。《赣闽粤原中央苏区振兴发展规划（2014—2020年）》强调要支持各级自然保护区、森林公园、湿地公园建设，加大野生动植物保护力度；支持福建加快建设国家生态文明先行示范区，支持有条件的县积极创建生态文明示范工程试点县②。《左右江革命老区振兴规划（2015—2025年）》强调要加强自然保护区、森林公园建设，加强生物多样性保护优先区域的保护与监管，提升生态系统功能和自我修复能力③。《大别山革命老区振兴发展规划（2015—2020年）》强调要加强自然保护区建设力度，编制大别山生物多样性保护优先区域规划，加强大别山种质资源保护，推进国家级水产种质资源保护区等建设④。《川陕革命老区振兴发展规划（2016—2020年）》强调要实施生态文明示范工程，探索创建秦岭—大巴山国家公园⑤。

2015年12月23日，中共中央办公厅、国务院办公厅印发的《关于加大脱贫攻坚力度支持革命老区开发建设的指导意见》强调要支持老区开展各类生态文明试点示范，加强自然保护区建设与管理，支持在符合条件的老区开展国家公园设立试点。2021年1月24日，国务院颁发了《关于新时代支持革命老区振兴发展的意见》，提出要"支持大别山、川陕等革命老区实施生物多样性保护重大工程。支持科学布局建设国家公园。支持革命老区开展促进生态保护修复的产权激励机制试点"⑥。

① 国家发展改革委.陕甘宁革命老区振兴规划（2012—2020年）［Z］.2012-03-25：20.

② 国家发展改革委.赣闽粤原中央苏区振兴发展规划（2014—2020年）［Z］.2014-03-20：19.

③ 国家发展改革委.左右江革命老区振兴规划（2015—2025年）［Z］.2015-03-02：25.

④ 国家发展改革委.大别山革命老区振兴发展规划（2015—2020年）［Z］.2015-06-15：20.

⑤ 国家发展改革委.川陕革命老区振兴发展规划（2016—2020年）［Z］.2016-07-27：26.

⑥ 国务院.关于新时代支持革命老区振兴发展的意见［J］.中华人民共和国国务院公报，2021（7）：38.

第九章

支持老区对接国家
重大区域战略

革命老区在脱贫攻坚与振兴发展过程中，积极对接"一带一路"建设战略、长江经济带发展战略、粤港澳大湾区建设战略、黄河流域生态保护和高质量发展战略、长江三角洲区域一体化发展战略等国家重大区域战略，以增强脱贫攻坚与振兴发展活力。

第一节 对接"一带一路"建设战略

2013年9月和10月，习近平总书记先后提出共建"丝绸之路经济带"和"21世纪海上丝绸之路"，即"一带一路"建设倡议，这一倡议得到了国际社会的高度关注和有关国家的积极响应。"一带一路"建设的合作重点是政策沟通、设施联通、贸易畅通、资金融通、民心相通。

1. 政策沟通。加强政策沟通是"一带一路"建设的重要保障。加强政府间合作，积极构建多层次政府间宏观政策沟通交流机制，深化利益融合，促进政治互信，达成合作新共识。沿线各国可以就经济发展战略和对策进行充分交流对接，共同制定推进区域合作的规划和措施，协商解决合作中的问题，共同为务实合作及大型项目实施提供政策支持[①]。

2. 设施联通。基础设施互联互通是"一带一路"建设的优先领域。在尊重相关国家主权和安全关切的基础上，沿线国家宜加强基础设施建设规划、技术标准体系的对接，共同推进国际骨干通道建设，逐步形成连接亚洲各次区域以及亚欧非之间的基础设施网络。强化基础设施绿色低碳化建设和运营管理，在建设中充分考虑气候变化影响[②]。

3. 贸易畅通。投资贸易合作是"一带一路"建设的重点内容。解决投资贸易便利化问题，消除投资和贸易壁垒，构建区域内和各国良好的营商环境，积极同沿线国家和地区共同商建自由贸易区，激发释放合作潜力，做大做好合作"蛋糕"[③]。

4. 资金融通。资金融通是"一带一路"建设的重要支撑。深化金融合

---

① 中共中央文献研究室. 十八大以来重要文献选编(中) [M]. 北京：中央文献出版社，2016：446.
② 中共中央文献研究室. 十八大以来重要文献选编(中) [M]. 北京：中央文献出版社，2016：446.
③ 中共中央文献研究室. 十八大以来重要文献选编(中) [M]. 北京：中央文献出版社，2016：447.

作，推进亚洲货币稳定体系、投融资体系和信用体系建设。扩大沿线国家双边本币互换、结算的范围和规模。推动亚洲债券市场的开放和发展。共同推进亚洲基础设施投资银行、金砖国家开发银行筹建，有关各方就建立上海合作组织融资机构开展磋商①。

5. 民心相通。民心相通是"一带一路"建设的社会根基。传承和弘扬丝绸之路友好合作精神，广泛开展文化交流、学术往来、人才交流合作、媒体合作、青年和妇女交往、志愿者服务等，为深化双多边合作奠定坚实的民意基础②。

"一带一路"建设贯穿亚欧非大陆，一边是活跃的东亚经济圈，一边是发达的欧洲经济圈，中间广大腹地国家经济发展潜力巨大。丝绸之路经济带重点畅通中国经中亚、俄罗斯至欧洲（波罗的海）之路；中国经中亚、西亚至波斯湾、地中海之路；中国至东南亚、南亚、印度洋之路。21世纪海上丝绸之路重点方向是从中国沿海港口过南海到印度洋，延伸至欧洲；从中国沿海港口过南海到南太平洋③。

推进"一带一路"建设，要充分发挥国内各地区比较优势，实行更加积极主动的开放战略，加强东中西互动合作，全面提升开放型经济水平，深度融入"一带一路"建设战略。

1. 西北东北地区。发挥新疆独特的区位优势和向西开放重要窗口作用，深化与中亚、南亚、西亚等国家交流合作，形成丝绸之路经济带上重要的交通枢纽、商贸物流和文化科教中心，打造丝绸之路经济带核心区；发挥陕西、甘肃综合经济文化和宁夏、青海民族人文优势，打造西安内陆型改革开放新高地，加快兰州、西宁开发开放，推进宁夏内陆开放型经济试验区建设，形成面向中亚、南亚、西亚国家的通道、商贸物流枢纽、重要产业和人文交流基地；发挥内蒙古联通俄蒙的区位优势，完善黑龙江对俄铁路通道和

---

① 中共中央文献研究室. 十八大以来重要文献选编（中）[M]. 北京：中央文献出版社, 2016：448-449.

② 中共中央文献研究室. 十八大以来重要文献选编（中）[M]. 北京：中央文献出版社, 2016：449.

③ 中共中央文献研究室. 十八大以来重要文献选编（中）[M]. 北京：中央文献出版社, 2016：445.

区域铁路网，以及黑龙江、吉林、辽宁与俄远东地区陆海联运合作，推进构建北京—莫斯科欧亚高速运输走廊，建设向北开放的重要窗口[①]。

2. 西南地区。发挥广西与东盟国家陆海相邻的独特优势，加快北部湾经济区和珠江—西江经济带开放发展，构建面向东盟区域的国际通道，打造西南、中南地区开放发展新的战略支点，形成21世纪海上丝绸之路与丝绸之路经济带有机衔接的重要门户；发挥云南区位优势，推进与周边国家的国际运输通道建设，打造大湄公河次区域经济合作新高地，建设成为面向南亚、东南亚的辐射中心；推进西藏与尼泊尔等国家边境贸易和旅游文化合作[②]。

3. 沿海和港澳台地区。利用长三角、珠三角、海峡西岸、环渤海等经济区开放程度高、经济实力强、辐射带动作用大的优势，加快推进中国（上海）自由贸易试验区建设，支持福建建设21世纪海上丝绸之路核心区；充分发挥深圳前海、广州南沙、珠海横琴、福建平潭等开放合作区作用，深化与港澳台合作，打造粤港澳大湾区；推进浙江海洋经济发展示范区、福建海峡蓝色经济试验区和舟山群岛新区建设，加大海南国际旅游岛开发开放力度；加强上海、天津、宁波—舟山、广州、深圳、湛江、汕头、青岛、烟台、大连、福州、厦门、泉州、海口、三亚等沿海城市港口建设，强化上海、广州等国际枢纽机场功能；以扩大开放倒逼深层次改革，创新开放型经济体制机制，加大科技创新力度，形成参与和引领国际合作竞争新优势，成为"一带一路"特别是21世纪海上丝绸之路建设的排头兵和主力军；发挥海外侨胞以及香港、澳门特别行政区独特优势作用，积极参与和助力"一带一路"建设；为台湾地区参与"一带一路"建设作出妥善安排[③]。

4. 内陆地区。利用内陆纵深广阔、人力资源丰富、产业基础较好优势，依托长江中游城市群、成渝城市群、中原城市群、呼包鄂榆城市群、哈长城市群等重点区域，推动区域互动合作和产业集聚发展，打造重庆西部开发开

① 中共中央文献研究室.十八大以来重要文献选编（中）[M].北京：中央文献出版社，2016：452.
② 中共中央文献研究室.十八大以来重要文献选编（中）[M].北京：中央文献出版社，2016：452.
③ 中共中央文献研究室.十八大以来重要文献选编（中）[M].北京：中央文献出版社，2016：452-453.

放重要支撑和成都、郑州、武汉、长沙、南昌、合肥等内陆开放型经济高地；加快推动长江中上游地区和俄罗斯伏尔加河沿岸联邦区的合作；建立中欧通道铁路运输、口岸通关协调机制，打造"中欧班列"品牌，建设沟通境内外、连接东中西的运输通道；支持郑州、西安等内陆城市建设航空港、国际陆港，加强内陆口岸与沿海、沿边口岸通关合作，开展跨境贸易电子商务服务试点；优化海关特殊监管区域布局，创新加工贸易模式，深化与沿线国家的产业合作①。

第二节　对接长江经济带发展战略

长江经济带覆盖上海、江苏、浙江、安徽、江西、湖北、湖南、重庆、四川、云南、贵州等11省市，横跨我国东中西三大区域，具有独特优势和巨大发展潜力。

2014年9月12日，国务院印发了《关于依托黄金水道推动长江经济带发展的指导意见》，明确了依托黄金水道推动长江经济带发展的重点任务。

1. 提升长江黄金水道功能，包括增强干线航运能力，改善支流通航条件，优化港口功能布局，加强集疏运体系建设，扩大三峡枢纽通过能力，健全智能服务和安全保障系统，合理布局过江通道②。

2. 建设综合立体交通走廊，包括形成快速大能力铁路通道，建设高等级广覆盖公路网，推进航空网络建设，完善油气管道布局，建设综合交通枢纽，加快发展多式联运③。

---

① 中共中央文献研究室. 十八大以来重要文献选编（中）［M］. 北京: 中央文献出版社, 2016: 453.

② 国务院. 关于依托黄金水道推动长江经济带发展的指导意见［J］. 中华人民共和国国务院公报, 2014（28）: 9-10.

③ 国务院. 关于依托黄金水道推动长江经济带发展的指导意见［J］. 中华人民共和国国务院公报, 2014（28）: 10-11.

3. 创新驱动促进产业转型升级，包括增强自主创新能力，推进信息化与产业融合发展，培育世界级产业集群，加快发展现代服务业，打造沿江绿色能源产业带，提升现代农业和特色农业发展水平，引导产业有序转移和分工协作①。

4. 全面推进新型城镇化，包括优化沿江城镇化格局，提升长江三角洲城市群国际竞争力，培育发展长江中游城市群，促进成渝城市群一体化发展，推动黔中和滇中区域性城市群发展，科学引导沿江城市发展，强化城市群交通网络建设，创新城镇化发展体制机制②。

5. 培育全方位对外开放新优势，包括发挥上海对沿江开放的引领带动作用，增强云南面向西南开放重要桥头堡功能，加强与丝绸之路经济带的战略互动，推动对外开放口岸和特殊区域建设，构建长江大通关体制③。

6. 建设绿色生态廊道，包括切实保护和利用好长江水资源，严格控制和治理长江水污染，妥善处理江河湖泊关系，加强流域环境综合治理，强化沿江生态保护和修复，促进长江岸线有序开发④。

7. 创新区域协调发展体制机制，包括建立区域互动合作机制，推进一体化市场体系建设，加大金融合作创新力度，建立生态环境协同保护治理机制，建立公共服务和社会治理协调机制⑤。

2016年1月5日，习近平在推动长江经济带发展座谈会上指出："长江和长江经济带的地位和作用，说明推动长江经济带发展必须坚持生态优先、绿

---

① 国务院. 关于依托黄金水道推动长江经济带发展的指导意见[J]. 中华人民共和国国务院公报，2014（28）：11-12.

② 国务院. 关于依托黄金水道推动长江经济带发展的指导意见[J]. 中华人民共和国国务院公报，2014（28）：12-14.

③ 国务院. 关于依托黄金水道推动长江经济带发展的指导意见[J]. 中华人民共和国国务院公报，2014（28）：14-15.

④ 国务院. 关于依托黄金水道推动长江经济带发展的指导意见[J]. 中华人民共和国国务院公报，2014（28）：15-16.

⑤ 国务院. 关于依托黄金水道推动长江经济带发展的指导意见[J]. 中华人民共和国国务院公报，2014（28）：16-17.

色发展的战略定位，这不仅是对自然规律的尊重，也是对经济规律、社会规律的尊重""长江拥有独特的生态系统，是我国重要的生态宝库。当前和今后相当长一个时期，要把修复长江生态环境摆在压倒性位置，共抓大保护，不搞大开发。要把实施重大生态修复工程作为推动长江经济带发展项目的优先选项，实施好长江防护林体系建设、水土流失及岩溶地区石漠化治理、退耕还林还草、水土保持、河湖和湿地生态保护修复等工程，增强水源涵养、水土保持等生态功能。要用改革创新的办法抓长江生态保护。要在生态环境容量上过紧日子的前提下，依托长江水道，统筹岸上水上，正确处理防洪、通航、发电的矛盾，自觉推动绿色循环低碳发展，有条件的地区率先形成节约能源资源和保护生态环境的产业结构、增长方式、消费模式，真正使黄金水道产生黄金效益"①。

2016年3月25日，中共中央政治局会议审议通过了《长江经济带发展规划纲要》，在长江经济带发展的空间布局上明确了"一轴、两翼、三极、多点"的格局。

1. "一轴"是指以长江黄金水道为依托，发挥上海、武汉、重庆的核心作用，以沿江主要城镇为节点，构建沿江绿色发展轴。突出生态环境保护，统筹推进综合立体交通走廊建设、产业和城镇布局优化、对内对外开放合作，引导人口经济要素向资源环境承载能力较强的地区集聚，推动经济由沿海溯江而上梯度发展，实现上中下游协调发展②。

2. "两翼"是指发挥长江主轴线的辐射带动作用，向南北两侧腹地延伸拓展，提升南北两翼支撑力。南翼以沪瑞运输通道为依托，北翼以沪蓉运输通道为依托，促进交通互联互通，加强长江重要支流保护，增强省会城市、

① 中共中央文献研究室.习近平关于社会主义经济建设论述摘编[M].北京:中央文献出版社,2017:264.
② 朱剑红.长江经济带将打造三大增长极——推动长江经济带发展领导小组办公室负责人答记者问[EB/OL].(2016-09-12)[2016-09-12].http://finance.people.com.cn/CB/n1/2016/0912/1004-28707703.html.

重要节点城市人口和产业集聚能力，夯实长江经济带的发展基础①。

3."三极"是指以长江三角洲城市群、长江中游城市群、成渝城市群为主体，发挥辐射带动作用，打造长江经济带三大增长极。长江三角洲城市群要充分发挥上海国际大都市龙头作用，提升南京、杭州、合肥都市区国际化水平，以建设世界级城市群为目标，在科技进步、制度创新、产业升级、绿色发展等方面发挥引领作用，加快形成国际竞争新优势。长江中游城市群要增强武汉、长沙、南昌中心城市功能，促进三大城市组团之间的资源优势互补、产业分工协作、城市互动合作，加强湖泊、湿地和耕地保护，提升城市群综合竞争力和对外开放水平。成渝城市群要提升重庆、成都中心城市功能和国际化水平，发挥双引擎带动和支撑作用，推进资源整合与一体发展，推进经济发展与生态环境相协调②。

4."多点"是指发挥三大城市群以外地级城市的支撑作用，以资源环境承载力为基础，不断完善城市功能，发展优势产业，建设特色城市，加强与中心城市的经济联系与互动，带动地区经济发展③。

---

① 朱剑红. 长江经济带将打造三大增长极——推动长江经济带发展领导小组办公室负责人答记者问 [EB/OL]. (2016-09-12) [2016-09-12]. http://finance. people. com. cn/CB/n1/2016/0912/1004- 28707703. html.

② 朱剑红. 长江经济带将打造三大增长极——推动长江经济带发展领导小组办公室负责人答记者问 [EB/OL]. (2016-09-12) [2016-09-12]. http://finance. people. com. cn/CB/n1/2016/0912/1004- 28707703. html.

③ 朱剑红. 长江经济带将打造三大增长极——推动长江经济带发展领导小组办公室负责人答记者问 [EB/OL]. (2016-09-12) [2016-09-12]. http://finance. people. com. cn/CB/n1/2016/0912/1004- 28707703. html.

第三节　对接粤港澳大湾区建设战略

粤港澳大湾区包括香港特别行政区、澳门特别行政区和广东省广州市、深圳市、珠海市、佛山市、惠州市、东莞市、中山市、江门市、肇庆市，总面积5.6万平方公里，是我国开放程度最高、经济活力最强的区域之一，在国家发展大局中具有重要战略地位。

2016年3月3日，国务院印发的《关于深化泛珠三角区域合作的指导意见》提出要打造粤港澳大湾区，建设世界级城市群，构建以粤港澳大湾区为龙头，以珠江—西江经济带为腹地，带动中南、西南地区发展，辐射东南亚、南亚的重要经济支撑带。同年3月16日，第十二届全国人民代表大会第四次会议审议通过的《中华人民共和国国民经济和社会发展第十三个五年规划纲要（2016—2020年）》强调要支持港澳在泛珠三角区域合作中发挥重要作用，推动粤港澳大湾区和跨省区重大合作平台建设。2017年3月5日，李克强在《政府工作报告》中强调指出："要推动内地与港澳深化合作，研究制定粤港澳大湾区城市群发展规划，发挥港澳独特优势，提升在国家经济发展和对外开放中的地位与功能。"[①]同年7月1日，国家发展改革委、广东省人民政府、香港特别行政区政府、澳门特别行政区政府共同签署《深化粤港澳合作 推进大湾区建设框架协议》，明确合作宗旨是全面准确贯彻"一国两制"方针，完善创新合作机制，建立互利共赢合作关系，共同推进粤港澳大湾区建设。2019年2月18日，新华社授权发布了中共中央、国务院印发的《粤港澳大湾区发展规划纲要》（以下简称《纲要》），明确了规划背景、总体要求、空间布局、建设任务、规划实施等问题。

---

① 中共中央党史和文献研究院.十八大以来重要文献选编（下）［M］.北京:中央文献出版社,2018:
647.

《纲要》明确了粤港澳大湾区发展的战略定位是：（1）充满活力的世界级城市群。依托香港、澳门作为自由开放经济体和广东作为改革开放排头兵的优势，继续深化改革、扩大开放，在构建经济高质量发展的体制机制方面走在全国前列、发挥示范引领作用，加快制度创新和先行先试，建设现代化经济体系，更好融入全球市场体系，建成世界新兴产业、先进制造业和现代服务业基地，建设世界级城市群。（2）具有全球影响力的国际科技创新中心。瞄准世界科技和产业发展前沿，加强创新平台建设，大力发展新技术、新产业、新业态、新模式，加快形成以创新为主要动力和支撑的经济体系；扎实推进全面创新改革试验，充分发挥粤港澳科技研发与产业创新优势，破除影响创新要素自由流动的瓶颈和制约，进一步激发各类创新主体活力，建成全球科技创新高地和新兴产业重要策源地。（3）"一带一路"建设的重要支撑。更好发挥港澳在国家对外开放中的功能和作用，提高珠三角九市开放型经济发展水平，促进国际国内两个市场、两种资源有效对接，在更高层次参与国际经济合作和竞争，建设具有重要影响力的国际交通物流枢纽和国际文化交往中心。（4）内地与港澳深度合作示范区。依托粤港澳良好合作基础，充分发挥深圳前海、广州南沙、珠海横琴等重大合作平台作用，探索协调协同发展新模式，深化珠三角九市与港澳全面务实合作，促进人员、物资、资金、信息便捷有序流动，为粤港澳发展提供新动能，为内地与港澳更紧密合作提供示范。（5）宜居宜业宜游的优质生活圈。坚持以人民为中心的发展思想，践行生态文明理念，充分利用现代信息技术，实现城市群智能管理，优先发展民生工程，提高大湾区民众生活便利水平，提升居民生活质量，为港澳居民在内地学习、就业、创业、生活提供更加便利的条件，加强多元文化交流融合，建设生态安全、环境优美、社会安定、文化繁荣的美丽湾区①。

《纲要》明确了大湾区建设的主要任务是：（1）建设国际科技创新中

① 中共中央，国务院.粤港澳大湾区发展规划纲要［J］.中华人民共和国国务院公报，2019（7）：7-8.

心。深入实施创新驱动发展战略，深化粤港澳创新合作，构建开放型融合发展的区域协同创新共同体，集聚国际创新资源，优化创新制度和政策环境，着力提升科技成果转化能力，建设全球科技创新高地和新兴产业重要策源地。（2）加快基础设施互联互通。加强基础设施建设，畅通对外联系通道，提升内部联通水平，推动形成布局合理、功能完善、衔接顺畅、运作高效的基础设施网络，为粤港澳大湾区经济社会发展提供有力支撑。（3）构建具有国际竞争力的现代产业体系。深化供给侧结构性改革，着力培育发展新产业、新业态、新模式，支持传统产业改造升级，加快发展先进制造业和现代服务业，瞄准国际先进标准提高产业发展水平，促进产业优势互补、紧密协作、联动发展，培育若干世界级产业集群。（4）推进生态文明建设。牢固树立和践行绿水青山就是金山银山的理念，像对待生命一样对待生态环境，实行最严格的生态环境保护制度。坚持节约优先、保护优先、自然恢复为主的方针，以建设美丽湾区为引领，着力提升生态环境质量，形成节约资源和保护环境的空间格局、产业结构、生产方式、生活方式，实现绿色低碳循环发展，使大湾区天更蓝、山更绿、水更清、环境更优美。（5）建设宜居宜业宜游的优质生活圈。坚持以人民为中心的发展思想，积极拓展粤港澳大湾区在教育、文化、旅游、社会保障等领域的合作，共同打造公共服务优质、宜居宜业宜游的优质生活圈。（6）紧密合作共同参与"一带一路"建设。深化粤港澳合作，进一步优化珠三角九市投资和营商环境，提升大湾区市场一体化水平，全面对接国际高标准市场规则体系，加快构建开放型经济新体制，形成全方位开放格局，共创国际经济贸易合作新优势，为"一带一路"建设提供有力支撑。（7）共建粤港澳合作发展平台。加快推进深圳前海、广州南沙、珠海横琴等重大平台开发建设，充分发挥其在进一步深化改革、扩大开放、促进合作中的试验示范作用，拓展港澳发展空间，推动公共服务合作共享，引领带动粤港澳全面合作[①]。

---

① 中共中央，国务院.粤港澳大湾区发展规划纲要[J].中华人民共和国国务院公报，2019（7）：9-24.

《纲要》强调要扩大社会参与，"支持内地与港澳智库加强合作，为大湾区发展提供智力支持。建立行政咨询体系，邀请粤港澳专业人士为大湾区发展提供意见建议。支持粤港澳三地按照市场化原则，探索成立联合投资开发机构和发展基金，共同参与大湾区建设。支持粤港澳工商企业界、劳工界、专业服务界、学术界等建立联系机制，加强交流与合作。扩大大湾区建设中的公众参与，畅通公众意见反馈渠道，支持各类市场主体共同参与大湾区建设发展"①。

第四节　对接黄河流域生态保护和高质量发展战略

黄河发源于青藏高原巴颜喀拉山北麓，流经青海、四川、甘肃、宁夏、内蒙古、山西、陕西、河南、山东9省区。黄河流域西接昆仑、北抵阴山、南倚秦岭、东临渤海，横跨东中西部，是我国重要的生态安全屏障，也是人口活动和经济发展的重要区域，在国家发展大局和社会主义现代化建设全局中具有举足轻重的战略地位。

2013年3月2日，国务院批复了《黄河流域综合规划（2012—2030年）》（以下简称《规划》），《规划》明确了黄河流域未来经济社会发展的重点为：（1）发展高效节水农业，形成以黄淮海平原主产区、汾渭平原主产区、河套灌区主产区为主的全国重要的农业生产基地，保障国家粮食安全。（2）合理有序开发能源资源和矿产资源，建设以山西、鄂尔多斯盆地为重点的能源化工基地，加快西北地区石油、天然气资源的开发，结合上中游水电开发，保障国家能源安全；形成以内蒙古、陕西、甘肃为重点的稀土生产基地，以山西、河南为重点的铝土资源开发基地。（3）充分重视流域加工

---

① 中共中央,国务院.粤港澳大湾区发展规划纲要[J].中华人民共和国国务院公报,2019(7):25.

工业的发展，加强资源的深加工，强化流域的综合经济功能，变资源优势为经济优势，带动流域经济社会又好又快发展[①]。

党的十八大以来，习近平总书记多次实地考察黄河流域生态保护和经济社会发展情况，就三江源、祁连山、秦岭、贺兰山等重点区域生态保护建设作出重要指示批示。2019年9月18日，习近平在郑州主持召开黄河流域生态保护和高质量发展座谈会并发表重要讲话。他强调黄河流域生态保护和高质量发展的主要目标任务是：（1）加强生态环境保护。黄河生态系统是一个有机整体，要充分考虑上中下游的差异。上游要以三江源、祁连山、甘南黄河上游水源涵养区等为重点，推进实施一批重大生态保护修复和建设工程，提升水源涵养能力。中游要突出抓好水土保持和污染治理。水土保持不是简单挖几个坑种几棵树，黄土高原降雨量少，能不能种树，种什么树合适，要搞清楚再干。有条件的地方要大力建设旱作梯田、淤地坝等，有的地方则要以自然恢复为主，减少人为干扰，逐步改善局部小气候。对汾河等污染严重的支流，则要下大气力推进治理。下游的黄河三角洲是我国暖温带最完整的湿地生态系统，要做好保护工作，促进河流生态系统健康，提高生物多样性。（2）保障黄河长治久安。黄河水少沙多、水沙关系不协调，是黄河复杂难治的症结所在。尽管黄河多年没出大的问题，但黄河水害隐患还像一把利剑悬在头上，丝毫不能放松警惕。要保障黄河长久安澜，必须紧紧抓住水沙关系调节这个"牛鼻子"。要完善水沙调控机制，解决九龙治水、分头管理问题，实施河道和滩区综合提升治理工程，减缓黄河下游淤积，确保黄河沿岸安全。（3）推进水资源节约集约利用。黄河水资源量就这么多，搞生态建设要用水，发展经济、吃饭过日子也离不开水，不能把水当作无限供给的资源。要坚持以水定城、以水定地、以水定人、以水定产，把水资源作为最大的刚性约束，合理规划人口、城市和产业发展，坚决抑制不合理用水需求，大力发展节水产业和技术，大力推进农业节水，实施全社会节水行动，

---

① 本报.黄河流域综合规划（2012—2030年）概要[N].黄河报，2013-03-21（2）.

推动用水方式由粗放向节约集约转变。（4）推动黄河流域高质量发展。各地区发挥比较优势，构建高质量发展的动力系统。沿黄河各地区要从实际出发，宜水则水、宜山则山，宜粮则粮、宜农则农，宜工则工、宜商则商，积极探索富有地域特色的高质量发展新路子。三江源、祁连山等生态功能重要的地区，就不宜发展产业经济，主要是保护生态，涵养水源，创造更多生态产品。河套灌区、汾渭平原等粮食主产区要发展现代农业，把农产品质量提上去，为保障国家粮食安全作出贡献。区域中心城市等经济发展条件好的地区要集约发展，提高经济和人口承载能力。贫困地区要提高基础设施和公共服务水平，全力保障和改善民生。要积极参与共建"一带一路"，提高对外开放水平，以开放促改革、促发展。（5）保护、传承、弘扬黄河文化。黄河文化是中华文明的重要组成部分，是中华民族的根和魂。要推进黄河文化遗产的系统保护，守好老祖宗留给我们的宝贵遗产。要深入挖掘黄河文化蕴含的时代价值，讲好"黄河故事"，延续历史文脉，坚定文化自信，为实现中华民族伟大复兴的中国梦凝聚精神力量[①]。

2021年10月8日，新华社授权发布了中共中央、国务院印发的《黄河流域生态保护和高质量发展规划纲要》（以下简称《纲要》），明确了发展背景、总体要求、建设任务、规划实施等问题。该规划范围为黄河干支流流经的青海、四川、甘肃、宁夏、内蒙古、山西、陕西、河南、山东9省区相关县级行政区，国土面积约130万平方公里，2019年年末总人口约1.6亿。

《纲要》明确了黄河流域生态保护和高质量发展的战略定位是：（1）大江大河治理的重要标杆。深刻分析黄河长期复杂难治的问题根源，准确把握黄河流域气候变化演变趋势以及洪涝等灾害规律，克服就水论水的片面性，突出黄河治理的全局性、整体性和协同性，推动由黄河源头至入海口的全域统筹和科学调控，深化流域治理体制和市场化改革，综合运用现代科学技术、硬性工程措施和柔性调蓄手段，着力防范水之害、破除水之弊、大兴

[①] 习近平. 在黄河流域生态保护和高质量发展座谈会上的讲话[J]. 中国水利, 2019（20）: 2-3.

水之利、彰显水之善，为重点流域治理提供经验和借鉴，开创大江大河治理新局面。（2）国家生态安全的重要屏障。充分发挥黄河流域兼有青藏高原、黄土高原、北方防沙带、黄河口海岸带等生态屏障的综合优势，以促进黄河生态系统良性永续循环、增强生态屏障质量效能为出发点，遵循自然生态原理，运用系统工程方法，综合提升上游"中华水塔"水源涵养能力、中游水土保持水平和下游湿地等生态系统稳定性，加快构建坚实稳固、支撑有力的国家生态安全屏障，为欠发达和生态脆弱地区生态文明建设提供示范。（3）高质量发展的重要实验区。紧密结合黄河流域比较优势和发展阶段，以生态保护为前提优化调整区域经济和生产力布局，促进上中下游各地区合理分工。通过加强生态建设和环境保护，夯实流域高质量发展基础；通过巩固粮食和能源安全，突出流域高质量发展特色；通过培育经济重要增长极，增强流域高质量发展动力；通过内陆沿海双向开放，提升流域高质量发展活力，为流域经济、欠发达地区新旧动能转换提供路径，促进全国经济高质量发展提供支撑。（4）中华文化保护传承弘扬的重要承载区。依托黄河流域文化遗产资源富集、传统文化根基深厚的优势，从战略高度保护传承弘扬黄河文化，深入挖掘蕴含其中的哲学思想、人文精神、价值理念、道德规范。通过对黄河文化的创造性转化和创新性发展，充分展现中华优秀传统文化的独特魅力、革命文化的丰富内涵、社会主义先进文化的时代价值，增强黄河流域文化软实力和影响力，建设厚植家国情怀、传承道德观念、各民族同根共有的精神家园①。

《纲要》明确了黄河流域生态保护和高质量发展的战略布局是：（1）构建黄河流域生态保护"一带五区多点"空间布局。"一带"是指以黄河干流和主要河湖为骨架，连通青藏高原、黄土高原、北方防沙带和黄河口海岸带的沿黄河生态带。"五区"是指以三江源、秦岭、祁连山、六盘山、若尔盖等重点生态功能区为主的水源涵养区，以内蒙古高原南缘、宁夏中部等为

---

① 中共中央，国务院.黄河流域生态保护和高质量发展规划纲要[J].中华人民共和国国务院公报，2021（30）：19-20.

主的荒漠化防治区，以青海东部、陇中陇东、陕北、晋西北、宁夏南部黄土高原为主的水土保持区，以渭河、汾河、涑水河、乌梁素海为主的重点河湖水污染防治区，以黄河三角洲湿地为主的河口生态保护区。"多点"是指藏羚羊、雪豹、野牦牛、土著鱼类、鸟类等重要野生动物栖息地和珍稀植物分布区。（2）构建形成黄河流域"一轴两区五极"的发展动力格局，促进地区间要素合理流动和高效集聚。"一轴"是指依托新亚欧大陆桥国际大通道，串联上中下游和新型城市群，以先进制造业为主导，以创新为主要动能的现代化经济廊道，是黄河流域参与全国及国际经济分工的主体。"两区"是指以黄淮海平原、汾渭平原、河套平原为主要载体的粮食主产区和以山西、鄂尔多斯盆地为主的能源富集区，加快农业、能源现代化发展。"五极"是指山东半岛城市群、中原城市群、关中平原城市群、黄河"几"字弯都市圈和兰州—西宁城市群等，是区域经济发展增长极和黄河流域人口、生产力布局的主要载体。（3）构建多元纷呈、和谐相容的黄河文化彰显区。一是河湟—藏羌文化区，主要包括上游大通河、湟水河流域和甘南、若尔盖、红原、石渠等地区，是农耕文化与游牧文化交汇相融的过渡地带，民族文化特色鲜明。二是关中文化区，主要包括中游渭河流域和陕西、甘肃黄土高原地区，以西安为代表的关中地区传统文化底蕴深厚，历史文化遗产富集。三是河洛—三晋文化区，主要包括中游伊洛河、汾河等流域，是中华民族重要的发祥地，分布有大量文化遗存。四是儒家文化区，主要包括下游的山东曲阜、泰安等地区，以孔孟为代表的传统文化源远流长。五是红色文化区，主要包括陕甘宁等革命根据地和红军长征雪山草地、西路军西征路线等地区，是全国革命遗址规模最大、数量最多的地区之一[①]。

---

① 中共中央，国务院.黄河流域生态保护和高质量发展规划纲要[J].中华人民共和国国务院公报，2021（30）：20-21.

第五节　对接长江三角洲区域一体化发展战略

长江三角洲地区包括上海市、江苏省、浙江省以及安徽省全域，面积35.8万平方公里，是我国经济发展最活跃、开放程度最高、创新能力最强的区域之一，在国家现代化建设大局和全方位开放格局中具有举足轻重的战略地位。

2018年11月5日，习近平总书记在首届中国国际进口博览会上宣布，中国政府"将支持长江三角洲区域一体化发展并上升为国家战略，着力落实新发展理念，构建现代化经济体系，推进更高起点的深化改革和更高层次的对外开放，同'一带一路'建设、京津冀协同发展、长江经济带发展、粤港澳大湾区建设相互配合，完善中国改革开放空间布局"[①]。

2019年12月1日，新华社授权发布了中共中央、国务院印发的《长江三角洲区域一体化发展规划纲要》（以下简称《纲要》），明确了发展背景、总体要求、建设任务、规划实施等问题，该规划范围包括上海市、江苏省、浙江省、安徽省全域，"以上海市，江苏省南京、无锡、常州、苏州、南通、扬州、镇江、盐城、泰州，浙江省杭州、宁波、温州、湖州、嘉兴、绍兴、金华、舟山、台州，安徽省合肥、芜湖、马鞍山、铜陵、安庆、滁州、池州、宣城27个城市为中心区（面积22.5万平方公里），辐射带动长三角地区高质量发展。以上海青浦、江苏吴江、浙江嘉善为长三角生态绿色一体化发展示范区（面积约2 300平方公里），示范引领长三角地区更高质量一体化发展。以上海临港等地区为中国（上海）自由贸易试验区新片区，打造与国

---

① 中共中央党史和文献研究院. 十九大以来重要文献选编（上）[M]. 北京: 中央文献出版社, 2019: 689.

际通行规则相衔接、更具国际市场影响力和竞争力的特殊经济功能区"[①]。

《纲要》明确了长江三角洲区域一体化发展的战略定位是：（1）全国发展强劲活跃增长极。加强创新策源能力建设，构建现代化经济体系，提高资源集约节约利用水平和整体经济效率，提升参与全球资源配置和竞争能力，增强对全国经济发展的影响力和带动力，持续提高对全国经济增长的贡献率。（2）全国高质量发展样板区。坚定不移贯彻新发展理念，提升科技创新和产业融合发展能力，提高城乡区域协调发展水平，打造和谐共生绿色发展样板，形成协同开放发展新格局，开创普惠便利共享发展新局面，率先实现质量变革、效率变革、动力变革，在全国发展版图上不断增添高质量发展板块。（3）率先基本实现现代化引领区。着眼基本实现现代化，进一步增强经济实力、科技实力，在创新型国家建设中发挥重要作用，大力推动法治社会、法治政府建设，加强和创新社会治理，培育和践行社会主义核心价值观，弘扬中华文化，显著提升人民群众生活水平，走在全国现代化建设前列。（4）区域一体化发展示范区。深化跨区域合作，形成一体化发展市场体系，率先实现基础设施互联互通、科创产业深度融合、生态环境共保联治、公共服务普惠共享，推动区域一体化发展从项目协同走向区域一体化制度创新，为全国其他区域一体化发展提供示范。（5）新时代改革开放新高地。坚决破除条条框框、思维定势束缚，推进更高起点的深化改革和更高层次的对外开放，加快各类改革试点举措集中落实、率先突破和系统集成，以更大力度推进全方位开放，打造新时代改革开放新高地[②]。

《纲要》明确了长江三角洲区域一体化发展的建设任务是：（1）推动形成区域协调发展新格局。发挥上海龙头带动作用，苏浙皖各扬所长，加强跨区域协调互动，提升都市圈一体化水平，推动城乡融合发展，构建区域联

---

① 中共中央,国务院. 长江三角洲区域一体化发展规划纲要[J]. 中华人民共和国国务院公报,2019
　（35）：11.

② 中共中央,国务院. 长江三角洲区域一体化发展规划纲要[J]. 中华人民共和国国务院公报,2019
　（35）：14.

动协作、城乡融合发展、优势充分发挥的协调发展新格局。（2）加强协同创新产业体系建设。深入实施创新驱动发展战略，走"科创+产业"道路，促进创新链与产业链深度融合，以科创中心建设为引领，打造产业升级版和实体经济发展高地，不断提升在全球价值链中的位势，为高质量一体化发展注入强劲动能。（3）提升基础设施互联互通水平。坚持优化提升、适度超前的原则，统筹推进跨区域基础设施建设，形成互联互通、分工合作、管理协同的基础设施体系，增强一体化发展的支撑保障。（4）强化生态环境共保联治。坚持生态保护优先，把保护和修复生态环境摆在重要位置，加强生态空间共保，推动环境协同治理，夯实绿色发展生态本底，努力建设绿色美丽长三角。（5）加快公共服务便利共享。坚持以人民为中心，加强政策协同，提升公共服务水平，促进社会公平正义，不断满足人民群众日益增长的美好生活需要，使一体化发展成果更多更公平惠及全体人民。（6）推进更高水平协同开放。以"一带一路"建设为统领，在更高层次、更宽领域，以更大力度协同推进对外开放，深化开放合作，优化营商环境，构建开放型经济新体制，不断增强国际竞争合作新优势。（7）创新一体化发展体制机制。坚持全面深化改革，坚决破除制约一体化发展的行政壁垒和体制机制障碍，建立统一规范的制度体系，形成要素自由流动的统一开放市场，为更高质量一体化发展提供强劲内生动力。（8）高水平建设长三角生态绿色一体化发展示范区。加快长三角生态绿色一体化发展示范区建设，在严格保护生态环境的前提下，率先探索将生态优势转化为经济社会发展优势、从项目协同走向区域一体化制度创新，打破行政边界，不改变现行的行政隶属关系，实现共商共建共管共享共赢，为长三角生态绿色一体化发展探索路径和提供示范。（9）高标准建设上海自由贸易试验区新片区。加快中国（上海）自由贸易试验区新片区建设，以投资自由、贸易自由、资金自由、运输自由、人员从业自由等为重点，推进投资贸易自由化便利化，打造与国际通行规则相衔接、更具国际市场影响力和竞争力的特殊经济功能区^①。

2020年8月22日，习近平总书记在合肥主持召开扎实推进长三角一体化发展座谈会并发表重要讲话。他强调指出：面对严峻复杂的形势，要更好推动长三角一体化发展，必须深刻认识长三角区域在国家经济社会发展中的地位和作用。一是要率先形成新发展格局。在当前全球市场萎缩的外部环境下，我们必须集中力量办好自己的事，发挥国内超大规模市场优势，加快形成以国内大循环为主体、国内国际双循环相互促进的新发展格局。长三角区域要发挥人才富集、科技水平高、制造业发达、产业链供应链相对完备和市场潜力大等诸多优势，积极探索形成新发展格局的路径。二是要勇当我国科技和产业创新的开路先锋。当前，新一轮科技革命和产业变革加速演变，更加凸显了加快提高我国科技创新能力的紧迫性。上海和长三角区域不仅要提供优质产品，更要提供高水平科技供给，支撑全国高质量发展。三是要加快打造改革开放新高地。近来，经济全球化遭遇倒流逆风，越是这样我们越是要高举构建人类命运共同体旗帜，坚定不移维护和引领经济全球化。长三角区域一直是改革开放前沿。要对标国际一流标准改善营商环境，以开放、服务、创新、高效的发展环境吸引海内外人才和企业安家落户，推动贸易和投资便利化，努力成为联通国际市场和国内市场的重要桥梁^②。

据此，党和国家在推进革命老区脱贫攻坚与振兴发展的过程中，积极支持老区对接国家重大区域战略。2021年1月24日，国务院颁发的《关于新时代支持革命老区振兴发展的意见》强调要"将支持革命老区振兴发展纳入国家重大区域战略和经济区、城市群、都市圈相关规划并放在突出重要位置，加强革命老区与中心城市、城市群合作，共同探索生态、交通、产业、园区等多领域合作机制。支持赣南等原中央苏区和海陆丰革命老区深度参与粤港

---

①　中共中央，国务院.长江三角洲区域一体化发展规划纲要［J］.中华人民共和国国务院公报，2019（35）：15-33.

②　习近平.在扎实推进长三角一体化发展座谈会上的讲话［EB/OL］.（2020-08-22）［2020-08-22］.http://www.xinhuanet.com/2020-08/22/c_1126399990.htm.

澳大湾区建设，支持赣州、龙岩与粤港澳大湾区共建产业合作试验区，建设好赣州、井冈山、梅州综合保税区和龙岩、梅州跨境电商综合试验区，支持吉安申请设立跨境电商综合试验区，支持三明推动海峡两岸乡村融合发展。鼓励大别山、川陕、湘鄂渝黔等革命老区对接长江经济带发展、成渝地区双城经济圈建设，陕甘宁、太行、沂蒙等革命老区重点对接黄河流域生态保护和高质量发展，浙西南革命老区融入长江三角洲区域一体化发展，琼崖革命老区在海南自由贸易港建设中发挥独特作用。鼓励左右江革命老区开展全方位开放合作，引导赣南等原中央苏区与湘赣边区域协同发展。支持革命老区积极参与'一带一路'建设，以开放合作增强振兴发展活力"①。

据此，有些省份颁布了具体的实施意见，强调要推动老区深度对接国家重大区域战略。例如2021年4月21日，中共江西省委、江西省人民政府颁发的《关于新时代进一步推动江西革命老区振兴发展的实施意见》强调要"深度融入'一带一路'建设，全面对接长江三角洲区域一体化等国家重大战略，加强与'一带一路'沿线国家和地区贸易合作，以开放合作增强振兴发展活力。抓住国家将支持革命老区振兴发展重大事项纳入国家重大区域战略和经济区、城市群、都市圈相关规划并放在突出重要位置的有利时机，加强与中心城市、城市群合作，共同探索生态、交通、产业、园区等多领域合作机制。推动赣南等原中央苏区深度参与粤港澳大湾区建设，支持赣州与粤港澳大湾区共建产业合作试验区，打造对接融入粤港澳大湾区桥头堡。推动赣南等原中央苏区与湘赣边区域协同发展，加快建设湘赣边区域、浙赣边际合作示范区和赣闽产业合作示范区、深赣港产城特别合作区。建设好赣州、井冈山综合保税区，推进赣州综合保税区整体置换至赣州国际陆港，争取设立吉安跨境电商综合试验区和抚州、上饶等综合保税区。争取设立赣州国际陆港正式开放口岸，支持鹰潭国际综合港经济区建设，支持有条件的地区设立

---

① 国务院.关于新时代支持革命老区振兴发展的意见[J].中华人民共和国国务院公报,2021(7):36.

航空口岸"[①]。同年7月2日，甘肃省人民政府印发了《关于新时代支持革命老区振兴发展的实施意见》，强调要"支持革命老区积极融入'一带一路'建设，深度对接新时代推进西部大开发、黄河流域生态保护和高质量发展等重大战略，统筹生态保护和经济发展；深化区域合作交流，强化与关中—天水经济区、关中平原城市群、兰州—西宁城市群等经济圈和城市群的对接，落实跨省区合作框架协议及合作专项行动计划，加强交通等基础设施互联互通，形成协同发展、优势互补新格局；鼓励与经济发达地区共建产业园区，助力产业能力提升和布局优化；支持静宁苹果、会宁高原夏菜等国家级和省级外贸基地创新发展，推动特色优势产品走向国际市场"[②]。

① 中共江西省委，江西省人民政府. 关于新时代进一步推进江西革命老区振兴发展的实施意见[EB/OL].（2021-04-21）[2021-05-27]. http://www.jiangxi.gov.cn/art/2021/5/27/art_396_3377098.html.

② 甘肃省人民政府. 关于新时代支持革命老区振兴发展的实施意见[EB/OL].（2021-07-02）[2021-07-07]. http://gov.gscn.com.cn/system/2021/07/07/012611020.shtml.

第十章

优化老区城镇布局

立足资源环境承载能力，推动老区城市群健康发展，增强中心城市辐射带动功能，形成高质量发展的重要助推力；发展中小城市和特色小城镇，构建新型城镇化空间格局。这对于老区脱贫攻坚和振兴发展、推进新型城镇化建设具有战略意义。

第一节　推动城市群健康发展

　　城市群是人口大国城镇化的主要空间载体，像我国这样人多地少的国家，更要坚定不移地以城市群为主体形态推进城镇化。改革开放以来，我国东部沿海地区率先开放发展，形成了京津冀、长江三角洲、珠江三角洲等一批城市群，有力推动了东部地区快速发展，成为国民经济重要的增长极。与此同时，中西部地区发展相对滞后，一个重要原因就是城镇化发展很不平衡，中西部城市发育明显不足。鉴于此，革命老区脱贫攻坚与振兴发展必须根据资源环境承载能力，完善城镇体系，推进城市组团式发展。

　　陕甘宁革命老区振兴规划提出推进3个组团发展的城市群。

　　1. 陕北组团，包括榆林、延安、铜川市及富平、三原、泾阳县。依托包头—榆林—延安—西安铁路、包头至茂名高速、国道210线，以榆林、延安为龙头，加快建设陕北能源化工基地、西电东送基地、循环经济示范区和资源型城市可持续发展示范区，培育区域中心城市；加强与关中—天水、呼包银经济区的联系，增强对环渤海经济圈煤炭、电力等保障能力[①]。

　　2. 陇东组团，包括庆阳、平凉市及会宁、长武、彬县、旬邑、淳化县。依托福州至银川高速、国道211线，以庆阳、平凉为龙头，加快建设陇东煤电化工基地、西电东送基地和现代旱作农业示范基地；强化与关中—天水经济区及省会城市的联系，统筹区域内煤电一体化、兰州石化深加工布局，培育成为新的经济增长点[②]。

　　3. 宁东南组团，包括吴忠、固原、中卫及灵武市。依托包头—西安、包头—兰州—西安、银川—西安铁路，北京至西藏高速、青岛至银川高速及国

---

① 国家发展改革委. 陕甘宁革命老区振兴规划（2012—2020年）[Z] . 2012-03-25：12.

② 国家发展改革委. 陕甘宁革命老区振兴规划（2012—2020年）[Z] . 2012-03-25：12-13.

道307、211、109线，以吴忠、灵武为龙头，打造宁东能源化工基地，加快建设西电东送火电基地、煤炭深加工基地和循环经济示范区；加强与呼包银和沿黄经济区的联系，培育和建设沿黄城市群，带动固原等地发展①。

赣闽粤原中央苏区振兴发展规划提出推进两个核心城市圈发展和6个组团发展的城市群。

1. 赣南核心圈，包括江西省赣州市和抚州市广昌、黎川、南丰县。以赣州市中心城区为龙头，依托赣州、龙南、瑞金国家级经济技术开发区及赣南承接产业转移示范区、"三南"（全南、龙南、定南）加工贸易重点承接地和瑞（金）兴（国）于（都）经济振兴试验区等平台，大力发展特色农业、矿产品精深加工、生物医药、新能源汽车和现代服务业，对接融入珠三角和海峡西岸经济区，有序承接产业转移，打造区域核心增长极。优化赣州城市功能与布局，加快瑞金、龙南两个次中心城市建设②。

2. 闽西核心圈，包括福建省龙岩市、三明市。依托龙岩国家级经济技术开发区等平台，承接沿海地区产业转移，发展壮大机械装备、有色金属、农产品加工、物流、旅游等优势产业，扶持培育光电新材料、节能环保、稀土深加工等新兴产业，构建特色鲜明、配套完善的现代产业体系；加快龙岩、三明中心城区扩容提质，规划布局城际快速通道，重点培育长汀和尤溪，联动发展上杭、永定、永安、沙县等县③。

3. 粤东北组团，包括广东省梅州市和河源市龙川县、和平县、连平县，潮州市饶平县，韶关市南雄市。培育壮大新型电子、新能源、新材料、生物医药四大产业集群，促进梅州中心城区扩容提质，把梅州市打造成粤闽赣边区域性中心城市、广东省绿色崛起先行市和文化旅游特色区、生态文明先行示范区。经梅汕高铁、梅河高速，向东经饶平打通出海口，向西联动龙川、

---

① 国家发展改革委. 陕甘宁革命老区振兴规划（2012—2020年）[Z]. 2012-03-25: 13.

② 国家发展改革委. 赣闽粤原中央苏区振兴发展规划（2014—2020年）[Z]. 2014-03-20: 5.

③ 国家发展改革委. 赣闽粤原中央苏区振兴发展规划（2014—2020年）[Z]. 2014-03-20: 5-6.

和平、连平、南雄等山区县，打造海陆联动的城镇密集带①。

4. 赣中组团，包括江西省吉安市。以井冈山国家级经济技术开发区为平台，依托京九铁路、赣粤高速、泉南高速、武吉高速等快速通道，重点建设吉泰走廊，积极发展电子信息、先进装备制造、新能源、新材料、生物医药、绿色食品等产业，建设新型工业化产业（电子信息产业）示范基地②。

5. 赣东组团，包括江西省抚州市宜黄县、崇仁县、南城县、资溪县、金溪县和乐安市，上饶市广丰县（今广丰区）、铅山县、上饶县、横峰县、弋阳县和鹰潭市余江县、贵溪市。依托抚州中心城区，加强与闽浙合作，主动承接长三角和福建沿海地区产业转移，推进向莆产业集聚带、信江河谷经济带、鹰潭（贵溪）铜产业循环经济示范区建设，着力打造具有全国影响力的有色金属加工基地、光学产业基地、精密微型元件基地以及水工产业基地；加快三清山、龙虎山、大觉山、武夷山旅游联动发展，打造重要的生态和文化旅游目的地③。

6. 赣西组团，包括江西省新余市和宜春市袁州区、樟树市，萍乡市安源区、莲花县、芦溪县。依托新余、宜春、萍乡中心城区，重点打造新能源、生物医药、新材料、装备制造、节能环保、钢铁等产业板块，鼓励新余统筹城乡发展、袁州低碳发展等平台建设①。

7. 闽西北组团，包括福建省南平市。以南平中心城区为核心，依托鹰厦铁路、武夷山机场、闽江内河航道以及城市沿江快速通道等重大交通基础设施，积极承接长三角和福建沿海地区产业转移，培育发展食品加工、竹木加工、机电制造、生物医药、电子信息等产业，打造闽浙赣边区域性中心城市和重要交通枢纽；推动武夷山与泰宁等地旅游联动发展，构建大武夷旅游经

---

① 国家发展改革委. 赣闽粤原中央苏区振兴发展规划（2014—2020年）[Z]. 2014-03-20: 6.

② 国家发展改革委. 赣闽粤原中央苏区振兴发展规划（2014—2020年）[Z]. 2014-03-20: 6.

③ 国家发展改革委. 赣闽粤原中央苏区振兴发展规划（2014—2020年）[Z]. 2014-03-20: 6-7.

④ 国家发展改革委. 赣闽粤原中央苏区振兴发展规划（2014—2020年）[Z]. 2014-03-20: 7.

济圈①。

8. 闽南组团，包括福建省漳州市芗城区、龙海市、南靖市、平和县、诏安县、华安县、云霄县、漳浦县和泉州市安溪县、永春县、德化县、南安市。以漳州芗城区、古雷半岛等为节点，依托沿海港口和快速通道，重点发展装备制造、光电、海洋生物、新材料、新能源、纺织服装、日用陶瓷、建筑建材等制造业和茶叶、花卉等特色农业。加强与台湾地区产业合作，促进闽台产业对接②。

左右江革命老区振兴规划提出培育壮大沿边开发开放经济带、桂黔滇金三角组团、黔南桂西北组团，以百色、河池、崇左、兴义、都匀、文山等城市为中心打造"两环三纵四横"的区域开发主骨架。

1. 沿边开发开放带，包括崇左市全境以及百色市、文山州边境县。以崇左市为中心，以宁明、凭祥、龙州、大新、靖西、那坡、富宁、麻栗坡、马关等边境重点城镇为节点，规划建设沿边铁路，提升通边、沿边公路等级，加快实施沿边金融综合改革试验，推动建设凭祥重点开发开放试验区、边境经济合作区及跨境经济合作区③。

2. 桂黔滇金三角组团，包括百色市、黔西南州、文山州以及南宁市隆安县、马山县。以百色、兴义、文山三市为龙头，以南昆、云桂铁路，广昆、汕昆高速公路，南北盘江、红水河、右江航道为轴线，依托百色生态型铝产业示范基地、黔西南现代服务业开放试验区、文山承接产业转移示范区等平台，推进三省区全面合作，大力发展资源精深加工、清洁能源综合利用、生物产业、装备制造、现代农业和红色旅游、商贸物流等服务业，打造桂黔滇结合部核心增长极；优化城镇体系，培育平果、靖西、兴仁、砚山等次中心城镇；加快培育右江河谷城镇带④。

---

① 国家发展改革委. 赣闽粤原中央苏区振兴发展规划（2014—2020年）［Z］. 2014–03–20: 7.

② 国家发展改革委. 赣闽粤原中央苏区振兴发展规划（2014—2020年）［Z］. 2014–03–20: 7.

③ 国家发展改革委. 左右江革命老区振兴规划（2015—2025年）［Z］. 2015–03–02: 8.

④ 国家发展改革委. 左右江革命老区振兴规划（2015—2025年）［Z］. 2015–03–02: 8–9.

3.黔南桂西北组团，包括河池市、黔南州8县市、黔东南州3县。以河池市、都匀市为中心，以贵广、黔桂铁路，兰海、厦蓉高速公路，红水河、都柳江航道等为轴线，依托河池有色金属产业示范基地，都匀、洛贯经济开发区等平台，发展壮大有色金属、装备制造、生物产业、农产品加工和文化旅游、康体养生等产业；培育宜州、惠水、榕江等次中心城镇①。

4.“两环三纵四横”区域开发主骨架。两环：（1）内环线以百色（右江）、兴义市、文山市桂黔滇金三角中心城市为支撑，构建高速公路为主的内环线，形成3小时以内经济圈。（2）外环线以兴仁、丘北、砚山、富宁、那坡、靖西、大新、崇左（江州）、马山、都安、河池（金城江）、环江、榕江、都匀、惠水、长顺、贞丰等市（县、区）为节点，构建以铁路、高等级公路为主的外环线。三纵：（1）贵阳—河口—越南出边通道，包括兴义、丘北、砚山、文山、马关、河口等节点城镇。（2）贵阳—龙邦—越南出边通道，包括惠水、罗甸、乐业、凌云、百色（右江）、德保、靖西、龙邦等节点城镇。（3）贵阳—南宁—防城港（东兴）出海通道，包括都匀、独山、南丹、河池（金城江）、都安、马山、扶绥、上思、东兴等节点城镇。四横：（1）黔南—桂北（桂林）通道，包括兴义、安龙、册亨、望谟、罗甸、平塘、独山、荔波、榕江、从江、三江、龙胜、桂林等节点城镇。（2）滇东—桂北—粤西通道，包括昆明、丘北、广南、西林、田林、凌云、巴马、都安、柳州、贺州、清远等节点城镇。（3）云南—广西—广东通道，包括昆明、文山、富宁、百色（右江）、田阳、田东、平果、隆安、南宁、玉林、广州等节点城镇。（4）沿边快速通道，包括马关、麻栗坡、富宁、那坡、靖西、大新、龙州、凭祥、宁明、东兴等边境城镇②。

大别山革命老区振兴发展规划提出打造核心发展区域，促进三大组团加快发展。

1.打造核心发展区域，包括黄冈、信阳、六安市，共27个县（市、

---

①　国家发展改革委.左右江革命老区振兴规划（2015—2025年）[Z].2015-03-02：9.

②　国家发展改革委.左右江革命老区振兴规划（2015—2025年）[Z].2015-03-02：9-10.

区)。以黄冈、信阳、六安中心城区为龙头,依托黄冈高新技术开发区、六安经济技术开发区等平台,着力打造黄冈临港经济带、六安工业走廊和信阳宁西工业经济走廊,建设大别山革命老区核心增长极;加快提升农产品加工、矿产资源加工、纺织服装等产业的发展水平,积极培育汽车及零部件、电子信息、新型建材等产业,打造若干具有竞争力的产业集群;依托建设长江经济带,加强与武汉城市圈、中原经济区、皖江城市带的互动融合,推进开放合作平台建设,有序承接产业转移①。

2. 随(州)孝(感)武(汉)组团,包括随州市,孝感市孝南区、安陆市、应城市、孝昌县、大悟县、云梦县,武汉市新洲区、黄陂区,襄阳市枣阳市,共12个县(市、区)。依托武汉—十堰汽车工业走廊,大力发展专用汽车及零部件制造业;挖掘农产品和山林资源优势,发展壮大特色农林产品加工、纺织服装、粮油机械、仓储物流和生态文化旅游等产业;积极对接武汉城市圈,依托黄陂临空经济产业园区和孝感临空现代物流园等,着力发展临空经济②。

3. 驻(马店)南(阳)组团,包括驻马店市,南阳市唐河县、桐柏县,共12个县(市、区)。加快粮食生产核心区建设,大力发展优质高效农业,在强化粮食安全保障的基础上,做大做强农副产品加工、医药、能源、装备制造、建材、轻纺、油碱化工等产业,促进旅游业发展,推动驻马店中心城区扩容提质,完善城市配套功能,辐射带动周边城镇发展③。

4. 安庆组团,包括安庆市全境,共11个县(市、区)。发挥长江沿岸的区位优势和大别山腹地的资源优势,重点发展农副产品加工、石油化工、纺织服装、汽车零部件、船用设备、仓储物流和文化旅游等产业;加强与武汉城市圈、环鄱阳湖城市群合作,推动与长江中游城市群联动发展④。

---

① 国家发展改革委. 大别山革命老区振兴发展规划(2015—2020年)[Z]. 2015-06-15: 7-8.
② 国家发展改革委. 大别山革命老区振兴发展规划(2015—2020年)[Z]. 2015-06-15: 8.
③ 国家发展改革委. 大别山革命老区振兴发展规划(2015—2020年)[Z]. 2015-06-15: 8-9.
④ 国家发展改革委. 大别山革命老区振兴发展规划(2015—2020年)[Z]. 2015-06-15: 9.

　　川陕革命老区振兴发展规划提出依托区域性中心城市和主要交通通道，构建"三带三走廊"经济发展空间结构。

　　1. 西安—汉中—巴中—南充—重庆/成都经济带。以汉中、巴中、南充为节点，重点发展机械制造、清洁能源汽车、生物医药、特色农产品加工、食品饮料等产业，规范发展天然气和石油化工，构建贯通老区、连接成渝经济区和关中—天水经济区的经济带[1]。

　　2. 西安—汉中—广元—绵阳—成都经济带。以汉中、广元、绵阳为节点，重点发展航空航天、电子信息、装备制造、新材料、现代物流等产业，构建具有国际竞争力的产业集聚带，引领老区融入成都经济区和丝绸之路经济带[2]。

　　3. 西安—安康—达州—重庆经济带。以安康、城口、达州为节点，重点发展冶金建材、特色农产品加工、商贸物流、机械制造、清洁能源汽车、新材料等产业，规范发展天然气化工产业，促进老区融入重庆经济区和长江经济带[3]。

　　4. 兰州—广元—巴中—达州—万州经济走廊。以广元、巴中、达州、城口为节点，重点发展冶金建材、电子信息、特色农产品加工、节能环保装备、红色生态旅游等产业，规范发展天然气化工产业，融入长江经济带发展[4]。

　　5. 成都—南充—达州—万州经济走廊。以南充、达州为节点，重点发展冶金建材、特色农产品加工、机械装备、新材料等产业，规范发展油气化工产业，形成融入成渝经济区的重要经济走廊[5]。

　　6. 汉中—安康—商洛经济走廊。以汉中、安康、商洛为节点，重点发展

① 国家发展改革委. 川陕革命老区振兴发展规划(2016—2020年)[Z]. 2016-07-27: 8.
② 国家发展改革委. 川陕革命老区振兴发展规划(2016—2020年)[Z]. 2016-07-27: 9.
③ 国家发展改革委. 川陕革命老区振兴发展规划(2016—2020年)[Z]. 2016-07-27: 9.
④ 国家发展改革委. 川陕革命老区振兴发展规划(2016—2020年)[Z]. 2016-07-27: 9.
⑤ 国家发展改革委. 川陕革命老区振兴发展规划(2016—2020年)[Z]. 2016-07-27: 9.

生物医药、新型材料、装备制造、绿色富硒食品、生态文化旅游等产业，积极融入丝绸之路经济带，对接关中—天水经济区①。

第二节　增强中心城市辐射带动功能

世界城市发展历程表明，中心城市与其他区域之间的关系是集聚与辐射并存的良性互动过程，即先将资源集聚到中心城市形成增长极，中心城市发展后又对其他区域产生辐射带动作用，形成高质量发展的动力源。中心城市是我国城镇化发展的重要支撑，是形成高质量发展的重要助推力。鉴于此，革命老区脱贫攻坚与振兴发展必须增强中心城市辐射带动功能。

《陕甘宁革命老区振兴规划（2012—2020年）》强调要完善城市功能布局，规范新城新区发展，促进人口集中和产业向园区集聚，增强辐射带动能力。（1）榆林。建设能源化工基地、区域性中心城市、历史文化名城和宜居生态示范城市，主要发展能源、化工、建材、特色农产品加工、旅游等产业。（2）延安。加强革命圣地、历史文化名城建设，主要发展石油、煤炭、化工、机械、红色文化与黄土风情旅游、农副产品加工等产业。（3）铜川。建设区域建材中心、交通枢纽和果品及农副产品加工基地，主要发展煤炭、建材、有色金属、新材料、旅游等产业。（4）庆阳。建设能源化工基地和区域性中心城市、人文魅力城市、生态示范城市，建设西部油城，重点发展煤电、化工、商贸、特色农产品加工、文化等产业。（5）平凉。建设现代商贸物流中心和生态文化名城，主要发展煤电、特色农产品生产与加工、装备制造、新型建材和旅游等产业。（6）吴忠。打造宁东能源基地，建设循环经济和可持续发展示范城市，重点发展能源、化工、新材料、装备

---

① 国家发展改革委. 川陕革命老区振兴发展规划（2016—2020年）[Z]. 2016-07-27: 9.

制造、清真食品及穆斯林用品等产业。（7）固原。建设宁南生态城市，重点发展盐化工、建材、特色农产品生产与加工、中药材、红色旅游等产业。（8）中卫。建设新能源基地、生态旅游城市和交通枢纽，主要发展光伏发电、风电、建筑陶瓷、铝镁合金、纸制品加工、特色农产品生产与加工、黄河风情和治沙工程旅游等产业①。

《赣闽粤原中央苏区振兴发展规划（2014—2020年）》强调要推动赣州科学定位城市功能，依法依规适时启动行政区划调整，增设市辖区，提升中心城区综合服务功能。（1）赣州。建设赣粤闽湘四省通衢现代化城市，江西省副中心城市，全国稀有金属产业基地、先进制造业基地、脐橙等特色农产品生产加工基地，红色文化传承创新区，区域性综合交通枢纽和物流、旅游中心。（2）龙岩。建设闽粤赣边区域性中心城市和生态经济城市，全国重要的有色金属和先进制造业基地，生态和文化旅游胜地，区域性综合交通枢纽。（3）三明。建设福建省区域性中心城市，区域性综合交通枢纽和物流中心，先进制造业基地，生态文化旅游胜地和休闲养生基地②。

《左右江革命老区振兴规划（2015—2025年）》强调要以各地级市州所在城区为中心，加大城市基础设施和配套公共服务设施建设力度，完善城市间综合交通网络，提高城市综合承载能力。（1）百色。百色是左右江革命老区核心，全国红色旅游重点城市、区域性重要交通枢纽、成熟型资源型城市转型升级示范区、现代农业改革试验先行区、西南地区物流集散地。重点发展铝产业、生态锰产业、机械制造业、高效农业、农产品加工业、红色旅游及休闲养生、壮乡文化创意产业、商贸物流、民族医药等。（2）河池。河池是桂西北区域中心城市，生态环保型有色金属产业示范基地、茧丝绸产业基地、长寿养生旅游目的地、生态环保健康产业城。重点发展有色金属精深加工、汽车零部件、清洁能源、茧丝绸、有机农产品、康体养生等产业。（3）崇左。崇左是中国—中南半岛经济走廊重要节点，参与泛北部湾合作

---

① 国家发展改革委.陕甘宁革命老区振兴规划（2012—2020年）［Z］.2012-03-25：14.

② 国家发展改革委.赣闽粤原中央苏区振兴发展规划（2014—2020年）［Z］.2014-03-20：6.

的区域中心城市，面向东盟开放合作的桥头堡、区域性国际商贸物流中心。重点发展对外贸易、蔗糖循环经济、铜循环经济、生态型锰产业、稀土新材料、红木深加工、国际旅游等产业。（4）兴义。兴义是桂黔滇区域合作中心城市，生态宜居城市、区域性交通枢纽、商贸物流中心、旅游度假目的地、新能源城市、现代服务业开放试验区。重点发展煤炭、黄金等资源精深加工，健康养生、户外运动、会展、旅游等现代服务业；加快建设义龙经济开发区。（5）都匀。都匀是衔接左右江革命老区与黔中经济区的重要节点城市，贵州南部的区域中心城市，具有浓郁民族特色的休闲旅游城市、商贸物流中心。重点发展汽车零部件、机械电子、绿色有机食品加工、生态度假旅游、生物制药、商贸物流等产业。（6）文山。文山是面向越南开放的重要门户城市，区域性交通枢纽，新型冶金化工基地、生物医药产业基地、商贸物流中心。重点发展水电铝一体化、以三七为主的生物产业、矿山装备制造、商贸物流等产业[①]。

《大别山革命老区振兴发展规划（2015—2020年）》强调要培育壮大信阳、黄冈、六安、驻马店、随州、安庆等区域性中心城市，科学定位城市功能，发展各具特色的产业体系，增强城市创新能力。（1）信阳。河南省南部区域性中心城市，食品加工、装备制造、新型建材产业基地，国际山地度假旅游目的地。（2）黄冈。湖北沿江重要增长极，区域性中心城市，重要的红色旅游目的地和国内外知名生态文化旅游胜地，生态文明示范区。（3）六安。安徽省区域性中心城市，重要农副产品基地、矿产资源加工基地和休闲旅游度假目的地。（4）驻马店。河南省南部区域性中心城市，装备制造和农产品加工产业基地，生态休闲旅游基地。（5）随州。湖北省北部门户城市，农产品加工、光伏、物流产业基地，重要的旅游目的地和集散地。（6）安庆。安徽省区域性中心城市，现代化的历史文化名城，先进制造业和文化旅游基地[②]。

---

① 国家发展改革委. 左右江革命老区振兴规划（2015—2025年）[Z]. 2015-03-02: 10-11.
② 国家发展改革委. 大别山革命老区振兴发展规划（2015—2020年）[Z]. 2015-06-15: 9.

　　《川陕革命老区振兴发展规划（2016—2020年）》强调要推进巴中、广元、达州、南充、绵阳、汉中、安康、商洛等老区区域性中心城市建设，合理确定中心城市功能定位，有序拓展发展空间，推动产城融合发展，建设和谐宜居的现代化城市。（1）巴中。原川陕苏区中心城市，区域性交通枢纽和商贸物流中心，清洁能源和天然气精细化工、食品加工、机械制造基地，红色文化名城，现代森林公园城市。（2）广元。川陕甘结合部区域中心城市，区域性综合交通枢纽和商贸物流中心，天然气化工、电子信息、有色金属基地，历史文化名城，旅游度假和生态园林城市。（3）达州。川渝鄂陕结合部区域中心城市，区域性综合交通枢纽，区域性商贸物流中心，天然气能源化工基地，冶金建材、新能源汽车、节能环保装备、新材料、农产品基地。（4）南充。川东北区域中心城市、重要交通节点和港口城市，石油天然气精细化工、食品饮料、汽车及零部件、轻纺服装基地，川东北商贸物流和科教中心。（5）绵阳。国家科技城，西部区域性科教中心、商贸中心，军民融合科技创新示范基地，电子信息、汽车零部件、冶金机械产业基地。（6）汉中。丹江口库区及上游地区中心城市，区域性交通枢纽和商贸物流中心，装备制造基地、循环经济产业集聚区、历史文化名城，生态宜居城市，文化旅游目的地。（7）安康。丹江口库区及上游地区中心城市，国家主体功能区建设试点示范市，秦巴腹地综合交通枢纽、商贸物流服务中心，富硒农产品、新材料、特色生物资源加工基地。（8）商洛。东中部地区产业转移重要接续地、现代材料重要基地、循环经济示范基地和尾矿综合利用示范基地，秦岭南麓生态旅游城市，西部现代中药基地和优质绿色食品基地，全国生态文明示范工程试点市[①]。

① 国家发展改革委.川陕革命老区振兴发展规划（2016—2020年）［Z］.2016-07-27：32.

第三节　发展县城和特色小城镇

县城和小城镇是城乡连联的节点，把加快发展县城及特色小城镇作为优化城镇规模结构的主攻方向，加强产业和公共服务资源布局引导。按照控制数量、提高质量，节约用地、体现特色的要求，推动县城及小城镇发展与疏解大城市中心城区功能相结合、与特色产业发展相结合、与服务"三农"相结合。鉴于此，革命老区脱贫攻坚与振兴发展必须积极发展县城和特色小镇。

《陕甘宁革命老区振兴规划（2012—2020年）》强调要积极培育发展县城和特色小城镇，"县级城市要重点实施城市给排水、污水、垃圾收运与处理、燃气、集中供热、公厕改造、城区绿地等建设项目，吸引人口集中和产业集聚。加强城镇防灾减灾、预警应急处理系统建设，形成各具特色、功能配套的一批中小城市，提高综合承载能力""促进农村人口向小城镇集聚，加强给排水、道路、集贸市场、公厕、路灯等市政公共设施和垃圾及医疗废物收集处理系统建设。提升小城镇公共服务和市场服务能力，努力营造和谐平安的人居环境。支持特色小城镇基础设施建设，培育一批红色文化、旅游度假、民俗风情、商贸流通、特色手工等具有浓郁地方特色的小城镇"[①]。

《赣闽粤原中央苏区振兴发展规划（2014—2020年）》强调要"开展省直管县和扩权强县改革试点，赋予县级更大发展自主权，建立县级财政稳定增长机制，具备条件的可依法依规适时适度增设县级市。支持宁都、会昌、永定开展县域经济科学发展体制创新试验。按照城市规划建设标准推进县城建设，引导公共资源配置向县城倾斜，完善城镇服务功能，培育形成一批各

---

① 国家发展改革委. 陕甘宁革命老区振兴规划（2012—2020年）［Z］. 2012-03-25: 14-15.

具特色的小城市""实施小城镇建设示范工程，支持条件较好的重点镇加快发展，打造一批工业强镇、商贸特色镇、旅游名镇和美丽宜居小镇。深化小城镇综合改革建设试点，探索对吸纳人口多、经济实力强的镇赋予同人口和经济规模相适应的管理权"①。

《左右江革命老区振兴规划（2015—2025年）》强调要彰显自然景观、建筑风格、民族风情和文化品位特色，选择区位好、基础优、潜力大的镇，建设一批特色城镇。（1）交通枢纽型特色城镇，包括田东祥周、靖西新靖、田林潞城，宜州德胜、江州太平、扶绥新宁，兴义顶效、普安江西坡，独山麻尾、罗甸红水河，榕江古州、西畴兴街、富宁剥隘。（2）商贸物流型特色城镇，包括田阳田州、右江四塘、那坡城厢，都安高岭、金城江河池镇、龙州县龙州镇、宁明城中，安龙德卧、望谟蔗香，独山城关、惠水和平，黎平高屯，砚山江那、丘北锦屏。（3）旅游文化型特色城镇，包括凌云加尤、西林那劳、乐业花坪、平果坡造，巴马县巴马镇、东兰县东兰镇，大新雷平、天等县天等镇，兴义南盘江、贞丰者相，荔波驾欧、三都三合，黎平肇兴、榕江三宝、从江丙妹，丘北双龙营、广南坝美。（4）产业集聚型特色城镇，包括德保足荣、平果新安、田阳百育、隆林平班、金城江东江镇、五圩镇、扶绥渠黎、江州濑湍，兴义清水河、兴仁巴铃，长顺威远、惠水长田，文山马塘、砚山平远。（5）沿边开放型特色城镇，包括宁明爱店，凭祥友谊、龙州水口、大新硕龙、靖西龙邦、岳圩，那坡平孟，富宁田蓬，麻栗坡天保、马关都龙②。

《大别山革命老区振兴发展规划（2015—2020年）》强调要"支持中心城市近郊县、产业强县、资源富集县发挥比较优势，积极参与区域产业分工协作，壮大主导产业。对具备行政区划调整条件的县可按规定程序有序改市，支持红安、泌阳、固始等县城按设市城市的规模和标准建设，促进人口和产业向县城集中，培育成为特色明显、功能完善、环境优美的中小城市。

---

① 国家发展改革委. 赣闽粤原中央苏区振兴发展规划（2014—2020年）[Z]. 2014-03-20: 24-25.

② 国家发展改革委. 左右江革命老区振兴规划（2015—2025年）[Z]. 2015-03-02: 11-12.

实施小城镇建设示范工程，支持全国重点镇和条件较好的省重点镇加快发展，打造一批工业强镇、商贸特色镇、旅游名镇。全面推进扩权强镇试点镇建设，加快黄梅小池镇等小城镇综合改革。鼓励麻城、新县、金寨等县开展县域经济科学发展体制创新试验。加快推进黄冈、安庆临江城镇建设"①。

川陕革命老区要"积极推进县城建设，加快培育一批中小城市，以特色化为主要方向发展一批重点镇，形成协调发展的城镇体系。支持中心城市近郊县、经济强县、资源富集县发挥比较优势，积极参与区域产业分工协作，壮大主导产业，着力培育特色鲜明的县域经济。对具备行政区划调整条件的县可按规定有序改市。通过规划引导、市场运作，支持条件较好、具有特色资源的小城镇加快发展，打造一批工业强镇、商贸特色镇、旅游名镇和美丽宜居小镇。完善偏远小城镇基础设施和公共服务，着力打造成为服务农村、带动周边的综合性小城镇"②。

2021年1月24日，国务院颁发的《关于新时代支持革命老区振兴发展的意见》强调要落实推进以人为核心的新型城镇化要求，支持革命老区重点城市提升功能品质、承接产业转移，建设区域性中心城市和综合交通枢纽城市；支持革命老区县城建设和县域经济发展，促进环境卫生设施、市政公用设施、公共服务设施、产业配套设施提质增效，支持符合条件的县城建设一批产业转型升级示范园区，增强内生发展动力和服务农业农村能力③。

① 国家发展改革委. 大别山革命老区振兴发展规划（2015—2020年）[Z]. 2015-06-15: 16.
② 国家发展改革委. 川陕革命老区振兴发展规划（2016—2020年）[Z]. 2016-07-27: 33.
③ 国务院. 关于新时代支持革命老区振兴发展的意见[J]. 中华人民共和国国务院公报, 2021（7）: 35.

第十一章

增强老区乡村振兴能力

增强老区乡村振兴能力，这是老区决胜全面建成小康社会、实现乡村全面振兴的重大历史任务。为此，必须按照产业兴旺、生态宜居、乡风文明、治理有效、生活富裕的总要求，不断提升老区农业发展能力、强化人才支撑体系、健全投入保障制度。

第一节　提升农业生产能力

　　夯实农业发展基础，提升农业生产能力，这是实现产业兴旺、促进农业现代化的重要措施。2018年1月2日，中共中央、国务院印发的《关于实施乡村振兴战略的意见》强调要夯实农业生产能力基础，"全面落实永久基本农田特殊保护制度，加快划定和建设粮食生产功能区、重要农产品生产保护区，完善支持政策。大规模推进农村土地整治和高标准农田建设，稳步提升耕地质量，强化监督考核和地方政府责任。加强农田水利建设，提高抗旱防洪除涝能力。实施国家农业节水行动，加快灌区续建配套与现代化改造，推进小型农田水利设施达标提质，建设一批重大高效节水灌溉工程。加快建设国家农业科技创新体系，加强面向全行业的科技创新基地建设。深化农业科技成果转化和推广应用改革。加快发展现代农作物、畜禽、水产、林木种业，提升自主创新能力。高标准建设国家南繁育种基地。推进我国农机装备产业转型升级，加强科研机构、设备制造企业联合攻关，进一步提高大宗农作物机械国产化水平，加快研发经济作物、养殖业、丘陵山区农林机械，发展高端农机装备制造。优化农业从业者结构，加快建设知识型、技能型、创新型农业经营者队伍。大力发展数字农业，实施智慧农业林业水利工程，推进物联网试验示范和遥感技术应用"①。

　　2018年9月26日，新华社授权发布了中共中央、国务院印发的《乡村振兴战略规划（2018—2022年）》（以下简称《规划》），《规划》强调要实施藏粮于地、藏粮于技战略，提高农业综合生产能力。（1）"两区"建管护。率先在"两区"（粮食生产功能区和重要农产品生产保护区）建立精准

---

① 中共中央国务院关于实施乡村振兴战略的意见[M].北京：人民出版社，2018：9-10.

化建设、管护、管理和支持制度，构建现代农业生产数字化监测体系，建立生产责任与精准化补贴相挂钩的管理制度。（2）高标准农田建设。优先建设确保口粮安全的高标准农田，开展土地平整、土壤改良、灌溉排水、田间道路、农田防护以及其他工程建设，大规模改造中低产田。建设国家耕地质量调查监测网络，推进耕地质量大数据应用。（3）主要农作物生产全程机械化。建设主要农作物生产全程机械化示范县，推动装备、品种、栽培及经营规模、信息化技术等集成配套，构建全程机械化技术体系，促进农业技术集成化、劳动过程机械化、生产经营信息化。（4）数字农业农村和智慧农业。制定实施数字农业农村规划纲要。发展数字田园、智慧养殖、智能农机，推进电子化交易。开展农业物联网应用示范县和农业物联网应用示范基地建设，全面推进村级益农信息社建设，改造升级国家农业数据中心。加强智慧农业技术与装备研发，建设基于卫星遥感、航空无人机、田间观测一体化的农业遥感应用体系。（5）粮食安全保障调控和应急。在粮食物流重点线路、重要节点以及重要进出口粮食物流节点，新建或完善一批粮食安全保障调控和应急设施。重点支持多功能一体化的粮食物流（产业）园区，以及铁路散粮运输和港口散粮运输系统建设①。

2019年1月3日，中共中央、国务院颁发的《关于坚持农业农村优先发展做好"三农"工作的若干意见》强调要夯实农业基础，调整优化农业结构、稳定粮食产量、加快突破农业关键核心技术、保障重要农产品有效供给。2020年1月2日，中共中央、国务院印发的《关于抓好"三农"领域重点工作确保如期实现全面小康的意见》强调要以粮食生产功能区和重要农产品生产保护区为重点加快推进高标准农田建设；推进大中型灌区续建配套与节水改造，提高防汛抗旱能力；深入实施优质粮食工程；启动农产品仓储保鲜冷链物流设施建设工程。

2021年1月4日，中共中央、国务院颁发的《关于全面推进乡村振兴加快

---

① 中共中央,国务院.乡村振兴战略规划（2018—2022年）[J].农村工作通讯,2018（18）:16.

农业农村现代化的意见》强调要加快推进农业现代化，具体而言，包括以下几个方面。

1. 提升粮食和重要农产品供给保障能力。各级党委和政府要切实扛起粮食安全政治责任，实行粮食安全党政同责；深入实施重要农产品保障战略，完善粮食安全省长责任制和"菜篮子"市长负责制，确保粮、棉、油、糖、肉等供给安全；稳定粮食播种面积、提高单产水平；加强粮食生产功能区和重要农产品生产保护区建设；建设国家粮食安全产业带；稳定种粮农民补贴，让种粮有合理收益；坚持并完善稻谷、小麦最低收购价政策，完善玉米、大豆生产者补贴政策；推进农业结构调整，推动品种培优、品质提升、品牌打造和标准化生产；鼓励发展青贮玉米等优质饲草饲料，稳定大豆生产，多措并举发展油菜、花生等油料作物；健全产粮大县支持政策体系；扩大稻谷、小麦、玉米三大粮食作物完全成本保险和收入保险试点范围，支持有条件的省份降低产粮大县三大粮食作物农业保险保费县级补贴比例；推进优质粮食工程；构建现代养殖体系，保护生猪基础产能，健全生猪产业平稳有序发展长效机制，积极发展牛羊产业，继续实施奶业振兴行动，推进水产绿色健康养殖；促进木本粮油和林下经济发展[①]。

2. 打好种业翻身仗。加强农业种质资源保护开发利用，加快第三次农作物种质资源、畜禽种质资源调查收集，加强国家作物、畜禽和海洋渔业生物种质资源库建设；对育种基础性研究以及重点育种项目给予长期稳定支持；实施农业生物育种重大科技项目，实施农作物和畜禽良种联合攻关，实施新一轮畜禽遗传改良计划和现代种业提升工程，有序推进生物育种产业化应用；支持种业龙头企业建立健全商业化育种体系，加快建设南繁硅谷，加强制种基地和良种繁育体系建设，研究重大品种研发与推广后补助政策，促进

---

① 中共中央，国务院. 关于全面推进乡村振兴加快农业农村现代化的意见[J]. 中华人民共和国国务院公报，2021（7）：16.

育繁推一体化发展①。

3. 坚决守住18亿亩耕地红线。严格实行土地用途管制，采取"长牙齿"的措施，落实最严格的耕地保护制度；严禁违规占用耕地和违背自然规律绿化造林、挖湖造景，严格控制非农建设占用耕地；推进农村乱占耕地建房专项整治行动，坚决遏制耕地"非农化"、防止"非粮化"；明确耕地利用优先序，永久基本农田重点用于粮食特别是口粮生产，一般耕地主要用于粮食和棉、油、糖、蔬菜等农产品及饲草饲料生产；明确耕地和永久基本农田不同的管制目标和管制强度，严格控制耕地转为林地、园地等其他类型农用地，强化土地流转用途监管，确保耕地数量不减少、质量有提高；实施新一轮高标准农田建设规划，提高建设标准和质量，健全管护机制，多渠道筹集建设资金，中央和地方共同加大粮食主产区高标准农田建设投入，2021年建设1亿亩旱涝保收、高产稳产高标准农田；在高标准农田建设中增加的耕地作为占补平衡补充耕地指标在省域内调剂，所得收益用于高标准农田建设；加强和改进建设占用耕地占补平衡管理，严格新增耕地核实认定和监管；健全耕地数量和质量监测监管机制，加强耕地保护督察和执法监督②。

4. 强化现代农业科技和物质装备支撑。实施大中型灌区续建配套和现代化改造，到2025年全部完成现有病险水库除险加固；完善农业科技领域基础研究稳定支持机制，布局建设一批创新基地平台；开展乡村振兴科技支撑行动，支持高校为乡村振兴提供智力服务；加强农业科技社会化服务体系建设，深入推行科技特派员制度；提高农机装备自主研制能力，支持高端智能、丘陵山区农机装备研发制造，加大购置补贴力度，开展农机作业补贴；强化动物防疫和农作物病虫害防治体系建设，提升防控能力③。

---

① 中共中央，国务院. 关于全面推进乡村振兴加快农业农村现代化的意见[J]. 中华人民共和国国务院公报，2021（7）：16.
② 中共中央，国务院. 关于全面推进乡村振兴加快农业农村现代化的意见[J]. 中华人民共和国国务院公报，2021（7）：16.
③ 中共中央，国务院. 关于全面推进乡村振兴加快农业农村现代化的意见[J]. 中华人民共和国国务院公报，2021（7）：16-17.

5. 构建现代乡村产业体系。依托乡村特色优势资源，打造农业全产业链，把产业链主体留在县城，让农民更多分享产业增值收益；健全现代农业全产业链标准体系，推动新型农业经营主体按标生产，培育农业龙头企业标准"领跑者"；立足县域布局特色农产品产地初加工和精深加工，建设现代农业产业园、农业产业强镇、优势特色产业集群；推进公益性农产品市场和农产品流通骨干网络建设；开发休闲农业和乡村旅游精品线路，完善配套设施；推进农村第一、二、三产业融合发展示范园和科技示范园区建设；围绕提高农业产业体系、生产体系、经营体系现代化水平，加强资源整合、政策集成，以县为单位开展创建，到2025年创建500个左右示范区，形成梯次推进农业现代化的格局；创建现代林业产业示范区①。

6. 推进农业绿色发展。实施国家黑土地保护工程，推广保护性耕作模式，健全耕地休耕轮作制度；持续推进化肥农药减量增效，推广农作物病虫害绿色防控产品和技术；加强畜禽粪污资源化利用，全面实施秸秆综合利用和农膜、农药包装物回收行动，加强可降解农膜研发推广；在长江经济带、黄河流域建设一批农业面源污染综合治理示范县；支持国家农业绿色发展先行区建设；加强农产品质量和食品安全监管，发展绿色农产品、有机农产品和地理标志农产品，试行食用农产品达标合格证制度，推进国家农产品质量安全县创建；加强水生生物资源养护，推进以长江为重点的渔政执法能力建设，确保十年禁渔令有效落实，做好退捕渔民安置保障工作；推进荒漠化、石漠化、坡耕地水土流失综合治理和土壤污染防治、重点区域地下水保护与超采治理；实施水系连通及农村水系综合整治，巩固退耕还林还草成果，科学开展大规模国土绿化行动；完善草原生态保护补助奖励政策，全面推进草原禁牧轮牧休牧，加强草原鼠害防治，稳步恢复草原生态环境②。

---

① 中共中央，国务院. 关于全面推进乡村振兴加快农业农村现代化的意见[J]. 中华人民共和国国务院公报，2021（7）：17.

② 中共中央，国务院. 关于全面推进乡村振兴加快农业农村现代化的意见[J]. 中华人民共和国国务院公报，2021（7）：17.

7. 推进现代农业经营体系建设。抓好家庭农场和农民合作社两类经营主体，鼓励发展多种形式适度规模经营；实施家庭农场培育计划，把农业规模经营户培育成有活力的家庭农场；推进农民合作社质量提升，加大对运行规范的农民合作社扶持力度；发展壮大农业专业化社会化服务组织，将先进适用的品种、投入品、技术、装备导入小农户；支持市场主体建设区域性农业全产业链综合服务中心；支持农业产业化龙头企业创新发展、做大做强；深化供销合作社综合改革，开展生产、供销、信用"三位一体"综合合作试点，健全服务农民生产生活综合平台[①]。

据此，党和政府在推进革命老区脱贫攻坚和乡村振兴的过程中，始终高度重视夯实老区农业生产能力基础。2021年1月24日，国务院颁发的《关于新时代支持革命老区振兴发展的意见》提出要支持革命老区加强农田水利和高标准农田建设，深入推进优质粮食工程，稳步提升粮食生产能力；做大做强水果、蔬菜、茶叶等特色农林产业；建设一批农村产业融合发展园区、农业标准化示范区、农产品质量检验检测中心和冷链物流基地[②]。2021年11月22日，国家发展改革委等15部门联合印发的《"十四五"支持革命老区巩固拓展脱贫攻坚成果衔接推进乡村振兴实施方案》再次强调要加快推进老区农业现代化，增强农业发展能力。（1）现代种业提升。按照全国统一规划和布局，建设农作物良种繁育基地和畜禽保种场等，完善育种创新、标准化繁种、良种推广等方面设施装备。（2）高标准农田建设。统筹考虑自然条件、建设任务等因素，支持赣闽粤、陕甘宁、大别山、左右江、川陕等革命老区建设高标准农田，提高农业综合生产能力。（3）深入推进优质粮食工程。因地制宜开展粮食绿色仓储、粮食品种品质品牌、粮食质量追溯、粮食机械装备、粮食应急保障能力、粮食节约减损健康消费"六大提升行动"，加快粮食产业高质量发展，提升粮食安全保障能力。（4）现代农业平台建

① 中共中央，国务院. 关于全面推进乡村振兴加快农业农村现代化的意见[J]. 中华人民共和国国务院公报，2021（7）：17.
② 国务院. 关于新时代支持革命老区振兴发展的意见[J]. 中华人民共和国国务院公报，2021（7）：36.

设。支持创建国家级现代农业产业园，加快建设国家农村产业融合发展试点示范县（市、区）、国家农村产业融合发展示范园和国家农业科技园区[①]。

第二节　强化人才支撑体系

实施乡村振兴战略，必须破解人才瓶颈制约。2018年1月2日，中共中央、国务院印发的《关于实施乡村振兴战略的意见》强调"要把人力资本开发放在首要位置，畅通智力、技术、管理下乡通道，造就更多乡土人才，聚天下人才而用之"[②]。同年9月26日，新华社授权发布了中共中央、国务院印发的《乡村振兴战略规划（2018—2022年）》（以下简称《规划》），《规划》强调要实施乡村振兴人才支撑计划。（1）农业科研杰出人才计划和杰出青年农业科学家项目。加快培养农业科技领军人才和创新团队。面向生物基因组学、土壤污染防控与治理、现代农业机械与装备等新兴领域和交叉学科，每年选拔支持100名左右杰出青年农业科学家开展重大科技创新。（2）乡土人才培育计划。开展乡土人才示范培训，实施农村实用人才"职业素质和能力提升计划"，培育一批"土专家""田秀才"、产业发展带头人和农村电商人才，扶持一批农业职业经理人、经纪人，培养一批乡村工匠、文化能人和非物质文化遗产传承人。（3）乡村财会管理"双基"提升计划。以乡村基础财务会计制度建设、基本财会人员选配和专业技术培训为重点，提升农村集体经济组织、农民合作组织、自治组织的财务会计管理水平和开展各类基本经济活动的规范管理能力。（4）"三区"人才支持计划。每年引导10万名左右优秀教师、医生、科技人员、社会工作者、文化工作者到边远

---

① 国家发展改革委, 农业农村部, 国家乡村振兴局, 等. "十四五"支持革命老区巩固拓展脱贫攻坚成果衔接推进乡村振兴实施方案[Z]. 2021-11-22: 7-8.

② 中共中央国务院关于实施乡村振兴战略的意见[M]. 北京: 人民出版社, 2018: 35.

贫困地区、边疆民族地区和革命老区工作或提供服务。每年重点扶持培养1万名左右边远贫困地区、边疆民族地区和革命老区急需紧缺人才[①]。

2019年1月3日，中共中央、国务院颁发的《关于坚持农业农村优先发展做好"三农"工作的若干意见》强调要把乡村人才纳入各级人才培养计划予以重点支持；建立县域人才统筹使用制度和乡村人才定向委托培养制度，探索通过岗编适度分离、在岗学历教育、创新职称评定等多种方式，引导各类人才投身乡村振兴；对作出突出贡献的各类人才给予表彰和奖励；实施新型职业农民培育工程；大力发展面向乡村需求的职业教育，加强高等学校涉农专业建设[②]。2020年1月2日，中共中央、国务院印发的《关于抓好"三农"领域重点工作确保如期实现全面小康的意见》强调要畅通各类人才下乡渠道，支持大学生、退役军人、企业家等到农村干事创业；整合利用农业广播学校、农业科研院所、涉农院校、农业龙头企业等各类资源，加快构建高素质农民教育培训体系；落实县域内人才统筹培养使用制度；有组织地动员城市科研人员、工程师、规划师、建筑师、教师、医生下乡服务；城市中小学教师、医生晋升高级职称前，原则上要有1年以上农村基层工作服务经历；优化涉农学科专业设置，探索对急需紧缺涉农专业实行"提前批次"录取[③]。

2021年2月23日，新华社授权发布了中共中央办公厅、国务院办公厅印发的《关于加快推进乡村人才振兴的意见》（以下简称《意见》），强调要"坚持把乡村人力资本开发放在首要位置，大力培养本土人才，引导城市人才下乡，推动专业人才服务乡村，吸引各类人才在乡村振兴中建功立业，健全乡村人才工作体制机制，强化人才振兴保障措施，培养造就一支懂农业、

---

① 中共中央,国务院.乡村振兴战略规划（2018—2022年）[J].农村工作通讯,2018(18):33.

② 中共中央,国务院.关于坚持农业农村优先发展做好"三农"工作的若干意见[J].中华人民共和国国务院公报,2019(7):33.

③ 中共中央,国务院.关于抓好"三农"领域重点工作确保如期实现全面小康的意见[J].中华人民共和国国务院公报,2020(5):12.

爱农村、爱农民的'三农'工作队伍，为全面推进乡村振兴、加快农业农村现代化提供有力人才支撑"[1]。

《意见》提出要加快培养农业生产经营人才，包括培养高素质农民队伍、突出抓好家庭农场经营者和农民合作社带头人培育。

1. 培养高素质农民队伍。深入实施现代农民培育计划，重点面向从事适度规模经营的农民，分层分类开展全产业链培训，加强训后技术指导和跟踪服务，支持创办领办新型农业经营主体。充分利用现有网络教育资源，加强农民在线教育培训。实施农村实用人才培养计划，加强培训基地建设，培养造就一批能够引领一方、带动一片的农村实用人才带头人[2]。

2. 突出抓好家庭农场经营者、农民合作社带头人培育。深入推进家庭农场经营者培养，完善项目支持、生产指导、质量管理、对接市场等服务。建立农民合作社带头人人才库，加强对农民合作社骨干的培训。鼓励农民工、高校毕业生、退役军人、科技人员、农村实用人才等创办领办家庭农场、农民合作社。鼓励有条件的地方支持农民合作社聘请农业经理人。鼓励家庭农场经营者、农民合作社带头人参加职称评审、技能等级认定[3]。

《意见》提出要加快培养农村第二、三产业发展人才，包括培育农村创业创新带头人、加强农村电商人才培育、培育乡村工匠、打造农民工劳务输出品牌。

1. 培育农村创业创新带头人。深入实施农村创业创新带头人培育行动，不断改善农村创业创新生态，稳妥引导金融机构开发农村创业创新金融产品和服务方式，加快建设农村创业创新孵化实训基地，组建农村创业创新导师队伍。壮大新一代乡村企业家队伍，通过专题培训、实践锻炼、学习交流等

① 中共中央办公厅，国务院办公厅. 关于加快推进乡村人才振兴的意见[J]. 中华人民共和国国务院公报，2021(7)：22.

② 中共中央办公厅，国务院办公厅. 关于加快推进乡村人才振兴的意见[J]. 中华人民共和国国务院公报，2021(7)：22-23.

③ 中共中央办公厅，国务院办公厅. 关于加快推进乡村人才振兴的意见[J]. 中华人民共和国国务院公报，2021(7)：23.

方式，完善乡村企业家培训体系，完善涉农企业人才激励机制，加强对乡村企业家合法权益的保护①。

2. 加强农村电商人才培育。提升电子商务进农村效果，开展电商专家下乡活动。依托全国电子商务公共服务平台，加快建立农村电商人才培养载体及师资、标准、认证体系，开展线上线下相结合的多层次人才培训②。

3. 培育乡村工匠。挖掘培养乡村手工业者、传统艺人，通过设立名师工作室、大师传习所等，传承发展传统技艺。鼓励高等学校、职业院校开展传统技艺传承人教育。在传统技艺人才聚集地设立工作站，开展研习培训、示范引导、品牌培育。支持鼓励传统技艺人才创办特色企业，带动发展乡村特色手工业③。

4. 打造农民工劳务输出品牌。实施劳务输出品牌计划，围绕地方特色劳务群体，建立技能培训体系和评价体系，完善创业扶持、品牌培育政策，通过完善行业标准、建设专家工作室、邀请专家授课、举办技能比赛等途径，普遍提升从业者职业技能，提高劳务输出的组织化、专业化、标准化水平，培育一批叫得响的农民工劳务输出品牌④。

《意见》提出要加快培养乡村公共服务人才，包括加强乡村教师队伍建设、加强乡村卫生健康人才队伍建设、加强乡村文化旅游体育人才队伍建设、加强乡村规划建设人才队伍建设。

1. 加强乡村教师队伍建设。落实城乡统一的中小学教职工编制标准。继续实施革命老区、民族地区、边疆地区人才支持计划、教师专项计划和银

---

① 中共中央办公厅，国务院办公厅. 关于加快推进乡村人才振兴的意见［J］. 中华人民共和国国务院公报，2021（7）：23.

② 中共中央办公厅，国务院办公厅. 关于加快推进乡村人才振兴的意见［J］. 中华人民共和国国务院公报，2021（7）：23.

③ 中共中央办公厅，国务院办公厅. 关于加快推进乡村人才振兴的意见［J］. 中华人民共和国国务院公报，2021（7）：23.

④ 中共中央办公厅，国务院办公厅. 关于加快推进乡村人才振兴的意见［J］. 中华人民共和国国务院公报，2021（7）：23.

龄讲学计划。加大乡村骨干教师培养力度，精准培养本土化优秀教师。改革完善"国培计划"，深入推进"互联网+义务教育"，健全乡村教师发展体系。对长期在乡村学校任教的教师，职称评审可按规定"定向评价、定向使用"，高级岗位实行总量控制、比例单列，可不受所在学校岗位结构比例限制。落实好乡村教师生活补助政策，加强乡村学校教师周转宿舍建设，按规定将符合条件的乡村教师纳入当地住房保障范围^①。

2. 加强乡村卫生健康人才队伍建设。按照服务人口1‰左右的比例，以县为单位每5年动态调整乡镇卫生院人员编制总量，允许编制在县域内统筹使用，用好用足空余编制。推进乡村基层医疗卫生机构公开招聘，艰苦边远地区县级及基层医疗卫生机构可根据情况适当放宽学历、年龄等招聘条件，对急需紧缺卫生健康专业人才可以采取面试、直接考察等方式公开招聘。乡镇卫生院应至少配备1名公共卫生医师。深入实施全科医生特岗计划、农村订单定向医学生免费培养和助理全科医生培训，支持城市二级及以上医院在职或退休医师到乡村基层医疗卫生机构多点执业，开办乡村诊所，充实乡村卫生健康人才队伍。完善乡村基层卫生健康人才激励机制，落实职称晋升和倾斜政策，优化乡镇医疗卫生机构岗位设置，按照政策合理核定乡村基层医疗卫生机构绩效工资总量和水平。优化乡村基层卫生健康人才能力提升培训项目，加强在岗培训和继续教育。落实乡村医生各项补助，逐步提高乡村医生收入待遇，做好乡村医生参加基本养老保险工作，深入推进乡村全科执业助理医师资格考试，推动乡村医生向执业（助理）医师转化，引导医学专业高校毕业生免试申请乡村医生执业注册。鼓励免费定向培养一批源于本乡本土的大学生乡村医生，多途径培养培训乡村卫生健康工作队伍，改善乡村卫生服务和治理水平^②。

---

① 中共中央办公厅，国务院办公厅. 关于加快推进乡村人才振兴的意见[J]. 中华人民共和国国务院公报，2021（7）：23.

② 中共中央办公厅，国务院办公厅. 关于加快推进乡村人才振兴的意见[J]. 中华人民共和国国务院公报，2021（7）：23-24.

3. 加强乡村文化旅游体育人才队伍建设。推动文化旅游体育人才下乡服务，重点向革命老区、民族地区、边疆地区倾斜。完善文化和旅游、广播电视、网络视听等专业人才扶持政策，培养一批乡村文艺社团、创作团队、文化志愿者、非遗传承人和乡村旅游示范者。鼓励运动员、教练员、体育专业师生、体育科研人员参与乡村体育指导志愿服务[①]。

4. 加强乡村规划建设人才队伍建设。支持熟悉乡村的首席规划师、乡村规划师、建筑师、设计师及团队参与村庄规划设计、特色景观制作、人文风貌引导，提高设计建设水平，塑造乡村特色风貌。统筹推进城乡基础设施建设管护人才互通共享，搭建服务平台，畅通交流机制。实施乡村本土建设人才培育工程，加强乡村建设工匠培训和管理，培育修路工、水利员、改厕专家、农村住房建设辅导员等专业人员，提升农村环境治理、基础设施及农村住房建设管护水平[②]。

《意见》提出要加快培养乡村治理人才，包括加强乡镇党政人才队伍建设、推动村党组织带头人队伍整体优化提升、实施"一村一名大学生"培育计划、加强农村社会工作人才队伍建设、加强农村经营管理人才队伍建设、加强农村法律人才队伍建设。

1. 加强乡镇党政人才队伍建设。选优配强乡镇领导班子特别是乡镇党委书记，健全从乡镇事业人员、优秀村党组织书记、到村任职过的选调生、驻村第一书记、驻村工作队员中选拔乡镇领导干部常态化机制。实行乡镇编制专编专用，明确乡镇新录用公务员在乡镇最低服务年限，规范从乡镇借调工作人员。落实乡镇工作补贴和艰苦边远地区津贴政策，确保乡镇机关工作人员收入高于县直机关同职级人员。落实艰苦边远地区乡镇公务员考录政策，适当降低门槛和开考比例，允许县乡两级拿出一定数量的职位面向高校毕业

---

① 中共中央办公厅，国务院办公厅. 关于加快推进乡村人才振兴的意见[J]. 中华人民共和国国务院公报，2021(7)：24.

② 中共中央办公厅，国务院办公厅. 关于加快推进乡村人才振兴的意见[J]. 中华人民共和国国务院公报，2021(7)：24.

生、退役军人等具有本地户籍或在本地长期生活工作的人员招考①。

2. 推动村党组织带头人队伍整体优化提升。坚持把政治标准放在首位，选拔思想政治素质好、道德品行好、带富能力强、协调能力强，公道正派、廉洁自律，热心为群众服务的党员担任村党组织书记。注重从本村致富能手、外出务工经商返乡人员、本乡本土大学毕业生、退役军人中的党员里培养选拔村党组织书记。对本村暂时没有党组织书记合适人选的，可从上级机关、企事业单位优秀党员干部中选派，有条件的地方也可以探索跨村任职。全面落实村党组织书记县级党委组织部门备案管理制度和村"两委"成员资格联审机制，实行村"两委"成员近亲属回避，净化、优化村干部队伍。加大从优秀村党组织书记中考录乡镇公务员、招聘乡镇事业编制人员力度。县级党委每年至少对村党组织书记培训1次，支持村干部和农民参加学历教育。坚持和完善向重点乡村选派驻村第一书记和工作队制度②。

3. 实施"一村一名大学生"培育计划。鼓励各地遴选一批高等职业学校，按照有关规定，根据乡村振兴需求开设涉农专业，支持村干部、新型农业经营主体带头人、退役军人、返乡创业农民工等，采取在校学习、弹性学制、农学交替、送教下乡等方式，就地就近接受职业高等教育，培养一批在乡大学生、乡村治理人才。进一步加强选调生到村任职、履行大学生村官有关职责、按照大学生村官管理工作，落实选调生一般应占本年度公务员考录计划10%左右的规模要求。鼓励各地多渠道招录大学毕业生到村工作。扩大高校毕业生"三支一扶"计划招募规模③。

4. 加强农村社会工作人才队伍建设。加快推动乡镇社会工作服务站建设，加大政府购买服务力度，吸引社会工作人才提供专业服务，大力培育社

---

① 中共中央办公厅，国务院办公厅. 关于加快推进乡村人才振兴的意见[J]. 中华人民共和国国务院公报，2021(7)：24.

② 中共中央办公厅，国务院办公厅. 关于加快推进乡村人才振兴的意见[J]. 中华人民共和国国务院公报，2021(7)：24.

③ 中共中央办公厅，国务院办公厅. 关于加快推进乡村人才振兴的意见[J]. 中华人民共和国国务院公报，2021(7)：24—25.

会工作服务类社会组织。加大本土社会工作专业人才培养力度，鼓励村干部、年轻党员等参加社会工作职业资格评价和各类教育培训。持续实施革命老区、民族地区、边疆地区社会工作专业人才支持计划。加强乡村儿童关爱服务人才队伍建设。通过项目奖补、税收减免等方式引导高校毕业生、退役军人、返乡入乡人员参与社区服务①。

5. 加强农村经营管理人才队伍建设。依法依规划分农村经营管理的行政职责和事业职责，建立健全职责目录清单。采取招录、调剂、聘用等方式，通过安排专兼职人员等途径，充实农村经营管理队伍，确保事有人干、责有人负。加强业务培训，力争3年内轮训一遍。加强农村土地承包经营纠纷调解仲裁人才队伍建设，鼓励各地探索建立仲裁员等级评价制度。将农村合作组织管理专业纳入农业技术人员职称评审范围，完善评价标准。加强农村集体经济组织人才培养，完善激励机制②。

6. 加强农村法律人才队伍建设。加强农业综合行政执法人才队伍建设，加大执法人员培训力度，完善工资待遇和职业保障政策，培养通专结合、一专多能执法人才。推动公共法律服务力量下沉，通过招录、聘用、政府购买服务、发展志愿者队伍等方式，充实乡镇司法所公共法律服务人才队伍，加强乡村法律服务人才培训。以村干部、村妇联执委、人民调解员、网格员、村民小组长、退役军人等为重点，加快培育"法律明白人"。培育农村学法用法示范户，构建农业综合行政执法人员与农村学法用法示范户的密切联结机制。提高乡村人民调解员队伍专业化水平，有序推进在农村"五老"人员中选聘人民调解员。完善和落实"一村一法律顾问"制度③。

《意见》提出要加快培养农业农村科技人才，包括培养农业农村高科技

---

① 中共中央办公厅, 国务院办公厅. 关于加快推进乡村人才振兴的意见[J]. 中华人民共和国国务院公报, 2021(7): 25.

② 中共中央办公厅, 国务院办公厅. 关于加快推进乡村人才振兴的意见[J]. 中华人民共和国国务院公报, 2021(7): 25.

③ 中共中央办公厅, 国务院办公厅. 关于加快推进乡村人才振兴的意见[J]. 中华人民共和国国务院公报, 2021(7): 25.

领军人才、培养农业农村科技创新人才、培养农业农村科技推广人才、发展壮大科技特派员队伍。

1. 培养农业农村高科技领军人才。国家重大人才工程、人才专项优先支持农业农村领域，推进农业农村科研杰出人才培养，鼓励各地实施农业农村领域"引才计划"，加快培育一批高科技领军人才和团队。加强优秀青年后备人才培养，突出服务基层导向。支持高科技领军人才按照有关政策在国家农业高新技术产业示范区、农业科技园区等落户[①]。

2. 培养农业农村科技创新人才。依托现代农业产业技术体系、农业科技创新联盟、现代农业产业科技创新中心等平台，发现人才、培育人才、凝聚人才。加强农业企业科技人才培养。健全农业农村科研立项、成果评价、成果转化机制，完善科技人员兼职兼薪、分享股权期权、领办创办企业、成果权益分配等激励办法[②]。

3. 培养农业农村科技推广人才。推进农技推广体系改革创新，完善公益性和经营性农技推广融合发展机制，允许提供增值服务合理取酬。全面实施农技推广服务特聘计划。深化农技人员职称制度改革，突出业绩水平和实际贡献，向服务基层一线人才倾斜，实行农业农村科技推广人才差异化分类考核。实施基层农技人员素质提升工程，重点培训年轻骨干农技人员。建立健全农产品质量安全协管员、信息员队伍。鼓励地方对"土专家""田秀才""乡创客"发放补贴。开展"寻找最美农技员"活动。引导科研院所、高等学校开展专家服务基层活动，推广"科技小院"等培养模式，派驻研究生深入农村开展实用技术研究和推广服务工作[③]。

4. 发展壮大科技特派员队伍。坚持政府选派、市场选择、志愿参加原

---

① 中共中央办公厅，国务院办公厅. 关于加快推进乡村人才振兴的意见[J]. 中华人民共和国国务院公报，2021（7）：25.

② 中共中央办公厅，国务院办公厅. 关于加快推进乡村人才振兴的意见[J]. 中华人民共和国国务院公报，2021（7）：25.

③ 中共中央办公厅，国务院办公厅. 关于加快推进乡村人才振兴的意见[J]. 中华人民共和国国务院公报，2021（7）：25-26.

则，完善科技特派员工作机制，拓宽科技特派员来源渠道，逐步实现各级科技特派员科技服务和创业带动全覆盖。完善优化科技特派员扶持激励政策，持续加大对科技特派员工作支持力度，推广利益共同体模式，支持科技特派员领办创办协办农民合作社、专业技术协会和农业企业[①]。

据此，党和政府在推进革命老区脱贫攻坚和乡村振兴的过程中，始终高度重视老区乡村振兴的人才支撑体系建设问题。2021年1月24日，国务院颁发的《关于新时代支持革命老区振兴发展的意见》强调指出："支持地方完善人才政策和激励机制，加大人才培养和引进力度，在科技特派员制度创新等方面先行先试。"[②]同年11月22日，国家发展改革委等15部门联合印发的《"十四五"支持革命老区巩固拓展脱贫攻坚成果衔接推进乡村振兴实施方案》强调指出："高校毕业生'三支一扶'计划、全科医生特岗和农村订单定向医学生免费培养计划继续向革命老区倾斜，鼓励和引导各类人才参与革命老区乡村振兴""突出革命老区经济社会发展需求，围绕农业、服务业等领域，进一步加大博士服务团、'西部之光'访问学者选派支持力度。"[③]

第三节　健全投入保障制度

实施乡村振兴战略，必须解决钱从哪里来的问题。2018年1月2日，中共中央、国务院印发的《关于实施乡村振兴战略的意见》强调要加快形成多元投入格局，确保投入力度不断增强、总量持续增加。（1）实施乡村振兴

---

① 中共中央办公厅，国务院办公厅. 关于加快推进乡村人才振兴的意见［J］. 中华人民共和国国务院公报，2021（7）：26.

② 国务院. 关于新时代支持革命老区振兴发展的意见［J］. 中华人民共和国国务院公报，2021（7）：37.

③ 国家发展改革委，农业农村部，国家乡村振兴局，等. "十四五"支持革命老区巩固拓展脱贫攻坚成果衔接推进乡村振兴实施方案［Z］. 2021-11-22：11-12.

战略财政投入保障制度，确保财政投入与乡村振兴目标任务相适应。优化财政供给结构，推进行业内资金整合与行业间资金统筹相互衔接配合，建立涉农资金统筹整合长效机制；发挥财政资金的引导作用，撬动金融和社会资本更多投向乡村振兴；发挥全国农业信贷担保体系作用，通过财政担保费率补助和以奖代补等方式，加大对新型农业经营主体支持力度；设立国家融资担保基金，强化担保融资增信功能，引导更多金融资源支持乡村振兴；支持地方政府发行一般债券用于支持乡村振兴领域的公益性项目；鼓励地方政府试点发行项目融资和收益自平衡的专项债券，支持符合条件、有一定收益的乡村公益性项目建设。（2）健全适合农业农村特点的农村金融体系，把更多金融资源配置到农村经济社会发展的重点领域和薄弱环节，更好满足乡村振兴多样化金融需求。强化金融服务方式创新，防止脱实向虚倾向，提高金融服务乡村振兴能力和水平；加大中国农业银行、中国邮政储蓄银行"三农"金融事业部对乡村振兴支持力度；明确国家开发银行、中国农业发展银行在乡村振兴中的职责定位，加大对乡村振兴中长期信贷支持；推动农村信用社省联社改革，保持农村信用社县域法人地位和数量总体稳定，完善村镇银行准入条件，地方法人金融机构要服务好乡村振兴；普惠金融重点要放在乡村[①]。

2018年9月26日，新华社授权发布了中共中央、国务院印发的《乡村振兴战略规划（2018—2022年）》（以下简称《规划》），《规划》强调要健全乡村振兴多元投入保障机制，完善政府投资体制，充分激发社会投资的动力和活力，加快形成财政优先保障、金融重点倾斜、社会积极参与的多元投入格局。（1）坚持财政优先保障。强化各级政府"三农"投入责任，公共财政更大力度向"三农"倾斜；加大政府投资对农业绿色生产、可持续发展、农村人居环境、基本公共服务等重点领域和薄弱环节支持力度，充分发挥投资对优化供给结构的关键性作用；强化支农资金监督管理，提高财政支

① 中共中央国务院关于实施乡村振兴战略的意见[M]. 北京：人民出版社，2018：40-41.

农资金使用效益。（2）健全金融支农组织体系。推进银行业金融机构专业化体制机制建设，形成多样化农村金融服务主体；指导大型商业银行立足普惠金融事业部等专营机制建设，完善专业化的"三农"金融服务供给机制；完善中国农业银行、中国邮政储蓄银行"三农"金融事业部运营体系，明确国家开发银行、中国农业发展银行在乡村振兴中的职责定位，加大对乡村振兴信贷支持；引导农民合作金融健康有序发展，鼓励证券、保险、担保、基金、期货、租赁、信托等金融资源聚焦服务乡村振兴。（3）引导和撬动社会资本投向农村。优化乡村营商环境，加大农村基础设施和公用事业领域开放力度，吸引社会资本参与乡村振兴；规范有序盘活农业农村基础设施存量资产，回收资金主要用于补短板项目建设；深化"放管服"改革，鼓励工商资本投入农业农村，为乡村振兴提供综合性解决方案；鼓励利用外资开展现代农业、产业融合、生态修复、人居环境整治和农村基础设施等建设；鼓励农民对直接受益的乡村基础设施建设投工投劳，让农民更多参与建设管护[①]。

2019年1月3日，中共中央、国务院颁发的《关于坚持农业农村优先发展做好"三农"工作的若干意见》强调指出："优先保障'三农'资金投入，坚持把农业农村作为财政优先保障领域和金融优先服务领域，公共财政更大力度向'三农'倾斜，县域新增贷款主要用于支持乡村振兴。地方政府债券资金要安排一定比例用于支持农村人居环境整治、村庄基础设施建设等重点领域。"[②]2020年1月2日，中共中央、国务院印发的《关于抓好"三农"领域重点工作确保如期实现全面小康的意见》强调指出：中央预算内投资继续向农业农村倾斜，地方政府要在一般债券支出中安排一定规模支持符合条件的易地扶贫搬迁和乡村振兴项目建设，各地应有序扩大用于支持乡村振兴的专项债券发行规模；强化对"三农"信贷的货币、财税、监管政策正向激

① 中共中央，国务院.乡村振兴战略规划（2018—2022年）[J].农村工作通讯，2018（18）：33-34.
② 中共中央，国务院.关于坚持农业农村优先发展做好"三农"工作的若干意见[J].中华人民共和国国务院公报，2019（7）：32.

励，给予低成本资金支持，提高风险容忍度，优化精准奖补措施①。

2021年1月4日，中共中央、国务院颁布的《关于全面推进乡村振兴加快农业农村现代化的意见》指出：要"把农业农村作为一般公共预算优先保障领域。中央预算内投资进一步向农业农村倾斜""运用支农支小再贷款、再贴现等政策工具，实施最优惠的存款准备金率，加大对机构法人在县域、业务在县域的金融机构的支持力度，推动农村金融机构回归本源。鼓励银行业金融机构建立服务乡村振兴的内设机构。明确地方政府监管和风险处置责任，稳妥规范开展农民合作社内部信用合作试点。保持农村信用合作社等县域农村金融机构法人地位和数量总体稳定，做好监督管理、风险化解、深化改革工作。完善涉农金融机构治理结构和内控机制，强化金融监管部门的监管责任。支持市县构建域内共享的涉农信用信息数据库，用3年时间基本建成比较完善的新型农业经营主体信用体系。发展农村数字普惠金融。大力开展农户小额信用贷款、保单质押贷款、农机具和大棚设施抵押贷款业务。鼓励开发专属金融产品支持新型农业经营主体和农村新产业新业态，增加首贷、信用贷。加大对农业农村基础设施投融资的中长期信贷支持。加强对农业信贷担保放大倍数的量化考核，提高农业信贷担保规模。将地方优势特色农产品保险以奖代补做法逐步扩大到全国。健全农业再保险制度。发挥'保险+期货'在服务乡村产业发展中的作用"②。

据此，党和政府在推进革命老区脱贫攻坚与乡村振兴的过程中，不断加大财政金融支持力度。2021年1月24日，国务院颁发的《关于新时代支持革命老区振兴发展的意见》指出："中央财政在安排革命老区转移支付、地方政府专项债券时，对革命老区所在省份予以倾斜支持。探索制定革命老区转移支付绩效评估和奖惩激励办法。继续支持赣州执行西部大开发政策，在加

① 中共中央,国务院.关于抓好"三农"领域重点工作确保如期实现全面小康的意见[J].中华人民共和国国务院公报,2020(5):11.

② 中共中央,国务院.关于全面推进乡村振兴加快农业农村现代化的意见[J].中华人民共和国国务院公报,2021(7):19-20.

快革命老区高质量发展上作示范。中央预算内投资对赣南等原中央苏区参照执行西部地区政策，对沂蒙革命老区参照执行中部地区政策，研究安排专项资金支持革命老区产业转型升级平台建设。支持符合条件的革命老区海关特殊监管区域按规定开展增值税一般纳税人资格试点，对其他地区向革命老区重点城市转移的企业，按原所在地区已取得的海关信用等级实施监督。鼓励政策性金融机构结合职能定位和业务范围加大对革命老区支持力度，鼓励商业性金融机构通过市场化方式积极参与革命老区振兴发展，支持符合条件的革命老区重点企业上市融资。"①同年11月22日，国家发展改革委等15部门联合印发的《"十四五"支持革命老区巩固拓展脱贫攻坚成果衔接推进乡村振兴实施方案》指出："中央财政革命老区转移支付、中央预算内投资等积极支持革命老区巩固拓展脱贫攻坚成果衔接推进乡村振兴，加大对重点城市和重点县的支持力度。将赣闽粤原中央苏区、符合条件的易地扶贫搬迁安置点等特殊类型地区县级医院（含中医院）、县级疾控中心纳入中央预算内投资支持范围。支持符合条件的企业发行企业债券、公司债券、非金融企业债务融资工具等公司信用类债券，实行绿色通道，助力满足革命老区乡村振兴资金需求。"②

---

① 国务院. 关于新时代支持革命老区振兴发展的意见[J]. 中华人民共和国国务院公报, 2021(7): 38.
② 国家发展改革委, 农业农村部, 国家乡村振兴局, 等. "十四五"支持革命老区巩固拓展脱贫攻坚成果衔接推进乡村振兴实施方案[Z]. 2021-11-22: 11.

第十二章

突出老区群众的主体地位

老区群众既是脱贫攻坚与振兴发展的对象，更是脱贫攻坚与振兴发展的主体。脱贫攻坚与振兴发展必须坚持人民主体立场，贯彻以人民为中心的发展思想，必须充分调动老区群众的积极性，积极倡导和推进参与式扶贫，大力弘扬老区精神、传承红色基因。

第一节　充分调动老区群众的积极性

革命老区要改变落后面貌，需要国家的扶持和社会各界的帮助。但从根本上说，要充分调动老区广大干部群众的积极性、创造性。

1986年5月14日，国务院贫困地区经济开发领导小组第一次全体会议强调要充分调动贫困地区广大干部群众的积极性，发扬自力更生精神，克服小农经济思想，在国家必要的扶持下，利用当地丰富的自然资源，进行开发性的生产建设，发展商品经济，激发贫困地区内部的经济活力，走依靠自己脱贫致富的道路。1994年4月15日，国务院颁布的《国家八七扶贫攻坚计划（1994—2000年）》强调贫困地区广大干部群众要发扬自力更生、艰苦奋斗的精神，在国家的扶持下，以市场需求为导向，依靠科技进步，开发利用当地资源，发展商品生产，解决温饱进而脱贫致富①。1996年10月23日，中共中央、国务院颁布的《关于尽快解决农村贫困人口温饱问题的决定》强调指出："贫困地区干部群众中蕴藏着巨大的潜力，要最大限度地发挥他们的积极性和创造性，克服等靠要思想，改变消极畏难和无所作为的精神状态，真正依靠自己的力量解决温饱问题。"②

2001年6月13日，国务院印发的《中国农村扶贫开发纲要（2001—2010年）》强调要充分发挥贫困地区广大干部群众的积极性、创造性，自强不息，不等不靠，苦干实干，主要依靠自身的力量改变贫穷落后面貌③。2011年5月27日，中共中央、国务院印发的《中国农村扶贫开发纲要（2011—2020年）》强调要"加强引导，更新观念，充分发挥贫困地区、扶贫对象的主动

① 中共中央文献研究室.十四大以来重要文献选编（上）[M].北京：人民出版社，1996：777.
② 中共中央文献研究室.十四大以来重要文献选编（下）[M].北京：人民出版社，1999：2094.
③ 中共中央文献研究室.十五大以来重要文献选编（下）[M].北京：人民出版社，2003：1878.

性和创造性，尊重扶贫对象的主体地位，提高其自我管理水平和发展能力，立足自身实现脱贫致富"①。2015年11月27日，习近平总书记在中央扶贫开发工作会议上指出："要做好对贫困地区干部群众的宣传、教育、培训、组织工作，让他们的心热起来、行动起来，引导他们树立'宁愿苦干、不愿苦熬'的观念，自力更生、艰苦奋斗，靠辛勤劳动改变贫困落后面貌。"②

第二节　积极倡导和推进参与式扶贫

调动老区群众的积极性，坚持老区群众在脱贫攻坚与振兴发展中的主体地位，必须积极倡导和推进参与式扶贫，建立长期稳定的民意反映途径，倾听贫困群众的呼声，听取贫困群众的意见。

1986年，全国农村范围内有组织、有计划、大规模的扶贫开发开始以后，改变了以往分散救济式的扶贫方式，确立了开发式扶贫的方针。开发式扶贫较之以往的救济式扶贫来说，比较注重贫困群众的参与性。但是，由于贫困群众的经济基础差、文化素质低、参与意识弱，容易形成对政府的强烈依赖，他们视政府为"救世主"，认为扶贫开发是政府的事，对他们进行救济是"天经地义"；以往的扶贫开发工作都是采取项目运作的方式，扶贫资金跟着项目走，以项目覆盖贫困人口，扶贫者往往把项目当成扶贫开发工作的主体，而把贫困群众当作扶贫开发项目实施的工具，这使得贫困群众实际上处于一种被动状态；政府主导扶贫开发的反贫困治理模式实行扶贫开发工作责任制，为了保证扶贫开发工作任务能够按计划完成，某些地方政府会在一定程度上强制贫困群众执行自己的决定，而不注重他们的主动参与和自我发展能力的培养。

① 中共中央文献研究室.十七大以来重要文献选编（下）[M]. 北京：中央文献出版社，2013：357.
② 中共中央党史和文献研究院.十八大以来重要文献选编（下）[M]. 北京：中央文献出版社，2018：49.

可见，开发式扶贫在具体运作过程中仍未能充分反映贫困人口的意愿，比如在扶贫项目的选择、政府扶贫效果的评价、自身贫困现状的评估以及可能的解决方案等方面均未能充分考虑贫困群众的意见，这弱化了贫困群众参与扶贫开发的主体意识。贫困群众的低度参与所导致的最直接后果是：扶贫开发项目在社区层次缺乏有效的监督机制，这造成了扶贫资源的渗漏和偏离；扶贫开发项目实施结束后缺乏有效的可持续管理和维护机制，这造成了扶贫行为的短期性和扶贫资源的浪费；扶贫开发项目的设计脱离了贫困农户的实际需求，这限制了扶贫项目的减贫效果[①]。因此，20世纪90年代以来，中国共产党积极倡导和推动参与式扶贫，把贫困群众脱贫致富的强烈愿望与各级政府的帮扶措施紧密结合起来，把被帮扶对象的主观努力与全社会的积极支持紧密结合起来，以形成扶贫开发的巨大合力。

进入21世纪，中国共产党更加积极推行参与式扶贫的理念和方式，倡导贫困群众积极依靠自身力量改变贫穷落后面貌。2015年11月27日，习近平总书记在中央扶贫开发工作会议上指出："脱贫致富终究要靠贫困群众用自己的辛勤劳动来实现。要尊重扶贫对象主体地位，各类扶贫项目和扶贫活动都要紧紧围绕贫困群众需求来进行，支持贫困群众探索创新扶贫方式方法。上级部门要深入贫困群众，问需于民、问计于民，不要坐在办公室里拍脑袋、瞎指挥。贫困群众需要的项目往往没有扶持政策，而明眼人都知道不行的项目却被当作任务必须完成。这种状况必须改变。要重视发挥广大基层干部群众的首创精神，支持他们积极探索，为他们创造八仙过海、各显神通的环境和条件。"[②]2016年11月23日，国务院印发的《"十三五"脱贫攻坚规划》强调要创新贫困人口参与机制，"充分发挥贫困村党员干部的引领作用和致富带头人的示范作用，大力弘扬自力更生、艰苦奋斗精神，激发贫困人口脱贫奔小康的积极性、主动性、创造性，引导其光荣脱贫。加强责任意识、法

---

①　刘坚. 新阶段扶贫开发的成就与挑战——《中国农村扶贫开发纲要（2001—2010年）》中期评估报告[M]. 北京：中国财政经济出版社，2006：34.

②　中共中央党史和文献研究院. 十八大以来重要文献选编（下）[M]. 北京：中央文献出版社，2018：50.

治意识和市场意识培育，提高贫困人口参与市场竞争的自觉意识和能力，推动扶贫开发模式由'输血'向'造血'转变。建立健全贫困人口利益与需求表达机制，充分尊重群众意见，切实回应群众需求。完善村民自治制度，建立健全贫困人口参与脱贫攻坚的组织保障机制"[①]。

坚持老区群众在脱贫攻坚与振兴发展中的主体地位，必须注重培育贫困群众的参与意识，增强贫困群众的参与能力，完善贫困群众参与的内涵，建设贫困群众参与的组织，提高参与式扶贫的整体水平。

1. 培育贫困群众的参与意识。经济发展水平以及人们所享有的物质生活的发达程度决定和制约着人们心理活动的内容。贫困地区由于整体经济发展水平还很低下，贫困群众生活还很艰苦，这使得贫困群众在社会生活中往往表现出依赖盲从、消极被动、畏惧保守等心理特征。而参与式扶贫强调要尊重贫困群众的主体地位，激发贫困群众的参与意识，发挥贫困群众的首创精神，扶贫方案的制定、项目的选择、措施的落实等都要动员贫困群众积极参与，充分听取贫困群众的意见，倾听贫困群众的呼声，使贫困群众真正拥有知情权、参与权、实施权和管理权，在政府和社会各界的帮助下，自力更生，艰苦奋斗，依靠自身力量改变贫穷落后面貌。

2. 增强贫困群众的参与能力。贫困地区教育发展水平落后，贫困群众科学文化素质普遍不高，尤其是在偏远落后地区文盲率相当高，其中青壮年文盲又占了很大比例。科学文化素质普遍较低，导致贫困群众参与扶贫开发的能力和水平低下。而参与式扶贫强调要大力发展贫困地区的教育、科学和文化，提高贫困群众的综合素质，同时把推进参与式扶贫与解放思想、更新观念、转变政府职能结合起来，与健全基层党组织领导的基层群众自治机制、完善民主管理制度结合起来，与建设农村社会化服务体系、推进农村各项改革结合起来，以此增强贫困乡村和贫困群众的自我组织、自我管理、自我教育、自我服务、自我发展的能力，为贫困乡村的可持续发展打下坚实的基础。

---

① 国务院. "十三五"脱贫攻坚规划[J]. 中华人民共和国国务院公报，2016（35）：38.

3. 完善贫困群众参与的内涵。在扶贫开发过程中，积极发动群众尤其是贫困群众参与制定村级扶贫开发规划；由贫困村党组织、村委会和村民小组提出贫困户名单后根据群众表决意见最终确定贫困户；在政府工作人员指导及村基层党组织和村民委员会的领导下，贫困群众根据扶贫资金的投向要求，确定年度实施项目；项目区村民民主推荐人选组建项目实施管理小组和监督小组，代表并组织村民参与项目的建设和管理；扶贫资金和物资的使用必须经群众代表讨论，报账票据需经项目实施管理小组和监督小组成员签字；扶贫项目验收必须有乡村干部和群众代表参加并签字认可，对通过验收并交由项目区群众管护的项目，要组织群众讨论制定后续管护制度。

4. 建设贫困群众参与的组织。通过村民大会或村民代表会议选举有威望、有能力、公道正派、热心公益事业的党员干部、模范群众和青年、妇女积极分子组成项目实施管理小组和监督小组。管理小组在政府工作人员的指导下，发动群众讨论制定村级扶贫开发规划，参与年度项目的竞选立项；代表村民与扶贫项目主管部门签订项目实施协议；组织群众商定筹资和投工投劳，协调处理项目建设涉及的土地、山林、拆迁等问题；代表村民参与项目招标，项目物资采购；组织村民实施项目，管理使用扶贫资金和物资；参与项目验收工作，项目验收合格交付使用后，组织群众搞好项目后续管护。监督小组的主要职责是对项目实施管理小组的工作进行监督。

2018年10月29日，国务院扶贫办等13部门联合印发了《关于开展扶贫扶志行动的意见》（以下简称《意见》）。《意见》指出：加强扶贫扶志，激发贫困群众内生动力，是中国特色扶贫开发的显著特征，是打赢脱贫攻坚战的重要举措。脱贫攻坚以来，广大贫困群众脱贫致富信心、自我发展能力明显提高，精神面貌显著改变，扶贫扶志工作取得积极进展。但是，仍然存在部分贫困群众脱贫主体意识淡薄、"等靠要"思想突出、脱贫能力不足、帮扶工作中简单给钱给物和一些陈规陋习现象严重等问题[①]。《意见》就进一

---

① 《中国扶贫开发年鉴》编辑部. 中国扶贫开发年鉴（2019）[M]. 北京：中国农业出版社，2019：1030.

步加强扶贫扶志工作、激发贫困群众内生动力问题，提出了重要意见。

1. 把握总体要求。以习近平新时代中国特色社会主义思想为指导，全面贯彻党的十九大和十九届二中、三中全会精神，深入贯彻党中央、国务院脱贫攻坚决策部署，坚持精准扶贫精准脱贫基本方略，坚持脱贫攻坚目标和现行扶贫标准，更加注重培育贫困群众主体意识，更加注重提高贫困群众脱贫能力，更加注重改进帮扶方式，更加注重营造健康文明新风，激发贫困群众立足自身实现脱贫的信心决心，形成有劳才有得、多劳多得的正向激励，树立勤劳致富、脱贫光荣的价值取向和政策导向，凝聚打赢脱贫攻坚战强大精神力量，切实增强贫困群众自我发展能力，确保实现贫困群众持续稳定脱贫[①]。

2. 坚持目标标准，保持脱贫攻坚正确方向。严格落实"两不愁、三保障"要求，做好教育扶贫、健康扶贫、易地扶贫搬迁、危房改造、饮水安全、保障性扶贫等工作，确保贫困人口不愁吃、不愁穿，保障贫困家庭孩子接受九年义务教育、贫困人口基本医疗需求和基本居住条件。要量力而行，既不降低标准、搞数字脱贫，也不擅自拔高标准、提不切实际的目标。加强对脱贫攻坚工作中出现的苗头性、倾向性问题的个案指导，逐个研究解决。进一步规范贫困人口医疗保障工作，纠正个别贫困人口医疗保障工作中过度医疗、过高承诺、过度保障等问题。加大易地扶贫搬迁抽查暗访，加强超面积、超标准等问题整改[②]。

3. 采取有效措施，增强立足自身实现脱贫的决心信心。（1）开展扶志教育。组织贫困群众认真学习习近平总书记关于扶贫工作的重要论述，加强思想、文化、道德、法律、感恩教育，大力弘扬"脱贫攻坚是干出来的""幸福是奋斗出来的""滴水穿石""弱鸟先飞""自力更生"等精神，帮助贫困群众摆脱思想贫困、树立主体意识。大力宣传脱贫攻坚目标、现行扶贫标准和政策举措，让贫困群众知晓政策、更好地参与政策落实并获

---

① 《中国扶贫开发年鉴》编辑部. 中国扶贫开发年鉴（2019）[M]. 北京：中国农业出版社，2019：1030.

② 《中国扶贫开发年鉴》编辑部. 中国扶贫开发年鉴（2019）[M]. 北京：中国农业出版社，2019：1030.

得帮扶。建好用好新时代文明实践中心，运用好农村"大喇叭"、村内宣传栏、微信群、移动客户端和农村远程教育等平台，发挥乡村干部和第一书记、驻村工作队贴近基层、贴近群众优势，组织党员干部、技术人员、致富带头人、脱贫模范等开展讲习，提高扶志教育针对性、及时性、便捷性和有效性。在贫困地区中小学校开展好习惯、好行为养成教育，带动学生家长共同转变观念习惯。（2）加强技能培训。围绕贫困群众发展产业和就业需要，组织贫困家庭劳动力开展实用技术和劳动技能培训，确保每一个有培训意愿的贫困人口都能得到有针对性的培训，增强脱贫致富本领。采取案例教学、田间地头教学等实战培训，强化信息技术支持指导，实现贫困群众科学生产、增产增收。组织贫困家庭劳动力参加劳动预备制培训、岗前培训、订单培训和岗位技能提升培训，支持边培训边上岗，突出培训针对性和实用性，将贫困群众培育成为有本领、懂技术、肯实干的劳动者。（3）强化典型示范。选树一批立足自身实现脱贫的奋进典型和带动他人共同脱贫的奉献典型，用榜样力量激发贫困群众脱贫信心和斗志，营造比学赶超的浓厚氛围。开展全国脱贫攻坚奖评选，组织先进事迹报告会，支持各地开展脱贫攻坚奖评选表彰活动，加大对贫困群众脱贫典型表彰力度。制作扶贫公益广告，宣传榜样力量。宣传脱贫致富先进典型，总结推广脱贫致富成功经验，鼓励各地开展脱贫家庭星级评定，发布脱贫光荣榜，用身边人身边事教育引导身边人，让贫困群众学有榜样、干有方向，形成自力更生、脱贫光荣的鲜明导向[1]。

4.改进帮扶方式，提高贫困群众脱贫能力。（1）引导贫困群众发展产业和就业。支持贫困群众发展特色产业，大力开展转移就业，开发扶贫岗位，在有条件的地方建设扶贫车间，确保有劳动力的贫困户至少有一项稳定脱贫项目。加强贫困村致富带头人培育培养，增强新型经营主体带动作用，提高贫困群众发展生产的组织化、规模化、品牌化程度。完善产业扶贫奖补

---

[1]　《中国扶贫开发年鉴》编辑部.中国扶贫开发年鉴（2019）[M].北京：中国农业出版社，2019：1030-1031.

措施，鼓励和支持贫困群众发展产业增收脱贫。采取劳务补助、劳动增收奖励等方式，提倡多劳多得、多劳多奖。（2）加大以工代赈实施力度。大力推广自建、自管、自营等以工代赈方式，通过投工投劳建设美好家园。强化工作指导，督促地方切实组织和动员当地贫困群众参与工程建设，改善贫困乡村生产生活条件。提高劳务报酬发放比例，推动以工代赈回归政策初衷。（3）减少简单发钱发物式帮扶。规范产业扶贫和光伏扶贫，财政资金和村集体资产入股形成的收益主要支持村集体开展扶贫。推广有条件现金转移支付方式，除现行政策明确规定以现金形式发放外，原则上不得无条件发放现金。不得包办代替贫困群众搞生产、搞建设，杜绝"保姆式"扶贫，杜绝政策"养懒汉"。（4）发挥贫困群众主体作用。尊重贫困群众的首创精神和主体地位，鼓励贫困群众向村两委签订脱贫承诺书，明确贫困群众脱贫责任。落实贫困群众知情权、选择权、管理权、监督权，引导贫困群众自己选择项目、实施项目、管理项目、验收项目，参与脱贫攻坚项目全过程。推广以表现换积分、以积分换物品的扶贫超市等自助式帮扶做法。鼓励贫困户之间或贫困户与非贫困户之间开展生产生活互助[①]。

5. 推进移风易俗，引导贫困群众健康文明新风尚。（1）提升乡风文明水平。持之以恒推进农村精神文明建设，着力培育文明乡风、良好家风、淳朴民风。在贫困地区开展文明村镇、文明家庭、星级文明户等创建活动，推选"好婆婆""好媳妇""好夫妻""好儿女"，推广设立扶贫孝善基金。对积极参与村内公益事业、保持良好生活和卫生习惯、营造优良文明家风等行为给予奖励。动员文明单位履行社会责任结对帮扶贫困村。持续开展贫困村改水、改厕、改厨、改圈等人居环境整治。发挥基层党员干部在讲文明、树新风等方面的示范作用。开展民族团结进步创建活动，引导建立各民族相互嵌入式的社会结构和社区环境，促进各民族交往交流交融。（2）加大贫困地区文化供给。组织文艺院团、文艺工作者等创作一批反映贫困地区本地

---

① 《中国扶贫开发年鉴》编辑部. 中国扶贫开发年鉴（2019）[M]. 北京：中国农业出版社，2019：1031-1032.

文化、展现贫困群众自力更生精神风貌的文艺影视作品。培育挖掘贫困地区本土文化人才，支持组建本土文化队伍，讲好富有地方特色、反映群众自主脱贫的故事。推动贫困地区村综合文化服务中心和体育设施建设，推进数字广播电视户户通。组织文化下乡活动，加快优秀文艺作品向贫困地区基层一线传播。（3）发挥村民治理机制和组织作用。指导修订完善村规民约，传承艰苦奋斗、勤俭节约、勤劳致富、自尊自强、孝亲敬老、遵纪守法等优良传统，引导贫困群众自觉遵守、自我约束。鼓励成立村民议事会、道德评议会、红白理事会、禁毒禁赌会等自治组织，规劝制止陈规陋习，倡导科学文明生活方式。（4）加强不良行为惩戒。开展高额彩礼、薄养厚葬、子女不赡养老人等摸底调查，有针对性地开展专项治理，逐步建立治理长效机制。探索设立红黑榜，曝光攀比跟风、环境脏乱差、争当贫困户等不良行为。深化法治建设，引导贫困群众知法守法，不越雷池、不碰红线。加强诚信监管，将有故意隐瞒个人和家庭重要信息申请建档立卡贫困户和社会救助、具有赡养能力却不履行赡养义务、虚报冒领扶贫资金、严重违反公序良俗等行为的，列入失信人员名单，情节严重、影响恶劣的，通过公益诉讼等手段依法严厉惩治。对参与黑恶活动、黄赌毒盗和非法宗教活动且经劝阻无效的贫困人口，可取消其获得帮扶和社会救助资格[①]。

6. 强化基层党组织政治功能，加强对贫困群众的教育引导。（1）选好配强村级党组织带头人。实施村党组织带头人整体优化提升行动，加大从本村致富能手、外出务工经商人员、本乡本土大学毕业生、退役军人中培养选拔力度。有针对性地开展大规模轮训工作，村党组织书记每年至少参加1次县级以上集中培训。派强用好第一书记和驻村工作队，严格管理考核，树立鲜明导向，对优秀的第一书记和驻村干部宣传表彰、提拔使用，对不胜任的及时"召回"调整。（2）发挥好村级党组织组织群众、宣传群众、凝聚群众、服务群众的作用。着力选准贫困村发展路子，制定好脱贫计划，组织贫

---

① 《中国扶贫开发年鉴》编辑部. 中国扶贫开发年鉴（2019）[M]. 北京：中国农业出版社，2019：1032.

困群众参与脱贫项目并实现增收。推动基层党组织加强对村民议事会、村民理事会等各种组织的领导，把农村精神文明建设抓在手上。加强贫困村脱贫致富带头人培育培养，组织和支持党员带头脱贫致富，吸引各类人才到贫困村创新创业。加强对贫困人口、留守儿童和妇女、老年人、残疾人、"五保户"等人群的关爱服务。落实"四议两公开"制度，探索基层民主决策新方式，提高群众的集体意识、参与意识和奉献意识。（3）因地制宜发展壮大村级集体经济。省一级要制定发展村级集体经济规划，县一级要在逐村分析研究基础上，制定实施方案。乡镇、村党组织要把党员、群众和各方面力量组织起来，多渠道增加村集体经济收入，切实增强村级党组织凝聚服务群众的能力。财政支农资金投入所形成资产带来的村集体经济收入，优先用于购买公益岗位、村内小型公益事业等贫困户帮扶及保障支出。加强对村集体经济运营、分配和使用等方面的监督管理①。

7. 加强工作保障，推进政策举措落地见效。（1）切实落实责任。各级相关部门要高度重视扶贫扶志工作，加强统筹协调、督促推进和配合协作，按照责任分工抓好组织实施。注重发挥驻地部队、共青团、妇女组织、残联和社会组织等在扶贫扶志中的作用。（2）强化督导检查。各地要建立扶贫扶志重点工作督办机制，建立工作台账。把扶贫扶志工作推进落实情况纳入脱贫攻坚督查巡查和精神文明创建活动内容，确保各项政策举措落实落地。（3）鼓励探索创新。加强扶贫扶志工作理论创新和实践创新，鼓励各地结合实际探索好经验好做法，及时总结宣传推广，不断提升扶贫扶志工作水平②。

---

① 《中国扶贫开发年鉴》编辑部. 中国扶贫开发年鉴（2019）[M]. 北京：中国农业出版社, 2019: 1032–1033.

② 《中国扶贫开发年鉴》编辑部. 中国扶贫开发年鉴（2019）[M]. 北京：中国农业出版社, 2019: 1033.

第三节　弘扬老区精神传承红色基因

老区精神是井冈山精神、长征精神、延安精神、西柏坡精神等的总称，其内涵是"爱党信党、坚定不移的理想信念；舍生忘死、无私奉献的博大胸怀；不屈不挠、敢于胜利的英雄气概；自强不息、艰苦奋斗的顽强斗志；求真务实、开拓创新的科学态度；鱼水情深、生死相依的光荣传统。"[①]在长期革命斗争中形成的老区精神，是党带领人民铸就的精神丰碑，是党带领人民夺取革命胜利的力量源泉。

1. 老区精神为革命胜利凝聚了力量。在血雨腥风、战火纷飞的革命年代，老区精神坚定了党和人民群众对马克思主义的信仰，无数仁人志士汇聚起一股强大的革命力量，历经千难万险，前赴后继、英勇牺牲，推动中国革命在艰难中奋进、在曲折中前行，直至取得最后的胜利[②]。

2. 老区精神鼓舞了全民族革命斗志。面对国民党的黑暗统治和日寇的野蛮侵略，在各个革命根据地，老区人民所进行的一次次不屈不挠的斗争，深深地鼓舞了全国人民的革命斗志，点燃了全民族反对压迫、反对剥削、反对侵略的熊熊烈火。社会各界群众从老区人民的斗争精神中受到鼓舞、汲取力量，纷纷投身到争取独立和解放的革命斗争中[③]。

---

① 中国老区建设促进会办公室. 纪念红军长征胜利80周年、弘扬老区精神座谈会在湖南省张家界市永定区召开 [EB/OL]. (2016-05-25) [2016-05-25]. http://www.galch.cn/Wygkcn_ReadNews.asp? NewsID=3061.

② 中国老区建设促进会办公室. 纪念红军长征胜利80周年、弘扬老区精神座谈会在湖南省张家界市永定区召开 [EB/OL]. (2016-05-25) [2016-05-25]. http://www.galch.cn/Wygkcn_ReadNews.asp? NewsID=3061.

③ 中国老区建设促进会办公室. 纪念红军长征胜利80周年、弘扬老区精神座谈会在湖南省张家界市永定区召开 [EB/OL]. (2016-05-25) [2016-05-25]. http://www.galch.cn/Wygkcn_ReadNews.asp? NewsID=3061.

3. 老区精神培育了党和军队的优良作风。我们党在长期的革命斗争中，开创了一切从实际出发、实事求是的思想路线和"从群众中来、到群众中去""一切相信群众、一切依靠群众"的群众路线，培育了我们党实事求是、密切联系群众、理论联系实际的优良作风[①]。

4. 老区精神丰富和发展了民族精神和传统文化。老区人民在斗争中探寻了一条崭新的革命道路，体现了"穷则思变""革故鼎新"的开拓精神和变革意识；根据地长期面临敌人的层层封锁，军民生活遇到极大困难，老区人民"自己动手、丰衣足食"，体现了"自强不息"的顽强斗志。老区精神是革命战争年代党带领老区人民创造的先进文化，是对优秀民族文化和优良传统的丰富和发展[②]。

2016年2月1日，中共中央办公厅、国务院办公厅印发了《关于加大脱贫攻坚力度支持革命老区开发建设的指导意见》，强调"各级党委和政府要把弘扬老区精神作为党建工作的重要内容，将老区精神融入培育和践行社会主义核心价值观系列活动，利用建党日、建军节、国庆节等重要时间节点，持续不断推动老区精神进学校、进机关、进企业、进社区，在全社会营造传承老区精神高尚、支持服务老区光荣的浓厚氛围。积极支持老区精神挖掘整理工作，结合红色旅游组织开展形式多样的主题活动，培育壮大老区文艺团体和文化出版单位，扶持创作一批反映老区优良传统、展现老区精神风貌的优秀文艺作品和文化产品。加强老区新闻媒体建设，提升老区精神传播能力。老区广大干部群众要继续发扬自力更生、艰苦奋斗的优良传统，不等不靠，齐心协力，争当老区精神的传承者和践行者，加快老区开发建设步伐，

---

① 中国老区建设促进会办公室. 纪念红军长征胜利80周年、弘扬老区精神座谈会在湖南省张家界市永定区召开 [EB/OL]. (2016-05-25) [2016-05-25]. http://www.galch.cn/Wygkcn_ReadNews.asp?NewsID=3061.

② 中国老区建设促进会办公室. 纪念红军长征胜利80周年、弘扬老区精神座谈会在湖南省张家界市永定区召开 [EB/OL]. (2016-05-25) [2016-05-25]. http://www.galch.cn/Wygkcn_ReadNews.asp?NewsID=3061.

不断开创老区振兴发展的新局面"①。2016年2月1日至3日，习近平总书记在看望慰问井冈山干部群众时指出："井冈山是中国革命的摇篮。井冈山时期留给我们最为宝贵的财富，就是跨越时空的井冈山精神。今天，我们要结合新的时代条件，坚持坚定执着追理想、实事求是闯新路、艰苦奋斗攻难关、依靠群众求胜利，让井冈山精神放射出新的时代光芒。每一名党员、干部特别是各级领导干部，都要把理想信念作为照亮前路的灯、把准航向的舵，转化为对奋斗目标的执着追求、对本职工作的不懈进取、对高尚情操的笃定坚持、对艰难险阻的勇于担当；都要一切从实际出发，解放思想、开拓进取，善于用改革的思路和办法解决前进中的各种问题；都要保持艰苦奋斗本色，不丢勤俭节约的传统美德，不丢廉洁奉公的高尚操守，逢事想在前面、干在实处，关键时刻坚决顶起自己该顶的那片天；都要认真践行党的宗旨，努力提高宣传群众、组织群众、服务群众的能力和水平。"②2016年6月3日，中共福建省委办公厅、福建省人民政府办公厅印发的《关于加大脱贫攻坚力度支持革命老区开发建设的实施意见》强调各级党委和政府要把弘扬老区精神作为党建工作的重要内容，将老区精神融入社会主义核心价值观建设，尤其要重视青年一代"红色基因"的传承，利用建党日、建军节、国庆节等重要时间节点，通过举办老区图片展览、弘扬老区精神演讲比赛和读老区题材图书、看老区题材影视剧、听老区人民革命斗争故事等系列活动，推动老区精神进机关、进企业、进社区、进学校，在全社会营造传承老区精神高尚、支持服务老区光荣的浓厚氛围。积极支持老区精神挖掘整理工作，加强古田会议纪念馆、闽东革命纪念馆等老区爱国主义教育基地建设，组织开展"薪火相传·再创辉煌"老区精神红色旅游火炬传递等形式多样的主题活动；加强老区新闻媒体建设，支持办好《红土地》和老区办、老促会网站等宣传媒

---

① 中共中央办公厅，国务院办公厅. 关于加大脱贫攻坚力度支持革命老区开发建设的指导意见[J]. 中华人民共和国国务院公报，2016（6）：23.

② 张莹，秦华. 习近平春节前夕赴江西看望慰问广大干部群众[EB/OL].（2016-02-04）[2016-02-04]. http://cpc. people. cn/n1/2016/0204/c64094-28109432. html.

介，提升老区精神传播能力；引导老区广大干部群众继续发扬自力更生、艰苦奋斗的优良传统，不等不靠，齐心协力，为加快老区建设步伐、开创老区振兴发展新局面贡献力量①。同年9月26日，中共湖南省委办公厅、湖南省人民政府办公厅印发的《关于加大脱贫攻坚力度支持革命老区开发建设的实施意见》强调各级各部门要把弘扬老区精神作为党建工作的重要内容，将老区精神融入培育和践行社会主义核心价值观系列活动，利用建党日、建军节、国庆节等重要时间节点，推进老区精神进学校、进机关、进企业、进社区，营造传承老区精神高尚、支持服务老区光荣的浓厚氛围；加强老区精神挖掘整理，结合红色旅游组织开展主题活动，培育壮大老区文艺团体和文化出版单位，扶持创作一批反映老区优良传统、展现老区精神风貌的优秀文艺文化作品；加强老区新闻媒体建设，提升老区精神传播能力；老区广大干部群众要继续发扬自力更生、艰苦奋斗的优良传统，不等不靠，齐心协力，争当老区精神的传承者和践行者，加快老区开发建设步伐，不断开创老区振兴发展的新局面②。同年11月8日，中共广东省委办公厅、广东省人民政府办公厅印发的《关于加大脱贫攻坚力度支持革命老区开发建设的实施意见》强调各级党委和政府要把大力弘扬老区精神作为党建工作的重要内容，在全社会营造传承老区精神高尚、支持服务老区光荣的浓厚氛围；积极支持老区精神挖掘整理工作，结合红色旅游组织开展形式多样的主题活动；加强老区文艺团体、文化出版社单位和新闻媒体建设，提升老区精神传播能力；老区广大干部群众要继续发扬自力更生、艰苦奋斗的优良传统，不等不靠，齐心协力，争当老区精神的传承者和践行者，加快老区建设步伐，不断开创振兴发展的

---

① 中共福建省委办公厅，福建省人民政府办公厅. 关于加大脱贫攻坚力度支持革命老区开发建设的实施意见[EB/OL]．（2016-06-03）[2016-08-04]．http://www.qzslch.com/Article/Article_Show.aspx? classld=2&ld=405.

② 宋高胜. 湖南财政年鉴（2017）[M]．长沙:湖南人民出版社，2017: 115.

新局面[①]。2021年1月24日，国务院颁发了《关于新时代支持革命老区振兴发展的意见》，提出要"发挥井冈山、延安等干部学院作用，支持地方办好瑞金、古田、百色、大别山等干部学院，开展理想信念和党性教育。大力弘扬老区精神，广泛凝聚正能量，表彰奖励正面典型，努力营造全社会支持参与革命老区振兴发展的良好氛围"[②]。

---

① 中共广东省委办公厅，广东省人民政府办公厅. 关于加大脱贫攻坚力度支持革命老区开发建设的实施意见[EB/OL]. （2016-11-08）[2019-03-25]. http://www.gdlqw.com/yhdq/content/post_553053.html,

② 国务院. 关于新时代支持革命老区振兴发展的意见[J]. 中华人民共和国国务院公报，2021（7）：38.

第十三章

强化老区脱贫攻坚
与振兴发展的组织领导

中国共产党是反贫困的领导核心，只有在中国共产党领导下才能把全国人民的力量凝聚起来，为解决贫困而奋斗。为此，必须建强贫困村党组织、培养锻炼过硬的干部队伍、派强用好第一书记和驻村工作队，不断强化老区脱贫攻坚与振兴发展的组织领导。

第一节　建强贫困村党组织

农村基层党组织是党在农村全部工作和战斗力的基础，是贯彻落实党的脱贫攻坚与振兴发展工作部署的战斗堡垒。建强贫困村党组织是巩固党的执政基础的必然要求，是做好脱贫攻坚与振兴发展工作的重要保证，是贫困地区农村基层党组织的重要任务。抓好党建促脱贫攻坚，是贫困地区脱贫致富的重要经验。

1994年4月15日，国务院颁布的《国家八七扶贫攻坚计划（1994—2000年）》强调要"加强贫困乡、贫困村的基层组织建设，配备好带领群众脱贫致富的班子"[①]。1999年6月28日，中共中央、国务院颁布的《关于进一步加强扶贫开发工作的决定》指出："加强基层组织建设关键是建好村党支部，选好带头人。要按照民主、公正、公开、择优的原则，培养选拔村干部。对确实没有合适人选的村，要从县、乡两级机关和先进村推荐干部，经法定程序到那里任职。"[②]2004年12月29日，中共中央组织部、国务院扶贫开发领导小组颁发的《关于加强贫困地区农村基层组织建设推动扶贫开发整村推进工作的意见》强调要按照"有人管事、有钱办事、有章理事"的要求加强贫困地区农村基层组织建设，充分发挥农村基层党组织和党员干部在扶贫开发工作中的重要作用，积极探索完善农村基层组织建设与扶贫开发工作有机结合相互促进的工作机制[③]。2011年5月27日，中共中央、国务院印发的《中国

---

① 中共中央文献研究室. 十四大以来重要文献选编（上）[M]. 北京：人民出版社，1996：789.

② 中共中央文献研究室. 十五大以来重要文献选编（中）[M]. 北京：人民出版社，2001：897.

③ 中共中央组织部，国务院扶贫开发领导小组. 关于加强贫困地区农村基层组织建设推动扶贫开发整村推进工作的意见[EB/OL]. (2004-12-29) [2014-10-21]. http://zt.xxnet.com.cn/h/449/20141021/65122.html.

农村扶贫开发纲要（2011—2020年）》强调要"充分发挥贫困地区基层党组织的战斗堡垒作用，把扶贫开发与基层组织建设有机结合起来。选好配强村级领导班子，以强村富民为目标，以强基固本为保证，积极探索发展壮大集体经济、增加村级集体积累的有效途径，拓宽群众增收致富渠道"①。

2013年12月18日，中共中央办公厅、国务院办公厅印发了《关于创新机制扎实推进农村扶贫开发工作的意见》，强调要"加强服务型党组织建设，健全党员干部联系和服务群众制度，切实发挥基层党组织推动发展、服务群众、凝聚人心、促进和谐的作用。选好配强村级领导班子，突出抓好村党组织带头人队伍建设"②。2015年11月29日，中共中央、国务院颁发了《关于打赢脱贫攻坚战的决定》，强调要"加强贫困乡镇领导班子建设，有针对性地选配政治素质高、工作能力强、熟悉'三农'工作的干部担任贫困乡镇党政主要领导。抓好以村党组织为领导核心的村级组织配套建设，集中整顿软弱涣散村党组织，提高贫困村党组织的创造力、凝聚力、战斗力，发挥好工会、共青团、妇联等群团组织的作用"③。2016年11月23日，国务院印发了《"十三五"脱贫攻坚规划》，强调要"加强基层组织建设，强化农村基层党组织的领导核心地位，充分发挥基层党组织在脱贫攻坚中的战斗堡垒作用和共产党员的先锋模范作用""完善村级组织运转经费保障机制，健全党组织领导的村民自治机制，切实提高村委会在脱贫攻坚工作中的组织实施能力"④。

2018年6月15日，中共中央、国务院颁布了《关于打赢脱贫攻坚战三年行动的指导意见》，强调要"深入推进抓党建促脱贫攻坚，全面强化贫困地区农村基层党组织领导核心地位，切实提升贫困村党组织的组织力。防止封建家族势力、地方黑恶势力、违法违规宗教活动侵蚀基层政权，干扰破坏村

---

① 中共中央文献研究室.十七大以来重要文献选编(下)[M].北京:中央文献出版社,2013:370.

② 中共中央办公厅,国务院办公厅.关于创新机制扎实推进农村扶贫开发工作的意见[J].中华人民共和国国务院公报,2014(4):9.

③ 中共中央党史和文献研究院.十八大以来重要文献选编(下)[M].北京:中央文献出版社,2018:69.

④ 国务院."十三五"脱贫攻坚规划[J].中华人民共和国国务院公报,2016(35):40.

务。大力整顿贫困村软弱涣散党组织，以县为单位组织摸排，逐村分析研判，坚决撤换不胜任、不合格、不尽职的村党组织书记。重点从外出务工经商创业人员、大学生村官、本村致富能手中选配，本村没有合适人员的，从县乡机关公职人员中派任。建立健全回引本土大学生、高校培养培训、县乡统筹招聘机制，为每个贫困村储备1至2名后备干部。加大在贫困村青年农民、外出务工青年中发展党员力度。支持党员创办领办脱贫致富项目，完善贫困村党员结对帮扶机制。全面落实贫困村'两委'联席会议、'四议两公开'和村务监督等工作制度"　"强化贫困地区农村基层党建工作责任落实，将抓党建促脱贫攻坚情况作为县乡党委书记抓基层党建工作述职评议考核的重点内容。对不够重视贫困村党组织建设、措施不力的地方，上级党组织要及时约谈提醒相关责任人，后果严重的要问责追责"①。

第二节　培养锻炼过硬的干部队伍

培养锻炼一支讲政治守纪律有担当、懂扶贫扶真贫真扶贫、敢打硬仗能打胜仗的脱贫攻坚干部队伍，这是打赢脱贫攻坚战和推进贫困地区振兴发展的根本保证。

1. 选好配强贫困县乡党政班子。县是扶贫开发的基本指挥单位，发动广大群众苦干实干改变落后面貌，关键是要选拔和配备好贫困县的领导班子，尤其是选配好书记和县长。1994年4月15日，国务院颁发的《国家八七扶贫攻坚计划（1994—2000年）》要求各"省（区）、地（州）、市要挑选精明强干、吃苦耐劳、联系群众的干部，充实加强贫困县领导班子，并保持相对稳定"②。1996年10月23日，中共中央、国务院颁布的《关于尽快解决农村

---

① 中共中央国务院关于打赢脱贫攻坚战三年行动的指导意见[M]. 北京: 人民出版社, 2018: 34-35.

② 中共中央文献研究室. 十四大以来重要文献选编（上）[M]. 北京: 人民出版社, 1996: 789.

贫困人口温饱问题的决定》强调"各省、自治区要认真考核和配备贫困县县一级领导班子，选派有责任心、事业心、使命感，有改革开放意识，有开拓能力的同志担任县委书记和县长，一次选定，五年不变。乡党委书记和乡长也要保持相对稳定"①。

2001年5月25日，江泽民同志在中央扶贫开发工作会议上指出："贫困地区的广大干部要继续团结和带领群众艰苦创业，不断增强带领群众脱贫致富的本领，不辜负党的重托和群众的期盼。贫困地区各级领导班子必须团结坚强，要特别能够打硬仗、打苦仗。尤其要注意把那些对群众感情深、事业心强、不怕艰苦、乐于奉献的干部选进领导班子，尤其要把县委书记、县长和乡镇党委书记、乡镇长选配好。"②2011年11月29日，胡锦涛在中央扶贫开发工作会上指出："对那些长期在贫困地区工作、实绩突出的干部，要给予表彰，并注意提拔使用。"③2015年11月27日，习近平总书记在中央扶贫开发工作会议上指出："要把贫困地区作为锻炼培养干部的重要基地，对那些长期在贫困地区一线、实绩突出的干部给予表彰并提拔使用。考虑到县一级是脱贫攻坚的前线指挥部，对贫困县县级领导班子要采取一些特殊政策。可以对贫困县党政主要负责同志实行省直管直派，也可以派更多后备干部去任职。同时，要保持贫困县领导班子相对稳定。"④

2015年11月29日，中共中央、国务院颁布了《关于打赢脱贫攻坚战的决定》，提出要"改进县级干部选拔任用机制，统筹省（自治区、直辖市）内优秀干部，选好配强扶贫任务重的县党政主要领导，把扶贫开发工作实绩作为选拔使用干部的重要依据。脱贫攻坚期内贫困县县级领导班子要保持稳定，对表现优秀、符合条件的可以就地提级"⑤。2016年11月23日，国务院

---

① 中共中央文献研究室.十四大以来重要文献选编（下）[M].北京：人民出版社，1999：2100.

② 中共中央文献研究室.十五大以来重要文献选编（下）[M].北京：人民出版社，2003：1833.

③ 中共中央文献研究室.十七大以来重要文献选编（下）[M].北京：中央文献出版社，2013：644.

④ 中共中央党史和文献研究院.十八大以来重要文献选编（下）[M].北京：中央文献出版社，2018：47.

⑤ 中共中央党史和文献研究院.十八大以来重要文献选编（下）[M].北京：中央文献出版社，2018：69.

印发了《"十三五"脱贫攻坚规划》，强调要"抓好县级党委和政府脱贫攻坚领导能力建设，改进县级干部选拔任用机制，选好配强扶贫任务重的县党政班子。脱贫攻坚任务期内，县级领导班子保持相对稳定，贫困县党政正职领导干部实行不脱贫不调整、不摘帽不调离"①。2018年6月15日，中共中央、国务院颁布了《关于打赢脱贫攻坚战三年行动的指导意见》，强调要"保持贫困县党政正职稳定，确需调整的，必须符合中央规定，对于不能胜任的要及时撤换，对于弄虚作假的要坚决问责"②。

2. 统筹开展贫困地区干部培训。1986年6月，国务院贫困地区经济开发领导小组第二次全体会议，提出要对贫困地区基层干部进行专业技术培训，以保证国家扶贫贴息贷款更有效地发挥作用。1987年10月，国务院在《关于加强贫困地区经济开发工作的通知》中提出要积极开展贫困地区干部的培训工作，并明确提出"从今年起到明年上半年，国务院贫困地区经济开发领导小组要把全国三百多个重点贫困县的两千名干部普遍轮训一遍"③。1991年3月，国务院贫困地区经济开发领导小组在《关于"八五"期间扶贫开发工作部署的报告》中强调指出：贫困地区干部培训的重点是提高领导与管理水平，"要下功夫花五年左右的时间形成一个培训网络、探索一种更科学有效的教学方式、编写一套更符合实际的培训教材"④。1996年10月23日，中共中央、国务院在《关于尽快解决农村贫困人口温饱问题的决定》中提出要围绕扶贫攻坚搞好贫困地区干部的培训工作，并规定"中央有关部委要分期分批培训国定贫困县的领导干部和项目管理人员，省、地两级要重点培训贫困县的乡村干部"⑤。

2001年6月13日，国务院颁布的《中国农村扶贫开发纲要（2001—2010

①　国务院. "十三五"脱贫攻坚规划［J］. 中华人民共和国国务院公报, 2016（35）: 39-40.

②　中共中央国务院关于打赢脱贫攻坚战三年行动的指导意见［M］. 北京: 人民出版社, 2018: 35-36.

③　国务院. 关于加强贫困地区经济开发工作的通知［J］. 中华人民共和国国务院公报, 1987（26）: 861.

④　中共中央文献研究室. 十三大以来重要文献选编（下）［M］. 北京: 中央文献出版社, 2011: 37.

⑤　中共中央文献研究室. 十四大以来重要文献选编（下）［M］. 北京: 人民出版社, 1999: 2099.

年）》进一步明确贫困地区县级领导干部和县以上扶贫部门干部的培训要纳入各级党政干部培训规划，由组织、扶贫和财政等有关部门共同组织实施。2011年5月27日，中共中央、国务院颁布的《中国农村扶贫开发纲要（2011—2020年）》强调要继续加大贫困地区干部的培训力度。2013年12月18日，中共中央办公厅、国务院办公厅印发的《关于创新机制扎实推进农村扶贫开发工作的意见》强调各级党委和政府要加大贫困地区干部培训力度，提高执行能力。2018年6月15日，中共中央、国务院颁布了《关于打赢脱贫攻坚战三年行动的指导意见》，强调要"实施全国脱贫攻坚全面培训，落实分级培训责任，保证贫困地区主要负责同志和扶贫系统干部轮训一遍。对县级以上领导干部，重点是通过培训提高思想认识，引导树立正确政绩观，掌握精准脱贫方法论，提升研究攻坚问题、解决攻坚难题能力。对基层干部，重点是通过采取案例教学、现场教学等实战培训方法，提高实战能力，增强精准扶贫工作本领。加大对贫困村干部培训力度，每年对村党组织书记集中轮训一次，突出需求导向和实战化训练，着重提高落实党的扶贫政策、团结带领贫困群众脱贫致富的本领"[①]。

3. 改进贫困地区干部工作作风。1984年9月29日，中共中央、国务院颁布的《关于帮助贫困地区尽快改变面貌的通知》要求国家"各有关部委、地方各级党委，特别是贫困地区的县委，要关心人民疾苦，提高为人民服务的自觉性，千方百计把这件工作办好。要教育干部，奋发图强，不畏艰难，努力学习，重视科技，尊重群众，尊重实践，勇于从实际出发，踏踏实实进行工作，力戒形式主义、摆花架子等不良作风"[②]。1994年4月15日，国务院颁布的《国家八七扶贫攻坚计划（1994—2000年）》强调"贫困地区广大干部要一如既往地发扬自力更生、艰苦奋斗、与群众同甘共苦的精神。在完成解决群众温饱的攻坚任务之前，贫困县不准购买小轿车，不准兴建宾馆和高级

---

① 　中共中央国务院关于打赢脱贫攻坚战三年行动的指导意见[M]. 北京：人民出版社，2018：36.
② 　中共中央文献研究室.十二大以来重要文献选编（中）[M]. 北京：中央文献出版社，2011：34.

招待所，不准新盖办公楼，不准县改市"①。1996年10月23日，中共中央、国务院颁布的《关于尽快解决农村贫困人口温饱问题的决定》强调"贫困地区广大党员干部是完成扶贫攻坚任务的骨干力量，要树立信心，奋发图强，扎实工作，在扶贫攻坚中建功立业。贫困地区广大干部长年在艰苦的环境中工作，与群众同甘共苦，带领群众艰苦创业，任劳任怨，主流很好。但确实也有一些干部不愿意做扎实艰苦的工作，甚至讲排场，搞铺张，严重脱离群众。中央重申，贫困县在解决群众温饱问题之前，党政机关、国有企事业单位不准买高级小汽车，不准建宾馆和高级招待所，不准盖新办公楼，不准领导干部再配手提无线电话，也不准县改市。有关省、自治区对此要进行认真检查，对违背上述规定者，要严肃查处"②。1999年6月28日，中共中央、国务院颁布了《关于进一步加强扶贫开发工作的决定》，强调贫困地区广大党员干部"要牢固树立全心全意为人民服务的思想，艰苦奋斗，廉洁奉公，与群众同甘共苦，坚决完成党和人民赋予的光荣任务。对在扶贫攻坚过程中表现出色、成效显著的农村基层干部，要大力表彰，提拔重用。对工作不力的，要及时调整"③。

2001年6月13日，国务院颁布的《中国农村扶贫开发纲要（2001—2010年）》强调"贫困地区的广大基层干部，要坚持党的宗旨，艰苦奋斗，廉洁奉公，改进思想作风和工作作风，不断提高带领群众脱贫致富的能力"④。2002年12月6日，胡锦涛同志在西柏坡学习考察时强调各级领导干部要坚持深入基层，倾听群众呼声，关心群众疾苦，"尤其要关心那些生产和生活遇到困难的群众，深入到贫困地区、困难企业中去，深入到下岗职工、农村贫困人口、城市贫困居民等困难群众中去，千方百计地帮助他们解决实际困难"⑤。2012年12月29日至30日，习近平总书记在河北省阜平县考察扶贫开

---

① 中共中央文献研究室. 十四大以来重要文献选编（上）[M]. 北京：人民出版社，1996：789.
② 中共中央文献研究室. 十四大以来重要文献选编（下）[M]. 北京：人民出版社，1999：2100-2101.
③ 中共中央文献研究室. 十五大以来重要文献选编（中）[M]. 北京：人民出版社，2001：897.
④ 中共中央文献研究室. 十五大以来重要文献选编（下）[M]. 北京：人民出版社，2003：1887.
⑤ 中共中央文献研究室. 十六大以来重要文献选编（上）[M]. 北京：中央文献出版社，2005：84.

发工作时强调各级领导干部特别是贫困问题较突出地区的党政主要负责同志"要一心一意为老百姓做事,心里装着困难群众,多做雪中送炭的工作,常去贫困地区走一走,常到贫困户家里坐一坐,常同困难群众聊一聊,多了解困难群众的期盼,多解决困难群众的问题,满怀热情为困难群众办事"①。2018年6月15日,中共中央、国务院颁布了《关于打赢脱贫攻坚战三年行动的指导意见》,指出:"把作风建设贯穿脱贫攻坚全过程,集中力量解决扶贫领域'四个意识'不强、责任落实不到位、工作措施不精准、资金管理使用不规范、工作作风不扎实、考核评估不严不实等突出问题,确保取得明显成效。改进调查研究,深入基层、深入群众,多层次、多方位、多渠道调查了解实际情况,注重发现并解决问题,力戒'走过场'。"②

第三节　派强用好第一书记和驻村工作队

2012年2月1日,中央组织部印发了《关于在创先争优活动中开展基层组织建设年的实施意见》,强调"对不胜任现职的党组织书记,及时进行调整;内部暂时没有合适人选的,既可从上级机关、国有企事业单位选派,也可从优秀大学生村官中选拔,还可探索面向社会选聘。对于工作薄弱村,应下派得力党员干部担任'第一书记',帮助整顿后进党组织"③。从此,选派驻村"第一书记"的做法逐渐在全国各省市、地区推广。2015年4月29日,中央组织部、中央农办、国务院扶贫办联合印发了《关于做好选派机关

---

① 中共中央文献研究室. 论群众路线——重要论述摘编[M]. 北京: 中央文献出版社, 党建读物出版社, 2013: 129.

② 中共中央国务院关于打赢脱贫攻坚战三年行动的指导意见[M]. 北京: 人民出版社, 2018: 37-38.

③ 中共中央组织部. 关于在创先争优活动中开展基层组织建设年的实施意见[EB/OL]. (2012-02-01) [2013-01-06]. http://fuwu. 12371. cn/2013/01/06/ARTI1357461931224325. shtml.

优秀干部到村任第一书记工作的通知》（以下简称《通知》）。《通知》指出：多年来，一些地方和单位探索选派机关优秀干部到村任第一书记、选派党建指导员、派干部驻村等做法，抓党建、抓扶贫、抓发展，取得了明显成效，积累了有益经验。在党的群众路线教育实践活动中，这一经验得到进一步运用和推广。实践证明，选派机关优秀干部到村任第一书记，是加强农村基层组织建设、解决一些村"软、散、乱、穷"等突出问题的重要举措，是促进农村改革发展稳定和改进机关作风、培养锻炼干部的有效途径①。《通知》就做好选派机关优秀干部到村任第一书记工作进行了具体部署。

1. 选派范围和数量。（1）对党组织软弱涣散村要全覆盖。主要是那些党组织班子配备不齐、书记长期缺职、工作处于停滞状态的，党组织书记不胜任现职、工作不在状态、严重影响班子整体战斗力的，班子不团结、内耗严重、工作不能正常开展的，组织制度形同虚设、不开展活动的，尤其是换届选举拉票贿选问题突出、宗族宗教和黑恶势力干扰渗透严重、村务财务公开和民主管理混乱、社会治安问题和信访矛盾集中的村。（2）对建档立卡贫困村要全覆盖。重点区域是六盘山区、秦巴山区、武陵山区、乌蒙山区、滇桂黔石漠化区、滇西边境山区、大兴安岭南麓山区、燕山—太行山区、吕梁山区、大别山区、罗霄山区和西藏、四省藏区、新疆南疆三地州14个集中连片特困地区和国家扶贫开发工作重点县。（3）对赣闽粤等原中央苏区、陕甘宁、左右江、川陕等革命老区，内蒙古、广西、宁夏等边疆地区和民族地区，四川芦山和云南鲁甸、景谷等灾后恢复重建地区，要加大选派第一书记力度，做到应派尽派。（4）对其他类型村可根据实际选派。选派第一书记的具体范围和数量由各地区各部门各单位确定②。

2. 人选条件和要求。（1）第一书记人选的基本条件是：政治素质好，

① 中央组织部，中央农办，国务院扶贫办. 关于做好选派机关优秀干部到村任第一书记工作的通知［EB/OL］.（2015-04-29）［2015-05-13］. http://www.nrra.gov.cn/art/2015/5/13/art_50_13584.html.
② 中央组织部，中央农办，国务院扶贫办. 关于做好选派机关优秀干部到村任第一书记工作的通知［EB/OL］.（2015-04-29）［2015-05-13］. http://www.nrra.gov.cn/art/2015/5/13/art_50_13584.html.

坚决贯彻执行党的路线方针政策，热爱农村工作；有较强工作能力，敢于担当，善于做群众工作，开拓创新意识强；有两年以上工作经历，事业心和责任感强，作风扎实，不怕吃苦，甘于奉献；具有正常履行职责的身体条件。（2）主要从各级机关优秀年轻干部、后备干部，国有企业、事业单位的优秀人员和以往因年龄原因从领导岗位上调整下来、尚未退休的干部中选派，有农村工作经验或涉农方面专业技术特长的优先。（3）要把好人选政治关、品行关、廉政关和能力关。按照因村派人原则，通过个人报名和组织推荐相结合的办法，由派出单位党委（党组）研究提出人选，报同级党委组织部审核。（4）中央和国家机关部委、人民团体、中管金融企业、国有重要骨干企业和高等学校，要结合扶贫开发工作，对照《关于做好新一轮中央、国家机关和有关单位定点扶贫工作的通知》确定的定点扶贫结对关系名单，每个单位至少选派1名优秀干部到村任第一书记，为基层作出示范①。

3. 主要职责任务。第一书记在乡镇党委领导和指导下，紧紧依靠村党组织，带领村"两委"成员开展工作，注意从派驻村实际出发，抓住主要矛盾、解决突出问题。（1）建强基层组织。重点是对村"两委"班子不健全的要协助配齐，着力解决班子不团结、软弱无力、工作不在状态等问题，防范应对宗族宗教、黑恶势力的干扰渗透，物色培养村后备干部；严格落实"三会一课"，严肃党组织生活；推动落实村级组织工作经费和服务群众专项经费、村干部报酬和基本养老医疗保险，建设和完善村级组织活动场所、服务设施等，努力把村党组织建设成为坚强战斗堡垒。（2）推动精准扶贫。重点是大力宣传党的扶贫开发和强农惠农富农政策，深入推动政策落实；带领派驻村开展贫困户识别和建档立卡工作，帮助村"两委"制定和实施脱贫计划；组织落实扶贫项目，参与整合涉农资金，积极引导社会资金，促进贫困村、贫困户脱贫致富；帮助选准发展路子，培育农民合作社，增加村集体收入，增强"造血"功能。（3）为民办事服务。重点是推动党的群

---

① 中央组织部, 中央农办, 国务院扶贫办. 关于做好选派机关优秀干部到村任第一书记工作的通知 [EB/OL]. (2015-04-29) [2015-05-13]. http://www.nrra.gov.cn/art/2015/5/13/art_50_13584.html.

众路线教育实践活动整改事项落实，带领村级组织开展为民服务全程代理、民事村办等工作，打通联系服务群众"最后一公里"；经常入户走访，听取意见建议，与群众同吃同住同劳动，努力办实事；关心关爱贫困户、五保户、残疾人、农村空巢老人和留守儿童，帮助解决生产生活中的实际困难。（4）提升治理水平。重点是推动完善村党组织领导的充满活力的村民自治机制，落实"四议两公开"，建立村务监督委员会，促进村级事务公开、公平、公正，努力解决优亲厚友、暗箱操作、损害群众利益等问题；帮助村干部提高依法办事能力，指导完善村规民约，弘扬文明新风，促进农村和谐稳定①。

4. 强化管理考核。（1）第一书记任期一般为1~3年，不占村"两委"班子职数，不参加换届选举。坚持驻村工作服务，任职期间，原则上不承担派出单位工作，原人事关系、工资和福利待遇不变，党组织关系转到村。（2）第一书记由县党委组织部、乡镇党委和派出单位共同管理。县党委组织部和乡镇党委要切实担负起直接管理责任，经常了解驻村工作情况、廉洁自律表现等。派出单位定期听取第一书记工作汇报，适时到村调研，指导促进工作。（3）第一书记参加派出单位年度考核，由所在县党委组织部提出意见。任职期满，派出单位会同县党委组织部进行考察，考核结果作为评选先进、提拔使用、晋升职级的重要依据，对任职期间表现优秀的在同等条件下优先使用。对工作不认真、不负责的给予批评教育，造成不良后果的及时调整和处理。（4）要关心关爱第一书记。派出单位要安排定期体检，办理任职期间人身意外伤害保险，并帮助解决生活等方面的实际困难。任职期间要给予适当生活补助，可参照差旅费伙食补助费标准执行，派往艰苦边远地区的，还可参照所在地区同类同级人员的地区性津贴给予相应补助。省区市、市、县党委组织部要制定完善有关政策和激励保障措施，所在乡镇要力所能及地提供工作和生活条件，确保第一书记下得去、待得住、干得好②。

---

①　中央组织部,中央农办,国务院扶贫办. 关于做好选派机关优秀干部到村任第一书记工作的通知[EB/OL].（2015-04-29）[2015-05-13]. http://www. nrra. gov. cn/art/2015/5/13/art_50_13584. html.

②　中央组织部,中央农办,国务院扶贫办. 关于做好选派机关优秀干部到村任第一书记工作的通知[EB/OL].（2015-04-29）[2015-05-13]. http://www. nrra. gov. cn/art/2015/5/13/art_50_13584. html.

5. 加强组织领导。（1）各级党委（党组）要高度重视选派机关优秀干部到村任第一书记工作，作为党委（党组）书记抓基层党建工作述职评议考核的重要内容，严格落实责任。党委组织部门要牵头组织，做好协调指导工作。农办、扶贫部门要开展涉农、扶贫等政策和技能培训，加强业务指导。中央和国家机关部委等单位选派工作，由各单位组织人事部门具体负责。省区市党委组织部要统一部署，市、县党委组织部要具体组织实施。充分发挥发展改革、教育、科技、民政、财政、人社、国土资源、住建、交通、水利、农业、文化、卫生计生、环保、林业等部门和工会、共青团、妇联组织的作用，共同做好工作。（2）要保证第一书记工作经费，具体由各地财政统筹安排，各地扶贫部门要从扶贫资金中专项安排帮扶经费。派出单位要与第一书记联村，加大支持帮扶力度。（3）要以求真务实的作风做好选派工作，力戒形式主义。把选派第一书记与干部驻村、部门联村等工作有机结合起来，与机关干部队伍建设结合起来。注意宣传选派第一书记的好经验好做法和先进典型，营造干事创业的良好氛围。进一步健全选派第一书记的制度机制，实现常态化长效化[①]。

2015年11月29日，中共中央、国务院颁发了《关于打赢脱贫攻坚战的决定》，提出要"注重选派思想好、作风正、能力强的优秀年轻干部到贫困地区驻村，选聘高校毕业生到贫困村工作。根据贫困村的实际需求，精准选配第一书记，精准选派驻村工作队，提高县以上机关派出干部比例。加大驻村干部考核力度，不稳定脱贫不撤队伍。对在基层一线干出成绩、群众欢迎的驻村干部，要重点培养使用"[②]。2016年11月23日，国务院印发的《"十三五"脱贫攻坚规划》强调要加大驻村帮扶工作力度，提高县以上机关派出干部比例，精准选配第一书记，配齐配强驻村工作队，确保每个贫困

① 中央组织部,中央农办,国务院扶贫办. 关于做好选派机关优秀干部到村任第一书记工作的通知[EB/OL].(2015-04-29)[2015-05-13]. http://www.nrra.gov.cn/art/2015/5/13/art_50_13584.html.
② 中共中央党史和文献研究院. 十八大以来重要文献选编(下)[M]. 北京:中央文献出版社,2018:69-70.

村都有驻村工作队，每个贫困户都有帮扶责任人。

党政机关和企事业单位选派干部到贫困地区驻村扶贫是加大对贫困地区发展扶持力度的重要举措，也是派出单位贴近基层、了解民情，培养干部，转变作风、密切党群干群关系的重要途径。1986年6月26日，国务院贫困地区经济开发领导小组第二次全体会议强调国务院有条件的部委要选派身体好、有一定专业知识的优秀干部深入基层，直接参加贫困地区的开发工作。1990年2月23日，国务院批转的《国务院贫困地区经济开发领导小组关于九十年代进一步加强扶贫开发工作的请示》强调贫困面较大的省、自治区和贫困地、县都要选派精明强干的干部到最困难的贫困县、乡、村去开展工作。1996年9月23日，江泽民在中央扶贫开发工作会议上指出："近几年，中央和地方党政机关确定扶贫联系县，派遣工作组，深入到贫困乡村，进行具体帮助。不仅帮助贫困地区解决了一些实际问题，而且密切了党政机关同人民群众的联系，很受群众的欢迎。"①为此，"中央决定，要把组织党政机关干部下乡扶贫，作为一项制度，长期坚持下去。组织人事部门要认真组织实施。下去的干部，要同群众同甘共苦，做艰苦细致的工作，帮助村里搞好班子建设，开辟致富门路，解决群众最关心的热点难点问题，在实践中经受锻炼和考验"②。

2002年4月18日，国务院扶贫开发领导小组等6部门颁布了《关于进一步做好中央、国家机关各部门和各有关单位定点扶贫工作的意见》，强调参与定点扶贫的单位要把开展定点扶贫工作与本单位培养锻炼干部工作结合起来，每年选派德才素质较好的中青年干部（原则上为处级干部或后备干部），到定点扶持重点县挂职扶贫③。2010年5月6日，中共中央办公厅、国

---

① 中共中央文献研究室.十四大以来重要文献选编（下）[M].北京：人民出版社，1999：2037.

② 中共中央文献研究室.十四大以来重要文献选编（下）[M].北京：人民出版社，1999：2043.

③ 国务院扶贫开发领导小组，中共中央组织部，中共中央直属机关工作委员会，等.关于进一步做好中央、国家机关各部门和各有关单位定点扶贫工作的意见[EB/OL].（2002-04-18）[2021-01-29].https://www.66law.cn/tiaoli/117208.aspx.

务院办公厅颁发了《关于进一步做好定点扶贫工作的通知》，强调各单位要把开展定点扶贫工作与培养锻炼干部结合起来，做好挂职干部的选派工作；定期选派德才兼备、具有发展潜力和培养前途的优秀中青年干部赴定点扶贫地区挂职扶贫①。2012年11月8日，国务院扶贫办等8部门联合发布了《关于做好新一轮中央、国家机关和有关单位定点扶贫工作的通知》，再次强调要把定点扶贫与培养锻炼干部有机结合起来，选派德才兼备的优秀中青年干部赴定点扶贫地区挂职扶贫，对于政治素质高、作风过硬、贡献突出的干部，同等条件下优先考虑提拔使用②。

2014年1月25日，中共中央办公厅、国务院办公厅印发的《关于创新机制扎实推进农村扶贫开发工作的意见》提出要健全干部驻村帮扶机制，"在各省（自治区、直辖市）现有工作基础上，普遍建立驻村工作队（组）制度。可分期分批安排，确保每个贫困村都有驻村工作队（组），每个贫困户都有帮扶责任人。把驻村入户扶贫作为培养锻炼干部特别是青年干部的重要渠道。驻村工作队（组）要协助基层组织贯彻落实党和政府各项强农惠农富农政策，积极参与扶贫开发各项工作，帮助贫困村、贫困户脱贫致富。落实保障措施，建立激励机制，实现驻村帮扶长期化、制度化"③"鼓励和选派思想好、作风正、能力强、愿意为群众服务的优秀年轻干部、致富带头人、外出务工经商人员、企业经营管理人员、退伍军人、高校毕业生等到贫困村工作，充分发挥驻村工作队（组）作用"④。

---

① 《中国扶贫开发年鉴》编委会. 中国扶贫开发年鉴（2011）[M]. 北京: 中国财政经济出版社, 2011: 682.
② 国务院扶贫办, 中共中央组织部, 中共中央统战部, 等. 关于做好新一轮中央、国家机关和有关单位定点扶贫工作的通知[EB/OL].（2012-11-08）[2012-11-13]. http://www.nrra.gov.cn/art/2012/11/13/art_50_23725.html.
③ 中共中央办公厅, 国务院办公厅. 关于创新机制扎实推进农村扶贫开发工作的意见[J]. 中华人民共和国国务院公报, 2014（4）: 5-6.
④ 中共中央办公厅, 国务院办公厅. 关于创新机制扎实推进农村扶贫开发工作的意见[J]. 中华人民共和国国务院公报, 2014（4）: 9.

2017年9月25日，中共中央办公厅、国务院办公厅印发了《关于加强贫困村驻村工作队选派管理工作的指导意见》（以下简称《意见》）。《意见》针对驻村帮扶中选人不优、管理不严、作风不实、保障不力等问题，就加强贫困村驻村工作队选派管理工作提出指导意见。

1. 基本原则。（1）坚持因村选派、分类施策。根据贫困村实际需求精准选派驻村工作队，做到务实管用。坚持因村因户因人施策，把精准扶贫精准脱贫成效作为衡量驻村工作队绩效的基本依据。（2）坚持县级统筹、全面覆盖。县级党委和政府统筹整合各方面驻村工作力量，根据派出单位帮扶资源和驻村干部综合能力科学组建驻村工作队，实现建档立卡贫困村一村一队。驻村工作队队长原则上由驻村第一书记兼任。（3）坚持严格管理、有效激励。加强驻村工作队日常管理，建立完善管理制度，从严从实要求，培养优良作风。健全保障激励机制，鼓励支持干事创业、奋发有为。（4）坚持聚焦攻坚、真帮实扶。驻村工作队要坚持攻坚目标和"两不愁、三保障"脱贫标准，将资源力量集中用于帮助贫困村贫困户稳定脱贫，用心、用情、用力做好驻村帮扶工作[①]。

2. 规范人员选派。（1）精准选派。坚持因村选人组队，把熟悉党群工作的干部派到基层组织软弱涣散、战斗力不强的贫困村，把熟悉经济工作的干部派到产业基础薄弱、集体经济脆弱的贫困村，把熟悉社会工作的干部派到矛盾纠纷突出、社会发育滞后的贫困村，充分发挥派出单位和驻村干部自身优势，帮助贫困村解决脱贫攻坚面临的突出困难和问题。（2）优化结构。优先安排优秀年轻干部和后备干部参加驻村帮扶。每个驻村工作队一般不少于3人，每期驻村时间不少于2年。要把深度贫困地区贫困村和脱贫难度大的贫困村作为驻村帮扶工作的重中之重。东西部扶贫协作和对口支援、中央单位定点帮扶的对象在深度贫困地区的，要加大选派干部力度。（3）配强干部。县级以上各级机关、国有企业、事业单位要选派政治素质好、工作

① 中共中央办公厅, 国务院办公厅. 关于加强贫困村驻村工作队选派管理工作的指导意见[J]. 中华人民共和国国务院公报, 2018（2）：9-10.

作风实、综合能力强、健康具备履职条件的人员参加驻村帮扶工作。新选派的驻村工作队队长一般应为处科级干部或处科级后备干部。干部驻村期间不承担原单位工作,党员组织关系转接到所驻贫困村,确保全身心专职驻村帮扶。脱贫攻坚期内,贫困村退出的,驻村工作队不得撤离,帮扶力度不能削弱[1]。

3. 明确主要任务。(1)宣传贯彻党和国家关于脱贫攻坚各项方针政策、决策部署、工作措施。(2)指导开展贫困人口精准识别、精准帮扶、精准退出工作,参与拟定脱贫规划计划。(3)参与实施特色产业扶贫、劳务输出扶贫、易地扶贫搬迁、贫困户危房改造、教育扶贫、科技扶贫、健康扶贫、生态保护扶贫等精准扶贫工作。(4)推动金融、交通、水利、电力、通信、文化、社会保障等行业和专项扶贫政策措施落实到村到户。(5)推动发展村级集体经济,协助管好用好村级集体收入。(6)监管扶贫资金项目,推动落实公示公告制度,做到公开、公平、公正。(7)注重扶贫同扶志、扶智相结合,做好贫困群众思想发动、宣传教育和情感沟通工作,激发摆脱贫困内生动力。(8)加强法治教育,推动移风易俗,指导制定和谐文明的村规民约。(9)积极推广普及普通话,帮助提高国家通用语言文字应用能力。(10)帮助加强基层组织建设,推动落实管党治党政治责任,整顿村级软弱涣散党组织,对整治群众身边的腐败问题提出建议;培养贫困村创业致富带头人,吸引各类人才到村创新创业[2]。

4. 加强日常管理。(1)落实责任。县级党委和政府承担驻村工作队日常管理职责,建立驻村工作领导小组,负责统筹协调、督查考核。乡镇党委和政府指导驻村工作队开展精准识别、精准退出工作,支持驻村工作队落实精准帮扶政策措施,帮助驻村工作队解决实际困难。县乡党委和政府要安

① 中共中央办公厅,国务院办公厅. 关于加强贫困村驻村工作队选派管理工作的指导意见[J]. 中华人民共和国国务院公报,2018(2):10.

② 中共中央办公厅,国务院办公厅. 关于加强贫困村驻村工作队选派管理工作的指导意见[J]. 中华人民共和国国务院公报,2018(2):10.

排专人具体负责。（2）健全制度。建立工作例会制度，驻村工作领导小组每季度至少组织召开1次驻村工作队队长会议，了解工作进展，交流工作经验，协调解决问题。建立考勤管理制度，明确驻村干部请销假报批程序，及时掌握和统计驻村干部在岗情况。建立工作报告制度，驻村工作队每半年向驻村工作领导小组报告思想、工作、学习情况。建立纪律约束制度，促进驻村干部遵规守纪、廉政勤政。要防止形式主义，用制度推动工作落实[①]。

5. 加强考核激励。（1）强化考核。县级党委和政府每年对驻村工作队进行考核检查，确保驻村帮扶工作取得实效。坚持考勤和考绩相结合，平时考核、年度考核与期满考核相结合，工作总结与村民测评、村干部评议相结合，提高考核工作的客观性和公信力。考核具体内容由各地根据实际情况确定。年度考核结果送派出单位备案。（2）表彰激励。考核结果作为驻村干部综合评价、评优评先、提拔使用的重要依据。对成绩突出、群众认可的驻村干部，按照有关规定予以表彰；符合条件的，列为后备干部，注重优先选拔使用。（3）严肃问责。驻村干部不胜任驻村帮扶工作的，驻村工作领导小组提出召回调整意见，派出单位要及时召回调整。对履行职责不力的，给予批评教育；对弄虚作假、失职失责，或者有其他情形、造成恶劣影响的，进行严肃处理并依据有关规定对派出单位和管理单位有关负责人、责任人予以问责[②]。

6. 强化组织保障。（1）加强组织领导。省级党委和政府对本行政区域内驻村工作队选派管理工作负总责。市地级党委和政府要加大对驻村工作指导和支持力度。县级党委和政府负责统筹配置驻村力量，组织开展具体驻村帮扶工作。地方各级党组织和组织部门要加强管理，推动政策举措落实到位，为驻村帮扶工作提供有力支持。地方财政部门要统筹安排，为驻村工作

---

① 中共中央办公厅, 国务院办公厅. 关于加强贫困村驻村工作队选派管理工作的指导意见[J]. 中华人民共和国国务院公报, 2018（2）: 10-11.

② 中共中央办公厅, 国务院办公厅. 关于加强贫困村驻村工作队选派管理工作的指导意见[J]. 中华人民共和国国务院公报, 2018（2）: 11.

队提供必要的工作经费。有关部门要加强协调配合，积极支持驻村工作队开展工作。（2）加强督查检查。省级党委和政府对本行政区域内驻村工作队进行督查抽查，总结典型经验，加强薄弱环节，纠正突出问题，完善管理制度。要在省域范围内通报督查检查结果，并督促认真做好问题整改。（3）加强培训宣传。各地要通过专题轮训、现场观摩、经验交流等方式，加大对脱贫攻坚方针政策、科技知识、市场信息等方面培训力度，帮助驻村干部掌握工作方法，熟悉业务知识，提高工作能力。要注重发现驻村帮扶先进事迹、有效做法和成功经验，加大宣传力度，树立鲜明导向，营造驻村帮扶工作良好氛围。（4）加强关心爱护。县乡两级党委和政府、派出单位要关心支持驻村干部，为其提供必要的工作条件和生活条件。驻村期间原有人事关系、各项待遇不变。派出单位可利用公用经费，参照差旅费中伙食补助费标准给予生活补助，安排通信补贴，每年按规定为驻村的在职干部办理人身意外伤害保险，对因公负伤的做好救治康复工作，对因公牺牲的做好亲属优抚工作。干部驻村期间的医疗费，由派出单位按规定报销。县乡两级党委和政府、派出单位负责人要经常与驻村干部谈心谈话，了解思想动态，激发工作热情[1]。

2018年6月15日，中共中央、国务院颁布了《关于打赢脱贫攻坚战三年行动的指导意见》，强调要"派强用好第一书记和驻村工作队，从县以上党政机关选派过硬的优秀干部参加驻村帮扶。加强考核和工作指导，对不适应的及时召回调整。派出单位要严格落实项目、资金、责任捆绑要求，加大保障支持力度"[2]。

革命老区在脱贫攻坚与振兴发展过程中，始终高度重视强化脱贫攻坚与振兴发展的组织领导问题。例如2015年12月23日，中共中央办公厅、国务院办公厅印发的《关于加大脱贫攻坚力度支持革命老区开发建设的指导意

---

① 中共中央办公厅，国务院办公厅. 关于加强贫困村驻村工作队选派管理工作的指导意见[J]. 中华人民共和国国务院公报，2018（2）：11.

② 中共中央国务院关于打赢脱贫攻坚战三年行动的指导意见[M]. 北京：人民出版社，2018：35.

见》强调"各级党委和政府要选派一批思想政治硬、业务能力强、综合素质高的干部充实老区党政领导班子，优先选派省部级、厅局级后备干部担任老区市、县党政主要领导，推动老区党政领导班子年轻化、知识化、专业化"①，"推进贫困老区与发达地区干部交流，加大中央和国家机关、中央企业与贫困老区干部双向挂职锻炼工作力度"②，"加强老区基层党组织建设，选优配强党组织带头人，完善村级组织运转经费保障机制，强化服务群众、村干部报酬待遇、村级组织活动场所等基础保障。做好老区村级党组织第一书记选派工作，充分发挥基层党组织团结带领老区群众脱贫致富的战斗堡垒作用。根据老区贫困村实际需求，精准选派驻村工作队，提高县以上机关派出干部比例"③。据此，一些省份颁布了具体的实施意见。例如2016年6月3日，中共福建省委办公厅、福建省人民政府办公厅印发的《关于加大脱贫攻坚力度支持革命老区开发建设的实施意见》强调要加强贫困老区领导班子建设，根据需要有计划地从省直机关、企事业单位选派干部到重点县任职；加强贫困老区领导班子和干部队伍建设，推进贫困老区与沿海发达地区干部交流；加大上级机关与重点县之间领导干部挂职交流力度，根据需要有计划地从重点县选拔一批优秀处、科级干部到省直单位挂职④。同年9月26日，中共湖南省委办公厅、湖南省人民政府办公厅印发的《关于加大脱贫攻坚力度支持革命老区开发建设的实施意见》强调要推进贫困老区与发达地区干部交流，加大党政机关、国有企业与贫困老区干部双向挂职锻炼工作力

①　中共中央办公厅，国务院办公厅．关于加大脱贫攻坚力度支持革命老区开发建设的指导意见[J]．中华人民共和国国务院公报，2016(6)：22.

②　中共中央办公厅，国务院办公厅．关于加大脱贫攻坚力度支持革命老区开发建设的指导意见[J]．中华人民共和国国务院公报，2016(6)：22.

③　中共中央办公厅，国务院办公厅．关于加大脱贫攻坚力度支持革命老区开发建设的指导意见[J]．中华人民共和国国务院公报，2016(6)：22-23.

④　中共福建省委办公厅，福建省人民政府办公厅．关于加大脱贫攻坚力度支持革命老区开发建设的实施意见[EB/OL]．(2016-06-03)[2016-08-04]．http://www.qzslch.com/Article/Article_Show.aspx? classId=2&Id=405.

度；加强老区基层领导班子和党组织建设，选优配强老区党政领导班子、党政主要领导、村级党组织第一书记和驻村工作队，完善基层党组织运转机制，强化基础保障①。同年11月8日，中共广东省委办公厅、广东省人民政府办公厅印发的《关于加大脱贫攻坚力度支持革命老区开发建设的实施意见》强调要选优配强老区县领导班子，对长期在老区工作的干部要提拔任用；加大老区与省直机关、省属院校及省属企业干部双向挂职锻炼工作力度，持续选派优秀年轻干部、大学生到老区工作；加强老区基层党组织建设，选优配强老区镇领导班子，加强老区村党组织带头人队伍建设，充分发挥基层党组织团结带领老区群众脱贫致富的战斗堡垒作用②。2021年1月24日，国务院颁发的《关于新时代支持革命老区振兴发展的意见》强调要充分发挥党总揽全局、协调各方的领导核心作用，把党的领导始终贯穿革命老区振兴发展全过程和各领域各方面各环节，"相关省（自治区、直辖市）要将革命老区振兴发展列为本地区重点工作，加强组织领导，完善工作机制，明确责任分工，制定配套政策，健全对革命老区的差别化绩效评估体系，对重点城市和城市化地区侧重考核经济转型发展和常住人口基本公共服务等方面指标，对重点生态功能区和农产品主产区进一步强化生态服务功能和农产品供给能力相关指标考核，在开展试点示范和安排中央补助时对革命老区给予倾斜支持。有关部门要加强工作指导，在国土空间规划、专项规划、区域规划等相关规划编制实施过程中强化对革命老区的统筹支持，研究制定支持革命老区巩固拓展脱贫攻坚成果、基础设施建设、生态环境保护修复、红色旅游等重点领域实施方案，细化具体支持政策，指导地方开展革命老区振兴发展规划修编。国家发展改革委要加强对革命老区振兴发展各项工作的协调，制定重点任务分工和年度工作要点，重大事项及时向国务院报告"③。

---

① 宋高胜. 湖南财政年鉴（2017）[M]. 长沙: 湖南人民出版社, 2017: 114-115.

② 中共广东省委办公厅, 广东省人民政府办公厅. 关于加大脱贫攻坚力度支持革命老区开发建设的实施意见 [EB/OL]. (2016-11-08) [2016-11-26]. http://www.maoming.gov.cn/zwgk/zwzl/zdlyxxgkl/fpgzxxgk/fpzcfg/bszc/content/post_553579.html.

③ 国务院. 关于新时代支持革命老区振兴发展的意见 [J]. 中华人民共和国国务院公报, 2021(7): 38-39.

参考文献

[1] 毛泽东选集（第一卷）[M]. 北京：人民出版社, 1991.

[2] 毛泽东选集（第二卷）[M]. 北京：人民出版社, 1991.

[3] 毛泽东选集（第三卷）[M]. 北京：人民出版社, 1991.

[4] 毛泽东选集（第四卷）[M]. 北京：人民出版社, 1991.

[5] 邓小平文选（第一卷）[M]. 北京：人民出版社, 1994.

[6] 邓小平文选（第二卷）[M]. 北京：人民出版社, 1994.

[7] 邓小平文选（第三卷）[M]. 北京：人民出版社, 1993.

[8] 江泽民文选（第一卷）[M]. 北京：人民出版社, 2006.

[9] 江泽民文选（第二卷）[M]. 北京：人民出版社, 2006.

[10] 江泽民文选（第三卷）[M]. 北京：人民出版社, 2006.

[11] 胡锦涛文选（第一卷）[M]. 北京：人民出版社, 2016.

[12] 胡锦涛文选（第二卷）[M]. 北京：人民出版社, 2016.

[13] 胡锦涛文选（第三卷）[M]. 北京：人民出版社, 2016.

[14] 习近平. 摆脱贫困 [M]. 福州：福建人民出版社, 1992.

[15] 习近平谈治国理政（第一卷）[M]. 北京：外文出版社, 2018.

[16] 习近平谈治国理政（第二卷）[M]. 北京：外文出版社, 2017.

[17] 习近平谈治国理政（第三卷）[M]. 北京：外文出版社, 2020.

[18] 习近平谈治国理政（第四卷）[M]. 北京：外文出版社, 2022.

[19] 习近平. 决胜全面建成小康社会 夺取新时代中国特色社会主义伟大胜利——在中国共产党第十九次全国代表大会上的报告 [M]. 北京：人民出版社, 2017.

[20]习近平. 高举中国特色社会主义伟大旗帜 为全面建设社会主义现代化国家而团结奋斗——在中国共产党第二十次全国代表大会上的报告[M]. 北京: 人民出版社, 2022.

[21]习近平. 在深度贫困地区脱贫攻坚座谈会上的讲话[M]. 北京: 人民出版社, 2017.

[22]习近平. 在打好精准脱贫攻坚战座谈会上的讲话[M]. 北京: 人民出版社, 2020.

[23]习近平. 在决战决胜脱贫攻坚座谈会上的讲话[M]. 北京: 人民出版社, 2020.

[24]习近平. 在全国脱贫攻坚总结表彰大会上的讲话[M]. 北京: 人民出版社, 2021.

[25]中共中央文献研究室. 十二大以来重要文献选编(中)[M]. 北京: 人民出版社, 1986.

[26]中共中央文献研究室. 十三大以来重要文献选编（下）[M]. 北京: 人民出版社, 1993.

[27]中共中央文献研究室. 十四大以来重要文献选编（上）[M]. 北京: 人民出版社, 1996.

[28]中共中央文献研究室. 十四大以来重要文献选编（下）[M]. 北京: 人民出版社, 1999.

[29]中共中央文献研究室. 十五大以来重要文献选编(中)[M]. 北京: 人民出版社, 2001.

[30]中共中央文献研究室. 十五大以来重要文献选编（下）[M]. 北京: 人民出版社, 2003.

[31]中共中央文献研究室. 十六大以来重要文献选编（上）[M]. 北京: 中央文献出版社, 2005.

[32]中共中央文献研究室. 十六大以来重要文献选编(中)[M]. 北京: 中央文献出版社, 2006.

［33］中共中央文献研究室. 十七大以来重要文献选编（下）［M］. 北京: 中央文献出版社, 2013.

［34］中共中央文献研究室. 十八大以来重要文献选编（上）［M］. 北京: 中央文献出版社, 2014.

［35］中共中央文献研究室. 十八大以来重要文献选编（中）［M］. 北京: 中央文献出版社, 2016.

［36］中共中央党史和文献研究院. 十八大以来重要文献选编（下）［M］. 北京: 中央文献出版社, 2018.

［37］中共中央党史和文献研究院. 十九大以来重要文献选编（上）［M］. 北京: 中央文献出版社, 2019.

［38］中共中央党史和文献研究院. 十九大以来重要文献选编（中）［M］. 北京: 中央文献出版社, 2021.

［39］中共中央国务院关于打赢脱贫攻坚战的决定［M］. 北京: 人民出版社, 2015.

［40］中共中央国务院关于打赢脱贫攻坚战三年行动的指导意见［M］. 北京: 人民出版社, 2018.

［41］中共中央国务院关于实施乡村振兴战略的意见［M］. 北京: 人民出版社, 2018.

［42］中共中央, 国务院. 关于坚持农业农村优先发展做好"三农"工作的若干意见［J］. 中华人民共和国国务院公报, 2019（7）.

［43］中共中央, 国务院. 关于抓好"三农"领域重点工作确保如期实现全面小康的意见［J］. 中华人民共和国国务院公报, 2020（5）.

［44］中共中央, 国务院. 关于全面推进乡村振兴加快农业农村现代化的意见［J］. 中华人民共和国国务院公报, 2021（7）.

［45］中共中央, 国务院. 关于实现巩固拓展脱贫攻坚成果同乡村振兴有效衔接的意见［J］. 中华人民共和国国务院公报, 2021（10）.

［46］国务院. 关于加快培育和发展战略性新兴产业的决定［J］. 中华人民共和国国务院公报, 2010（30）.

［47］国务院. 关于新时代支持革命老区振兴发展的意见［J］. 中华人民共和国国务院公报, 2021（7）.

［48］中共中央办公厅, 国务院办公厅. 关于创新机制扎实推进农村扶贫开发工作的意见［J］. 中华人民共和国国务院公报, 2014（4）.

［49］中共中央办公厅, 国务院办公厅. 关于加快构建现代公共文化服务体系的意见［J］. 中华人民共和国国务院公报, 2015（3）.

［50］中共中央办公厅, 国务院办公厅. 关于加大脱贫攻坚力度支持革命老区开发建设的指导意见［J］. 中华人民共和国国务院公报, 2016（6）.

［51］中共中央办公厅, 国务院办公厅. 关于加快推进乡村人才振兴的意见［J］. 中华人民共和国国务院公报, 2021（7）.

［52］国务院办公厅. 新时代中央国家机关及有关单位对口支援赣南等原中央苏区工作方案［J］. 中华人民共和国国务院公报, 2021（14）.

［53］发展改革委, 财政部, 国土资源部, 等. 国家生态文明先行示范区建设方案（试行）［J］. 中华人民共和国国务院公报, 2014（8）.

［54］生态环境部. 关于生态环境保护助力打赢精准脱贫攻坚战的指导意见［J］. 中华人民共和国国务院公报, 2019（10）.

［55］中国老区建设促进会. 中国革命老区［M］. 北京: 中共党史出版社, 1997.

［56］陕西省老区建设促进会, 中共陕西省委党史研究室, 陕北建设委员会等. 陕西革命老区［M］. 西安: 陕西人民出版社, 1998.

［57］崔乃夫. 当代中国的民政（上）［M］. 北京: 当代中国出版社, 1994.

［58］崔乃夫. 当代中国的民政（下）［M］. 北京: 当代中国出版社, 1994.

［59］国家统计局住户调查办公室. 中国农村贫困监测报告（2011）［M］. 北京: 中国统计出版社, 2012.

［60］《中国扶贫开发年鉴》编委会. 中国扶贫开发年鉴（2011）［M］. 北京: 中国财政经济出版社, 2011.

［61］《中国扶贫开发年鉴》编委会. 中国扶贫开发年鉴（2013）［M］. 北京: 团结出版社, 2014.

［62］《中国扶贫开发年鉴》编委会. 中国扶贫开发年鉴（2014）［M］. 北京: 团结出版社, 2014.

［63］《中国扶贫开发年鉴》编委会. 中国扶贫开发年鉴（2015）［M］. 北京: 团结出版社, 2015.

［64］《中国扶贫开发年鉴》编辑部. 中国扶贫开发年鉴（2016）［M］. 北京: 团结出版社, 2016.

［65］《中国扶贫开发年鉴》编辑部. 中国扶贫开发年鉴（2017）［M］. 北京: 团结出版社, 2017.

［66］《中国扶贫开发年鉴》编辑部. 中国扶贫开发年鉴（2018）［M］. 北京: 团结出版社, 2019.

［67］《中国扶贫开发年鉴》编辑部. 中国扶贫开发年鉴（2019）［M］. 北京: 中国农业出版社, 2019.

［68］国家发展和改革委员会. 陕甘宁革命老区振兴规划（2012—2020年）［EB/OL］. https://www. ndrc. gov. cn/xxgk/zcfb/tz/201204/t20120418_964418. html.

［69］国家发展和改革委员会. 赣闽粤原中央苏区振兴发展规划（2014—2020年）［EB/OL］. https://www. ndrc. gov. cn/xxgk/zcfb/tz/201403/t20140328_964079. html.

［70］国家发展和改革委员会. 左右江革命老区振兴规划（2015-2025年）［EB/OL］. https://www. ndrc. gov. cn/xxgk/zcfb/tz/201503/t20150320_963781. html.

［71］国家发展和改革委员会. 大别山革命老区振兴发展规划（2015—2020年）［EB/OL］. https://www. ndrc. gov. cn/xxgk/zcfb/ghwb/201506/t20150618_962155. html.

［72］国家发展和改革委员会. 川陕革命老区振兴发展规划（2016—2020年）［EB/OL］. https://www. ndrc. gov. cn/xxgk/zcfb/tz/201608/t20160803_963141. html.